Filtros de acesso às CORTES SUPERIORES

Marco Antonio Rodrigues

Filtros de acesso às CORTES SUPERIORES

2024

EDITORA *Jus*PODIVM
www.editorajuspodivm.com.br

EDITORA *Jus*PODIVM
www.editorajuspodivm.com.br

Rua Canuto Saraiva, 131 – Mooca – CEP: 03113-010 – São Paulo – São Paulo
Tel: (11) 3582.5757
• Contato: https://www.editorajuspodivm.com.br/central-de-relacionamento

Diagramação: Equipe *Jus*PODIVM

Capa: Ana Caquetti

R696f Rodrigues, Marco Antonio dos Santos
Filtros de acesso às Cortes Superiores / Marco Antonio dos Santos Rodrigues – São Paulo: Editora JusPodivm, 2024.
240 p.

ISBN: 978-85-442-5414-1

1. Direito Processual Civil. I. Rodrigues, Marco Antonio dos Santos. II. Título.

CDD 341.46

BIBLIOTECÁRIA RESPONSÁVEL

Ana Carolina Ribeiro Mois – CRB7 – RJ 007348/0

1.ª ed., *2.ª tir.:* out./2024.

Para Lucas, Gustavo e Camila, com amor.

Agradecimentos

Concluir uma tese é motivo de muita alegria. Ter muitos a quem agradecer por chegar a essa etapa é uma razão de felicidade ainda maior. Nesse momento tenho a oportunidade de reconhecer, então, a tantos que, de alguma forma, contribuíram para esse momento da minha jornada acadêmica.

Em primeiro lugar, meu agradecimento a Deus, que me apoiou em todos os momentos e me permitiu continuar, sobretudo quando o cansaço batia.

Meu agradecimento à minha família, que me apoiou incondicionalmente mesmo diante da necessidade de estudar e escrever a tese por diversas vezes aos finais de semana. Meus filhos, Gustavo e Lucas, e minha esposa, Camila, foram minha fortaleza, assim como meus pais, Antonio e Teresinha, e minha irmã, Renata, também me incentivaram a todo o tempo.

Agradeço muito à Procuradoria Geral do Estado do Rio de Janeiro, instituição a que pertenço há 17 anos. Na Procuradoria me realizo na defesa do interesse público, bem como encontro um ambiente em que somos estimulados a nos capacitarmos e aprimorarmos nossa atuação em prol da sociedade. Nessa jornada, agradeço aos meus colegas e amigos da instituição por toda a parceria nas pessoas de Bruno Dubeux, que me confiou a criação de uma Procuradoria de Métodos Adequados de Solução de Controvérsias, um paradigma para o Brasil na busca de um sistema de justiça multiportas em prol da Fazenda Pública, onde venho atuando nos últimos três anos, e de Debora Fernandes, que atuou incansavelmente comigo desde então.

No LDCM Advogados também tenho a oportunidade de atuar no contencioso e vivenciar muitas das questões relativas ao acesso às Cortes Superiores que procurei equacionar nesta tese. Para escrevê-la, precisei do apoio dos meus sócios em algumas das nossas tarefas, e por isso agradeço a eles pela parceria.

À Universidade do Estado do Rio de Janeiro devo minha formação acadêmica. Ingressei aqui em 1999 na graduação e desde então não mais saí, tendo cursado também o mestrado e o doutorado. Desde 2008, sou professor efetivo da casa. Sou grato aos meus mestres, com quem tanto aprendi nessa jornada, e a eles agradeço nas pessoas dos professores Luís Roberto Barroso, Luiz Fux, Paulo Cezar Pinheiro Carneiro e Leonardo Greco.

A vida docente na UERJ também tem sido muito mais fácil e agradável ao lado de queridos colegas que aqui encontrei, que dividem o dia a dia da graduação, mestrado e doutorado comigo. Minha gratidão pelos anos de convivência, projetos e parceria especialmente aos professores Aluisio Mendes, Humberto Dalla, Flavia Hill, Flavio Galdino, Leonardo Schenk e Marcia Duarte.

Na vida docente tive a oportunidade de encontrar amigos que de alguma forma contribuíram com esta tese, seja compartilhando textos relevantes, seja ouvindo minhas premissas, e agradeço a todos nas pessoas de Luiz Guilherme Marinoni, Teresa Arruda Alvim, Remco Van Rhee e Fernando Gascón Inchausti.

Lecionar na UERJ é extremamente gratificante e recompensador. Sem dúvida, saímos de sala sempre com muito mais do que entramos. Agradeço às minhas turmas de graduação nesses mais de 15 anos de jornada docente por todas as trocas em sala, assim como pelas risadas e afeto que construímos. Além disso, agradeço aos meus alunos do PPGD, com quem pude discutir muito sobre o direito processual ao longo dos últimos 10 anos, o que sem dúvida ajudou demais na construção nesta tese, bem como onde encontrei muitos amigos. Agradeço especialmente aos membros da "Confraria do Processo", que deixam a jornada acadêmica mais leve e feliz.

Finalmente, agradeço de forma especial a Rodrigo Farias, Jamile Nogueira, Stefano Martello, Gabriel Carelli, Thiago Marques, Lucas Mauro e Michel Grumach pelo apoio nas pesquisas para esta tese, assim como a Caio Watkins e João Pedro Martinez, pela atenta revisão.

Prefácio

O estudo dos recursos é tema que sempre despertou a atenção dos processualistas. Em nosso Direito, desde o século XIX, vimos o surgimento de livros clássicos, os quais em muito contribuíram para o aperfeiçoamento da processualística civil pátria no tema.

No caso dos recursos excepcionais aos Tribunais Superiores, o interesse aumenta, diante da realidade dos sistemas de justiça. A quantidade de processos em curso nas Cortes Superiores não só no Brasil, mas de diversos países no mundo, vem causando uma sobrecarga de trabalho que gerou, ao longo do tempo, a necessidade de novos métodos de atuação de tais Cortes, assim como a criação e adoção de filtros para acesso a estas.

É sobre este assunto que trata o livro de Marco Antonio Rodrigues: os diferentes filtros de acesso às Cortes Superiores e como sua utilização demonstra novos perfis de atuação desses tribunais.

Ao analisar a obra, vemos desde logo que estamos diante de um livro de referência. Nesta, o autor se debruça sobre assuntos sensíveis, tais como os diferentes modelos de Cortes superiores e seus métodos de trabalho. Enfrenta, também, se o direito de recorrer seria um direito fundamental, partindo da premissa de que se trata de uma opção normativa, e que deve ser respeitada nos limites de sua previsão no ordenamento jurídico.

O autor analisa, então, as características dos recursos excepcionais e seu papel predominante, para em seguida se aprofundar na análise dos filtros de acesso às Cortes Superiores por meio de tais recursos tanto no Brasil como no direito estrangeiro, passando tanto pelos filtros qualitativos como pelos quantitativos. No sistema brasileiro, é dado especial enfoque na obra à repercussão geral, seus requisitos e características, destacando-se como esta pode ser afastada apenas para o caso concreto.

Entre os filtros, o livro também contribui para a compreensão do regime da relevância, inaugurado pela Emenda Constitucional n. 125/2022 e que no momento desta primeira edição ainda não teve regulamentação legislativa. Ademais, também procura delimitar em qual medida deve ser aplicada a impossibilidade de reexame de matéria fática como um filtro à admissibilidade dos recursos especial e extraordinário, diferenciando para os leitores situações em que não há uma necessidade de revisão dos fatos apreciados no processo, e trazendo a relevância da questão como elemento que pode justificar uma análise fática.

Ao fim do trabalho, Marco Antonio traz diversas propostas para que o sistema de filtros de acesso às Cortes Superiores possa ser efetivo, mas sem se distanciar do modelo constitucional de processo. Nesse sentido, propõe o uso de filtros adequados de admissibilidade dos recursos excepcionais, tratando especificamente da necessidade de filtros indutivos, do reforço à boa-fé e seu controle na atuação dos litigantes. Além disso, reafirma a importância da existência de mecanismo para a proteção das decisões de mérito adotadas no julgamento dos recursos excepcionais, e o papel da reclamação como meio de proteção ao uso de um sistema de filtros recursais. Finalmente, o autor também procura compatibilizar o crescente uso das tecnologias pelo Poder Judiciário e seu papel na análise de tais recursos, mais um ponto que demonstra a atualidade de seu texto.

Ao folheá-lo, o leitor logo perceberá o capricho e a qualidade da obra, cuja aprovação foi requisito parcial à obtenção do título de Professor Titular de Direito Processual Civil da Universidade do Estado do Rio de Janeiro (UERJ) por Marco Antonio Rodrigues, por banca que tive a honra de presidir.

Marco Antonio Rodrigues, enquanto filho da UERJ desde sua graduação, muito honra a Universidade com a sua produção acadêmica, coroada com o mais alto grau que um professor deseja ter em seu currículo, além de reafirmar as melhores tradições da UERJ na contribuição para a formação do conhecimento sobre o direito processual civil no Brasil.

Luiz Fux

Professor titular de Direito Processual Civil da UERJ
e Ministro do Supremo Tribunal Federal.

Sumário

Introdução

A justiça brasileira enfrenta grandes desafios em termos de judicialização dos conflitos. De acordo com o relatório Justiça em Números 2023, em 31 de dezembro de 2022 estavam em curso no Brasil 81,4 milhões de processos[1], indicando um tempo médio de 2 anos e 1 mês para a prolação da sentença e 2 anos e 5 meses para a baixa de processos, tendo 4 anos e 5 meses como tempo médio de processos pendentes[2].

Diversos fatores podem ser creditados a tal quadro de judicialização e de risco à duração razoável do processo: a judicialização da vida[3], a existência de uma Constituição analítica no topo do sistema jurídico brasileiro[4], a ausência de incentivos ao uso de outros métodos adequados para a solução de controvérsias, a insegurança jurídica diante de decisões contraditórias, dentre outros.

O objetivo da presente tese, porém, não é examinar as causas da judicialização, e sim uma de suas consequências: as Cortes Superiores não possuem condições materiais e de recursos humanos para atender em prazo razoável a todos os recursos especiais e extraordinários interpostos por jurisdicionados no Brasil, o que é um problema que que vem longa data[5]. Note-se, ainda, que o fenômeno da impossibilidade de concessão de uma tutela jurisdicional em sede recursal pelas Cortes Superiores em prazo

---

1. Conselho Nacional de Justiça – CNJ. *Justiça em Números 2023*. Disponível em: <https://www.cnj.jus.br/pesquisas-judiciarias/justica-em-numeros/>. Brasília: CNJ, 2023, p. 92. Acesso em: 21.12.2023.
2. Ibid., p. 213.
3. "Nos últimos tempos, a vida brasileira se judicializou extensa e profundamente em todos os domínios relevantes. Não é difícil ilustrar esta constatação. [...] Mas não é só. Para além dessas questões transcendentes, existem outras tantas que fazem parte da rotina da vida e que terminam em pronunciamentos judiciais. Pequenas ou grandes atribulações do dia a dia." (BARROSO, Luís Roberto. *A judicialização da vida e o papel do Supremo Tribunal Federal*. Belo Horizonte: Fórum, 2018, p. 21-22).
4. Barroso, L. R. (2005). Neoconstitucionalismo e constitucionalização do Direito (O triunfo tardio do direito constitucional no Brasil). In: *Revista De Direito Administrativo*, *240*, p. 1-42.
5. Como apontam Bruno Dantas e Teresa Arruda Alvim, "no Brasil, as discussões sobre a crise do recurso extraordinário são quase tão antigas quanto o próprio meio de impugnação. Os registros históricos noticiam que, embora o recurso extraordinário tenha sido instituído entre nós pelo Decreto 510, de 1890, já na década de 1920 operadores do direito e os Poderes Legislativo e Executivo discutiam formas de solucionar o crescente número de recursos que se avolumavam no Supremo Tribunal Federal" (ALVIM,

adequado é um problema que vem sendo encontrado em diversos países do mundo ocidental, conforme adiante se verá.

No caso do Brasil, o Supremo Tribunal Federal recebeu 70.551 processos em 2022 e seu acervo atual conta com pouco menos de 14 mil processos, sendo – em números aproximados – 10 mil Agravos em Recursos Extraordinários e 3,5 mil Recursos Extraordinários. Tem-se, com isso, um tempo médio para baixa de 132 dias, sendo o tempo médio para baixa de recursos de 95 dias e o de processos originários de 217 dias[6].

Já no Superior Tribunal de Justiça, foram distribuídos e registrados, em 2022, 430.991 processos, sendo 242.803 Agravos em Recurso Especial e 63.621 Recursos Especiais. Registre-se que o tempo médio de tramitação dos processos que receberam baixa em 2022 foi de 245,34 dias desde seu recebimento[7]. Com efeito, em diversos ordenamentos do mundo ocidental as Cortes Superiores vivem uma necessidade de ampliação de sua eficiência, assim como de cumprimento da duração razoável dos processos. No caso brasileiro, a eficiência é uma das normas fundamentais do processo civil, expressamente consagrada no artigo 8º do Código de Processo Civil, impondo ao Judiciário que aja buscando que os processos cheguem ao seu resultado final com o menor dispêndio de esforços[8].

Ademais, não se pode esquecer do direito fundamental à duração razoável do processo, previsto no artigo 5º, LXXVIII, da Constituição da República e no artigo 4º do Código de Processo Civil, que traz em seu conteúdo o direito a um processo sem dilações indevidas, para que chegue ao seu resultado final. Ainda que processos mais complexos demandem maior tempo de tramitação, devem ser combatidos os tempos inúteis do processo, de paralisação sem motivo justificável, como na hipótese de longos períodos aguardando a apreciação de um recurso excepcional pelas Cortes Superiores.

Teresa Arruda; DANTAS, Bruno. *Precedentes, Recurso Especial e Recurso Extraordinário*. São Paulo: Revista dos Tribunais, 2023, p. 613).

6. Dados viabilizados pelo Programa Corte Aberta do STF, disponível em: <https://portal.stf.jus.br/hotsites/corteaberta/>. Acesso em: 18.11.2023.

7. Dados viabilizados pelo Relatório Estatístico do STJ de 2022, disponível em: <https://processo.stj.jus.br/processo/boletim>. Acesso em 21.12.2023.

8. "Nesse caminhar, pode-se constatar a eficiência como a qualidade da atividade (*in casu*, a jurisdicional) que atinge suas finalidades (tratando-se do processo, constitucionais) com a maior produtividade e qualidade, mediante o mínimo possível e razoável esforço (aí incluídos os custos de todas as naturezas). A aplicação dessa percepção à relação jurídica em juízo traz reflexos tanto para as atividades administrativas do Poder Judiciário quanto para a própria condução dos atos processuais e sua interpretação, por parte do magistrado e dos demais sujeitos envolvidos." (RODRIGUES, Marco Antonio dos Santos; PORTO, José Roberto Sotero de Mello. Princípio da eficiência processual e o direito à boa jurisdição. *Revista de Processo*, v. 275, p. 89-117, jan. 2018).

Nesse contexto, importante recordar que muitas soluções foram buscadas para conter essa crise dos Tribunais Superiores, como é o caso da instituição das súmulas[9], e da arguição de relevância ao Supremo Tribunal Federal, com a Emenda Constitucional 7/1977. A própria criação do Superior Tribunal de Justiça se deu como forma de racionalizar a atuação do Supremo Tribunal Federal, com a repartição de competências entre tais Tribunais Superiores[10].

Buscando conter essa crise na atuação das Cortes Supremas, ao longo das décadas tais Tribunais acabaram por criar diversos óbices à admissão dos recursos excepcionais que lhes são dirigidos[11]. No caso do Brasil, o Superior Tribunal de Justiça elaborou, mais notadamente, as Súmulas de n.º 5[12] e 7[13], bem como as de n.º 83[14], 211[15] e 320[16]. No mesmo sentido foi o Supremo Tribunal Federal, que além das Súmulas n.º 279[17] e 454[18], também editou, por exemplo, a Súmula n.º 284[19]. Todos esses enunciados de Súmulas indicados representam exemplos da criação de obstáculos à admissibilidade dos recursos excepcionais e consequente acesso às Cortes Superiores.

---

9. Teresa Arruda Alvim e Bruno Dantas, referenciando José Carlos Moreira Alves, apontam que a instituição da súmula jurisprudência dominante ocorreu por obra do Ministro Victor Nunes Leal, do Supremo Tribunal Federal, tendo como base legal a Emenda Regimental de 30 de agosto de 1963. Aduzem também que "a súmula, tal como concebida, deveria apenas vincular o próprio Supremo Tribunal Federal, simplificando a motivação de suas decisões. Tinha ela, em relação aos demais órgãos do Poder Judiciário, portanto, eficácia meramente persuasiva." (ALVIM, Teresa Arruda; DANTAS, Bruno. *Precedentes, Recurso Especial e Recurso Extraordinário*. São Paulo: Revista dos Tribunais, 2023, p. 622).
10. "Decerto, a ideia que se tinha era que, com a criação de urna nova Corte, o alívio para o STF seria tal que o mecanismo da arguição de relevância seria de todo desnecessário. Com a criação do STJ, corno veremos, o âmbito de atuação do STF em sede de recurso extraordinário restou reduzido, em face do fracionamento das matérias que anteriormente o integravam. Com o número de recursos, porém, não sucedeu o mesmo..." (ALVIM, Teresa Arruda; DANTAS, Bruno. *Recurso especial, recurso extraordinário e a nova função dos tribunais superiores no direito brasileiro* (de acordo com o CPC de 2015 e a Lei 13.256/16). 3. ed. São Paulo: Revista dos Tribunais, 2016, p. 303).
11. Existem diversos autores que hoje evidenciam a atual crise dos Tribunais Superiores no Brasil, diante da visível demora em sua prestação jurisdicional. Como exemplo, veja-se a opinião de Teresa Arruda Alvim e Bruno Dantas: "A triste realidade, porém, é que a criação do STJ definitivamente não resolveu a crise do recurso extraordinário. As estatísticas - cujos dados referentes ao STF exporemos com mais vagar no capítulo pertinente (item 22.2) - revelam que, se antes tínhamos apenas um tribunal estorvado pelo volume de processos, agora temos dois sofrendo do mesmo mal!" (ALVIM, Teresa Arruda; DANTAS, Bruno. *Recurso especial, recurso extraordinário e a nova função dos tribunais superiores no direito brasileiro* (de acordo com o CPC de 2015 e a Lei 13.256/16). 3. ed. São Paulo: Revista dos Tribunais, 2016, p. 305).
12. "A simples interpretação de cláusula contratual não enseja recurso especial."
13. "A pretensão de simples reexame de prova não enseja recurso especial."
14. "Não se conhece do recurso especial pela divergência, quando a orientação do Tribunal se firmou no mesmo sentido da decisão recorrida."
15. "Inadmissível recurso especial quanto à questão que, a despeito da oposição de embargos declaratórios, não foi apreciada pelo Tribunal a quo."
16. "A questão federal somente ventilada no voto vencido não atende ao requisito do prequestionamento."
17. "Para simples reexame de prova não cabe recurso extraordinário."
18. "Simples interpretação de cláusulas contratuais não dá lugar a recurso extraordinário."
19. "É inadmissível o recurso extraordinário, quando a deficiência na sua fundamentação não permitir a exata compreensão da controvérsia."

Ocorre que muitos desses óbices construídos na prática jurisprudencial dos Tribunais Superiores não se encontram previstos nem na Constituição da República nem nas leis. Por exemplo, no caso da impossibilidade de revisão de matéria fática, amplamente consagrada nas súmulas mencionadas, não há uma previsão constitucional ou legal que impeça que, ao analisar a ofensa a uma norma, a Corte Superior venha a passar pelos fatos, da forma como reconhecidos nas instâncias ordinárias, para dar o seu correto enquadramento jurídico, sem produzir novas provas.

Dessa forma, se de um lado a eficiência e a duração razoável dos processos geram a necessidade de filtros de acesso às Cortes Superiores para apreciação dos recursos excepcionais, do outro é preciso que se garanta aos jurisdicionados o justo processo, consagrado no artigo 6º da Convenção Europeia de Direitos Humanos, e o devido processo legal no Brasil, previsto no artigo 5º, LV, da Constituição da República, sendo que estes últimos exigem que as restrições de acesso possam ser extraídas do ordenamento jurídico e que possam se adequar as funções exercidas pelos Tribunais Superiores e ao direito de acesso à solução justa.

Nesse contexto, analisaremos nesta tese, em primeiro lugar, o direito de recorrer, sua natureza e seu status, tendo em vista que isso condiciona a compreensão da possibilidade ou não de sua limitação.

Em seguida, será necessário avaliar os modelos de Cortes Supremas e suas funções no Brasil e no mundo. É fundamental conhecer as funções por elas exercidas para compreender sua carga de trabalho, o que tem papel determinante na análise dos recursos excepcionais.

Com esse panorama, será possível analisar os diferentes tipos de filtros de acesso que são encontrados em alguns outros ordenamentos jurídicos, bem como aqueles que já existem no Brasil, buscando avaliar sua legitimidade ou como podem eles se tornarem legítimos, dentro do modelo constitucional de processo brasileiro.

Finalmente, não basta apenas reconhecer a legitimidade dos filtros de acesso. É preciso que o uso destes gere a efetividade que deles se espera, de realizar uma racionalização do sistema de justiça. Assim, passaremos à proposição de medidas para assegurar que os filtros de acesso cumpram devidamente seu papel.

1. O Direito de Recorrer

1.1. RECURSOS E OUTROS MEIOS DE IMPUGNAÇÃO

Os recursos podem ser definidos como os remédios voluntários, criados por lei, por meio dos quais se pretende a anulação, a reforma ou a integração de decisão judicial, no âmbito do próprio processo em que foi proferida[1-2].

---

1. Nessa linha já definimos em RODRIGUES, Marco Antonio. Manual dos Recursos: ação rescisória e reclamação. 2 ed. São Paulo: Juspodivm, 2023, p. 26. Na mesma perspectiva, José Carlos Barbosa Moreira sintetiza que "pode-se conceituar recurso, no direito processual civil brasileiro, como o remédio voluntário idôneo a ensejar, dentro do mesmo processo, a reforma, a invalidação, o esclarecimento ou a integração de decisão judicial que se impugna" (Comentários ao Código de Processo Civil. 15. ed. Rio de Janeiro: Forense, 2011. v. V, p. 233).

   Elie Pierre Eid, por sua vez, entende que há uma unificação dogmática entre recursos e ações autônomas de impugnação, ambos inseridos no sistema de controle da jurisdição sobre a jurisdição. Nas palavras do autor: "A unificação dogmática entre recursos e ações autônomas reside no reconhecimento de que esse poder decorre do direito de impugnar, direcionado contra atos judiciais, submetendo-os ao juízo de conformidade jurídica e que reafirma a autonomia do objeto impugnativo. Isso não elimina, contudo, que as vias recursais possam se prestar a outras finalidades, diferentes do exercício desse direito, como se verifica nas hipóteses em que não se pretende a desconstituição do ato judicial. Igualmente apoiado no direito de impugnar, e possível estabelecer uma aproximação entre impugnação dos atos judiciais, realizada pelos recursos e ações autônomas, e a impugnação de outros atos jurídicos, ressaltando-se as especificidades atinentes ao regime de controle a que cada um deles esta submetido." (EID, Elie Pierre. Impugnação das decisões judiciais - reconstrução da relação entre recursos e ações autônomas de impugnação. Salvador: Juspodivm, 2024, p. 131).
2. Em clássico da doutrina processual, José Carlos Barbosa Moreira discorre que "a interposição (*rectius*, do recurso), em qualquer caso, é sempre ato que se insere na própria linha processual a que pertence a decisão impugnada. Em outras palavras: com ela *não se dá início a novo processo*, mas apenas se provoca o *prosseguimento* daquele mesmo que até ali vinha correndo. Ao interpor um recurso, como ao ajuizar uma ação, formula-se um pedido; mas, ali, a formulação se reveste das características de que a lei, aqui, a obriga a revestir-se, a não ser quando norma expressa – cuja superfluidade ressaltaria se se houvesse de satisfazer, *in genere*, aos mesmos requisitos [...] Não há citação do recorrido, ao contrário do que deveria suceder se se estivesse a inaugurar outra instância (4). Nem é necessária a outorga de novo instrumento de mandato: já no sistema do Código, a procuração *ad judicia*, que habilitava o procurador "a praticar todos os atos *do processo* [...] habilitava-o inclusive a interpor qualquer dos recursos utilizáveis (5). Tudo isso está a mostrar – abstraindo-se das diferenças, às vezes profundas, sob outros ângulos, entre eles – que o nosso direito processual civil equipara integralmente, num ponto, todos os meios catalogados sob o *nomen iuris* de 'recursos': atribui-lhes o efeito, não de fazer surgir processos distintos, mas simplesmente de provocar a extensão do mesmo processo em que se proferiu a decisão recorrida. E a recíproca é verdadeira: conquanto haja casos em que o sistema positivo admite a impugnação de um pronunciamento

A partir dessa definição, os recursos representam uma forma do exercício da disponibilidade por parte daquele legitimado que tem interesse em que a decisão judicial seja modificada. Dessa forma, possui o legitimado a disponibilidade para definir se deseja recorrer ou não de uma decisão e em qual medida o fará, deixando precluir, então, os capítulos decisórios ou os pronunciamos judiciais que não forem recorridos. Trata-se, pois, de uma escolha, o que demonstra sua voluntariedade.

Assim, com base na definição ora adotada, a remessa necessária, prevista no art. 496 do Código de Processo Civil, não pode ser enquadrada como um recurso, diante da ausência de voluntariedade, uma vez que decorre de imposição legal para que a sentença, em certos casos, possua eficácia plena.[3]

Ademais, os recursos estão sujeitos ao princípio da taxatividade, de modo que devem estar previstos em lei (art. 994 do CPC), não sendo possível que sejam criados pelas partes[4], sobretudo diante do princípio da segurança jurídica, bem como diante do fato de que representam uma forma de impugnação a atos estatais, o que exige deferência a tais atos, que somente podem ser atacados pelos instrumentos que o legislador permita que sejam utilizados.

---

judicial *através da instauração de processo novo,* em nenhum deles aparece, no texto legal, a denominação de 'recurso'" (*Juízo de admissibilidade no sistema dos recursos civis.* Rio de Janeiro: Borsoi, 1968. p. 12-13).

3. Assim já nos manifestamos em nosso RODRIGUES, Marco Antonio. *A Fazenda Pública no processo civil.* 3 ed. Salvador: Juspodivm, 2023. p. 79. Em sentido contrário, Sérgio Bermudes (*Introdução ao processo civil.* 4. ed. Rio de Janeiro: Forense, 2006. p. 174) entende ter o instituto natureza de recurso, pois se cuidaria de recurso interposto de ofício pelo Estado-juiz. Em sentido semelhante a esse segundo entendimento: "Há, contudo, quem defenda ser a remessa necessária realmente um recurso interposto, obrigatoriamente, pelo juiz. Na verdade, de acordo com esse segundo entendimento, embora não haja impugnação voluntária, existe o ato de provocação do impulso processual de determinar a remessa dos autos ao órgão hierarquicamente superior, a partir de quando se opera a *devolutividade,* no sentido de transferir ao tribunal o conhecimento da matéria versada na sentença. A provocação é feita pelo próprio juiz; a impugnação é compulsória, e não voluntária. Demais disso, ao julgar a remessa necessária, o tribunal irá proferir um acórdão que, necessariamente, deve substituir a sentença, seja para mantê-la, seja para modificá-la. Tais circunstâncias já seriam suficientes para conferir à remessa necessária a natureza de recurso, sendo irrelevante a ausência de impugnação voluntária e de outros requisitos de admissibilidade recursal. A remessa necessária seria, enfim, um recurso de ofício, uma apelação interposta pelo próprio juiz." (DIDIER JR., Fredie; CUNHA, Leonardo Carneiro da. *Curso de direito processual civil:* o processo civil nos tribunais, recursos, ações de competência originária de tribunal e *querela nullitatis*, incidentes de competência originária de tribunal. 19 ed. São Paulo: Juspodivm, 2022, v. 3, p. 522-523).
4. Nessa senda: "A regra da taxatividade consiste na exigência de que a enumeração dos recursos seja taxativamente prevista em lei. O rol legal dos recursos é *numerus clausus.* Só há os recursos legalmente previstos. Não se admite a criação de recurso pelo regimento interno do tribunal. Não se admite, também, a criação de recurso por negócio processual, ainda que lastreado no art. 190 do CPC." (DIDIER JR., Fredie; CUNHA, Leonardo Carneiro da. *Curso de direito processual civil:* o processo civil nos tribunais, recursos, ações de competência originária de tribunal e *querela nullitatis*, incidentes de competência originária de tribunal. Op. cit., p. 151).

A definição de recurso acima defendida igualmente consagra que estes se dão no âmbito do mesmo processo[5] em que foi proferida a decisão recorrida, não criando, assim, uma nova relação jurídico-processual. Esse parece ser o grande traço característico dos recursos, a diferenciá-los das ações autônomas, já que estas criam uma nova relação processual a partir da propositura de uma demanda, consoante se verá neste estudo.[6]

Diversas dos recursos, as ações autônomas que buscam a desconstituição de pronunciamento judicial constituem outra categoria de meio de impugnação, que podem ter eficácia constitutivo-negativa ou declaratória. Exemplos de ações autônomas são a ação rescisória, prevista no art. 966 do Código de Processo Civil, que objetiva desconstituir decisões de mérito transitadas em julgado; e a *querela nullitatis*, ação declaratória da nulidade de decisão judicial[7], em razão de vícios de falta ou nulidade de citação, com

5. Em clássico da literatura processual, José Carlos Barbosa Moreira menciona que "a interposição (*rectius*, do recurso), em qualquer caso, é sempre ato que se insere na própria linha processual a que pertence a decisão impugnada. Em outras palavras: com ela *não se dá início a novo processo*, mas apenas se provoca o *prosseguimento* daquele mesmo que até ali vinha correndo. Ao interpor um recurso, como ao ajuizar uma ação, formula-se um pedido; mas, ali, a formulação se reveste das características de que a lei, aqui, a obriga a revestir-se, a não ser quando norma expressa – cuja superfluidade ressaltaria se se houvesse de satisfazer, *in genere*, aos mesmos requisitos [...] Não há citação do recorrido, ao contrário do que deveria suceder se se estivesse a inaugurar outra instância (4). Nem é necessária a outorga de novo instrumento de mandato: já no sistema do Código, a procuração *ad judicia*, que habilitava o procurador "a praticar todos os atos *do processo* [...] habilitava-o inclusive a interpor qualquer dos recursos utilizáveis (5). Tudo isso está a mostrar – abstraindo-se das diferenças, às vezes profundas, sob outros ângulos, entre eles – que o nosso direito processual civil equipara integralmente, num ponto, todos os meios catalogados sob o *nomen iuris* de 'recursos': atribui-lhes o efeito, não de fazer surgir processos distintos, mas simplesmente de provocar a extensão do mesmo processo em que se proferiu a decisão recorrida. E a recíproca é verdadeira: conquanto haja casos em que o sistema positivo admite a impugnação de um pronunciamento judicial *através da instauração de processo novo*, em nenhum deles aparece, no texto legal, a denominação de 'recurso'" (*Juízo de admissibilidade no sistema dos recursos civis.* Rio de Janeiro: Borsoi, 1968. p. 12-13).

6. Tratando da distinção entre recursos e ações autônomas, Barbosa Moreira assim pontuou: "Não ministra o Código de Processo Civil uma definição de 'recurso'; examinando-se, porém, as várias figuras ali arroladas sob esse *nomen iuris*, verifica-se que o denominador comum de todas elas consiste em que o seu uso não dá margem à instauração de *novo processo*, senão que apenas produz a extensão do *mesmo processo* até então fluente. Eis aí, ao nosso ver, o traço característico do instituto, tal como o disciplina o vigente direito processual civil brasileiro, e já o disciplinava o Código anterior. Não será recurso, pois, remédio algum cujo emprego produza a instauração de processo *distinto* daquele em que se proferiu a decisão impugnada: assim, obviamente, a ação rescisória, mas também o mandado de segurança contra ato judicial, a *despeito de não pressupor o trânsito em julgado* – o que o excluiria, segundo o outro critério, do elenco das ações autônomas de impugnação, no qual, para nós, indubitavelmente se inscreve." (MOREIRA, José Carlos Barbosa. *Comentários ao Código de Processo Civil.* 15. ed. Rio de Janeiro: Forense, 2011. v. V, p. 232-233).

7. Em sentido distinto, admitindo a ação declaratória de inexistência jurídica da sentença: "Dizer que a sentença seria inexistente significa três coisas: (a) esse ato do juiz *não deve* produzir efeitos – se os produzir, estes devem ser extirpados do mundo jurídico, devem desaparecer; (b) não há limite de tempo para vulnerá-la, *pois ela não existe*, juridicamente; (c) essas sentenças não têm aptidão para transitar em julgado. [...] As sentenças juridicamente inexistentes devem ser varridas do mundo jurídico por meio de ação declaratória, que é imprescritível. Diz-se, quase unanimemente na doutrina, que as ações declaratórias são imprescritíveis. Isto se justifica porque a *finalidade das ações declaratórias é a de suprimir, do*

o processo tramitando à revelia do réu[8]. Mencione-se, ainda, o mandado de segurança, que pode ser utilizado como ação autônoma de impugnação a uma decisão judicial.[9]

---

universo jurídico, uma determinada incerteza jurídica. Segue-se daí que, enquanto existir ou subsistir, e precisamente porque está presente uma determinada incerteza jurídica, não há lugar para a *prescrição* da ação declaratória, cujo objetivo é precipuamente o de pôr fim a essa incerteza." (ALVIM, Teresa Arruda. *Nulidades do processo e da sentença* [livro eletrônico]. 1. ed. São Paulo: RT, 2017). Aqui é preciso mencionar a categoria de atos processuais inexistentes, tema controverso na doutrina. Alexandre Câmara sustenta ser possível que um ato processual seja inexistente, mencionando que "a inexistência não convalesce jamais. Em outros termos, o ato inexistente não passa a existente em qualquer hipótese. Não há meio de se fazer com que o ato inexistente passe a existir. Consequência disso é que, por exemplo, contra uma decisão inexistente não cabe recurso (como recorrer contra um provimento que não existe?), nem é ela capaz de alcançar a autoridade de coisa julgada." (CÂMARA, Alexandre Freitas. *Manual de direito processual civil*. 2. ed. Barueri [SP]: Atlas, 2023). Ovídio A. Baptista da Silva, por sua vez, aduz ser "[...] muito difícil admitir, dada a função preponderantemente instrumental da teoria das nulidades, a categoria dos atos inexistentes em processo civil. A rigor, nem se poderia incluí-los dentre os atos processuais, desde que a inexistência corresponderia a um *não ato*, e não a um ato processual viciado." (SILVA, Ovídio Araújo Baptista da. *Curso de processo civil*. 6. ed. São Paulo: RT, 2003. v. I, p. 218). Ainda: "Então, em resumo, pode-se dizer que inexistentes são os atos que não existem faticamente, os que não derivaram de qualquer impulso volitivo do sujeito legitimado, ou aqueles que não chegaram ao seu destinatário. Uma vez reputados inexistentes, tais atos podem e devem ser simplesmente ignorados, pois não admitem convalidação, não dependendo a sua invalidação de um pronunciamento formal do juiz. São atos que não estão aptos, de maneira alguma, a produzir efeitos válidos. (GRECO, Leonardo. *Instituições de processo civil*. 5 ed. Rio de Janeiro: Forense, 2015, v. 1, p. 379).

8. Tradicionalmente, os vícios admitidos como passíveis de ataque pela aludida ação declaratória são o vício de citação e a falta de citação em processo que tramite à revelia do réu, pois o processo se desenvolve sem que seja trazido o demandado. Dessa forma, não se poderia falar em trânsito em julgado da decisão final sobre o réu que não foi citado regularmente e não compareceu ao processo. Teresa Arruda Alvim, de início, afirma que "o ponto distintivo principal entre a antiga *querela* ou *actio nullitatis* e a ação rescisória é que aquela visa a impugnar sentença *inexistente* – é, portanto, *ação declaratória de inexistência jurídica*, e *não de nulidade*. A ação rescisória, a seu turno, objetiva atingir, por meio da *desconstituição da coisa julgada*, a *nulidade* da sentença. [...]", para igualmente, asseverar que "É impossível, evidentemente, cogitar-se de todos os vícios intrínsecos que podem dar origem a uma sentença inexistente. Isto porque se trata de realidade identificada no mundo dos fatos pela ausência de elementos, cuja presença é necessária – imprescindível – para que se possa chamar àquele ato de sentença. O grau de afastamento do *modelo legal* é algo que não pode ser minudentemente descrito pelo legislador: há infinitos graus, inúmeras possibilidades. A falta de decisório, porém, seria o mais *expressivo* deles, por consistir na *ausência da essência do ato sentencial*. [...] No que diz com os vícios extrínsecos, pode dizer-se que serão inexistentes, como já se comentou, *as sentenças proferidas em processos instaurados por meio de ação, faltando uma de suas condições*. Tendo sido movida uma ação, estando *ausente* uma (ou mais) de suas *condições, terá sido exercido direito de petição, e não direito de ação*. Ora, inexistente a ação, o mesmo se poderá dizer do processo e, por conseguinte, da sentença." (ALVIM, Teresa Arruda. *Nulidades do processo e da sentença [livro eletrônico]*. 1. ed. São Paulo: RT, 2017).

9. Consoante já nos manifestamos em outras obras (RODRIGUES, Marco Antonio dos Santos. *A Fazenda Pública no processo civil*. 3 ed Salvador: Juspodivm, 2023 e RODRIGUES, Marco Antonio. *Manual dos Recursos:* ação rescisória e reclamação. 2 ed. São Paulo: Juspodivm, 2023), interpretando-se o art. 5.º, II, da Lei 12.016/2009, a contrario sensu, conclui-se que é possível utilizar o mandamus em face de certas decisões irrecorríveis em separado, como forma de permitir o questionamento desses atos. Nesse sentido: CONSTITUCIONAL. RECURSO ORDINÁRIO EM MANDADO DE SEGURANÇA. ATO JUDICIAL. EXCEPCIONALIDADE CONFIGURADA. ILEGALIDADE, TERATOLOGIA OU ABUSO DE PODER. ADVOGADO. TERCEIRO INTERESSADO. SÚMULA 202/STJ. LITIGÂNCIA DE MÁ-FÉ. IMPOSIÇÃO DE MULTA AO PROFISSIONAL. IMPOSSIBILIDADE. RECURSO PROVIDO. SEGURANÇA CONCEDIDA. 1. Fora das circunstâncias normais, a doutrina e a jurisprudência majoritárias admitem a impetração de mandado de segurança contra ato judicial, ao menos nas seguin-

Por questões históricas, em regra costumava-se distinguir as ações autônomas dos recursos em razão de estes serem utilizados antes ao trânsito em julgado de uma decisão, ao passo que aquelas seriam propostas somente após a formação da coisa julgada sobre o ato atacado[10].

Na atual sistemática do processo civil brasileiro, contudo, não se pode concordar com tal diferenciação[11]. Isso porque há ações de impugnação que não possuem a exigência da ocorrência do trânsito em julgado da decisão impugnada para que sejam admissíveis.

A título exemplificativo, a *querela nullitatis* pode ser manejada em face de sentença contrária ao réu não citado regularmente em processo que tramitou totalmente à sua revelia. Nessa situação, não houve trânsito em julgado da decisão para o réu, na medida em que este não chegou a integrar a relação processual.[12]

---

tes hipóteses excepcionais: a) decisão judicial manifestamente ilegal ou teratológica; b) decisão judicial contra a qual não caiba recurso; c) para imprimir efeito suspensivo a recurso desprovido de tal atributo; e d) quando impetrado por terceiro prejudicado por decisão judicial. 2. "As penas por litigância de má-fé, previstas nos artigos 79 e 80 do CPC de 2015, são endereçadas às partes, não podendo ser estendidas ao advogado que atuou na causa, o qual deve ser responsabilizado em ação própria, consoante o artigo 32 da Lei 8.906/1994" (AgInt no AREsp 1.722.332/MT, Relatora Ministra MARIA ISABEL GALLOTTI, Quarta Turma, julgado em 13/6/2022, DJe de 21/6/2022). 3. "A contrariedade direta ao dispositivo legal antes referido e à jurisprudência consolidada desta Corte Superior evidencia flagrante ilegalidade e autoriza o ajuizamento do mandado de segurança, em caráter excepcional" (RMS 59.322/MG, Relator Ministro ANTONIO CARLOS FERREIRA, Quarta Turma, julgado em 5/2/2019, DJe de 14/2/2019). 4. No caso, o Juízo da 1ª Vara da Comarca de Juara, Estado de Mato Grosso, aplicou ao ora recorrente, advogado, diversas multas por litigância de má-fé, nos próprios autos em que o causídico teria praticado as vislumbradas condutas de má-fé ou temerárias, o que é vedado pela norma e pela jurisprudência pacífica do STJ. 5. "A impetração de segurança por terceiro, contra ato judicial, não se condiciona à interposição de recurso" (Súmula 202/STJ). 6. Recurso ordinário provido para conceder a segurança, cassando-se o ato judicial apontado como coator. (STJ, RMS n. 71.836/MT, relator Ministro Raul Araújo, Quarta Turma, julgado em 26/9/2023, DJe de 3/10/2023). Ademais, caso ressaltar o entendimento constante da súmula n. 202 do STJ, seguindo a qual "A impetração de segurança por terceiro, contra ato judicial, não se condiciona à interposição de recurso."

10. Assim narra BARBOSA MOREIRA, José Carlos. *Comentários*...cit., p. 229-230.

11. Da mesma forma sustenta José Carlos Barbosa Moreira: "[...] tira-se da regra legal que não é recurso, para o direito brasileiro, remédio algum utilizável contra decisão passada em julgado; mas não se tira *que seja necessariamente* recurso qualquer remédio utilizável contra decisão ainda não passada em julgado" (grifos nossos) (*Ibid*., p. 232).

12. Nesse sentido, já decidiu o Superior Tribunal de Justiça: CIVIL. PROCESSUAL CIVIL. DIREITO DAS SUCESSÕES. PROLAÇÃO DE SENTENÇA HOMOLOGATÓRIA DE PARTILHA IRRECORRIDA. AUSÊNCIA DE EXPEDIÇÃO DO FORMAL DE PARTILHA. OBSERVAÇÃO DE VÍCIO GRAVE, CONSISTENTE NA AUSÊNCIA DE CITAÇÃO DE LITISCONSORTE NECESSÁRIO. DECLARAÇÃO NO BOJO DO PRÓPRIO INVENTÁRIO. POSSIBILIDADE. SENTENÇA JURIDICAMENTE INEXISTENTE. INEXISTÊNCIA DE TRÂNSITO EM JULGADO E DE COISA JULGADA MATERIAL. QUERELA NULLITATIS INSANABILIS. PRESCINDIBILIDADE. RECONHECIMENTO DO VÍCIO NA FASE DE CUMPRIMENTO DA SENTENÇA POR DISPOSIÇÃO LEGAL. MATÉRIA SUBMETIDA AO CONTRADITÓRIO E QUE DISPENSAVA A DILAÇÃO PROBATÓRIA. LIMITES SUBJETIVOS DA COISA JULGADA NO INVENTÁRIO E PARTILHA. INEFICÁCIA EM RELAÇÃO A TERCEIROS, COMO O LITISCONSORTE NECESSÁRIO NÃO CITADO. DECLARAÇÃO DE INEXISTÊNCIA JURÍDICA DA SENTENÇA QUE ATRAI A INCIDÊNCIA DA TESE FIRMADA PELO STJ NO JULGAMENTO DO TEMA 809. AGRAVO JULGADO POR FUNDAMENTO DISTINTO DOS ALE-

Conforme mencionamos acima, a distinção entre ações autônomas e recursos possui uma característica fundamental: aquelas vão se diferenciar destes porque criam uma nova relação processual, contendo partes, pedido e causa de pedir próprios.[13]

GADOS PELA PARTE. RECURSO ESPECIAL. AUSÊNCIA DE INTERESSE. ARGUMENTOS SUSCITADOS PELA PARTE DESCONSIDERADOS NO ACÓRDÃO E REITERADOS NAS CONTRARRAZÕES DO RECURSO ESPECIAL. COGNOSCIBILIDADE. MODIFICAÇÃO DA ORDEM LEGAL DE VOCAÇÃO HEREDITÁRIA. IMPOSSIBILIDADE. 1 - Ação proposta em 21/05/2010. Recursos especiais interpostos em 01/10/2019 e 02/10/2019 e atribuídos à Relatora em 30/01/2020. 2 - O propósito do recurso especial de MARIA BARBARA DE OLIVEIRA é definir se a tese fixada pelo Supremo Tribunal Federal por ocasião do julgamento do tema 809, segundo a qual "é inconstitucional a distinção de regimes sucessórios entre cônjuges e companheiros prevista no art. 1.790 do CC/2002, devendo ser aplicado, tanto nas hipóteses de casamento quanto nas de união estável, o regime do art. 1.829 do CC/2002", é aplicável na hipótese em que, a despeito da existência de sentença de partilha irrecorrida que homologou acordo celebrado pelos colaterais, únicos herdeiros conhecidos ao tempo de sua prolação, houve o superveniente reconhecimento de herdeira apta a exclui-los da linha sucessória. 3 - Os propósitos do recurso especial de EMÍLIO XAVIER DE OLIVEIRA, por sua vez, consistem em definir: (i) se há omissão relevante no acórdão recorrido; e (ii) se poderia o Tribunal de Justiça de São Paulo, a despeito da existência de sentença de partilha irrecorrida, nulificar os atos processuais que lhe são subsequentes sem que tenha havido pedido nesse sentido no agravo de instrumento por ele interposto. 4 - O juízo do inventário, após a prolação de sentença homologatória de acordo de partilha irrecorrida e antes da expedição do respectivo formal, reconhecer a existência de vício grave consistente na ausência de citação de litisconsorte necessário e, assim, a inexistência jurídica da sentença por ele proferida, que não transita em julgado e tampouco forma coisa julgada material. 5 - A inexistência jurídica da sentença pode ser declarada em ação autônoma (querela nullitatis insanabilis) e também no próprio processo em que proferida, na fase de cumprimento de sentença ou até antes dela, se possível, especialmente na hipótese em que a matéria foi previamente submetida ao crivo do contraditório e não havia a necessidade de dilação probatória. 6 - Em virtude dos limites subjetivos da coisa julgada, o formal de partilha será título executivo judicial apenas em relação ao inventariante, aos herdeiros e aos sucessores a título singular ou universal, não alcançando, contudo, terceiros, como o litisconsorte necessário não citado para o inventário. 7 - Declarada a inexistência jurídica da sentença na própria ação de inventário, deve ser aplicada a tese firmada pelo Supremo Tribunal Federal no julgamento do tema 809, por meio da qual foi declarada a inconstitucionalidade do art. 1.790 do CC/2002. 8 - A parte que teve fundamento desprezado por ocasião do julgamento de recurso por ela interposto, mas que foi vencedora por fundamentação distinta e declinada de ofício pelo órgão julgador, não tem interesse para interpor recurso especial, devendo a questão ser reavivada nas contrarrazões do recurso porventura interposto pelo vencido. Precedente. 9 - Hipótese em que a parte, ao fundamento de que dedicou tempo, esforços e valores na inventariança e no zelo dos bens deixados por seu irmão, pretende a parte modificar a ordem legal de vocação hereditária, o que é absolutamente inadmissível, devendo a questão ser oportunamente apreciada pelo juízo do inventário ou em eventual ação autônoma. 10 - Recurso especial de MARIA BARBARA DE OLIVEIRA conhecido e provido; recurso especial de EMÍLIO XAVIER DE OLIVEIRA não conhecido. (STJ, REsp n. 1.857.852/SP, relatora Ministra Nancy Andrighi, Terceira Turma, julgado em 16/3/2021, DJe de 22/3/2021).

13. O Superior Tribunal de Justiça tem julgado relevante realizando essa mesma distinção entre recursos e ações autônomas, a partir da existência de uma nova relação processual: PROCESSUAL CIVIL E TRIBUTÁRIO. AGRAVO INTERNO NA RECLAMAÇÃO. ALEGAÇÃO DE VIOLAÇÃO A PRECEDENTES FIRMADOS PELA SISTEMÁTICA DO RECURSO REPETITIVO. INVIABILIDADE. ORIENTAÇÃO CONSOLIDADA PELA CORTE ESPECIAL, POR OCASIÃO DO JULGAMENTO DA RCL 36.476/SP. AGRAVO INTERNO DA SOCIEDADE EMPRESARIAL A QUE SE NEGA PROVIMENTO. 1. A Reclamação constitucional, prevista no art. 105, I, f, da Constituição Federal, e regulada nos arts. 988 a 993 do CPC/2015, constitui ação destinada a preservar a competência do Superior Tribunal de Justiça, a garantir a autoridade de suas decisões e dar correta interpretação a acórdão proferido em julgamento de Incidente de Resolução de Demandas Repetitivas ou de Incidente de Assunção de Competência, destacando-se, no § 5º, II, do art. 988, que, nas hipóteses em que se postula a observância de julgamento proferido em recurso repetitivo, o esgotamento das instâncias ordinárias

Exemplificando, na hipótese de uma ação rescisória baseada na ofensa manifesta a uma norma jurídica, em que pese as partes das duas ações serem as mesmas, o pedido da rescisória é outro, pois busca a desconstituição da decisão e a prolação de uma nova em seu lugar. Ademais, a causa de pedir da aludida rescisória é a suposta violação manifesta de norma pelo julgado, e não a causa de pedir que fundamentou o pedido originário.[14]

Por fim, tratando, ainda, do sistema de meios de impugnação no processo civil, importante mencionar os sucedâneos recursais, que são definidos residualmente, porque encontrados por exclusão: não são recursos, tampouco ações autônomas, porém de alguma maneira cumprem o papel de impugnação a uma decisão judicial.[15] Como exemplo, pode ser invocado o pedido de reconsideração[16].

é pré-requisito para o recebimento da ação constitucional. 2. Em interpretação ao referido art. 988 do CPC/2015, modificado pela Lei 13.256/2016, a Corte Especial do Superior Tribunal de Justiça, no julgamento da RCL 36.476/SP, da relatoria da eminente Ministra NANCY ANDRIGHI, estabeleceu entendimento afirmando que a Reclamação é incabível para o controle da aplicação, pelos Tribunais, de precedente qualificado do STJ adotado em julgamento de Recursos Especiais Repetitivos, ainda que esgotadas as instâncias ordinárias, considerando indevido o uso da Reclamação - ação autônoma que inaugura nova relação processual - em vez do sistema recursal, ressalvada a via excepcional da Ação Rescisória. Em igual sentido, confiram-se os seguintes precedentes: AgInt na Rcl 41.550/SP, Rel. Ministro MARCO AURÉLIO BELLIZZE, SEGUNDA SEÇÃO, julgado em 09/06/2021, DJe 14/06/2021; AgInt no AgInt na Rcl 36.795/DF, Rel. Ministro RICARDO VILLAS BÔAS CUEVA, SEGUNDA SEÇÃO, julgado em 02/03/2021, DJe 09/03/2021. 3. Na vertente hipótese, observa-se que a presente Reclamação fora ajuizada com intuito de que esta Corte Superior averiguasse a correta aplicação de entendimento firmado no Recurso Representativo da Controvérsia 1.111.164/BA pelo Tribunal paulista. 4. Dessa forma, não se revela caracterizada qualquer possibilidade de cabimento da Reclamação, devendo ser mantida a decisão agravada que indeferiu liminarmente a presente ação, porquanto incabível para corrigir eventual aplicação errônea de teses repetitivas em casos concretos pelas instâncias ordinárias. 5. Agravo Interno da sociedade empresarial a que se nega provimento. (AgInt na Rcl n. 41.064/SP, relator Ministro Manoel Erhardt (STJ, Desembargador Convocado do TRF5), Primeira Seção, julgado em 10/11/2021, DJe de 30/11/2021 – grifos nossos).

14. Assim já defendemos em RODRIGUES, Marco Antonio. *Manual dos Recursos:* ação rescisória e reclamação. 2 ed. São Paulo: Juspodivm, 2023.

15. "*Sucedâneo recursal* é todo meio de impugnação de decisão judicial que nem é recurso nem é ação autônoma de impugnação. É uma categoria *residual:* o que não for recurso, nem ação autônoma, será um *sucedâneo recursal.* A categoria dos *sucedâneos recursais* engloba, enfim, todas as outras formas de impugnação da decisão. São exemplos: pedido de reconsideração, pedido de suspensão da segurança (Lei n. 8.437/1992, art. 4º; Lei n. 12.016/2009, art. 15) e a correição parcial." (DIDIER JR., Fredie; CUNHA, Leonardo Carneiro da. *Curso de direito processual civil:* o processo civil nos tribunais, recursos, ações de competência originária de tribunal e *querela nullitatis*, incidentes de competência originária de tribunal. 19 ed. São Paulo: Juspodivm, 2022, v. 3, p. 125).

16. No CPC/1973, o pedido de reconsideração era implicitamente extraído do art. 527, parágrafo único, pois, à semelhança do atual art. 1.019, o então art. 527 previa as providências a serem adotadas pelo relator do agravo de instrumento. No que se refere a certas decisões por este adotadas, como a concessão do efeito suspensivo, o parágrafo único previa que a decisão tomada pelo relator somente seria revista quando do julgamento do próprio agravo, salvo se o relator a reconsiderasse. Diante dessa previsão, alguns autores passaram a admitir a previsão do pedido de reconsideração no ordenamento processual anterior ao presente Código de Processo Civil, como hipótese de sucedâneo recursal. Nesse sentido, confira-se em DIDIER JR., Fredie; CUNHA, Leonardo Carneiro da. *Curso de direito processual civil:* o processo

Note-se que o incidente de suspensão de eficácia de liminares contrárias ao Poder Público, disposto no art. 4.º da Lei 8.437/1992[17] e no art. 15 da Lei 12.016/2009[18], embora invocado por parcela da doutrina como tal[19], ao nosso ver, não pode ser apontado como outro exemplo de sucedâneo recursal.

Isso porque a finalidade desse instituto, como indica a própria nomenclatura, é sustar a eficácia de decisões provisórias que sejam contrárias ao Poder Público, diante do risco de violação a bens jurídicos de interesse comum, como a ordem, a saúde, a segurança e a economia públicas. Logo, o incidente em questão não se presta à reforma, anulação ou invalidação de um pronunciamento judicial, o qual poderá ser atacado em sede de recurso.

O recurso interposto nessa hipótese, inclusive, não interfere no julgamento do pedido de suspensão, nos moldes do art. 15, § 3.º da Lei 12.016/2009. Por conseguinte, merece ser afastada a natureza de sucedâneo recursal do pedido de suspensão, que, em verdade, tem natureza jurídica de incidente processual com finalidade cautelar[20-21].

---

civil nos tribunais, recursos, ações de competência originária de tribunal e *querela nullitatis*, incidentes de competência originária de tribunal. 19 ed. São Paulo: Juspodivm, 2022. v. 3.

17. Art. 4.º Compete ao presidente do tribunal, ao qual couber o conhecimento do respectivo recurso, suspender, em despacho fundamentado, a execução da liminar nas ações movidas contra o Poder Público ou seus agentes, a requerimento do Ministério Público ou da pessoa jurídica de direito público interessada, em caso de manifesto interesse público ou de flagrante ilegitimidade, e para evitar grave lesão à ordem, à saúde, à segurança e à economia públicas.
18. Art. 15. Quando, a requerimento de pessoa jurídica de direito público interessada ou do Ministério Público e para evitar grave lesão à ordem, à saúde, à segurança e à economia públicas, o presidente do tribunal ao qual couber o conhecimento do respectivo recurso suspender, em decisão fundamentada, a execução da liminar e da sentença, dessa decisão caberá agravo, sem efeito suspensivo, no prazo de 5 (cinco) dias, que será levado a julgamento na sessão seguinte à sua interposição.
19. Araken de Assis também insere o incidente de suspensão da eficácia de decisão contra a Fazenda Pública como um sucedâneo recursal. (ASSIS, Araken de. *Manual dos Recursos*. 8 ed. São Paulo: Revista dos Tribunais, 2016, p. 1047).
20. Conforme já nos manifestamos em RODRIGUES, Marco Antonio dos Santos. *A Fazenda Pública*... cit., p. 249: "não se está diante de sucedâneo recursal, considerando que não se cuida propriamente de um meio de ataque a decisões, pois o pedido de suspensão não busca substituí-las, mas apenas seus efeitos. [...] dessa forma, parece-nos ter o pedido de suspensão a natureza de incidente processual com finalidade cautelar, tendo em vista que se trata de medida que não inaugura ação própria, mas que possui o claro escopo de proteger a efetividade da saúde, segurança, economia ou ordem públicas, em razão de decisão judicial". Leonardo Carneiro da Cunha, por seu turno, defende ser o pedido de suspensão uma "ação cautelar específica destinada, apenas, a retirar da decisão sua executoriedade; serve, simplesmente, para suspender a decisão, mantendo-a, em sua existência, incólume. No pedido de suspensão, há uma pretensão específica à cautela pela Fazenda Pública." (CUNHA, Leonardo Carneiro da. *A Fazenda Pública em juízo*. 17. ed. Rio de Janeiro: Forense, 2020).
21. Há julgados dos tribunais superiores no mesmo sentido. No STJ: PROCESSUAL CIVIL. AGRAVO INTERNO NO AGRAVO INTERNO NA SUSPENSÃO DE LIMINAR E DE SENTENÇA. TUTELA ANTECIPADA DEFERIDA EM AGRAVO DE INSTRUMENTO NA AÇÃO REVISIONAL DE CONTRATO DE FORNECIMENTO DE ENERGIA ELÉTRICA. SUSPENSÃO DE LIMINAR DEFERIDA PELO STJ. POSTERIOR EXTINÇÃO DO AGRAVO DE INSTRUMENTO EM RAZÃO DA PROLAÇÃO DE SENTENÇA DE IMPROCEDÊNCIA DA AÇÃO. DEFERIMENTO DE NOVA LIMINAR PELO TRIBUNAL DE ORIGEM, AGORA EM APELAÇÃO, POR SUPOSTA PERDA DE OBJETO DA SUSPENSÃO DE

LIMINAR NO STJ. NÃO OCORRÊNCIA. ULTRATIVIDADE, ATÉ O TRÂNSITO EM JULGADO, DA DECISÃO QUE DEFERE PEDIDO DE SUSPENSÃO DE LIMINAR (LEI 8.437/92, ART. 4º, §§ 6º E 9º). AGRAVO PROVIDO. 1. Nos termos da Lei 8.437/92, art. 4º, caput e § 6º, a não interposição de recurso próprio na origem não obsta o conhecimento do pedido de suspensão pela Presidência do Tribunal competente para o recurso em tese cabível. E isso afirma a distinção e independência entre o pedido de suspensão de liminar e eventual recurso relativo à causa. **O pedido de suspensão de liminar não se vincula diretamente à existência do recurso cabível relativamente à decisão objeto do pedido, pois tem relação imediata mais ampla, com a própria ação principal. Independe, portanto, da interposição de recurso contra a decisão que concedeu a liminar combatida, cuidando-se de pedido incidental autônomo, desprovido de natureza recursal, vinculado exclusivamente à demonstração de "manifesto interesse público ou de flagrante ilegitimidade, e para evitar grave lesão à ordem, à saúde, à segurança e à economia públicas". 2. Assim, a superveniente extinção do agravo de instrumento no qual deferida a tutela antecipada objeto do pedido de suspensão de liminar não prejudica o efeito suspensivo anteriormente concedido pela Presidência do Tribunal superior competente, mormente quando deferida nova liminar pela Corte de origem, no mesmo sentido daquela, agora em sede de apelação, Trata-se da ultratividade, "até o trânsito em julgado da decisão de mérito na ação principal", expressamente prevista no § 9º do art. 4º da Lei referida, não cabendo falar em perda de objeto do pedido de contracautela.** 3. A extinção do presente pedido de suspensão de liminar, no atual momento processual, representaria, por um lado, benefício processual impróprio em favor da parte que já tem contra si uma sentença de improcedência do pedido inicial, o que, em tese, reforça os fundamentos da decisão que suspendera os efeitos da liminar concedida pelo Tribunal de origem. Por outro lado, imporia ao Poder Público o ônus de apresentar novo e idêntico pedido de suspensão de liminar e, ao Judiciário, o encargo de reexaminar questão já decidida pela Corte, ferindo os princípios processuais da instrumentalidade e da eficiência, o que, por certo, quis a Lei 8.437/92 evitar expressamente. 4. Portanto, a concessão de nova liminar em benefício da parte autora pelo Tribunal a quo, ainda que com renovada fundamentação, mas no mesmo sentido da decisão anteriormente suspensa, obstando a atuação do órgão gestor do contrato firmado com o Poder Público, viola a autoridade da decisão proferida pela Presidência desta Corte no âmbito da presente suspensão de liminar. 5. Agravo interno provido. (STJ: AgInt no AgInt na SLS n. 2.610/DF, relator Ministro Raul Araújo, relator para acórdão Ministro Raul Araújo, Corte Especial, julgado em 17/5/2023, DJe de 23/6/2023 – grifos nossos). No STF: SUSPENSÃO DE LIMINAR. PRETENSÃO DE SUSTAR OS EFEITOS DE MEDIDA CAUTELAR DEFERIDA EM SEDE DE CONTROLE CONCENTRADO DE CONSTITUCIONALIDADE. NORMA LOCAL QUE DISPÕE SOBRE O PAGAMENTO DE AUXÍLIO-ALIMENTAÇÃO A SERVIDORES INATIVOS E PENSIONISTAS. SÚMULA VINCULANTE Nº 55. NECESSIDADE DE DEMONSTRAÇÃO INEQUÍVOCA DE LESÃO A BENS JURÍDICOS PROTEGIDOS PELA LEGISLAÇÃO CONCERNENTE AO PLEITO SUSPENSIVO. INVIABILIDADE DE QUALQUER PRESUNÇÃO NESSA SEARA. RISCO DE DANO INVERSO. UTILIZAÇÃO DA PRESENTE VIA COMO SUCEDÂNEO RECURSAL. 1. O incidente de contracautela, por consubstanciar demanda típica, de fundamentação vinculada, deve ter como causa de pedir as hipóteses próprias ao seu cabimento. A causa petendi há de ser, portanto, a transgressão aos valores e interesses protegidos pela legislação de regência. 2. Constitui ônus indeclinável do autor, ante a natureza excepcionalíssima do incidente de contracautela, a demonstração – que jamais se presume – da efetiva potencialidade lesiva da decisão impugnada. Insuficiente, para esse efeito, a mera alegação superficial e genérica, desacompanhada de prova inequívoca de que o ato decisório que se pretende suspender provoca grave lesão à ordem, à saúde, à segurança e à economia públicas. 3. Hipótese em que se vislumbra risco inverso a valores jurídicos tutelados pelo microssistema normativo das contracautelas, uma vez que eventual suspensão da eficácia da decisão proferida pelo Tribunal de Justiça do Estado de São Paulo importaria em manter a produção de efeitos de norma local que, em aparente conflito com a diretriz veiculada na Súmula Vinculante nº 55 ("O direito ao auxílio-alimentação não se estende aos servidores inativos"), e, portanto, com a ordem pública, em sua acepção jurídico-constitucional, impõe o pagamento de parcelas insuscetíveis de repetição. 4. O pedido suspensivo acha-se vocacionado exclusivamente à prevenção de grave lesão ao interesse público primário, não podendo ser utilizado indevidamente como sucedâneo recursal. 5. Suspensão denegada, prejudicado o exame do pedido de medida liminar. (STF, SL 1587, Relator(a): ROSA WEBER (Presidente), Tribunal Pleno, julgado em 13/02/2023, PROCESSO ELETRÔNICO DJe-s/n DIVULG 16-02-2023 PUBLIC 17-02-2023 – grifos nossos).

1.2. RECORRER É UM DIREITO FUNDAMENTAL?

Parece ser inerente à natureza humana a vontade de questionar atos que sejam contrários a suas opiniões ou interesses. De igual maneira, assim também ocorre no processo judicial. A decisão contrária a um jurisdicionado o leva a impugná-la, usando os recursos eventualmente cabíveis para tanto.

Entra em cena, então, o princípio do duplo grau de jurisdição viabilizando o recurso, na medida em que a decisão de primeira instância pode ter sido desfavorável aos interesses do jurisdicionado ou pode ter efetivamente apresentado alguma falha em sua formação.

Ao interessado, então, deve ser conferido, ao menos mais uma vez, o direito de rediscutir a demanda, dentro dos limites legais, até como uma forma de limitação do poder do julgador que primeiro analisou a controvérsia.

Assim, surge a necessidade de fixar uma premissa fundamental no presente estudo: o direito de recorrer é um direito fundamental?

Veja-se que a resposta a tal pergunta pode acarretar diversas consequências, em razão das diferentes eficácias dos direitos fundamentais.[22] Dentre elas, duas se manifestam especialmente. A primeira se direciona ao Estado e a seus órgãos, gerando um dever de observância de tais direitos pelos diferentes Poderes estatais. A segunda eficácia é a irradiante, que resulta em uma necessidade de uma interpretação conforme os direitos fundamentais[23]. Dada sua relevância dentro do sistema jurídico, os direitos fundamentais servem como parâmetro interpretativo de diferentes outras normas.

---

22. A favor do direito de recorrer enquanto direito ineliminável: "Vislumbrou-se, então, que o duplo grau realmente, apesar de ser uma decorrência natural da possibilidade de interposição de recursos, não é uma garantia de nosso modelo constitucional de processo. Contudo, o recurso deve ser considerado como garantia ineliminável, eis que não é incomum provimentos judiciais que não garantam uma influência e uma intervenção preventiva das partes. Ademais, pela percepção da neutralidade e da imperfeição da estrutura procedimental, notou-se a necessidade da implementação do recurso como criador de um espaço procedimental de problematização de todas as questões levadas, ou não, em consideração nos provimentos." (NUNES, Dierle José Coelho. *Direito constitucional ao recurso:* da teoria geral dos recursos, das reformas processuais e da comparticipação nas decisões. Rio de Janeiro: Lumen Juris, 2006, p. 183-184).

23. "Para além de vincularem todos os poderes públicos, os direitos fundamentais exercem sua eficácia vinculante também na esfera jurídico-privada, isto é, no âmbito das relações jurídicas entre particulares." (...) "Nas relações entre particulares – para além da vinculação entre entidades dotadas de algum poder social e afora as hipóteses excepcionais ventiladas –, é possível sustentar, em qualquer hipótese, ao menos uma eficácia mediata (ou indireta) dos direitos fundamentais, no âmbito do que os alemães denominaram de eficácia irradiante (Ausstrahlungswirkung), que pode ser reconduzida à perspectiva jurídico-objetiva dos direitos fundamentais. Isto significa, em última análise, que as normas de direito privado não podem contrariar o conteúdo dos direitos fundamentais, impondo-se uma interpretação das normas privadas (infraconstitucionais) conforme os parâmetros axiológicos contidos nas normas de direitos fundamentais, o que habitualmente (mas não exclusivamente) ocorre quando se trata de aplicar conceitos indeterminados e cláusulas gerais do direito privado." (SARLET, Ingo Wolfgang. *A eficácia dos direitos fundamentais: uma teoria geral dos direitos fundamentais na perspectiva constitucional.* 13. ed. Porto Alegre: Livraria do Advogado, 2018, p. 393; 400-401).

Para tratar do direito de recorrer e sua possível fundamentalidade, é preciso examinar o princípio do duplo grau de jurisdição[24], que gera grande

---

24 "O duplo grau assegura à parte ao menos um recurso, qualquer que seja a posição hierárquica do órgão jurisdicional no qual teve início o processo. O sistema confere à parte vencida o direito de provocar outra avaliação do seu alegado direito, em regra perante órgão jurisdicional diferente, com outra composição e de hierarquia superior. Há casos, todavia, em que a reapreciação ocorre perante o mesmo órgão jurisdicional, alterada ou não sua composição originária. A expressão "duplo grau de jurisdição" revela um problema terminológico, destacado por Araken de Assis: 'A questão terminológica, inserida na clássica expressão 'duplo grau', merece algum cuidado. Entre nós, a jurisdição revela-se imune a graus. O direito brasileiro adotou o princípio da unidade jurisdicional. A separação baseia-se na hierarquia, e não na qualidade intrínseca do corpo julgador. Neste sentido, a consagrada nomenclatura - duplo grau -, induzindo a ideia de pluralidade de jurisdições, revela-se imprópria. À semelhança do que sucede em outras situações, não convém substituí-la por outra mais adequada ao regime retratado, pois o apuro terminológico em nada auxilia a clareza em áreas impregnadas pela tradição" (ASSIS, Araken de. *Processo civil brasileiro*. São Paulo: RT, 2015, v. 1, n. 164, p. 493-494)." (DIDIER JR., Fredie; CUNHA, Leonardo Carneiro da. *Curso de direito processual civil:* o processo civil nos tribunais, recursos, ações de competência originária de tribunal e *querela nullitatis*, incidentes de competência originária de tribunal. 19 ed. São Paulo: Juspodivm, 2022, v. 3, p. 127-128). Por sua vez, Daniel Amorim leciona o seguinte: "Parece não existirem maiores discussões a respeito do conceito de duplo grau de jurisdição, entendido como a possibilidade da revisão da solução da causa, ou seja, a permissão de que a parte possa ter uma segunda opinião concernente à decisão da causa. Essa possibilidade de reexame da decisão da causa constitui o elemento básico do princípio ora analisado. A polêmica sobre o conceito do princípio do duplo grau de jurisdição se refere à espécie de revisão pela qual passará a decisão da causa: mais especificamente, se a revisão deverá ou não ser feita por órgão jurisdicional hierarquicamente superior àquele que proferiu a decisão impugnada. Em nível constitucional existe a previsão de três diferentes espécies de recursos: recurso ordinário constitucional (art. 102, II, e art. 105, II da CF); recurso especial (art. 105, III, da CF); e recurso extraordinário (art. 102, III, da CF). Desses, somente o *recurso ordinário constitucional* garante o duplo grau de jurisdição, considerando-se que funciona excepcionalmente como uma espécie de apelação contra determinadas decisões previstas em lei, com devolução ao Tribunal competente da matéria de fato e de direito. Nos recursos excepcionais a devolução está limitada à matéria de direito, o que já seria suficiente para afastá-los do duplo grau de jurisdição. Também por se tratarem de recursos de fundamentação vinculada, no qual o recorrente somente poderá alegar as matérias exaustivamente previstas em lei, é correta a conclusão de afastar tais recursos do princípio ora estudado. De todos os recursos previstos em nível infraconstitucional percebe-se que os únicos que são aptos a garantir o duplo grau de jurisdição são previstos como forma de impugnação de sentença. Adotando-se o entendimento que exige o reexame seja realizado por um juízo de grau hierárquico superior, somente a apelação garantirá a observância do princípio ora analisado." (NEVES, Daniel Amorim Assumpção. *Manual de direito processual civil* – Volume único. 14 ed. São Paulo: Juspodivm, 2022, p. 1611-1612). Ainda: "Partindo dessa perspectiva, central à formação de nosso pensamento jurídico, Egas Moniz de Aragão chega a conceber o "recurso" como um componente essencial da jurisdição – verificando na ideia de duplo grau uma garantia constitucional explícita. Também é assim que, radicalizando a postura, Cândido Rangel Dinamarco defende que a possibilidade de recorrer integraria o conteúdo da própria noção de "devido processo legal".3 Em qualquer dos casos, reconhece-se que o acesso ao recurso seria um elemento de rigorosa pertinência no processo. Em termos funcionais, essa defesa seria sustentada por diferentes pilares, em ampla medida consistentes com alguns dos valores liberais ligados à *previsibilidade*, *calculabilidade* e *segurança* da atuação processual. Exemplificando esse diálogo, veja-se que Frederico Marques sustenta que – pela lógica hierarquizada atribuída ao modelo processual – seria factível supor que a instância recursal seria a mais preparada para a análise do caso e para a tutela da coerência jurisdicional. Indo além em seus próprios dizeres, "o sistema de recursos possui ação catalítica e preventiva, porquanto obriga o juiz de primeiro grau a maior cuidado e exação na sua tarefa julgadora". Como consequência, a própria potência de recurso seria o bastante para aprimorar a atividade jurisdicional." (OSNA, Gustavo. A garantia ao recurso e a repercussão geral: conciliação ou negação?. *A&C – Revista de Direito Administrativo & Constitucional*, Belo Horizonte, ano 19, n. 77, p. -, jul./set. 2019. DOI: 10.21056/aec.v19i77.1129).

controvérsia na doutrina processual civil. Pode-se conceituá-lo como o direito à revisão das decisões judiciais por órgão jurisdicional hierarquicamente superior, na forma e cumpridos os requisitos previstos em lei.

No direito processual penal, a existência do duplo grau de jurisdição é assegurada pelo artigo 8º, nº 2, h[25], do Pacto de São José da Costa Rica, que garante ao acusado de um delito o direito de recorrer da sentença a um juiz ou tribunal superior. Há controvérsias no que tange ao status normativo do Pacto de São José da Costa Rica no ordenamento jurídico brasileiro. Por um lado, parcela da doutrina entende que o Pacto assume status constitucional[26], o que era excepcionalmente seguido pelo Min. Celso de Mello[27]. Sustenta-se, com isso, que o Pacto seria materialmente constitucional e, apesar de sua internalização não possuir a forma exigida pelo art. 5º, §3º, da Constituição da República, teria a mesma hierarquia das normas constitucionais em razão do que dispõe o art. 5º, §2º, da Constituição da República, o qual prevê a possibilidade de se haver normas não previstas no texto constitucional que se equiparam às ali previstas, inclusive por tratados internacionais[28]. Diante do caráter especial dos tratados internacionais sobre direitos humanos, portanto, se diferenciariam dos tratados internacionais comuns[29].

25. Artigo 8º - Garantias judiciais

    2. Toda pessoa acusada de um delito tem direito a que se presuma sua inocência, enquanto não for legalmente comprovada sua culpa. Durante o processo, toda pessoa tem direito, em plena igualdade, às seguintes garantias mínimas:

    h) direito de recorrer da sentença a juiz ou tribunal superior.

26. Essa é a posição compartilhada, e.g., por Celso Lafer (A Internacionalização dos Direitos Humanos: Constituição, racismo e relações internacionais. Barueri: Manole, 2005, p. 17-18), Flavia Piovesan (Direitos Humanos e o Direito Constitucional Internacional. 7. ed. São Paulo: Saraiva, 2006, p. 63-68), Augusto Cançado Trindade (Tratado de Direito Internacional dos Direitos Humanos. Vol. I. 1. ed. Porto Alegre: Sergio Antonio Fabris Editor, 1997, p. 407-408), e Valerio de Oliveira Mazzuoli (Curso de Direito Internacional Público. 10. ed. São Paulo: Editora Revista dos Tribunais, 2016, p. 416).

27. E.g. HC 178527, Relator(a): CELSO DE MELLO, Segunda Turma, j. 10/10/2020.

28. Art. 5º Todos são iguais perante a lei, sem distinção de qualquer natureza, garantindo-se aos brasileiros e aos estrangeiros residentes no País a inviolabilidade do direito à vida, à liberdade, à igualdade, à segurança e à propriedade, nos termos seguintes:(...)

    § 2º Os direitos e garantias expressos nesta Constituição não excluem outros decorrentes do regime e dos princípios por ela adotados, ou dos tratados internacionais em que a República Federativa do Brasil seja parte.

29. Essa é a posição compartilhada, e.g., por Celso Lafer (A Internacionalização dos Direitos Humanos: Constituição, racismo e relações internacionais. Barueri: Manole, 2005, p. 17-18), Flavia Piovesan (Direitos Humanos e o Direito Constitucional Internacional. 7. ed. São Paulo: Saraiva,2006, p. 63-68), Augusto Cançado Trindade (Tratado de Direito Internacional dos Direitos Humanos. Vol. I. 1. ed. Porto Alegre: Sergio Antonio Fabris Editor, 1997, p. 407-408), e Valerio de Oliveira Mazzuoli (Curso de Direito Internacional Público. 10. ed. São Paulo: Editora Revista dos Tribunais, 2016, p. 416).

O Supremo Tribunal Federal, por sua vez, vem assumindo o entendimento de que o tratado possui status supralegal[30], porque teria sido ratificado pelo Brasil em 1992, antes da Emenda Constitucional nº 45 de 2004, que adicionou o §3º ao art. 5º da Constituição da República, equiparando os tratados internacionais sobre direitos humanos ratificados pelo Brasil ao status de emendas constitucionais, se obedecida a forma de aprovação requerida[31]. Por isso, como não foi posteriormente aprovado nos termos do art. 5º, §3º, da Constituição Federal, não poderia ser equiparado ao tratamento dado a emendas constitucionais.

Sob qualquer perspectiva, o direito de recorrer no processo penal brasileiro é um direito fundamental, em razão da internalização do Pacto de São José da Costa Rica. Contudo, este trabalho não se propõe a adotar uma posição acerca da hierarquia do Pacto de São José da Costa Rica ou se recorrer seria ou não um direito fundamental para o processo penal. O escopo deste estudo limita-se ao papel dos recursos no processo civil.[32]

30. "HABEAS CORPUS" – CONDENAÇÃO PENAL IMPOSTA POR TRIBUNAL DE SEGUNDA INSTÂNCIA – INTIMAÇÃO DA DEFENSORIA PÚBLICA A RESPEITO DO JUÍZO CONDENATÓRIO – SUPERVENIÊNCIA DO TRÂNSITO EM JULGADO – PACIENTE INTIMADA, PESSOALMENTE, APENAS QUANTO À SUA ABSOLVIÇÃO CRIMINAL PROFERIDA PELO MAGISTRADO DE PRIMEIRO GRAU – PARTICULARIDADES DO CASO CONCRETO QUE EVIDENCIAM A OCORRÊNCIA, NA ESPÉCIE, DE TRANSGRESSÃO A PRERROGATIVA FUNDAMENTAL DA RÉ CONDENADA (CF, ART. 5º, LV) – O PROCESSO PENAL COMO GARANTIA DOS ACUSADOS E INSTRUMENTO DE SALVAGUARDA DA LIBERDADE JURÍDICA DAQUELE CONTRA QUEM SE INSTAURARAM ATOS DE "PERSECUTIO CRIMINIS" – MAGISTÉRIO DA DOUTRINA – O DIREITO DE RECORRER COMO CLÁUSULA INERENTE AO "DUE PROCESS OF LAW" – OFENSA, QUANTO A TAL PRERROGATIVA, A GARANTIA ASSEGURADA POR PACTOS INTERNACIONAIS, EM TEMA DE PERSECUÇÃO PENAL, A QUALQUER PESSOA: A CONVENÇÃO AMERICANA DE DIREITOS HUMANOS (ARTIGO 8, n. 2, "H") E O PACTO INTERNACIONAL SOBRE DIREITOS CIVIS E POLÍTICOS (ARTIGO 9, n. 4) – A QUESTÃO DA POSIÇÃO HIERÁRQUICA DOS TRATADOS INTERNACIONAIS DE DIREITOS HUMANOS (NATUREZA CONSTITUCIONAL OU CARÁTER SUPRALEGAL?) – DOUTRINA – PRECEDENTES DO SUPREMO TRIBUNAL FEDERAL QUE CONFEREM A ESSES DIPLOMAS INTERNACIONAIS A CONDIÇÃO DE SUPRALEGALIDADE – POSIÇÃO PESSOAL DO RELATOR (MINISTRO CELSO DE MELLO) QUE ATRIBUI QUALIFICAÇÃO CONSTITUCIONAL, INCLUSIVE COM APOIO NA NOÇÃO CONCEITUAL DE BLOCO DE CONSTITUCIONALIDADE, A TRATADOS INTERNACIONAIS DE DIREITOS HUMANOS SUBSCRITOS PELO BRASIL OU A QUE O ESTADO BRASILEIRO HAJA ADERIDO – "PACTA SUNT SERVANDA" (CONVENÇÃO DE VIENA SOBRE O DIREITO DOS TRATADOS, ARTIGO 26) – POSSIBILIDADE EXCEPCIONAL DE IMPETRAÇÃO DE "HABEAS CORPUS" CONTRA DECISÃO JÁ TRANSITADA EM JULGADO – PRECEDENTES – "HABEAS CORPUS" DEFERIDO. (HC 178527, Relator(a): CELSO DE MELLO, Segunda Turma, julgado em 10/10/2020, PROCESSO ELETRÔNICO DJe-255 DIVULG 21-10-2020 PUBLIC 22-10-2020).

31. *Cf.* RE 349703, Relator(a): CARLOS BRITTO, Relator(a) p/ Acórdão: GILMAR MENDES, Tribunal Pleno, j. 03/12/2008; RE 466343, Relator(a): CEZAR PELUSO, Tribunal Pleno, j. 03/12/2008; HC 87585, Relator(a): MARCO AURÉLIO, Tribunal Pleno, j. 03/12/2008; HC 95967, Relator(a): ELLEN GRACIE, Segunda Turma, j. 11/11/2008; RE 404276 AgR, Relator(a): CEZAR PELUSO, Segunda Turma, j. 10/03/2009; TPA 5, Relator(a): EDSON FACHIN, Tribunal Pleno, j. 08/11/2018.

32. Note-se que: "[...] o *direito ao recurso* – também designado por *duplo grau de jurisdição* – não se acha nas **fontes de direito internacional**, nomeadamente nas garantias de acesso aos tribunais e de processo equitativo, dos artigos 8º e 10º da Declaração Universal dos Direitos do Homem e do artigo 6º da Convenção Europeia dos Direitos do Homem. Ele está previsto, apenas e expressamente para o processo penal no artigo 14º nº 5 do Pacto Internacional dos Direitos Civis e Políticos e no artigo 2º do Protocolo nº 7 da Carta Europeia dos Direitos do Homem. Também nos **direitos nacionais** é afirmada a ausência de um

É inquestionável que a nova análise de uma matéria decidida, dessa vez por um conjunto de julgadores que compõem um órgão colegiado, dotados, em geral, de experiência relevante, permite que eventuais falhas ocorridas no julgamento anterior sejam sanadas, conferindo maior senso de justiça à decisão alcançada[33].

Acerca dos benefícios gerados pelo exercício do duplo grau de jurisdição, a doutrina moderna menciona os seguintes: a correção de decisões incorretas; a manutenção da confiança da sociedade no sistema judicial; a manutenção dos julgamentos satisfatórios; possibilitar que os julgadores mais experientes, ao apreciar recursos, desenvolvam os entendimentos judiciais; e promover a aplicação do direito de forma unificada e consistente[34].

---

duplo grau de jurisdição cível na garantia constitucional de tutela judicial efetiva. Portanto, a posição dominante é **negatória** de um fundamento constitucional para o recurso." (PINTO, Rui. *O Recurso Civil.* Uma Teoria Geral. Noção, objeto, natureza, fundamento, pressupostos e sistema. Lisboa: AAFDL, 2017, p. 135-136).

33. "Exatamente porque o segundo julgamento se baseia numa decisão anterior, que já analisou o caso, estudou a matéria de fato, focou as questões de direito, apreciou a prova, opera-se, em grau de recurso, como que uma *depuração*, que facilita perceber os erros porventura cometidos pelo juízo *a quo* ou, então, manter o julgado recorrido." (LIMA, Alcides Mendonça. *Introdução aos recursos cíveis.* São Paulo: Revista dos Tribunais, 1976, p. 133).

34. "Possible Benefits of Appeals: A system of civil appeals has five main functions and justifications: (i) correcting wrong decisions; (ii) maintaining the faith of the public in judicial system; (iii) keeping trial judges up to scratch; (iv) enabling teams of senior judges to develop and refine judicial doctrine; (v) promoting a unified and consistent application of the law. These points will be developed now.

First, recourse to appeal enables an aggrieved litigant to rectify a perceived judicial error, whether the error relates to a finding o fact (although in England, appellate a practice is here restricted- see below), expert evidence, an exercise of a point of law, including application of procedural rules. Machinery of appeals from decision is an official acknowledgement of judicial fallibility.

Secondly, the system of civil appeals also promotes the public interest in correcting judicial mistakes since such errors might otherwise undermine public faith in the administration of justice.

Thirdly, the potential scrutiny on appeal keeps trial judges up to scratch by exposing their decisions to rigorous scrutiny. The author is aware of the horror experience by some first instance judges, ambitious to be promoted to the Court of Appeal, who sometimes fell that their decisions have been unjustifiably reversed by the appeal court. In one instance, the overturned judge late sought to repudiate the authority of the appellate court (but this is an unusual response).

Fourthly, the appellate system enables senior and experienced judges, working as a team rather than isolated trial judges, to develop and refine legal doctrine. The 'team' hear refers to the panels of Lords Justices of Appeal in the Court of Appeal (normally three judges; occasionally only two; sometimes augmented beyond three, for special cases; and the Supreme Court, formerly the House of Lords, where, in modern times, appeals have been heard by panels normally consisting of at least five judges, but sometimes seven or nine.)

Fifthly, appeals can promote the consistent or uniform application of law.

The English regime of *stare decisis*, notably decisions of the Court of Appeal and the Supreme Court of the United Kingdom (formerly the House of Lords), prevents lower courts reaching inconsistent results and so promotes the ideal of equality before the law.

Although it is widely expected that modern legal systems will permit civil appeals, there is no formal 'human rights' obligation to create an appeal system. Instead the position is that, where a State which is party to the European Convention on Human rights in fact provides a system of appeals, that 'higher layer' of judicial activity must comply with Article 6(1) of the Convention. Thus, failure to communicate

Noutro giro, em relação aos pontos negativos que podem ser atribuídos ao duplo grau de jurisdição, estão o desprestígio ao julgamento realizado pela primeira instância, integrada, em geral, por juízes monocráticos, e o dano à duração razoável do processo, direito fundamental insculpido no artigo 5º, LXVIII, da Constituição da República, gerando um risco de intempestividade da tutela jurisdicional[35].

---

the fact of an appeal [where it exists] to a party… will violate Article 6 (1); and where a route of appeal is provided, it must comply with due process" (N. Andrews. Restrictions on appeals in English law. In: *Nobody's perfect: comparative essays on appeals and other means of recourse against judicial decisions in civil matters.* Cambridge: Intersentia, 2014, p. 74-5). De maneira semelhante, têm-se as funções dos recursos no sistema holandês: "The primary function of civil appeal in the Netherlands is to correct mistakes made in first instance (in the broadest sense), either by the parties and their representatives or by the court. These mistakes may both be errors of fact and errors of law. Other functions of Dutch appeal- the development and uniformity of the law within an appeal court district, informal supervision over the lower courts, functioning as a sieve for the third instance court and enhancing the quality of first instance cases- are essentially a spin-off of this primary function, but in other jurisdictions these could be a primary reason to create appellate proceedings."(L. van der, Baaren, J. Huijts, L. Molenaars, F. Fernhout. Wealth shift as a criterion to assess the impact of appellate proceedings- applied to dutch civil appeal. In: *Nobody's perfect: comparative essays on appeals and other means of recourse against judicial decisions in civil matters.* Cambridge: Intersentia, 2014, p. 53).

35. Conforme Didier e Carneiro explicam: "O princípio do duplo grau de jurisdição vem sofrendo críticas de segmento respeitável da doutrina processual. Essa doutrina traz como pontos negativos desse princípio: a dificuldade de acesso à justiça, o desprestígio da primeira instância, a quebra de unidade do poder jurisdicional, a dificuldade na descoberta da verdade e a inutilidade do procedimento oral." (DIDIER JR., Fredie; CUNHA, Leonardo Carneiro da. *Curso de direito processual civil:* o processo civil nos tribunais, recursos, ações de competência originária de tribunal e *querela nullitatis*, incidentes de competência originária de tribunal. 19 ed. São Paulo: Juspodivm, 2022, v. 3, p. 129). Nas palavras de Marinoni: "O duplo grau, no caso de matéria de fato, constitui um atentado contra a oralidade, que propicia um julgamento de maior qualidade e, portanto, uma tutela jurisdicional mais adequada. O juiz, quando em contato direto com as partes e com a produção da prova, pode formar uma convicção mais próxima da ideal a respeito dos fatos que dão conteúdo ao litígio. Se o duplo grau é necessário, e o tribunal vai apreciar a matéria de fato a partir da documentação dos atos processuais, é lógico que a decisão do tribunal não pode ser melhor do que o julgamento de primeiro grau de jurisdição. O duplo grau não pode ser considerado um princípio fundamental de justiça, já que ele não garante a qualidade e a efetividade da prestação jurisdicional. Muito mais importante que o duplo grau é o direito à adequada tutela jurisdicional – esse sim um direito garantido pelas Constituições modernas –, direito que, para ser efetivo, exige uma resposta jurisdicional em um prazo razoável, exigência difícil de ser atendida em um sistema em que estão presentes dois juízos repetitivos sobre o mérito. É importante esclarecer que nenhum ordenamento, nem na Itália nem em qualquer outro país – nem mesmo na França, onde a ideia do *double degré de juridiction* parece estar particularmente arraigada –, considera o duplo grau de jurisdição como uma garantia constitucional. Ao contrário, em quase todos os países existem mitigações do duplo grau, justamente para atender ao princípio fundamental de acesso à justiça. (...) Por outro lado, o duplo grau também deve ser afastado em vista de determinadas e particulares situações de direito substancial que assim recomendem. Lembre-se, por exemplo, o caso da ação de despejo fundada em falta de pagamento. Suponha-se que o locador vá a juízo e demonstre que o locatário não paga aluguel há quatro meses. Imagine-se, ainda mais, que no momento da sentença o locatário já não paga aluguel há doze meses. Em um caso como este, por incrível que pareça, exige-se do locador, para a 'execução provisória', depósito não inferior a doze ou superior a dezoito meses do valor do aluguel (art. 64 da Lei 8.245/1991 – Lei do Inquilinato). Pouca coisa pode parecer mais absurda; mas é a realidade posta pela Lei do Inquilinato, que certamente foi influenciada pelo mito do duplo grau. O processualista tem que se convencer de que deve trabalhar com base naquilo que comumente ocorre. Será que 95% dos locadores devem ser prejudicados para que 5% dos locatários não o sejam? Recorde-se, aliás, por oportuno, que as leis de proteção do locatário – fundadas

Em âmbito constitucional, seria possível sustentar que o princípio do duplo grau de jurisdição decorreria do artigo 5º, inciso LV, o qual garante aos litigantes, em processo administrativo ou judicial, e aos acusados em geral, o contraditório e a ampla defesa, bem como os meios e recursos deles decorrentes.

Dessa forma, o recurso poderia ser interpretado como um instrumento de efetivação da ampla defesa, assegurando uma nova análise da causa por um órgão jurisdicional hierarquicamente superior[36].

Ressalte-se que uma parcela da doutrina entende que o direito fundamental do litigante à tutela jurisdicional se esgota com o julgamento do recurso pelo Tribunal que representa a instância hierarquicamente superior ao juízo recorrido: assim, os recursos excepcionais não integrariam o direito fundamental de recorrer[37], argumento que estaria ligado à celeridade processual e à efetividade da tutela jurisdicional.[38]

---

em um discutível e romântico princípio de proteção do 'mais fraco' – estão acabando com a propriedade familiar, parcelada, de imóveis urbanos, e transferindo a propriedade urbana para os grandes conglomerados financeiros". (MARINONI, Luiz Guilherme. *Tutela antecipatória, julgamento antecipado e execução imediata da sentença*, 2ª ed. rev. e atual. São Paulo: RT, 1998, p. 218 e ss). Também analisando criticamente o princípio do duplo grau de jurisdição e sua relação com o princípio do devido processo legal: "Os princípios do devido processo legal e do duplo grau de jurisdição, apesar de ligados entre si, não traduzem relação de dependência ou continência. Isto porque é possível assegurar o devido processo legal sem o duplo grau de jurisdição e vice-versa. Os direitos de ação e de defesa não se correlacionam, *de per si* e implicitamente, com o direito ao duplo grau de jurisdição. Isto porque, no tocante às questões de fato, pressupõe-se o contato direto do juiz de primeiro grau com as provas, que lhe oferecem um profundo exame do conflito de interesses, em obediência ao princípio da oralidade. Não haveria razão, portanto, para que em um segundo julgamento novamente se repetisse a análise. Assim sendo, o juiz de primeiro grau, se não conta com a experiência daqueles de segunda instância, tem a favorecê-lo o conhecimento dos fatos através da prova testemunhal, a concentração e oralidade do processo, permitindo às partes o exercício de seus direitos e prerrogativas. Ademais, nada garante que a última decisão seja mais correta e legítima que a primeira. Conclui-se, assim, que poderemos ter um processo obediente ao princípio do devido processo legal sem que haja, necessariamente, previsão do duplo grau de jurisdição." (LASPRO, Oreste Nestor de Souza. *Duplo grau de jurisdição no direito processual civil.* São Paulo: Revista dos Tribunais, 1995, p. 94-95).

36. Entendendo ser o duplo grau de jurisdição uma maneira de proteger o devido processo legal, GRECO, Leonardo. *Instituições de processo civil.* Rio de Janeiro: Forense, 2015, v. III, p. 11: "Então, mesmo não previsto expressamente no artigo 5.º da Constituição Federal como garantia fundamental do processo civil, o duplo grau de jurisdição integra o devido processo legal, o qual incontestavelmente constitui uma daquelas garantias ou direitos fundamentais (inc. LIV)", ponderando o autor, em sequência, que "os instrumentos internacionais de direitos humanos e a jurisprudência internacional não reconhecem o duplo grau de jurisdição como garantia fundamental no processo civil, pelo caráter discricionário de que se reveste o acesso às jurisdições superiores nos países da *common law*".

37. Nesse sentido: MARINONI, Luiz Guilherme. *Processo Constitucional e Democracia.* São Paulo: Thomson Reuters Brasil, 2021, p. 523.

38. "Também na polêmica brasileira Marinoni preleciona a ausência de previsão constitucional do duplo grau no direito brasileiro, contestando o parecer daqueles que o entendem como garantia implícita do sistema constitucional que garante recurso especial das causas julgadas em última instância, ou seja, julgadas por um Tribunal (art. 105, III, CR/88). Assevera que, pelo fato de a Constituição estabelecer no art. 5º, inciso XXXV, CR/88, a inafastabilidade do controle jurisdicional, somente permitindo uma aplicação de tutela

Por sua vez, há autores que conferem envergadura constitucional ao mencionado princípio em razão do disposto no artigo 108, inciso II[39] e nos arts. 102, II, e 105, II, todos da Lei Maior, prevendo hipóteses de cabimento de figuras recursais, mas sem lhe conferir status de direito fundamental.

Esse, contudo, não nos parece o melhor entendimento. No processo civil brasileiro, diante da ausência de previsão expressa do duplo grau ou do direito de recorrer, decorrente deste, como direito fundamental, parece-nos que o duplo grau de jurisdição e os recursos se apresentam como opções legislativas, e que devem ser aplicadas em conjunto com as demais garantias processuais. Assim, se, de um lado, não se pode conceber a vedação total e genérica ao direito de recurso, não se mostra irrazoável a sua limitação ou até mesmo a vedação no que tange a determinadas decisões judiciais[40].

Nessa linha, vale destacar que, no âmbito da União Europeia, não se extrai um direito fundamental a recurso da Convenção Europeia dos Direitos do Homem, inclusive de seu artigo 6, configurando o direito a recursos matéria legislativa de cada país membro[41]. Da mesma forma, na Alemanha não há

---

tempestiva, o duplo grau não seria justificável. Afirma: Nas causas em que é racionalmente justificável a dispensa de um duplo juízo sobre o mérito, a exigência de dois juízos para a definição do litígio acaba por atentar contra o direito à tempestividade da tutela jurisdicional. Ora, o direito à adequada tutela jurisdicional – como inclusive já reconheceu CAPPELLETTI – é muito mais importante do que o duplo grau, mas o primeiro – que é garantido em todas as Constituições modernas – dificilmente poderá ser realizado em um sistema em que a tutela jurisdicional somente pode ser concretamente prestada após um juízo repetitivo sobre o mérito. Com base, ainda, no argumento da tempestividade da aplicação da tutela, afirma que o recurso não seria, em sua perspectiva, inerente à garantia da ampla defesa. Ademais, acredita que o duplo grau fere a oralidade e desvaloriza o juízo de primeiro grau. Defende, assim, a supressão do duplo grau e do instituto do recurso nas causas de menor complexidade dos Juizados Especiais e o estabelecimento, nos moldes de Cappelletti, Ricci e Liebman, da execução imediata da sentença. Em uma das edições mais recentes de uma de suas obras, Marinoni, com sua preocupação indiscutível com a celeridade do procedimento, chega a afirmar que '... se o direito brasileiro não cultuasse, de forma exagerada e indevida, o duplo grau de jurisdição, a necessidade da tutela antecipatória não seria tão sentida'. Percebe-se, assim, que a crítica ao duplo grau sempre vem acompanhada das preocupações com a celeridade." (NUNES, Dierle José Coelho. *Direito constitucional ao recurso:* da teoria geral dos recursos, das reformas processuais e da comparticipação nas decisões. Rio de Janeiro: Lumen Juris, 2006, p. 124-126).

39. "O direito ao duplo grau de jurisdição decorre da previsão inespecífica de competência recursal para as Cortes de Justiça (Tribunais Regionais Federais e Tribunais de Justiça) pela Constituição. No entanto, não se trata de um direito fundamental: o legislador infraconstitucional pode dispor a respeito da sua conformação. Em outras palavras, o direito ao duplo grau de jurisdição no processo civil não está inafastavelmente garantido pela Constituição." (ARENHART, Sergio Cruz; MARINONI, Luiz Guilherme; MITIDIERO, Daniel. *Curso de Processo Civil:* Tutela dos direitos mediante procedimento comum. Vol. 2. 8 ed. São Paulo: Thomson Reuters Brasil, 2022 p. 534). Veja-se, portanto, que apesar se reconhecerem a previsão de tal direito, os autores não o reputam direito fundamental, na esteira do que aqui se defende.

40. Nesse sentido, Ana Cândida Menezes Marcato sustenta que "não havendo garantia constitucional do duplo grau, mas simples previsão do princípio, está aberta a oportunidade de a própria Constituição e o legislador infraconstitucional estabelecerem restrições ao princípio." (MARCATO, Ana Cândida Menezes. *O princípio do duplo grau de jurisdição e a reforma do Código de Processo Civil.* São Paulo: Atlas, 2006, p. 32).

41. "The right to a fair trial as guaranteed by Article 6 of European Convention on Human Rights and Fundamental Freedoms (ECHR) does not imply the right to appeal in civil cases. It is therefore left to the national

uma previsão explícita do direito de recorrer[42], sendo esse o entendimento de parcela da doutrina, para quem será possível, então, a criação legal de restrições a tal direito, fundadas no princípio da proporcionalidade. Destaque-se, também, que não há previsão de um direito fundamental ao recurso ou ao duplo grau de jurisdição obrigatório nas Constituições Espanhola, Francesa, Italiana e Americana, tampouco do ordenamento jurídico inglês[43].

Resta assentada, então, uma premissa fundamental para este trabalho: o direito de recorrer configura opção legislativa e está sujeito a ponderações pelo próprio legislador.

Assim sendo, se o direito a um recurso está assegurado no ordenamento jurídico – seja na Constituição, como é o caso dos recursos aos Tribunais Superiores, seja na legislação infraconstitucional, como é a hipótese de di-

jurisdictions to decide whether or not the remedy of appeal will be available and to what extent. Since instituting appeal or not is thus a matter of policy, it becomes essential to reflect on the way the success, necessity and usefulness of appeal should be assessed. This assessment must be related to the reasons for which appellate proceedings have been created and to the scope of the review in appeal."(L. van der, Baaren, J. Huijts, L. Molenaars, F. Fernhout. Wealth shift as a criterion to assess the impact of appellate proceedings- applied to dutch civil appeal. In: *Nobody's perfect: comparative essays on appeals and other means of recourse against judicial decisions in civil matters*. Cambridge: Intersentia, 2014, p. 53).

42. BRAVO-HURTADO, Pablo; VAN RHEE, Cornelis Hendrik (orgs.). *Supreme Courts Under Pressure:* Controlling Caseload in the Administration of Civil Justice. Cham: Springer, 2021, p. 81.

43. Nesse sentido, Rui Pinto relata em relação a diversos ordenamentos. No caso espanhol: "Em termos mais simples, MONTERO AROCA / FLORS MATÍES escrevem que 'não há um direito ao recurso enquanto tal, mas um direito a interpor os recursos previstos na lei'". (PINTO, Rui. *O Recurso Civil*. Uma Teoria Geral. Noção, objeto, natureza, fundamento, pressupostos e sistema. Lisboa: AAFDL, 2017, p. 136). No exemplo francês, acerca do direito ao recurso: "[...] o *Conseil constitutionnel* declarou que não constitui um princípio *constitucional*, embora se garantam os *recursos já existentes* em nome dos direitos de defesa e do princípio da igualdade, podendo o legislador ordinário suprimi-los se respeitar o princípio da igualdade." (PINTO, Rui. *O Recurso Civil*. Uma Teoria Geral. Noção, objeto, natureza, fundamento, pressupostos e sistema. Lisboa: AAFDL, 2017, p. 136). E na Alemanha: "Idêntica posição restritiva domina a **jurisprudência** e a **doutrina alemãs** sobre as garantias constitucionais do processo civil, como as de KRÄMER, ROSENBERG/ SCHWAB / GOTWALD, JAUERNIG / HESS, PAPIER e JARASS, entre outros. [...] Todavia, nota PAPIER, que *não pode retirar-se* da necessária vinculação dos tribunais aos direitos fundamentais a existência de um *genérico direito de ação contra os atos decisórios* do juiz. (PINTO, Rui. *O Recurso Civil*. Uma Teoria Geral. Noção, objeto, natureza, fundamento, pressupostos e sistema. Lisboa: AAFDL, 2017, p. 137). Na hipótese italiana: "[...] o artigo 111. parágrafo sétimo, da *Costituzione Italiana* garanta, de modo direto e imediato, o recurso de *cassazione* (cf. Art. 360. CPC/It) por *violação de lei* ("ilegimitá") contra as sentenças e providências sobre a liberdade pessoal, mas não por "vicio de mérito" (*i.e.*, quanto à matéria de facto). Em consequência, pode caber *cassazione* mesmo de decisões que não admitem *appello*. Fora desta consagração constitucional pontual prevalece o entendimento de que o *doppio grado de giurisdizione* apresenta valor infraconstitucional: 'não está constitucionalmente previsto, pelo que poderia ser eliminado [...] com uma simples lei ordinária', escreve GIAN FRANCO RICCI." (PINTO, Rui. *O Recurso Civil*. Uma Teoria Geral. Noção, objeto, natureza, fundamento, pressupostos e sistema. Lisboa: AAFDL, 2017, p. 137-138). Por fim, em se tratando dos EUA e do Reino Unido: "Finalmente, nos Estados Unidos entende-se que o *Right to Appeal* não tem assento constitucional – *maxime* no Article III USConst – mesmo no *due process of law*, sendo apenas ordinariamente previsto no USC 28. Title § 1291, enquanto no **Reino Unido** também se entende que se trata de uma matéria do foro do legislador ordinário." PINTO, Rui. *O Recurso Civil*. Uma Teoria Geral. Noção, objeto, natureza, fundamento, pressupostos e sistema. Lisboa: AAFDL, 2017, p. 138).

versos recursos de caráter ordinário, tais como a apelação – é possível, em prol da promoção de direitos fundamentais ou de outros valores relevantes ao processo, que a lei venha a restringir sua utilização, criando requisitos de admissibilidade ou outros filtros de seleção dos recursos. No entanto, compete primordialmente ao legislador a criação de filtros recursais, e não puramente pela jurisprudência dos tribunais.

Isso não impede, contudo, que a jurisprudência dos Tribunais, interpretando as previsões constantes da Constituição ou da lei, venha a encontrar outros filtros ou requisitos de admissão aos recursos, desde que diretamente decorrentes das normas do ordenamento.

Não se pode esquecer da existência de um verdadeiro desafio: a atividade interpretativa é criativa por natureza[44]. A interpretação da norma jurídica se adequa aos problemas fáticos que a concretizam[45]. Deve-se, com isso, adequar a norma jurídica aos casos fáticos do direito, bem como aos valores e princípios constitucionais, para lhes atribuir efetividade.

A aplicação das normas jurídicas, portanto, deve seguir os métodos de interpretação que carrega. A primeira que se destaca é a interpretação gramatical, da qual se extrai o conteúdo semântico das palavras normativas de que o intérprete deve partir em um momento inicial. Em seguida, tem-se a interpretação histórica, por meio de que se busca a vontade histórica do legislador para aquele dispositivo legal que se interpreta, inclusive sua vontade, caso fosse amoldada à contemporaneidade. Em terceiro lugar, o método sistemático tem por essência a busca do sentido das normas dentro do sistema legal em que elas se inserem, de modo a não se contradizerem com outras, alcançando uma verdadeira unidade no ordenamento jurídico. Já a interpretação teleológica extrai da norma sua finalidade, e, desse modo, deve ser aplicada à realidade, procurando o bem jurídico que se espera da

44. CAPPELLETTI, Mauro. *Juízes Legisladores?* Tradução de Carlos Alberto Alvaro de Oliveira. Porto Alegre: Sérgio Antônio Fabris Editor, 1993, p. 20-23.

45. A interpretação concretizadora aqui defendida baseia-se nas ideias de Konrad Hesse (HESSE, Konrad. La interpretación constitucional. In: *Escritos de derecho constitucional.* Madrid: Centro de Estudios Constitutionales, 1983. p. 43 et seq.). Na mesma linha, cuidando diretamente da atividade judicial, já na década de 1960 Manuel Serra Dominguez sustentava que o juízo de direito, ao concorrer simultaneamente atividades de inteligência e vontade do juiz, é ao mesmo tempo aplicação e criação do Direito (SERRA DOMINGUEZ, Manuel. *Estudios de derecho procesal.* Barcelona: Ariel, 1969. p. 110). Francisco Ramos Méndez também defende que o juiz sempre deve eleger a solução do caso concreto, participando da criação do direito da parte (RAMOS MÉNDEZ, Francisco. *Derecho y proceso.* Barcelona: Bosch, 1978. p. 207). Também Daniel Mitidiero defende que a jurisdição não cumpre apenas uma função declaratória da ordem jurídica preestabelecida, mas oferece ao mundo algo novo (MITIDIERO, Daniel. *Colaboração no processo civil*: pressupostos sociais, lógicos e éticos. 3 ed. São Paulo: Revista dos Tribunais, 2015, p. 39-40).

norma inserida no ordenamento jurídico. Estes são os métodos clássicos de interpretação[46].

Além dos mencionados métodos de interpretação das normas jurídicas, encontramos o método da interpretação conforme a Constituição[47]. A partir deste método, a interpretação que se dá a uma norma é aquela que, dentre as interpretações que o texto possibilita, garanta uma maior adequação aos preceitos constitucionais. Assim se aplica o método da interpretação conforme a Constituição às normas infraconstitucionais[48]. Nesse sentido, no processo civil, as normas processuais devem ser interpretadas no ordenamento jurídico com o objetivo de garantir os direitos fundamentais e demais normas constitucionais, e de afastar o julgamento erroneamente satisfeito em aplicar a lei de forma cega[49]. É o que se extrai, inclusive, da exigência de filtragem constitucional das normas processuais infraconstitucionais, conforme previsão do artigo 1º do Código de Processo Civil. Há, no entanto, que se observar o limite do "sentido mínimo da própria proposição jurídica (sua finalidade, a chamada "vontade normativa")"[50].

Para se alcançar a função concretizadora da interpretação conforme a Constituição, devemos observar: "i) o fim concreto da norma, em termos

46. BARROSO, Luís Roberto. *Interpretação e aplicação da Constituição:* fundamentos de uma dogmática constitucional transformadora. 7. ed. São Paulo: Saraiva, 2009, p. 128-146. Os três primeiros foram os fixados por Savigny ainda em 1840 (SAVIGNY, Friedrich Carl von. *Sistema del diritto romano attuale*, 1886, v. 1, cap. 4, p. 220-224).

47. BARROSO, Luís Roberto. *Interpretação e aplicação da Constituição:* fundamentos de uma dogmática constitucional transformadora. 7. ed. São Paulo: Saraiva, 2009, p. 193.

48. "A princípio, rigorosamente, essa é uma ideia que não integra o contexto da interpretação da Constituição. O que se propugna é que atos normativos infraconstitucionais tenham seu significado definido de acordo com a Constituição." (BRAGA, Paula de Sarno. *Norma de processo e norma de procedimento:* o problema da repartição de competência legislativa no Direito Constitucional brasileiro. 2. ed. São Paulo: Juspodivm, 2021, p. 114).

49. MITIDIERO, Daniel. *Colaboração no processo civil*: pressupostos sociais, lógicos e éticos. 3. ed. São Paulo: Revista dos Tribunais, 2015, p. 43-44. No mesmo sentido: "O Direito passa a ser construído *a posteriori*, em uma mescla de indução e dedução, atento à complexidade da vida, que não pode ser totalmente regulada pelos esquemas lógicos reduzidos de um legislador que pensa abstrata e aprioristicamente. As cláusulas gerais servem para a realização da *justiça do caso concreto*; revelam-se, em feliz metáfora doutrinária, como 'pontos de erupção da equidade'." (DIDIER JR, Fredie. Curso de Direito Processual Civil. 21. ed. Salvador: Juspodivm, 2019, v. 1, p. 61). "A dissociação entre disposição (ou texto legal) e norma é resultado da percepção de que a atividade de interpretação requer juízos valorativos no momento da definição das diretivas de interpretação e da consideração de elementos relacionados com a própria disposição, e que o resultado-interpretação é uma "opção" entre as interpretações extraíveis do texto. Ou seja, a dissociação entre texto e norma supõe que a atividade de interpretação não é de mera descoberta, destituída de qualquer valoração, e que o resultado-interpretação não constitui mera declaração, como pretendia o formalismo interpretativo e entendiam as teorias clássicas da jurisdição". (MARINONI, Luiz Guilherme; ARENHART, Sérgio Cruz; MITIDIERO, Daniel. *Manual do processo civil*. 5. ed. São Paulo: Thomson Reuters Brasil, 2020, p. 77).

50. BRAGA, Paula de Sarno. *Norma de processo e norma de procedimento:* o problema da repartição de competência legislativa no Direito Constitucional brasileiro. 2. ed. São Paulo: Juspodivm, 2021, p. 116.

teleológicos; ii) o contexto normativo em que ela se encontra, em termos sistemáticos; iii) a 'pré-compreensão do aplicador': vez que seus valores são decisivos na análise dos fatos e na escolha das normas, que seleciona e qualifica; iv) o 'consenso social' que existe sobre dados a serem por ele avaliados (como standards); e v) a necessidade de controle judicial posterior da decisão, em sua justiça e validade (se não devidamente fundamentada)"[51].

Para parcela da doutrina, é exemplo da interpretação concretizadora o formalismo-valorativo do direito processual ante o direito material que se pretende proteger, buscando assegurar a eficácia dos direitos fundamentais no processo[52]. É sob essa perspectiva que se enquadram o princípio da fungibilidade de recursos e a tempestividade de um recurso ofertado antes mesmo do início de seu prazo[53].

---

51. *Ibid.*, p. 48-49.
52. "O processo vai hoje informado pelo formalismo-valorativo porque, antes de tudo, encerra um formalismo cuja estruturação responde a valores, notadamente aos valores encartados em nossa Constituição. [...] parece-nos que o processo civil brasileiro já se encontra mergulhado em sua *quarta fase metodológica,* tendo sido superada a fase instrumentalista. Com efeito, da instrumentalidade passa-se à compreensão do *processo civil no Estado Constitucional*, que ora se assume como um verdadeiro método de pensamento e programa de reforma de nosso processo. Trata-se de uma nova visão metodológica, uma nova maneira de pensar o direito processual civil." (MITIDIERO, Daniel. *Colaboração no processo civil*: pressupostos sociais, lógicos e éticos. 3 ed. São Paulo: Revista dos Tribunais, 2015, p. 48).
53. Registre-se que o Código de Processo Civil brasileiro de 2015 consagra expressamente, no artigo 218, parágrafo 4º, a tempestividade do ato praticado anteriormente ao início de seu prazo. Na vigência do CPC de 1973, porém, não havia regra semelhante e a jurisprudência do Superior Tribunal de Justiça se manifestou por vezes pela intempestividade do ato. De outro lado, importante julgado do Supremo Tribunal Federal entendeu pela tempestividade: "Embargos de declaração nos embargos de divergência nos embargos de declaração nos embargos de declaração no agravo regimental no agravo de instrumento. Conversão em agravo regimental. Interposição de embargos de divergência antes da publicação do acórdão embargado. Extemporaneidade. Instrumentalismo processual. Preclusão imprópria para prejudicar a parte que contribui para a celeridade processual. Boa-fé exigida do estado-juiz. Agravo regimental provido. 1. A extemporaneidade não se verifica com a interposição de recurso antes do termo a quo e consequentemente não gera a ausência de preenchimento de requisito de admissibilidade da tempestividade. 2. O princípio da instrumentalidade do Direito Processual reclama a necessidade de interpretar os seus institutos sempre do modo mais favorável ao acesso à justiça (art. 5º, XXXV, CRFB) e à efetividade dos direitos materiais (OLIVEIRA, Carlos Alberto Alvaro de. O formalismo-valorativo no confronto com o formalismo excessivo. In: Revista de Processo, São Paulo: RT, n.º 137, p. 7-31, 2006; DINAMARCO, Cândido Rangel. A instrumentalidade do processo. 14ª ed. São Paulo: Malheiros, 2009; BEDAQUE, José Roberto dos Santos. Efetividade do Processo e Técnica Processual. 3ª ed. São Paulo: Malheiros, 2010). 3. As preclusões se destinam a permitir o regular e célere desenvolvimento do feito, não sendo possível penalizar a parte que age de boa-fé e contribui para o progresso da marcha processual com o não conhecimento do recurso por ela interposto antecipadamente, em decorrência de purismo formal injustificado. 4. Os embargos de declaração opostos objetivando a reforma da decisão do relator, com caráter infringente, devem ser convertidos em agravo regimental, que é o recurso cabível, por força do princípio da fungibilidade. (Precedentes: Pet 4.837-ED, rel. Min. CÁRMEN LÚCIA, Tribunal Pleno, DJ 14.3.2011; Rcl 11.022-ED, rel. Min. CÁRMEN LÚCIA, Tribunal Pleno, DJ 7.4.2011; AI 547.827-ED, rel. Min. DIAS TOFFOLI, 1ª Turma, DJ 9.3.2011; RE 546.525-ED, rel. Min. ELLEN GRACIE, 2ª Turma, DJ 5.4.2011). 5. In casu, pugna-se pela reforma da seguinte decisão: "EMBARGOS DE DIVERGÊNCIA. PETIÇÃO DE INTERPOSIÇÃO PROTOCOLADA ANTES DA PUBLICAÇÃO DO ACÓRDÃO EMBARGADO. EXTEMPORANEIDADE. INTERPOSIÇÃO DE DOIS RECURSOS CONTRA A MESMA DECISÃO. OFENSA AO POSTULADO DA SINGULARIDADE DOS RECURSOS. AUSÊNCIA

Assim, partindo-se da premissa de que o direito a recorrer decorre de opção legislativa, para que um filtro de seleção ou requisito de admissibilidade seja legítimo, é preciso que decorra da literalidade da norma ou de interpretação desta que encontre limite no próprio teor da norma e na sua interpretação à luz do sistema.

Tais conclusões são fundamentais na análise dos filtros ao acesso aos Tribunais Superiores, do que se tratará ao longo desta obra.

DE DEMONSTRAÇÃO, DE MANEIRA OBJETIVA, MEDIANTE ANÁLISE COMPARATIVA ENTRE O ACÓRDÃO PARADIGMA E A DECISÃO EMBARGADA, DA EXISTÊNCIA DO ALEGADO DISSÍDIO JURISPRUDENCIAL. EMBARGOS DE DIVERGÊNCIA NÃO ADMITIDOS". 6. Agravo regimental provido para cassar a decisão de inadmissão dos embargos de divergência com fundamento na extemporaneidade recursal." (AI 703269 AgR-ED-ED-EDv-ED, Relator(a): LUIZ FUX, Tribunal Pleno, julgado em 05/03/2015, PROCESSO ELETRÔNICO DJe-085 DIVULG 07-05-2015 PUBLIC 08-05-2015).

2. As Cortes Superiores e os Recursos a elas Dirigidos

2.1. OS DIFERENTES MODELOS DE CORTES SUPERIORES

Para tratarmos dos recursos às Cortes Superiores, precisamos, em primeiro lugar, defini-las. Para os fins deste estudo, Cortes Superiores são aquelas que possuem a função de controle da correta aplicação do direito objetivo por outros Tribunais[1].

Existem diferentes modelos de Cortes Superiores pelo mundo, o que depende da escolha do constituinte e/ou do legislador de cada nação, ao modelar o respectivo sistema de justiça. Podemos mencionar algumas características que distinguem os diferentes modelos possíveis: i) se as cortes estão autorizadas a substituir a decisão recorrida ou podem apenas cassar a decisão; ii) se o acesso recursal se dá numa base discricionária ou de estrita legalidade; iii) se há algum tipo de divisão referente à matéria em discussão; iv) se a Corte Superior exerce funções consultivas além de jurisdicionais[2] e v) se compete ou não às Cortes Superiores exercer controle de constitucionalidade das leis e atos do parlamento.

---

1. Daniel Mitidiero diferencia as Cortes Supremas das Cortes Superiores como: "Sumariamente, as Cortes Superiores estão vinculadas a uma compreensão cognitivista do Direito, a jurisdição é entendida como simples declaração de uma norma pré-existente e o escopo está em controlar a decisão recorrida mediante uma jurisprudência uniforme, sem que as razões expendidas pelos juízes possam ser consideradas como fontes primárias do Direito. As Cortes Supremas estão vinculadas a uma compreensão não cognitivista e lógico-argumentativa do Direito, a jurisdição é entendida como reconstrução e outorga de sentido a textos e a elementos não textuais da ordem jurídica e o escopo consiste em dar unidade ao Direito mediante a formação de precedentes, entendidas as razões adotadas nas decisões como dotadas de eficácia vinculante" (MITIDIERO, Daniel. *Cortes Superiores e Cortes Supremas:* do controle à interpretação da jurisprudência ao precedente. 3. ed. São Paulo: Editora Revista dos Tribunais, 2017, p. 34). Neste trabalho, contudo, aplica-se o sentido de Cortes Superiores e de Cortes Supremas enquanto cortes para o controle da correta aplicação do direito objetivo.
2. Anote-se posição doutrinária que considera jurisdicionais as funções consultivas (CABRAL, Antonio do Passo. *Jurisdição sem decisão:* non liquet e consulta jurisdicional no direito brasileiro. São Paulo: Juspodivm, 2023, p. 229-230).

Há países em que tais Cortes assumem unicamente a função de cassação de decisões por ofensa ao ordenamento jurídico. Por exemplo, a Corte de Cassação da Itália, que, apesar de ter a função de gerar precedentes para o sistema jurídico italiano, tem como função primária o controle das decisões recorridas, e a unificação da jurisprudência seria apenas um meio para realizar tal função[3]. Já em outras jurisdições, como Alemanha, Áustria e Suíça, as cortes desempenham uma função de revisão, que não apenas anula a decisão recorrida, como a substitui por uma nova[4].

Hipótese interessante é a do Reino Unido, onde a criação de uma Corte Superior é relativamente recente. A Suprema Corte do Reino Unido foi criada em 1º de outubro de 2009 para servir como o mais alto tribunal de apelação civil e criminal na estrutura jurídica do Reino Unido. Até então, o órgão responsável por exercer a função de mais alto tribunal no país era a Câmara dos Lordes, a câmara alta do Parlamento Britânico – em particular, tal função jurisdicional era exercida por um grupo de membros conhecidos como "*Law Lords*". A criação da Suprema Corte do Reino Unido foi resultado de um processo de reforma do sistema judicial britânico que visava separar as funções judiciais e legislativas[5], mas que na prática pouco afetou a dinâmica recursal no Reino Unido, que tal como nos demais sistemas de *common law* segue se dando em bases extremamente restritas[6].

---

3. "Semelhante situação fica ainda mais clara quando se percebe que, no modelo de Corte Superior, a existência de várias interpretações concomitantes e diferentes da legislação por vários órgãos do Poder Judiciário não é vista como uma anomalia, não é percebida como um problema no sistema jurídico, mas como algo natural, normal e até desejável. Isso porque a função da Corte Superior é de *tutela da legalidade mediante controle das decisões judiciais recorridas tendo como parâmetro uma jurisprudência uniforme*, não sendo a de promoção da unidade do Direito. *A unificação da jurisprudência é apenas um meio para obtenção do fim controle da decisão recorrida*" (MITIDIERO, Daniel. *Cortes Superiores e Cortes Supremas:* do controle à interpretação da jurisprudência ao precedente. 3. ed. São Paulo: Editora Revista dos Tribunais, 2017, p. 46-47).
4. BRAVO-HURTADO, Pablo. *Recursos ante las Cortes Supremas en el civil law y en el common law: dos vías a la uniformidad.* International Journal of Procedural law, Vol. 2(2), p.323-339, 2012, p. 327.
5. A mudança veio como consequência de uma decisão da Corte Europeia de Direitos Humanos que entendeu que havia fortes conexões as funções judicial, legislativa e executiva que um oficial de justiça (*bailiff*) desempenhava na ilha de Guernsey e concluiu que tal oficial carecia da independência e imparcialidade exigidas pela Convenção Europeia sobre Direitos humanos: "Commission considers that it is incompatible with the requisite appearances of independence and impartiality for a judge to have legislative and executive functions as substantial as those in the present case" (Corte Europeia de Direitos Humanos, McGonnell v. the United Kingdom, caso nº 30 EHRR 28, j. 8.2.2000).
6. No Reino Unido, os jurisdicionados não tem um direito fundamental de apelar das sentenças proferidas em seu desfavor. Nesse sentido, tanto em recursos para a Corte de Apelação da Inglaterra e do País de Gales quanto para a Suprema Corte do Reino Unido, a parte interessada precisa solicitar ao Poder Judiciário uma *permission to appeal*, que pode ser concedida tanto pela corte que proferiu a decisão recorrida quanto pela corte a quem se recorre. Acerca dos critérios para a concessão da permissão "The criterion for granting permission to appeal to the Court of Appeal is either that an appeal has a 'real prospect of success' or that 'there is some other compelling reason' why an appeal should be heard. The criterion for making a second tier appeal is more stringent: the case must raise an important point of principle or

Tal discricionariedade na admissibilidade recursal encontrada nos sistemas de *common law* decorre de uma visão de que a função das Cortes Superiores não é primariamente corrigir erros na aplicação do Direito por parte das cortes de apelação, mas resolver de forma definitiva questões jurídicas recorrentes ou de grande relevância social e política[7]. Por outro lado, os sistemas de *civil law* tradicionalmente se assemelham, por estabelecerem critérios e filtros legais para a admissibilidade dos recursos,[8] ainda que o grau de restrição imposto por cada filtro possa variar imensamente.

Nesse ponto, é importante pontuar que a existência de filtros baseados em conceitos jurídicos indeterminados não se confunde com discricionariedade na admissão dos recursos[9]. Nesse sentido, enquanto no Reino Unido e nos Estados Unidos a decisão que concede a *permission to appeal* ou o *writ of certiorari*, respectivamente, são imotivados, já nos sistemas de *civil law* o significado dos conceitos jurídicos indeterminados usados como filtros de admissibilidade vão ganhando concretude com a formação de jurisprudência justamente sobre a admissibilidade recursal. Os filtros recursais serão objeto de análise mais aprofundada posteriormente.

---

practice or there must be some other compelling reason why an appeal should be heard" (HALE, Brenda. *A Supreme Court for the United Kingdom?*. Legal Studies, vol. 24, pp. 36-44, 2004, p. 37).

7. "Today, the US Supreme Court's docket is by statute almost entirely discretionary – except in rare cases there is no appeal as of right. The court's internal operating rules require that four of the nine justices on the court vote to hear a case before discretionary review is granted. The US Supreme Court does not sit primarily to correct mistakes of trial courts or courts of appeal. Instead, the court views its primary function as clarifying important and recurring questions of federal constitutional and statutory law. For that reason, discretionary review (exercised by granting the writ of certiorari) is reserved primarily for issues over which the lower courts are split, and cases that are otherwise of fundamental importance to the proper application of the US Constitution or Acts of Congress. Oftentimes, the court will decline to review an issue until it has percolated in the lower courts for a sufficient time, so that the court will have the full benefit of the insights of other courts before rendering its dispositive opinion." (AMAR, Vikram D.; OAKLEY, Jonh B. *International Encyclopedia of Law – Civil Procedure – United States*. 1. Ed. Alphen aan deen Rijn: Kluwer Law International, 2009, §206, p.194).

8. Por exemplo, acerca da admissibilidade de recursos perante a Corte Federal de Justiça alemã: "The decision to grant leave is not discretionary, as the statutory requirements just mentioned must be fulfilled. A US-type writ of certiorari is unknown to German civil procedure. Admittedly, at least on the face of it, the difference would be one of degree, as the statutory requirements under German law are relatively broadly construed. Yet, a considerable volume of case law exists to clarify exactly what a question of fundamental significance is. Once those requirements are met, the case has to be dealt with without any discretion." (STÜRNER, Michael. Sharing Responsibility: The German Federal Court of Justice and the Civil Appellate System. In: BRAVO-HURTADO, Pablo; VAN RHEE, Cornelis Hendrik (orgs.). *Supreme Courts Under Pressure:* Controlling Caseload in the Administration of Civil Justice. Cham: Springer, 2021, p. 82).

9. GIANNINI, Leandro J. *El certiorari*: la jurisdicción discrecional de las Cortes Supremas. Tesis doctoral. Facultad de Ciencias Jurídicas y Sociales – Universidad Nacional de La Plata, Buenos Aires, 2013, p. 94-95.

Outra questão que pode diferenciar distintos modelos de corte superior envolve uma análise de como se dão as sessões de julgamento, se estas ocorrem sempre com a totalidade de juízes presentes ou se as decisões são geralmente tomadas por um subgrupo de juízes[10].

Nos Estados Unidos, por exemplo, há uma única Suprema Corte que não comporta quaisquer subdivisões internas para julgamento. O fato de os julgamentos da Suprema Corte dos Estados Unidos serem feitos pelo tribunal pleno está diretamente relacionado a dois fatores: a discricionariedade na admissão de recursos e a importância atribuída pelo sistema americano à consistência interna da sua Suprema Corte[11]. No Reino Unido, contudo, os julgamentos ocorrem sempre perante painéis de juízes que são selecionados especificamente para cada caso e que podem variar de tamanho, sendo compostos por cinco, sete ou nove julgadores[12]. A divisão em painéis já se encontrava presente quando os julgamentos eram feitos perante a Câmara dos Lordes, e tem sido justificada como forma de assegurar a independência da corte perante atores políticos[13].

Já em sistemas de *civil law* é comum que as Cortes Superiores sejam divididas em diferentes câmaras de julgamento especializadas em diferentes campos do Direito ou até mesmo que exista mais de uma corte superior. Nesse sentido, o Tribunal Supremo Espanhol, por exemplo, se divide em cinco seções de julgamento, uma para questões de Direito Privado, uma para questões de Direito Penal, uma para questões de Direito Administrativo, uma para questões de Direito do trabalho e uma relacionada ao exercício da Justiça Militar[14].

---

10. BELL, John. *Reflections on continental European Supreme Courts*, Legal Studies, vol. 24, p.156-168, 2004, p.159-160.
11. BRAVO-HURTADO, Pablo. *Recursos ante las Cortes Supremas en el civil law y en el common law: dos vías a la uniformidad*. International Journal of Procedural law, Vol. 2(2), p.323-339, 2012, p. 336.
12. FENELL, Monica A. Emergent Identity: A Comparative Analysis of the New Supreme Court of the United Kingdom and the Supreme Court of the United States. Temple International & Comparative Law Journal, vol 22(2), p. 279-306, 2008, p. 291.
13. Nesse sentido, pontuou Lord Bingham of Cornhill em seu relatório sobre a reforma judiciária britânica: "There is in my opinion a further potential drawback to the whole court approach. If all the members of a court decide all the cases, the opportunity arises for the appointing authority to seek quite deliberately to influence the course of the court's decision-making in one direction or another when filling vacancies in the court." BINGHAM, Thomas Henry. *A new Supreme Court for the United Kingdom*, 2002, p. 13.
14. Artículo 55 de la Ley Orgánica 6/1985: El Tribunal Supremo estará integrado por las siguientes Salas: Primera: De lo Civil. Segunda: De lo Penal. Tercera: De lo Contencioso-Administrativo. Cuarta: De lo Social. Quinta: De lo Militar, que se regirá por su legislación específica y supletoriamente por la presente Ley y por el ordenamiento común a las demás Salas del Tribunal Supremo.

Já no caso da Alemanha, por exemplo, existem cinco cortes superiores, cada uma com a sua própria estrutura interna e de cortes inferiores. A mais importante delas é o Tribunal Federal de Justiça (*Bundesgerichtshof – BGH*) que preside em última instância sobre casos de Direito Civil e Criminal, mas há também o Tribunal Federal Social (*Bundessozialgericht – BSG*), competente em matéria de seguros e de Direito Previdenciário; o Tribunal Federal do Trabalho (*Bundesarbeitsgericht – BAG*), responsável por questões de Direito do Trabalho; o Tribunal Federal Administrativo (*Bundesverwaltungsgericht – BverwG*), que lida com as questões referentes à Administração Pública alemã e o Tribunal Federal das Finanças (*Bundesfinanzhof – BFH*) que julga casos de matéria tributária e aduaneira.[15]

Ademais, em outros países, as Cortes Superiores podem assumir outras competências, que não apenas jurisdicionais. Por exemplo, a *Cour de Cassation* francesa tem competência não só acerca do controle da correta aplicação do direito em decisões judiciais, como também a de prestar consultas – conforme estabelecido pela Lei nº 91-491, de 15 de maio de 1991, e pelo Decreto nº 92-228, de 12 de março de 1992[16]. Neste tipo de procedimento, antes de decidir sobre um litigio em que se suscite uma questão de direito inédita, as cortes inferiores podem solicitar à *Cour de Cassation* que emita um parecer sobre a questão, no qual a questão jurídica é apreciada de modo abstrato, sem se ater ao contexto de um caso concreto que deu origem ao pedido. Embora o tribunal que tenha solicitado o parecer não esteja vinculado à opinião da Corte de Cassação, em certa medida a corte já terá proferido um pré-julgamento sobre o tema[17].

Por fim, uma questão que distingue diferentes modelos de cortes superiores é o papel por elas desempenhado em relação ao controle de constitucionalidade. De um lado do espectro há os sistemas em que não se admite o controle de constitucionalidade por parte do Poder Judiciário,

---

15. Um problema que eventualmente há de surgir em um sistema que adota múltiplas cortes superiores é como resolver eventual conflito entre elas. No caso alemão, a solução se dá por meio da convocação de um órgão *ad hoc* chamado de Senado Conjunto das Supremas Cortes Federais, composto por representantes das cinco cortes superiores para a solução da controvérsia.
16. FERRAND, Frédérique. El futuro del Tribunal de Casación francés. In: FENOLL, Jordi Nieva; CAVANI, Renzo. *La Casación hoy, cien años después de Calamandrei*. Madrid: Marcial Pons, 2021, p. 74.
17. Cabe mencionar, também, que além da França outros sistemas atribuem funções consultivas às suas cortes superiores, dentre os quais menciona-se o Canadá. Acerca da atuação consultiva da Suprema Corte Canadense, recomenda-se a leitura de: HUFFMAN, James L.; MARDILYN Saathoff. *Advisory Opinions and Canadian Constitutional Development: The Supreme Court's Reference Jurisdiction*. Minnesota Law Review, vol. 74(6), p. 1251-1336, 1990, p.1251-1253.

como o Reino Unido[18] e os Países Baixos[19], onde, por conseguinte, suas respectivas cortes superiores nada podem dizer quanto à compatibilidade dos atos do parlamento com a Constituição.

O modelo europeu continental, em regra, também não confere às cortes superiores a atribuição de revisar a validade da legislação ordinária perante a Constituição, visto que tal atribuição é conferida exclusivamente a uma Corte Constitucional que existe à parte da estrutura ordinária do Poder Judiciário[20]. Nesse sentido pode-se mencionar a Corte Constitucional austríaca (*Verfassungsgerichtshof – VfGH*), a Corte Federal Constitucional alemã (*Bundesverfassungsgericht – BverfG*) a *Corte Constituzionale* italiana e o *Tribunal Constitucional* espanhol.

Por último, existem tribunais que desempenham simultaneamente o papel de corte superior e de corte constitucional, das quais o exemplo mais notório é a Suprema Corte dos Estados Unidos, que desenvolveu originariamente o conceito de controle de constitucionalidade ainda no início do século XIX[21]. O controle de constitucionalidade no modelo norte-americano,

18. O Reino Unido adota um modelo constitucional de supremacia do parlamento britânico, não sendo admitido o controle judicial da validade de seus atos. Nada obstante, a Suprema Corte do Reino Unido é autorizada a revisar a constitucionalidade de atos que emanam dos parlamentos da Escócia, Irlanda do Norte e País de Gales (*eg*. Suprema Corte do Reino Unido, REFERENCE by the Lord Advocate of devolution issues under paragraph 34 of Schedule 6 to the Scotland Act 1998, caso nº [2022] UKSC 31, j. 23.11.2022). No que se refere aos atos do parlamento do Reino Unido, a corte está autorizada somente a declarar a incompatibilidade de um estatuto em face da Convenção Europeia de Direitos Humanos, o que não invalida o ato em questão, mas gera pressão política para que este seja revisto pelo Parlamento (*eg*. Suprema Corte do Reino Unido, R (on the application of Steinfeld and Keidan) (Appellants) v Secretary of State for International Development (in substitution for the Home Secretary and the Education Secretary) (Respondent), Caso nº [2018] UKSC 32, j. 27.06.2018).
19. "The Dutch constitution explicitly prohibits judicial enforcement of the constitution against the legislature. Article 120 posits that 'the constitutionality of acts of parliament and treaties shall not be reviewed by the courts'. The prohibition was inserted in the constitution in 1848 at the behest of the government, and, despite some change in the wording, it still stands today. It is premised on the notion that the legislature is the ultimate interpreter of the constitution and sought to codify the constitutional praxis that had developed before 1848, when judges were never called upon to Pronounce on the constitutionality of legislation." (VISSEER, Maartje De. *Constitutional Review in Europe: A Comparative Analysis*. Oxford: Hart Publishing, 2014, p. 79).
20. "The centralized Kelsenian system of judicial review is built on two basic assumptions. It concentrates the power of constitutional review within a single judicial body, typically called a constitutional court, and it situates that court outside the traditional structure of the judicial branch. While this system emerged more than a century after the United States' system of diffused review, it has developed-particularly in Europe-into a widely accepted version of constitutional protection and control." (GARLICKI, Lech. *Constitutional Courts versus Supreme Courts*. International Journal of Constitutional Law, Vol. 5(1), p.44-68, 2007, p. 44).
21. Nessa senda: "A *supremacia constitucional* é o postulado sobre o qual se assenta todo o constitucionalismo contemporâneo. Dele decorre que nenhuma lei, nenhum ato normativo, a rigor, nenhum ato jurídico, pode subsistir validamente se for incompatível com a Constituição. É para assegurar essa supremacia que se criou o controle de constitucionalidade das leis, consagrado desde o célebre caso *Marbury v. Madison*, julgado pela Suprema Corte norte-americana em 1803, sem prejuízo da existência de antecedentes remotos. Também a interpretação conforme a Constituição, que subordina o sentido

ao contrário do modelo europeu continental, se dá sempre no contexto de um caso concreto, onde se questiona de modo incidental que determinada norma jurídica afronta a constituição, mesclando-se, assim, a jurisdição ordinária com a jurisdição constitucional.

Importante registrar, porém, que o objetivo do presente estudo não é a análise do papel das Cortes Superiores, em razão do que não se passará a outros pormenores da estruturação comparada de tais órgãos. O propósito dessa breve comparação é apenas evidenciar como a estrutura das Cortes Superiores e a extensão de suas atribuições podem impactar diretamente no volume de trabalho e, portanto, nos mecanismos para seleção dos recursos excepcionais e na forma de atuação das Cortes na análise de tais recursos.

2.2. O SISTEMA DE CORTES SUPERIORES BRASILEIRO

No caso brasileiro, o sistema de justiça civil[22] possui duas Cortes Superiores, o Supremo Tribunal Federal e o Superior Tribunal de Justiça, com competência, respectivamente, para o controle da constitucionalidade e da legalidade das decisões dos demais órgãos jurisdicionais. Explica-se.

A criação do Supremo Tribunal Federal, instância máxima do Poder Judiciário brasileiro, foi prevista na Constituição Republicana de 1891, de forte inspiração no regime norte-americano. Em sua origem, a referida Corte buscava proteger direitos individuais, como o direito à propriedade.

Tempos após sua criação, já se observava que a divisão de competências dos tribunais impactava a carga de trabalho do Supremo Tribunal Federal. Isso porque já àquele tempo os tribunais estaduais possuíam competência para julgar direito federal, o que levava a uma quantidade significativa de decisões aplicando (ou violando) norma federal, a ensejar recurso extraordinário[23].

As funções da Corte Suprema evoluíram ao longo do tempo.

---

das normas infraconstitucionais aos princípios e regras constitucionais, presta reverência à supremacia. A norma constitucional, portanto, é o parâmetro de validade e o vetor interpretativo de todas as normas do sistema jurídico." (BARROSO, Luís Roberto. *Curso de direito constitucional contemporâneo:* os conceitos fundamentais e a construção do novo modelo [livro eletrônico]. 9. ed. São Paulo: Saraiva Educação, 2020).

22. Excluem-se desse conceito, para o objeto do presente estudo, as Cortes Superiores especializadas em determinados ramos do direito, quais sejam, o Tribunal Superior do Trabalho, o Tribunal Superior Eleitoral e o Superior Tribunal Militar, que possuem competências específicas, com abrangência distinta do Supremo Tribunal Federal e do Superior Tribunal de Justiça.

23. ALVIM, Teresa Arruda; DANTAS, Bruno. Bruno. *Precedentes, Recurso Especial e Recurso Extraordinário*. Op. Cit., p. 614.

Antes da Constituição Federal de 1988, o Tribunal Federal de Recursos foi criado com o propósito de enxugar a sobrecarga do Supremo Tribunal Federal[24]. Instituído pelo art. 94 da Constituição de 1946, o Tribunal Federal de Recursos teve sua competência fixada pelo art. 104 daquela Constituição[25].

Em competência originária, tal tribunal julgava os mandados de segurança e os *habeas corpus* nas hipóteses do inciso I, alíneas a e b. Em grau recursal, conhecia recursos contra decisões denegatórias de *habeas corpus*, bem como as proferidas em mandados de segurança, se a autoridade apontada como coatora fosse federal, além das causas decididas em primeira instância, quando a União for interessada como autora, ré, assistente ou opoente, exceto as de falência; ou quando se tratar de crimes praticados em detrimento de bens, serviços ou interesses da União, ressalvada a competência da Justiça Eleitoral e a da Justiça Militar. A Constituição de 1946, contudo, manteve as hipóteses de recurso extraordinário como eram e criou a possibilidade de interposição de recursos ordinários ao Supremo Tribunal Federal – que deveriam ser julgados em sessão plenária – em face de decisões denegatórias de habeas corpus e de mandado de segurança, conforme dispunha o art. 101, II, a, da Constituição de 1946[26]. O Supremo Tribunal Federal era, com isso,

24. DA CUNHA VASCONCELOS FILHO, J. T. *O Tribunal Federal de Recursos*. Revista de Direito Administrativo, v. 11, p. 1-18, 1948, p. 1.

25. Art 104 - Compete ao Tribunal Federal de Recursos:

I - processar e julgar originariamente:

a) os mandados de segurança contra ato de Ministro de Estado, do Presidente e das Câmaras ou Turmas do próprio Tribunal ou de juiz federal;

b) os *habeas corpus*, quando a autoridade coatora fôr juiz federal;

c) os conflitos de jurisdição entre juízes federais subordinados ao mesmo Tribunal;

d) as ações rescisórias dos seus acórdãos e dos acórdãos de suas Câmaras ou Turmas.

II - julgar, em grau de recurso, as causas decididas pelos juízes federais em matéria civil ou criminal, ressalvada a hipótese do art. 101, II, *c*;

a) as causas decididas em primeira instância, quando a União for interessada como autora, ré, assistente ou opoente, exceto as de falência; ou quando se tratar de crimes praticados em detrimento de bens, serviços ou interesses da União, ressalvada a competência da Justiça Eleitoral e a da Justiça Militar;

b) as decisões de Juízes locais, denegatórias de *habeas corpus*, e as proferidas em mandados de segurança, se federal a autoridade apontada como coatora;

III - rever, em benefício dos condenados, as suas decisões criminais em processos findos.

26. "Que o constituinte de 1946 não estava alheio ao problema, prova o interesse com que procurou criar o Tribunal Federal de Recursos, a fim de desafogar a hipertrofia do Supremo Tribunal Federal. Todavia, revelou certa imprevisão e notória incoerência, quando teve de definir as atribuições do Supremo Tribunal Federal, porque, ao invés de prosseguir em sua tendência de equilíbrio e distribuição racional das funções, acabou por comprometer fatalmente a obra, não só mantendo o mesmo alcance do recurso extraordinário, tal como viera da Constituição de 1934, como ainda incluindo uma nova tarefa extremamente onerosa, qual a de julgar, em sessão plenária, os recursos ordinários de mandado de segurança." (BUZAID, Alfredo. *A crise do Supremo Tribunal Federal*. Revista da Faculdade de Direito, Universidade de São Paulo, v. 55, p. 327-372, 1960, p. 351).

a última instância para dar deferimento a tais remédios constitucionais[27]. Vê-se, portanto, que a Corte Suprema brasileira se manteve com uma gama de competências que assoberbava sua atuação.

A Constituição de 1988, por sua vez, ampliou o campo de atuação da Corte como intérprete da Constituição e retirou-lhe a função de unificar a aplicação do direito federal infraconstitucional.[28] Esse mister, então, passou a ser desempenhado pelo Superior Tribunal de Justiça (STJ), criado com a Constituição de 1988 e instalado em 1989[29]. No caso do sistema brasileiro, a divisão da função do julgamento de recursos que invoquem ofensa ao ordenamento jurídico pela decisão recorrida foi uma forma de conter a chamada "crise do Supremo", que representa a incapacidade de este último responder em tempo adequado aos recursos extraordinários a ele dirigidos[30].

A Constituição de 1988, buscando, então, reduzir a quantidade de recursos que eram dirigidos ao Supremo Tribunal Federal e que se acumulavam para julgamento, dividiu a função recursal extraordinária entre Supremo Tribunal Federal e Superior Tribunal de Justiça, na tentativa de desafogar aquela primeira Corte da quantidade de recursos que lhe eram submetidos.

---

27. "Se a última instância denegou, isto é, entregou prestação jurisdicional *negativa* (= julgou improcedente o pedido), cabe recurso ao Supremo Tribunal Federal. Isso significa que a União só reputa exaurida a competência recursal, se positiva; quer dizer: se a "última" instância que examinou, sem ser o Supremo Tribunal Federal, concedeu a ordem de habeas-corpus ou o mandado de segurança (duas *ações mandamentais*). É a última instância, portanto, para conceder; não para negar." (MIRANDA, Pontes de. *Comentários à Constituição de 1946*. 3. ed. Tomo III. Rio de Janeiro: Editor Borsoi, 1960, p. 263-264).

28. Disponível em https://portal.stf.jus.br/noticias/verNoticiaDetalhe.asp?idConteudo=503238&ori=1. Acesso em: 18.10.2023.

29. "Essa pontuação permite que se extraiam alguns tópicos que constituíram a ideia-força na criação do STJ: a) um Tribunal Superior, na linha da Justiça comum, de última instância no plano do direito federal não constitucional; b) havia consenso em se evitar alguma *capitis diminutio* em relação ao STF, que seria mantido como a *Corte Constitucional*; sem embargo, como depois observou Theotonio Negrão, a Carta 'dividiu o recurso extraordinário da CF em dois: o do art. 102, III, que manteve o nome e que é interposto para o STF; e o do art. 105, III, denominado 'recurso especial' e interposto para o STJ'. É dizer, sem jogo de palavras, o 'Tribunal da Federação' *são dois*: um, o STF, soberano em matéria constitucional; outro, o STJ, soberano no direito federal *stricto sensu*." (MANCUSO, Rodolfo de Camargo. *Recurso extraordinário e recurso especial*. 13. ed. São Paulo: Revista dos Tribunais, 2015, p. 112).

30. "[A]o longo do tempo, não faltaram *engenho e arte* na criação de institutos e expedientes tendentes a *filtrar* o excesso de recursos extraordinários naquela Corte. Tais tentativas não foram em vão, mas sempre estiveram longe de alcançar o desiderato fundamental, que era o de resolver (ou ao menos amenizar) a 'crise do Supremo'. Nesse sentido, há tempos o Ministro Carlos Velloso dava conta de que 'o volume de ações protocoladas no Supremo Tribunal Federal no decorrer do ano [de 2000] cresceu 49,43% em relação a 1999 – no total foram 101.996 processos contra 68.255'. Esclarecia, ainda, S. Exa. 'que cada ministro relatou e julgou cerca de oito mil processos e, do total de recursos, mais de 80% são repetidos. Quando do encerramento do ano judiciário de 2006, o Min. Sepúlveda Pertence, presidente da 1ª Turma, comunicou que foram julgados, desde 1º de fevereiro desse ano, 5.138 processos." (MANCUSO, Rodolfo de Camargo. *Recurso extraordinário e recurso especial*. 13. ed. São Paulo: Revista dos Tribunais, 2015, p. 81-82).

A partir desse panorama sobre a estruturação das Cortes Superiores da justiça civil brasileira, é necessário olhar para suas competências. Por força do artigo 102 da Constituição da República, o Supremo Tribunal Federal possui competência tanto para o papel de Corte Constitucional, julgando ações que questionam diretamente a legalidade de atos normativos, como também os recursos extraordinários, espécie de recurso que possui o papel de verificar precipuamente se a decisão recorrida está em conformidade com a Constituição (artigo 102, III, da CRFB)[31], o que confere a tal Corte atribuição também cassatória, controlando no caso concreto a conformidade de pronunciamentos de outros órgãos jurisdicionais com a Constituição[32].

Da mesma forma, o Superior Tribunal de Justiça possui o papel de corte de cassação, na medida em que é competente para processar e julgar os recursos especiais, espécie recursal cabível fundamentalmente para o controle da adequada interpretação da lei federal pelos tribunais locais - sejam eles Tribunais de Justiça ou Tribunais Regionais Federais – na forma do artigo 105, III, da CRFB.

Cabe destacar que a opção do constituinte brasileiro por duas Cortes Superiores foi acompanhada do estabelecimento de outras competências a tais Tribunais, que não apenas a de julgamento de recursos que façam o controle da aplicação do direito objetivo. Assim é que tanto o Supremo Tribunal Federal como o Superior Tribunal de Justiça possuem suas competências estruturadas nos artigos 102 e 105 da Constituição da República como originárias, recursais ordinárias - quando o recurso pode invocar qualquer matéria de interesse do recorrente – e recursais extraordinárias, quando o recurso possui por objeto uma suposta ofensa ao direito objetivo pela decisão recorrida.

---

31. Art. 102. Compete ao Supremo Tribunal Federal, precipuamente, a guarda da Constituição, cabendo-lhe: (...)

    III - julgar, mediante recurso extraordinário, as causas decididas em única ou última instância, quando a decisão recorrida:

    a) contrariar dispositivo desta Constituição;

    b) declarar a inconstitucionalidade de tratado ou lei federal;

    c) julgar válida lei ou ato de governo local contestado em face desta Constituição;

    d) julgar válida lei local contestada em face de lei federal.

32. Das hipóteses de cabimento de Recurso Extraordinário estabelecidas pelo art. 102, III, da Constituição Federal, vê-se que apenas a hipótese sob a alínea "d" não versa sobre a conformidade de atos em relação à Constituição, mas em relação a leis federais. Dessa forma, ainda assim, mantém-se o papel cassatório do Recurso Extraordinário, relacionado à legalidade de atos normativos.

Assim, há determinadas ações que devem ser propostas diretamente em tais Cortes, ainda que não haja uma questão de interpretação ou aplicação da Constituição ou da lei federal como o fundamento essencial da controvérsia. Exemplifique-se com as ações propostas por um Estado da Federação em face de outro, conforme o artigo 102, I, f, da CRFB, ou os mandados de segurança e os *habeas data* impetrados em face de ato de Ministro de Estado, na forma do artigo 105, I, b, do mesmo diploma. Em ambos os casos, não necessariamente o objeto do processo versa sobre questão constitucional ou sobre a correta aplicação da lei federal, mas tais previsões estão fundadas na promoção de princípios constitucionais. No caso da ação judicial entre Estados, sua tramitação no Supremo Tribunal Federal vem como forma de proteção ao princípio federativo, consagrado no artigo 1º da Constituição, dando-se à Corte que ocupa o vértice do Judiciário a função de arbitrar uma disputa que ponha em risco o pacto federativo. Da mesma forma, no caso da competência originária do Superior Tribunal de Justiça para a tramitação de mandados de segurança, a escolha do constituinte parece prestigiar a separação dos Poderes, retirando de juízes de primeiro grau o julgamento de atos de membros do elevado escalão do Poder Executivo.

Ao lado das previsões de competências mencionadas a título de exemplo, não se pode deixar de mencionar a competência criminal dos Tribunais Superiores, que acaba por levar a tais instâncias uma elevada gama de processos, buscando rever variados aspectos do processo penal, por meio dos *habeas corpus* dirigidos ao Superior Tribunal de Justiça e ao Supremo Tribunal Federal.[33]

Essas múltiplas funções das Cortes Superiores, atuando tanto na qualidade de instâncias originárias em diversas matérias, assim como uma instância recursal ordinária, acabam por desvirtuar o seu papel dentro do sistema recursal, em que a elas cabe a decisão final da interpretação do direito – isto é, a sua competência recursal extraordinária.

Afinal, esses Tribunais, ao acumularem competências, ficam assoberbados, fato que impactará o próprio papel dos recursos excepcionais no sistema brasileiro.

33. Conforme dados divulgados pelo próprio Tribunal, dos 24.213 processos em tramitação no STF na data da consulta, 2.031 são habeas corpus. (STF - Corte Aberta. Disponível em <https://transparencia.stf.jus.br/extensions/corte_aberta/corte_aberta.html>. Acesso em: 21.11.2023. Por sua vez, no STJ, do acervo atual, composto por 314.293 processos em outubro de 2023, 32.043, isto é, 10,20% são habeas corpus. (STJ – Boletim estatístico – outubro 2023. Disponível em <https://www.stj.jus.br/docs_internet/processo/boletim/2023/Boletim202310.pdf>. Acesso em: 21.11.2023).

2.3. OS RECURSOS ORDINÁRIOS E OS EXTRAORDINÁRIOS

Existem diferentes classificações dos recursos adotadas pela doutrina brasileira e estrangeira. Assim, pode-se mencionar a classificação entre recursos totais ou parciais, pela qual se diferem os recursos que impugnam a decisão como um todo ou apenas capítulos da decisão, a depender da vontade do recorrente. Classificam-se, também, pela sua fundamentação, na medida em que os recursos de fundamentação livre não exigem um fundamento específico a ser contestado da decisão e são diferenciados dos recursos de fundamentação vinculada, que exigem um fundamento específico a ser invocado no recurso. Além disso, há a classificação que difere os recursos ordinários, que buscam o reexame de direito subjetivo das partes, dos extraordinários, que buscam proteger direito objetivo. Menciona-se, por fim, a classificação entre os recursos independentes ou subordinados, na qual os independentes não dependem de outro recurso para serem admitidos, e os subordinados, ao contrário, dependem da admissão do recurso independente para sua admissibilidade[34].

Dentre as classificações, interessa para os fins desta obra a que divide os recursos em ordinários e extraordinários. De acordo com tal divisão, os primeiros são aqueles recursos em que é possível ao recorrente defender direitos subjetivos, sem sua interposição ficar adstrita à invocação de violação a uma norma jurídica. Dessa forma, pode ser realizado um controle da justiça da decisão impugnada. Por exemplo, é o caso de uma apelação, em que pode ser questionado qualquer vício processual ou questão de mérito com que o apelante não esteja de acordo.

Já os recursos extraordinários, aqui também denominados de excepcionais, possuem por objeto direto o controle de suposta ofensa a uma norma jurídica pela decisão recorrida.[35] Em tal categoria, no caso brasileiro, inserem-se os recursos especial e extraordinário, que possuem como objetivo a impugnação de decisão que supostamente ofenda norma jurídica, buscando que o Superior Tribunal de Justiça e o Supremo Tribunal Federal, respectivamente, venham a controlar se houve violação a determinada previsão

34. Para maiores detalhes na distinção e definição das classificações dos recursos, recomenda-se ao leitor RODRIGUES, Marco Antonio. *Manual dos Recursos*: ação rescisória e reclamação. 2 ed. São Paulo: Juspodivm, 2023.

35. Nessa linha: "Assim, no sistema brasileiro os recursos extraordinários são aqueles que possuem limitação nos fundamentos de interposição e requisitos especiais, podendo abordar apenas questões jurídicas, mas são destinados contra decisões não acobertadas pela *res judicata*. Já os recursos ordinários permitem a análise de qualquer questão fática ou jurídica do provimento irresignado." (NUNES, Dierle José Coelho. *Direito constitucional ao recurso:* da teoria geral dos recursos, das reformas processuais e da comparticipação nas decisões. Lumen Juris: Rio de Janeiro, 2006, p. 66).

normativa. Assim, ainda que, ao recorrer, o recorrente pretenda rever o pronunciamento jurisdicional de modo que lhe seja mais favorável, o objeto do recurso necessariamente fica vinculado ao controle da observância do direito objetivo pelo ato impugnado[36].

É de se notar que a classificação em recursos ordinários e extraordinários assume tal conotação não apenas no Brasil, mas em outros países, como é o caso da Argentina[37]. Há também sistemas jurídicos em que a nomenclatura é a mesma, mas o critério que ela quer designar é outro. Assim é que os recursos ordinários são aqueles interpostos em face de decisões não transitadas em julgado, ao passo que os extraordinários se prestam a impugnar atos decisórios transitados em julgado[38]. É o caso, por exemplo, do regime português, em que o art. 627.º, n. 2, do Código de Processo Civil de 2013 dispõe que "os recursos são ordinários ou extraordinários[39], sendo

36. Como aponta Flávio Cheim Jorge, "quando estamos diante dos recursos extraordinários, o direito subjetivo do recorrente somente será protegido quando, e somente nessa circunstância, tiver havido lesão ao direito objetivo, portanto, em decorrência natural da proteção deste. Quer dizer, a justiça da decisão só é alcançada como decorrência natural da correta aplicação da lei ao caso concreto. O benefício alcançado pelo recorrente advém do fato de o direito objetivo ter sido aplicado incorretamente no primeiro momento, sendo reconhecida a lesão posteriormente em sede recursal." (JORGE, Flávio Cheim. *Teoria Geral dos Recursos Cíveis.* 7. ed. São Paulo: Revista dos Tribunais, 2015, p. 54).

37. "El encuadramiento esquemático de la figura debe montarse sobre el eje principal: la existencia de una *cuestión federal*, e implicar a sus ingredientes complementarios, referidos a la implementación procesal y a los presupuestos condicionantes, según sistematización y forma usual en la metodología que se vale la Corte Suprema" (MORELLO, Augusto M. *Actualidad del Recurso Extraordinario.* Abeledo-Perrot, 1995, p. 177).

38. Registre-se que, no Brasil, utilizar a classificação em recursos ordinários e extraordinários de tal maneira não é cabível, já que os recursos no sistema brasileiro são cabíveis em face de decisões não transitadas em julgado. Os recursos no Brasil possuem, dentre seus efeitos, o obstativo ou impeditivo, isto é, impedem a preclusão da decisão recorrida, ou se esta for a final, seu trânsito em julgado. Eventual ataque a pronunciamento jurisdicional transitado em julgado se dará por alguma ação autônoma, como é o caso da ação rescisória e da ação declaratória de nulidade. Sobre as ações autônomas de impugnação, remete-se o leitor a RODRIGUES, Marco Antonio. *Manual dos Recursos: ação rescisória e reclamação.* 2 ed. São Paulo: Juspodivm, 2023, p. 363-412 e 429-470.

39. Sobre essa classificação: "Quanto aos **mecanismos de garantia da unidade do direito objetivo**, não considerando os sistemas com fontes normativas diversas como são os da *common law*, eles estão reservados às últimas instâncias. Tipicamente, estas apenas julgam de direito, não tendo, porém, um valor vinculante no plano formal. [...] Cumpre-se, assim, uma **função primária ou objetiva** de **garantia da unidade do direito objetivo** mediante o *controle da conformidade decisória com o direito objetivo, i. e.*, a *legalidade* da decisão recorrida, assegurando uma aplicação e interpretação corretas, e *a garantia a uniformidade de jurisprudência.* Esta função remonta à criação do *Tribunal de Cassation* em França em 1790, como órgão 'paralegislativo' de controlo da boa interpretação e aplicação da Lei pelos tribunais. Inicialmente, esse *Tribunal* podia anular as decisões judiciais, mas não podia decidir o litígio; com o tempo esta competência substitutiva acabou por se desenvolver. É, portanto, uma função diferente daqueloutra de **garantia dos direitos subjetivos** pelo afastamento do erro no caso concreto, de modo a garantir a correção material da decisão (a justiça): essa é uma função tendencialmente destinada aos tribunais de segunda instância, *i. e.*, os tribunais que conhecem das apelações, sendo, em maior ou menor grau, uma **função secundária** na economia dos recursos de última instância. Este peso relativo das duas funções dita que os recursos para os tribunais de última instância são *recursos especiais,* tanto pelos fundamentos, como pela tendencial exclusão de matéria de facto, como, ainda pela previsão de pressupostos processuais adicionais. *Por ex.*, o nosso recurso de revista está sujeito a um pressuposto

ordinários os recursos de apelação e de revista e extraordinários o recurso para uniformização de jurisprudência e a revisão", complementando o artigo seguinte que "a decisão considera-se transitada em julgado logo que não seja suscetível de recurso ordinário ou de reclamação".

No presente estudo, então, o objetivo é analisar os diferentes filtros de admissibilidade dos recursos excepcionais, buscando critérios para sua legitimidade.

Para tanto, passa-se, inicialmente, à análise das diferentes funções dos recursos extraordinários.

2.4. A ORIGEM E O PAPEL DOS RECURSOS DE CARÁTER EXTRAORDINÁRIO

Conforme analisaremos ao longo deste estudo, os recursos de caráter extraordinário possuem em diversos países do mundo ocidental um papel cassacional, ou seja, de uma vez acolhido o mérito do recurso, ser cassada a decisão, retirada do mundo jurídico. As origens do recurso de cassação se voltam ao Direito Francês, conforme apontado por Calamandrei[40].

De acordo com o estudioso italiano, a existência de um instituto com estreita relação à questão de direito já existia desde o Antigo Regime, caracterizada pela figura do *Conseil des Parties*, integrante do Poder Executivo e ligado ao Rei da França[41]. É perante este órgão que surgem as *demandes*

---

negativo de dupla conforme (cf. artigo 671º nº 3), enquanto a *Revision* alemã exige como pressuposto positivo específico a relevância do caso para o direito objetivo ou para a unidade da jurisprudência, conforme o § 543 (2) ZPO. É patente, por conseguinte, o contraste com o caráter comum e irrestrito dos recursos de 2ª instância, como o *appello*. De todo o modo, estes recursos não deixam de ter uma *dupla face funcional*, objetiva e subjetiva." (PINTO, Rui. *O Recurso Civil*. Uma Teoria Geral. Noção, objeto, natureza, fundamento, pressupostos e sistema. Lisboa: AAFDL, 2017, p. 220-221).

40. "Dopo avere accenato, così, come alla creazione del *Tribunal de cassation* abbiano cooperato da una parte i precedenti storici dell'*ancien régime*, dall'altra le vedute filosofiche poste a base di tutta la nuova costituzione, si può domandare se l' Assemblea, nel costruire questo supremo organo di controllo posto al disopra di tutto l'ordinamento giudiziario, non ebbe presente anche il modello pratico di un istituto consimile già funzionante in qualche Stato costituzionale diverso dalla Francia, L'indagine pua sembrare senz'altro superflua, dal momento che la nascita del Tribunale di cassazione e il naturale effetto - come già si e veduto e come meglio in seguito si vedrà (oltre, Cap, XX) - di cause storiche e dottrinarie proprie della Francia, in base alle quali essa esaurientemente si giustifica, senza bisogno di ricorrere a impulsi stranieri; ma anche se a tale indagine volessimo procedere, noi vedremmo che nessuno dei due Stati la cui costituzione pote esser presa a modello dai riformatori francesi, dico la monarchia inglese e la confederazione nordamericana, possedeva nei suoi ordinameriti un istituto che potesse coll'esempio suggerire alla Rivoluzione francese l'idea del Tribunale di cassazione" (CALAMANDREI, Piero. *Opere Giuridiche:* La Cassazione Civile (Parte Prima). v. 6, Roma: Roma Tre Presas, 2019, §145, p. 392).

41. Así, pues, si el Conseil des parties, al examinar el fundamento de los recursos de casación propuestos por las partes obraba como vigilante de las Cortes soberanas y controlaba el que las mismas no excedieran los límites de la jurisdicción, no venía con esto a asumir el papel de un órgano jurisdiccional, ni a formar

en cassation, petições por meio das quais a parte interessada pleiteava a anulação de uma sentença, denunciando-a como violadora da autoridade do Rei da França, que nominalmente presidia o conselho. Contudo, há de se reconhecer que ao *Conseil des Parties* não recaía qualquer função de unificar a interpretação jurisprudencial e que, como seu poder advinha da própria autoridade do soberano, não havia qualquer obrigação de justificar suas decisões, de atuar de modo imparcial ou de promover decisões iguais perante casos iguais[42]. Com efeito, o *Conseil des Parties* não julgava se a parte recorrente tinha o direito de obter a cassação da decisão recorrida, mas se era do interesse do rei valer-se de seu poder soberano de cassar a decisão[43].

Com as modificações sistêmicas introduzidas pela Revolução de 1789, a implantação da tripartição dos poderes na França e a desconfiança histórica ligada ao Executivo e ao Judiciário devido aos arbítrios do absolutismo, surgiu a necessidade de que essa Corte estivesse vinculada a outro Poder da República. Dessa forma, o *Conseil des Parties* é dissolvido e substituído pela *Cour de Cassation*, órgão integrante do Poder Legislativo[44].

Deste modo, o papel do Poder Judiciário era limitado ao duplo grau de jurisdição, e o órgão de cassação não ocupava o topo da hierarquia judiciária, mas estava "*établi auprès du Corps legislatif*" (art. 1º do Decreto de 27 nov. - 1º dez. 1790)[45]. Logo, em sua concepção original, o sistema

---

parte del ordenamiento judicial, sino que continuaba siendo un órgano exclusivamente político. (Id. *La Casacion Civil:* Tomo I – Volumen I. Buenos Aires: Editorial Bibliografica Argentina, 1945, §128, p. 387).

42. "Las diferencias que tienen lugar entre el *Conseil des parties* y la moderna Corte de Casación pueden resumirse, pues, en torno a estos tres puntos: a) la absoluta carencia, tanto en el concepto informador del *Conseil des parties* como en su procedimiento práctico, de las garantías de imparcialidad, sin las cuales no puede concebirse un órgano jurisdiccional; b) la reunión en el mismo de todos los poderes propios del soberano y, por consiguiente, la posibilidad de que bajo providencias formalmente idénticas, ejercitase en el fondo funciones sustancialmente diversas y no solamente judiciales; e) la ausencia total, entre las atribuciones del *Conseil des parties*, de la función unificadora de la interpretación jurisprudencial." (Ibid., §134, p. 405-406).

43. El *Conseil des parties*, en suma, no decidía, como un tribunal ordinario, si el recurrente tenía derecho a obtener la casación de la sentencia impugnada, sino que solamente indagaba si, dada la contravención a las ordenanzas denunciada por el recurrente, el rey tenía interés en valerse contra la sentencia denunciada de su poder de casación. (Ibid., §135, p. 408).

44. "A base del Decreto de 27 de noviembre – 1º de diciembre de 1790 (véase, anteriormente, n. 146) el *Tribunal de cassation* inició el 20 de abril de 1791 su existencia práctica, estableciendo su sede en la antigua aula del Parlamento de París y recogiendo la herencia del *Conseil des parties*, que cesó de funcionar el mismo día". (CALAMANDREI, Piero. *La Casacion Civil:* Tomo I – Volumen II. Buenos Aires: Editorial Bibliografica Argentina, 1945, §156, p. 59).

45. "Por lo que se refiere a los fines de la justicia, la Revolución francesa consideró, pues, suficiente a las exigencias de una correcta y rápida resolución de las litis, ofrecer a los litigantes la posibilidad de provocar normalmente un solo examen de la decisión obtenida en primera instancia; y, por consiguiente, excluyó la oportunidad de constituir en el ordenamiento judicial, por encima de la indicada doble serie de órganos, una tercera serie para una ulterior tramitación de los procesos ya pasados a través de los jueces inferiores. [...] El poder judicial, en realidad, se agotaba en un doble orden de tribunales; a los fines

judicial francês não tinha um cume, pois a existência de um órgão central esbarrava no receio dos revolucionários de assembleias judiciais demasiado poderosas[46]. Com efeito, o objetivo original da Corte de Cassação não era o de servir como tribunal de vértice superior, uma terceira instância, mas produzir uma análise sobre a sentença, para se verificar se esta continha alguma proposição incompatível, em seu teor, com a estrita observância da lei[47]. O objeto da cassação, portanto, estava relacionado à conformidade da sentença com a lei.

Assim, no relato histórico do desenvolvimento da cassação, Calamandrei reconhece a gênese da cassação civil nas reformas feitas durante a Revolução Francesa. Nessa linha, o autor reconhece um ineditismo na forma de atuar da Cour de Cassation, que a diferenciava das cortes existentes nos estados germânicos e italianos do séc. XVIII[48] e que tampouco se inspirara no modelo inglês ou no modelo estadunidense.

---

tan diversos de aquellos por los cuales este doble orden de tribunales era instituído, debía servir, como veremos el órgano al cual se confiaba el poder de casación: que, como decía el art. 19 del Decreto de 27 de noviembre-lº de diciembre de 1790, no estaba colocado en el vértice del ordenamiento judicial, sino *établi auprés du Corps législatif.*" (Ibid., p. 60-61).

46. "L'ordinamento giudiziario francese non ebbe, nella sua concezione originaria, un vertice, un centro: si opponeva all'idea di questo organo centrale quel timore dei consessi giudiziari troppo potenti, che fece sembrare pericolosa, agli autori del Decreto 16-24 agosto 1790, perfino la istituzione di speciali tribunali d'appello." (Id. *Opere Giuridiche:* La Cassazione Civile (Parte Prima). v. 6, Roma: Roma Tre Presas, 2019, §156, p. 418).

47. "L'oggetto dell'attività demandata al Tr. di cassazione era dunque profondamente diverso da quello posto innanzi agli organi della ordinaria giurisdizione. Il Tr. di cass. doveva assolutamente ignorare quel mondo giuridico extra-processuale nel quale si producono le con- crete volontà di legge che garantiscono ai privati un bene della vita, ma doveva conoscere solamente il resultato processuale delle indagini compiute in questo campo dal giudice di merito; il Tribunale di cassazione, in altre parole, non doveva indagare sul modo di essere del rapporto giuridico controverso, ma solo sul modo di essere della sentenza che pronunciava su tale rapporto. Questo è il concetto fondamentale che tutti gli Autori hanno presente, quando dicono che les *tribunaux et les cours jugent les procès: la cour de cassation juge les jugements et les arrêts;* che les cours et tribunaux ordinaires jugent les parties, la cour suprême fut chargée de ne juger que les arrêts. Il Tribunale di cassazione non si preoccupa di fare un paragone tra il diritto nato nella realtà e il diritto affermato dalla sentenza, ossia di controllare se la sentenza è giusta, il che implichereb. be un riesame della controversia in merito (fond); ma si preoccupa soltanto di controllare se la sentenza presa separatamente e isolata- mente, contiene nel suo tenore alcuna proposizione che non si concilii con quella assoluta osservanza che il giudice deve alla legge, e dimostri uno sconfinamento del giudice nel campo riservato al potere legislativo." (Ibid., §159, p. 422-423).

48. Calamandrei aponta que os Estados alemães, antes da unificação, adotavam em geral o sistema da 3ª instância, havendo tribunais que reviam, em matéria de direito e de fato, os litígios que já tinham sido objeto de duas decisões (CALAMANDREI, Piero. *Opere Giuridiche:* La Cassazione Civile (Parte Prima). v. 6, Roma: Roma Tre Presas, 2019, §203, p. 533). No mesmo sentido, ao comparar o nascente sistema francês com o que havia nos estados italianos e alemães: "El ordenamiento judicial formado por la Revolución francesa no puede, como el de otros Estados, ser representado esquemáticamente como una pirámide que culmina en un único órgano supremo de jurisdicción; la idea de una tercera instancia, propia, como se ha visto (en los ns. 87-95), del derecho común italiano y alemán, era absolutamente extraña al ordenamiento francés, el cual, por encima de las dos estratificaciones de órganos destinados a los jueces de primera instancia y de apelación, no comprendía un tribunal supremo que resumiese y unificase el

Isso porque o objetivo político dos recursos cassacionais na Inglaterra era diferente do objetivo político dos recursos cassacionais na França. Os recursos à *Cour de Cassation* assumem função nomofilática, de análise de ofensa ao direito objetivo[49], que é sua razão de ser. Já no sistema jurídico inglês, a *House of Lords* não adotava função nomofilática em seus recursos cassacionais, em razão de este órgão constituir historicamente o grande conselho do soberano, a quem competia, como um juiz supremo, dar o julgamento final sobre disputas já decididas por juízes inferiores. Nesse sentido, o apelo à *House of Lords* não representava um apelo ao Poder Legislativo para adverti-lo de que o Poder Judiciário se recusara a aplicar à lei, mas uma reclamação dirigida por puro interesse da justiça, ao soberano, fonte de toda a jurisdição[50].

Já quanto ao modelo norte-americano, Calamandrei aponta que a Suprema Corte dos Estados Unidos e a Corte de Cassação francesa se assemelham por exercerem uma função que não é puramente jurisdicional, mas de importância constitucional. Contudo, ressalta que as semelhanças parariam neste ponto, já que tais funções seriam distintas. Na França, a Corte teria nascido como um órgão de nomofilaquia, destinado a verificar se o Poder Judiciário não teria invadido o campo de atuação do Poder Legislativo, enquanto nos Estados Unidos confiou-se à Suprema Corte o papel de fiel guardião da Constituição sobretudo contra as tendências particulares dos Estados federados, representando uma barreira aos órgãos legislativos que tentam exceder seus poderes constitucionais[51].

---

poder jurisdicional" (CALAMANDREI, Piero. *La Casacion Civil:* Tomo I – Volumen II. Buenos Aires: Editorial Bibliografica Argentina, 1945, §156, p. 60-61).

49. Acerca da função nomofilática, que será mais analisada à frente: "Essa é a tal função nomofilática: defender o direito objetivo. Nessa dimensão, a função da Corte de Cassação é constitucional, pois a norma que diz ao juiz que ele tem que julgar segundo a lei é a Constituição, quando cria relações entre a função legislativa e a jurisdicional." (ALVIM, Teresa Arruda. Questão de fato, questão de direito nos recursos para Tribunais Superiores. *Revista de Processo*. vol. 332. ano 47. p. 329-360. São Paulo: Ed. RT, outubro 2022. Disponível em: https://revistadostribunais.com.br/maf/app/delivery/document Acesso em: 12.05.2023).

50. "[I]n realtà, il ricorso per cassazione dell' ordinamento francese fin dalla sua nascita nulla ebbe di comune coll'appeal inglese alla Camera dei Lords, nel quale non si trova neppur la traccia di quello scopo político di nomofilachia che fu in Francia la ragion d'essere dell'istituto: l'ufficio di tribunale supremo e infatti ath'Íbuito in Inghilterra alla Camera dei Lords non in quanto essa e un organo legislativo, ma in quanto essa formava storicamente i1 great council del sovrano, al quale spetta, come a giudice supremo, dare l'ultima sentenza sulle controversie già decise dai giudici inferiori: e l' appeal alla Camera dei Lords non e un ricorso all'organo legislativo per avvertirlo che il potere giudiziario si e rifiutato di obbedire alla legge, ma e semplicemente, come dimostrano anche 1e formule che il ricorrente deve adoperare dinanzi a questo consesso, un reclamo indirizzato, nel puro interesse della giustizia, al sovrano, fonte di ogni giurisdizione" (CALAMANDREI, Piero. *Opere Giuridiche:* La Cassazione Civile (Parte Prima). v. 6, Roma: Roma Tre Presas, 2019, §145, p. 393-394).

51. "La Corte Suprema risponde dunque, nell'ordinamento politico degli Stati Uniti, a un interesse che esorbita dallo scopo puramente giurisdizionale, come un interesse diverso da quello giurisdizionale ha

Há, no entanto, discordâncias acerca das origens dos recursos cassacionais. Jordi Nieva Fenoll aponta supostos erros históricos de Calamandrei nos estudos das origens da cassação[52], afirmando que o autor se equivocara ao imputar à *Cour de Cassation* uma falta de interesse pelo direito da recorrente, em razão de apenas anular as decisões recorridas remetendo a questão de volta ao juízo *a quo*. Nesse sentido, Jordi Nieva Fenoll afirma que tal atuação advém exclusivamente da concepção originária da corte como um órgão que não integrava o Poder Judiciário, mas o Poder Legislativo, e cuja função era proteger a supremacia dos atos do Parlamento frente à atuação dos juízes. Assim, a *Cour de Cassation*, em sua gênese, se limitava à anulação praticamente imotivada das sentenças recorridas, sem nenhum interesse de formar jurisprudência, justamente ante o receio de que tal jurisprudência pudesse em alguma medida desvirtuar a lei[53].

Outrossim, Jordi Nieva Fenoll também questiona a conclusão de Calamandrei de que a cassação francesa não teria se inspirado no modelo inglês. Nesse sentido, o autor pontua diversas semelhanças entre as práticas já presentes na *House of Lords* no séc. XVIII e as práticas que vieram a ser estabelecidas na *Cour de Cassation* em seus primórdios, como a limitação

---

fat- to sorgere nell'ordinamento francese la Cour de cassation, ma non si dice con questo che gli scopi extragiurisdizionali, ai quali rispondono nei due Stati i due supremi organi giudiziari, siano identici: poiché, mentre la Corte di Cassazione è sorta come un organo di nomofilachia, destinato a controllare che il potere giudiziario non invada il campo del potere legislativo, la Corte Suprema degli Starà Uniti è un organo di difesa dell'autorità federale contro le tendenze particola- ristiche dei singoli Stati, la fedele custode della Costituzione, *the living voice of the Constitution* contro le minacce degli organi legislativi che tentassero di esorbitare dai loro poteri costituzionali." (CALAMANDREI, Piero. *Opere Giuridiche:* La Cassazione Civile (Parte Prima). v. 6, Roma: Roma Tre Presas, 2019, §243, p. 626).

52. Acerca dos equívocos nos estudos de Calamandrei sobre o tema, aponta Nieva: "Relatando la historia de la originaria casación francesa de 1790, describió Calamandrei un recurso en el que, fundamentalmente, encontró inadecuados dos puntos. El primero, que dicha casación se hiciera cargo de simples errores *in procedendo.* Y en segundo lugar, que aquel *Tribunal de cassation* atendiera a las "demandas de casación" realizadas por los mismos particulares. Y que ello era así en 1790 cabía comprobarlo leyendo solamente los 3 primeros artículos de la Ley 27 nov-1 dic. de 1790 *pour la formation d'un tribunal de cassation.* Sin embargo, como digo, todo lo anterior iba en contra de su concepción del tribunal de casación como órgano protector del ordenamiento jurídico, que uniformizaba la jurisprudencia, y al que sólo le preocupaba el interés privado del ciudadano en la medida en que podía aprovecharlo para cumplir la misión de Derecho público para la que estaba supuestamente concebido. Incluso para corroborar mejor su opinión, advertía Calamandrei de los excesos que solían cometer los particulares alegando vulneraciones del ordenamiento jurídico que, en realidad, no lo eran, simplemente para combatir una sentencia que les había sido desfavorable." (FENOLL, Jordi Nieva. La relevancia social de la casación: la importancia del *ius litigatoris. Revista de Processo.* v. 32, n. 147, maio 2007. p. 99-100).

53. "Sea como fuera, de todo lo anterior surge la idea, tan difundida después, de que los tribunales de casación deben preocuparse solamente de formar jurisprudencia, aunque curiosamente el tribunal de cassation originario precisamente no formaba jurisprudencia alguna, a fin de impedir que dicha jurisprudencia pudiera desvirtuar en alguna medida la ley, por lo que la casación se limitaba, en 1790 al menos, a la anulación casi imotivada de la sentencia." (FENOLL, Jordi Nieva. La relevancia social de la casación: la importancia del *ius litigatoris. Revista de Processo.* v. 32, n. 147, maio 2007. p. 101).

da discussão a erros de direito, a impossibilidade de produção probatória, e própria vinculação do juízo *ad quem* ao Poder Legislativo[54]. Ademais, pontua que Calamandrei tentou se afastar do sistema de precedentes inglês, que já vinha nascendo antes da criação da *Cour de Cassation*, imaginando ser este um sistema inovador, mas que, na verdade, já existia fora da França, apesar de ainda não firmado até o Século XIX. Isto é, já se formava na Inglaterra um início de um sistema de *stare decisis*, no qual as decisões judiciais já tinham eficácia exemplificativa, o que não existia no resto da Europa[55].

Independentemente da origem da cassação, fato é que os recursos de cassação – ainda que hoje também possam não se limitar à atividade cassatória – exercem um importante papel nos sistemas de justiça.

Passa-se, então, à análise de suas funções.

2.4.1. Funções dos recursos extraordinários

Conforme já nos manifestamos em outra sede, recursos podem ser conceituados como os remédios voluntários, criados por lei, por meio dos quais se pretende a anulação, a reforma ou a integração de decisão judicial, no âmbito do próprio processo em que foi proferida[56].

Diante da definição acima, concluímos que, nos sistemas processuais civis, os recursos podem ter diferentes papéis. A partir do conceito de recurso, extraem-se três objetivos que este pode imediatamente ter: a anulação, a reforma e o esclarecimento ou a integração da decisão recorrida.

Um recurso pode ter papel de anulação da decisão recorrida, isto é, em caso de provimento, quando reconhecido um vício, como um *error in procedendo*, pode desconstituir o pronunciamento impugnado, sendo de-

54. "Por consiguiente, solo errores de Derecho, imposible practicar prueba alguna, distinct jurisdiction, apelación en el parlamento... Si estos cuatro datos claves, junto con todo lo que ya se ha explicado, no persuaden al lector de que esta es la base de la casación que se creó en Francia" (Id. El origen inglés de la Casación francesa. In: FENOLL, Jordi Nieva; CAVANI, Renzo. *La Casación hoy, cien años después de Calamandrei*. Madrid: Marcial Pons, 2021, p. 102).

55. "En esa época, en Inglaterra se estaba empezando a desarrollar la doctrina del precedente, es decir, del *stare decisis*, dado que hasta entonces la jurisprudencia había tenido el mismo valor ejemplificativo que en cualquier otro lugar de Europa, como atestigua Matthew Hale en pleno siglo XVII con clarísimas palabras a través de las que ni siquiera considera «Derecho» propiamente dicho a la jurisprudencia. De hecho, esa doctrina del precedente vinculante no se consolida en Inglaterra hasta bien entrado el siglo XIX, es decir, mucho después de la instauración de la casación, pero sí existía ya esa idea de la eficacia ejemplificativa de la jurisprudencia, eficacia que no concurría realmente en el resto de Europa" (Ibid., p. 98).

56. RODRIGUES, Marco Antonio. *Manual dos Recursos:* ação rescisória e reclamação. 2 ed. São Paulo: Juspodivm, 2023, p. 26.

terminada ao órgão recorrido a prolação de uma nova decisão, dessa vez, sem a mácula que levou à sua desconstituição[57].

Noutro giro, o recurso pode ter o papel de reforma do *decisum*, ao ser verificado que houve uma interpretação equivocada dos fatos ou da norma pelo juízo recorrido, ou seja, um *error in iudicando*. Nesse caso, o órgão *ad quem* profere uma nova decisão, substituindo a anterior.

Por fim, em uma visão doutrinária mais moderna, cita-se igualmente o papel de esclarecimento ou de integração da decisão. Nessa senda, destacam-se os embargos de declaração que, nos termos do art. 1.022 do Código de Processo Civil, são aplicáveis às hipóteses em que observada obscuridade, contradição, omissão ou erro material na decisão recorrida. Ressalte-se, ainda, que a apelação interposta em face de uma sentença que deixa de julgar um dos pedidos igualmente tem função de gerar a integração do pronunciamento judicial questionado, caso provida.[58]

57. No sistema processual civil atual, porém, a anulação de uma decisão como resultado de um recurso se revela bastante excepcional, tendo em vista que acarreta a necessidade de nova prática de atos processuais ou ao menos a prolação de novo pronunciamento jurisdicional. Assim, podemos mencionar o artigo 1.013, §3º do CPC, que disciplina a chamada teoria da causa madura, segundo a qual há o poder-dever de o tribunal julgar de imediato o processo que não obteve resolução do mérito, caso a demanda esteja madura para julgamento, nas hipóteses de vícios processuais previstos no dispositivo legal em questão. Ademais, nos termos do artigo 938, §§1º e 2º do CPC, o relator, ao constatar a ocorrência de vício sanável, determinará a realização ou a renovação do ato processual, no próprio tribunal ou em primeiro grau de jurisdição, intimadas as partes e, superado esse ponto, prosseguirá no julgamento do recurso sempre que possível, ou seja, sem proceder à anulação da decisão recorrida.

58. Acerca desses objetivos atribuídos aos recursos, cumpre anotar: "Ao se demonstrar um *error in procedendo*, deve o apelante requerer a anulação da sentença. Demonstrando, diversamente, um *error in iudicando*, deverá requerer sua reforma. Demonstrados os dois tipos de erros, é possível cumular pedidos recursais - sobre o tema, ver o item respectivo no capítulo sobre a parte geral dos recursos. Embora o art. 1.010, IV, fale apenas em pedido de reforma ou de invalidação, é possível cogitar apelação para pedir a *integração* da decisão. Caso a sentença seja *citra petita*, por não ter examinado um pedido, cabem embargos de declaração; caso os embargos não sejam acolhidos, é possível apelar e pedir ao tribunal que proceda à integração da decisão, tal como, aliás, autoriza o inciso III do §3º do art. 1.013 do CPC. O pedido serve para delimitar a extensão do efeito devolutivo, fixando o que é que o tribunal pode apreciar [...]" (DIDIER JR., Fredie; CUNHA, Leonardo Carneiro da. *Curso de direito processual civil:* o processo civil nos tribunais, recursos, ações de competência originária de tribunal e *querela nullitatis*, incidentes de competência originária de tribunal. 19 ed. São Paulo: Juspodivm, 2022, v. 3, p. 234). Na mesma perspectiva: "Os efeitos do julgamento de mérito do recurso, como classicamente afirmado, podem ser dois: a anulação ou a substituição da decisão rescindenda. Frise-se, porém, e desde logo, que o julgamento do recurso produzirá, em regra, apenas um desses dois efeitos possíveis, não se admitindo que ambos se produzam simultaneamente, salvo nos excepcionais casos em que se aplica a "teoria da causa madura" (de que se falará adiante), que permite que, anulada a decisão recorrida, prossiga-se no julgamento do recurso para apreciação da questão de fundo. Como regra, porém, a anulação da decisão levará a que se determine ao órgão prolator do pronunciamento recorrido que profira nova decisão, sem o vício que levou à desconstituição da anterior; enquanto a substituição se dá pela prolação, pelo órgão *ad quem*, de uma nova decisão que ocupa o lugar anteriormente ocupado pelo pronunciamento recorrido." (CÂMARA, Alexandre Freitas. *Manual de direito processual civil*. 2. ed. Barueri [SP]: Atlas, 2023).

O ato de recorrer por si só possui diferentes funções[59]. Por exemplo, impugnar uma decisão pela via recursal significa demonstrar insatisfação com seu conteúdo. Recursos se encontram no âmbito do poder dispositivo do recorrente, que escolhe aquiescer ou não ao ato decisório proferido em determinado processo. Nesse sentido, é possível inclusive que o recurso impugne total ou parcialmente a decisão, a depender daquilo que tenha gerado insatisfação ao recorrente. Fala-se, então, em recursos totais ou parciais, sendo que isso também definirá a extensão do efeito devolutivo.

No caso dos recursos excepcionais ou extraordinários, seu papel é de atacar uma decisão judicial em virtude de suposta ofensa a uma determinada norma jurídica. Por isso, rever uma insatisfação com o pronunciamento judicial impugnado representa um objetivo indireto desses recursos, já que seu papel é atacar a decisão em razão de sua inconstitucionalidade ou ilegalidade.

Assim, a partir das finalidades dos recursos acima mencionadas, podem ser elencadas diferentes funções que os recursos de caráter extraordinário podem ter.

Uma questão central nas reflexões sobre o papel desempenhado pelos recursos às cortes superiores é se estes se prestam aos interesses das partes litigantes ou se hão de servir a um interesse público.

De um lado, pode ser citada a função que os recursos possuem de controle da decisão confrontada, na medida em que limitam o poder do órgão jurisdicional recorrido e permitem o reexame da matéria, dentro dos limites legais e da impugnação realizada, por outro julgador imparcial.

Assim, quando um recorrente se vale de um recurso excepcional, muitas vezes, sobretudo em sistemas como o brasileiro, pretende controlar a decisão atacada, buscando um entendimento que lhe favoreça – até porque, caso estivesse satisfeito com a interpretação dada pelo tribunal a uma norma jurídica, não teria recorrido, à luz da disponibilidade do direito de recorrer.

59. Acerca das funções dos recursos: "... poder-se-iam delinear algumas das funções das formas de impugnação das decisões, dentre elas os recursos, no decorrer da história, prescindindo, evidentemente, da análise do tipo de Estado adotado, quais seriam: a) função de reprimenda ao erro do julgador; b) função de suspensão de efeitos executórios; c) função de concentração de poder nas mãos do soberano, como instrumento autoritário-hierárquico; d) função de reanálise decisão jurídica; e e) função de uniformização e aperfeiçoamento do direito." (NUNES, Dierle José Coelho. *Direito constitucional ao recurso:* da teoria geral dos recursos, das reformas processuais e da comparticipação nas decisões. Lumen Juris: Rio de Janeiro, 2006, p. 62-64).

Diante disso, os recursos excepcionais representam o exercício de um *ius litigatoris*[60] pelo jurisdicionado, isto é, o interesse do particular em ver aquela demanda solucionada.

Do outro lado, podem ser citadas as funções de se promover a uniformidade na aplicação da lei e no desenvolvimento do Direito. Tais funções representam um interesse geral da coletividade de que as Cortes Superiores resolvam questões de modo a garantir o princípio da igualdade perante a lei e que, caso autorizadas, resolvam questões controvertidas mesmo ante à falta de normas jurídicas ou precedentes a respeito.

Portanto, fala-se, ainda, do *ius constitutionis,* ou seja, o interesse público envolvido no julgamento daquela causa. Nesse sentido, para além do interesse privado dos litigantes, podemos citar um interesse externo ao litígio relacionado à correta interpretação da lei, visando não somente à solução do caso em julgamento, mas também buscando coordenar e uniformizar a futura aplicação da questão no sistema jurídico.

Nessa toada, relaciona-se à função pública dos recursos a função nomofilática, que se refere ao objetivo de obtenção da adequada aplicação da norma jurídica[61]. Ao recorrer, o jurisdicionado não busca apenas a satisfação de seu interesse subjetivo, mas igualmente a correta aplicação do direito cabível à hipótese, em uma verdadeira atuação social. No ordenamento jurídico pátrio, trata-se de função típica dos recursos especial e extraordinário, que buscam, respectivamente, a guarda da lei e a da Constituição.

---

60. "Da natureza de *cortes de revisão* dos tribunais de superposição brasileiros decorrem consequências importantes [...] as funções nomofilática e uniformizadora, primordialmente ligadas ao interesse público *(ius constitutionis)* preponderam no juízo de admissibilidade do recurso, o que justifica algumas restrições ao seu conhecimento, como o cabimento limitado a *quaestio iuris* prequestionada; entretanto, conhecido o recurso, o tribunal de superposição deve levar em consideração – dentro de certos limites – também o interesse da parte *(ius litigatoris)*."(FONSECA, João Franscico Naves da. *Exame dos fatos nos recursos especial e extraordinário*. Orientador: Cândido Rangel Dinamarco. 2010. 192 f. Dissertação (Mestrado) – Faculdade de Direito da Universidade de São Paulo – Largo São Francisco. São Paulo, 2010. Disponível em: https://www.teses.usp.br/teses/disponiveis/2/2137/tde-02082011-105138/publico/Joao_mestrado_dissertacao.pdf. Acesso em: 01 de junho de 2023. Ainda: "[...] a promoção da função pública da corte suprema não significa dizer que a tutela do interesse da parte (o chamado *ius litigatoris*) é de menor importância, porque a aplicação correta do direito na resolução da disputa jurídica concreta sempre deve ser assegurada, uma vez que o Estado é obrigado a dar uma resposta jurisdicional adequada e efetiva aos problemas jurídicos. (PEREIRA, Paula Pessoa. Função das cortes supremas e o papel do precedente: um paralelo entre as funções pública e privada. *Revista eletrônica [do] Tribunal Regional do Trabalho da 9ª Região*, Curitiba, v. 4, n. 39, p. 221-239, abr. 2015. Edição especial. Disponível em: https://hdl.handle.net/20.500.12178/91445. Acesso em: 01.06.2023).
61. Concordamos com Taruffo, quando sustenta que a tradicional concepção de nomofilaquia como aplicação formalista, pontual e uniforme do direito objetivo vai se aproximando da tutela dos valores essenciais do sistema democrático (TARUFFO, Michele. *Processo civil comparado*: ensaios. São Paulo: Marcial Pons, 2015. p. 129).

Taruffo, após apresentar as distinções entre as Cortes de Cassação no direito comparado, estabelece como premissa comum entre elas o que chamou de *tutela e promoção da legalidade*[62]. Segundo o autor, trata-se de uma evolução da função nomofilática, no sentido de que mais do que aplicação analítica e uniforme da lei ordinária a todos os casos concretos, passa a se tutelar a legalidade como proteção e promoção dos valores essenciais do sistema democrático.[63]

Na mesma linha, Hurtado conclui que, embora de modos diferentes, as Cortes de cassação da *civil law* e da *common law* buscam alcançar o mesmo objetivo: a uniformidade.[64] Nesse sentido, o autor reconhece que as diferenças entre as duas tradições, especialmente no que se refere aos filtros de acesso e ao número de casos julgados, não reflete a existência de objetivos distintos, mas formas distintas de se alcançar a uniformidade. Nos países de civil law, tal uniformidade seria buscada por meio de uma qualidade das decisões proferidas pelas instâncias inferiores, enquanto que nos países de common law, a uniformidade é buscada pela escolha discricionária de casos exemplares de controvérsias jurídicas selecionadas.

Por conseguinte, destrinchando-se o *ius constitutionis*, podem-se elencar, então, as funções paradigmática e uniformizadora[65]. Afinal, o que for decidido ao se julgar um recurso pode ser utilizado como paradigma para a resolução dos próximos casos semelhantes, bem como pode uniformizar a interpretação conferida a determinada norma.

---

62. Nessa perspectiva: "Malgrado as numerosas diferenças acenadas – e outras que aqui não podem ser examinadas analiticamente – é possível talvez individualizar um traço comum nas funções que as várias cortes supremas desenvolvem nos ordenamentos atuais. Com uma expressão muito geral, que, no entanto, logo será especificada, esse traço comum poderia ser definido como *tutela e promoção da legalidade*. Os dois termos concernentes à legalidade pretendem aludir aos dois principais aspectos da função que se está pretendendo definir. A tutela da legalidade alude à função *reativa* que muitas cortes desenvolvem e que se explica quando uma violação do direito já se verificou e a intervenção da corte é endereçada para eliminá-la e – quando possível – a neutralizar ou eliminar os efeitos. (Ibid., p. 120).
63. Ibid., p. 129.
64. "Pienso, y esta es la tesis de este artículo, que el civil law y el common law han encontrado dos vías diferentes para alcanzar la uniformidad. Primero está la vía del civil law que busca la uniformidad por medio del recurso ante una Corte Suprema que entiende su trabajo como 'corrigiendo errores' caso-a-caso, que sólo da soluciones individuales a cada uno de ellos, y que revisa la mayor cantidad de casos posibles. Mientras que el common law ha encontrado otra vía, que busca la uniformidad por medio del recurso ante una Corte Suprema que entiende su trabajo como 'tomando partido' sobre disputas doctrinales que se dan sólo en ciertos casos ejemplares y sus soluciones sirven de lineamientos generales para otros casos." (BRAVO-HURTADO, Pablo. Recursos ante las Cortes Supremas em el *civil law* y en el *common law*: dos vías a la uniformidad. In International Journal of Procedural Law, v. 2. Antwerp: Ed. Intersentia, 2012, p. 334).
65. No direito português, entendendo que os recursos de caráter extraordinário possuem uma função primária de garantia da unidade do direito objetivo mediante o controle da conformidade decisória com o direito objetivo, PINTO, Rui. *O Recurso Civil*. Uma Teoria Geral. Noção, objeto, natureza, fundamento, pressupostos e sistema. Lisboa: AAFDL, 2017, p. 220.

Os principais exemplos de recursos em que essas funções podem ser encontradas são os recursos especial e extraordinário[66]. Isso se mostra claro com a criação dos filtros da repercussão geral ao recurso extraordinário e da relevância ao recurso especial, assim como diante do sistema de recursos repetitivos, disposto no artigo 1.040 do CPC. Isso porque, consoante se discutirá mais à frente, os filtros mencionados e o sistema de julgamento de recursos repetitivos fortalecem o julgamento de recursos de maneira paradigmática, exercendo função uniformizadora, já que o julgado servirá como padrão decisório vinculante para a apreciação de casos que tratem da mesma questão, presentes e futuros. Assim, tais recursos assumem um papel de promoção da legalidade ou da constitucionalidade. No embate entre os dois, *ius litigatoris* e *ius constitutionis*, existe, na doutrina, entendimento no sentido de que deve prevalecer o último.[67] Essa concepção, contudo, é sujeita a críticas, sob o fundamento de que pode acabar representando um cerceamento ao direito do jurisdicionado em ter a sua lide apreciada pelo tribunal competente para analisar a constitucionalidade/legalidade da matéria de direito relacionada ao caso.[68]

---

66. Nada impede, porém, que as aludidas últimas duas funções sejam reconhecidas em outras espécies recursais. A título exemplificativo, tem-se a apelação em que suscitado e admitido o incidente de assunção de competência, previsto no art. 947 do CPC, já que, por ter o julgado de tal incidente força vinculante, o recurso em questão acaba por assumir uma função uniformizadora.

67. Eis o que defende Nieva: "Personalmente también he defendido que el fin principal de la casación sea el *ius constitutionis*. Pero sin embargo, jamás se me ha ocurrido pensar que el *ius litigatoris* no sea um fin, siquiera mediato, de la casación. Simplemente porque aunque fuera completamente cierto lo que decía Calamandrei, el papel del ciudadano no sólo resulta necesario, sino esencial para la casación, E incluso, si del proceso civil pasamos al proceso penal, debe reconocerse que el *ius litigatoris* cumple en esa sede um papel mucho más ambicioso, puesto que la casación, sin duda, tiene la ineludible misión de suponer un último recurso para el condenado, o incluso para la víctima, que teniendo en cuenta los intereses discutidos en esos procesos, no cabe discutir." (FENOLL, Jordi Nieva. La relevancia social de la casación: la importancia del *ius litigatoris*. *Revista de Processo*, v. 32, n. 147, pp. maio 2007. 392 p.).

68. "Como indiqué al principio, poquísimas veces se ha reflexionado sobre la relevancia que la casación tiene para el ciudadano. Y cabe intuir con facilidad que sin duda debe tenerla, cuando son tantos y tan reiterados los esfuerzos por negar la existencia de dicha relevancia. En mi opinión, cuando se invierten tantísimos esfuerzos en demostrar algo y el resultado final es siempre e invariablemente negativo, probablemente suceda porque sea desacertada la premisa de la que se parte. No creo que pueda afirmarse válidamente que las leyes existen para la sociedad, reiterando aquel viejo aforismo *ubi societas ibi ius*, y al mismo tiempo mantener a renglón seguido que el tribunal de casación, el principal custodio de las leyes, no puede perder su tiempo en ocuparse de los asuntos del ciudadano. La *contradictio in terminis* me temo que es patente, pero por más evidente que resulta, no por ello cejan algunos tribunales de casación, algunos legisladores y en ocasiones la propia doctrina, en su empeño de excluir que cuando hablamos de casación estemos tomando en consideración un tema profundamente social. Sería preciso recordar que la existencia de muchos de los primeros altos tribunales de justicia que enraízan directamente con nuestra tradición histórica - los de época bajomedieval -, deben su existencia precisamente a la defensa del ciudadano." (FENOLL, Jordi Nieva. La relevancia social de la casación: la importancia del *ius litigatoris*. *Revista de Processo*, v. 32, n. 147, pp. maio 2007. 392 p.).

Com efeito, a dicotomia entre *ius litigatoris* e *ius constitutionis* não se dá em termos absolutos, onde o legislador haveria de selecionar apenas um a ser tutelado. O que se discute, ao se pensar o desenho institucional das cortes superiores, é justamente em que medida o interesse público ou privado será predominante. Nesse sentido, escolhas legislativas acerca da existência e do grau de exigência dos filtros recursais, do tipo de decisão, e do efeito das decisões indicam uma escolha por se ter uma corte superior mais orientada à tutela do interesse público ou mais orientada à tutela do interesse privado[69].

Outrossim, na linha das lições de Christoph Kern, é importante pontuar que a própria distinção entre interesse público e privado não é tão rígida. Por exemplo, a busca por se obter de uma solução correta para um caso concreto é associada ao interesse privado do recurso, mas não deixa de ter um elemento de interesse público, qual seja a efetivação de uma escolha política expressa na lei e a construção de confiança e de previsibilidade do Poder Judiciário[70].

Note-se que a tendência na doutrina vem sendo a defesa de um predomínio da função pública das cortes superiores, o que acaba por salientar o papel dos recursos excepcionais de tutela do ordenamento e de promoção do *ius constitutionis*. Isso decorre, dentre outras fatores, da sobrecarga das cortes pelo mundo, levando a uma ampliação do tempo de tramitação desses recursos, em prejuízo à duração razoável do processo e à efetividade da tutela jurisdicional.[71]

O incremento da função pública das cortes superiores e dos recursos excepcionais parece ser uma realidade em muitos ordenamentos do mundo ocidental, em rol em que se enquadra também o Brasil. Com efeito, em países com elevados números de interposição de recursos excepcionais, a transformação do papel dos recursos extraordinários, para a predominância do *ius constitutionis*, é uma necessidade do sistema de justiça.

A redução do papel de *ius litigatoris* nos recursos excepcionais não representa, por si só, uma ofensa ao acesso à justiça ou ao devido processo legal. Isso porque o legislador pode criar filtros, como se verá, que reduzam

69. KERN, Christoph. The Role of the Supreme Court. *Revista de Processo*, vol. 228, p.15-36, 2014, p. 24-30.

70. O autor ainda relaciona que a uniformização do direito, o desenvolvimento da jurisprudência e até restrições ao direito de apelar podem refletir em alguma medida interesses privados. Sobre a discussão: Ibid., p. 19-24.

71. Para um panorama dessa sobrecarga, vale conferir: BRAVO-HURTADO, Pablo; VAN RHEE, Cornelis Hendrik (orgs.). *Supreme Courts Under Pressure:* Controlling Caseload in the Administration of Civil Justice. Cham: Springer, 2021.

o acesso casuístico às Cortes Superiores, mas que não impeçam o acesso da questão a ser decidida à Corte. Dessa forma, as Cortes continuam a exercer o papel de tutela e promoção da legalidade por meio dos recursos extraordinários, mas não mais se prestam a julgar cada recurso ofertado, dada a possibilidade de existência de centenas ou milhares de recursos tratando da mesma questão.

Note-se que a ampliação do papel nomofilático dos recursos extraordinários também possui o importante benefício de redução da casuística de julgamentos, que muitas vezes podem acabar sendo contraditórios, causando insegurança jurídica e estimulando, em última análise, a própria litigiosidade[72].

Dessa forma, o incremento da função pública das Cortes Superiores – e portanto, dos recursos excepcionais – também configura um mecanismo de proteção ao próprio papel que tais recursos possuem de proteção ao interesse do recorrente.

O que se mostra fundamental, nesse contexto, é que a ampliação da função pública seja acompanhada de previsões legais que a contextualizem e regulamentem. Conforme se mencionou anteriormente, sendo os recursos uma opção do legislador no direito processual civil, uma vez previstos, a criação de filtros e de limitações deve ser objeto de previsão normativa, trazendo segurança jurídica aos jurisdicionados. Por isso, nada impede que o legislador ao longo do tempo vá modificando o papel das Cortes Superiores de seu país.

No Brasil, como mencionado, vê-se uma mutação, ainda que parcial, no papel das Cortes Superiores, a partir dos filtros que vêm sendo criados para restringir o acesso aos recursos excepcionais. Nesse sentido, para parcela da doutrina, as Cortes Superiores vão se transformando em cortes de precedentes.[73]

---

72. Na mesma linha, Alan Uzelac e Marko Bratkovic também se manifestam sobre a relevância da função pública das Cortes Superiores e dos recursos excepcionais: "*Considering the enormous number of cases the court is handling, it would not be realistic to expect the court's case law to be coherent, well reasoned and comprehensible. The overwhelming number of decisions, albeit publicly available, does not really contribute much to legal certainty and predictability in the decision-making of the lower courts. What is more, the unpredictability attracts more litigation and generates a vicious circle with an ever-increasing number of cases*" (BRAVO-HURTADO, Pablo; VAN RHEE, Cornelis Hendrik (orgs.). *Supreme Courts Under Pressure:* Controlling Caseload in the Administration of Civil Justice. Cham: Springer, 2021, p. 140-142).
73. Veja-se, por exemplo, no caso da repercussão geral: "A repercussão geral, antes de tudo, confere ao Supremo Tribunal Federal poder para não decidir todos os casos que lhe são levados a partir de afirmação de violação da Constituição. [...] Há, portanto, verdadeiro poder de não decidir. Esse, como é óbvio, representa parcela do poder deferido à Corte para a tutela da Constituição. Torna-se evidente, assim, que a Corte não tem poder apenas para afirmar a constitucionalidade ou a inconstitucionalidade, ou mesmo

Há segmento da doutrina que defende, ainda, que os recursos especial e extraordinário não se tratam de um direito do litigante. Segundo essa linha de pensamento, o dever decisório da jurisdição, diante do sistema processual civil constitucional em vigor, encerra-se com o julgamento do recurso de apelação.

Dessa forma, o papel interpretativo conferido ao Superior Tribunal de Justiça e ao Supremo Tribunal Federal, este em relação à Constituição da República e aquele em relação à lei federal, passaria bem longe da função de resolver controvérsias postas em casos concretos. [74]

Ao nosso sentir, contudo, é preciso compatibilizar o fato de o direito a recorrer ser uma opção legislativa com o de os recursos aos Tribunais Superiores terem sido assegurados pela Constituição da República. Assim, o acesso às Cortes Superiores via recursos excepcionais pode ser objeto de conformações legislativas que transformam o papel desses tribunais, mas eventual impedimento deve decorrer diretamente de norma do ordenamento ou de interpretação adequada das normas.

A partir da análise das funções dos recursos excepcionais, é preciso olhar, então, para as hipóteses de cabimento dos recursos especial e extraordinário no direito brasileiro.

---

para resolver os casos constitucionais mediante outras formas de decisão, como as decisões supressivas, aditivas ou substitutivas. Não decidir, nessa dimensão, não pode ser visto apenas como o oposto de decidir, ou como algo que não tem qualquer valor positivo autônomo. Não decidir é algo relevante, não devendo ser confundido com a mera impossibilidade do uso do poder de decidir. Em outras palavras, a Corte *também exerce um poder virtuoso quando não decide.* Não decidir tem significado dotado de qualidade positiva, na medida em que é fundamental que para que a Corte possa bem decidir o que importa para a tutela da Constituição e das pessoas e, especialmente, para que possa respeitar a vontade popular e as demais instituições, evitando a corrosão dos valores da democracia." (MARINONI, Luiz Guilherme. *Processo Constitucional e Democracia.* São Paulo: Thomson Reuters Brasil, 2021, p. 525).

74. A esse respeito: "[...] a disciplina normativa do julgamento dos casos concretos, delineada pelo Código de Processo Civil, confere à parte o direito de interpor recurso de apelação, postulando a revisão da justiça da decisão que resolveu o litígio. A apelação devolve ao Tribunal a análise da matéria de direito e de fato envolvida no caso. Não é por outro motivo que se admite que a tarefa dos órgãos de primeiro e de segundo graus de jurisdição é, essencialmente, a de resolver os casos conflitivos concretos, raciocinando-se sobre o direito, bem como sobre os fatos e as provas. Diante desse quadro, o dever de a jurisdição resolver os litígios resta cumprido com o julgamento do Tribunal, exaurindo-se também aí o direito fundamental à tutela jurisdicional. *Nem esse direito ultrapassa os Tribunais, nem o dever de tutela jurisdicional exige mais do que a resposta do Juiz e do Tribunal acerca dos casos litigiosos.* O Superior Tribunal de Justiça e o Supremo Tribunal Federal, hoje, exercem funções completamente incompatíveis com outro modo de pensar. Nenhuma dessas Cortes possui a função de corrigir as decisões dos Tribunais." (Ibid., p. 523).

2.5. OS RECURSOS ESPECIAL E EXTRAORDINÁRIO NO DIREITO BRASILEIRO

O recurso extraordinário e o recurso especial possuem fundamentação vinculada, decorrente da própria previsão constitucional de ambos, em que se estabelecem específicas hipóteses de cabimento para cada um. São recursos para a defesa de direito objetivo, ou seja, para ataque a uma suposta ofensa a uma norma pelo pronunciamento judicial impugnado.[75]

A excepcionalidade de tais recursos é demonstrada pelo fato de representarem a última *ratio* para impugnar decisões. Conforme se extrai dos artigos 102, III e 105, III, da Constituição da República, os recursos especial e extraordinário são cabíveis em face de decisão em única ou última instância – no caso do recurso especial, de tribunais. Assim, os recursos de caráter extraordinário não podem ser utilizados como meios de impugnação *per saltum*, mas apenas esgotadas as instâncias ordinárias.[76]

Dessa forma, por exemplo, descabe seu uso em face de decisões monocráticas de relatores de recursos ou ações de competência originária de tribunais, uma vez que tais pronunciamentos estão sujeitos a agravo interno, na forma do artigo 1021 do Código de Processo Civil.[77]

Por possuírem os recursos especial e extraordinário hipóteses de cabimento distintas, analisaremos suas especificidades separadamente.

2.5.1. Recurso extraordinário

O recurso extraordinário é meio de impugnação conferido ao jurisdicionado para atacar decisão que supostamente ofende a Constituição da República ou algumas outras violações ao ordenamento jurídico, da com-

---

75. Assim já nos manifestamos: "Os recursos especial e extraordinário são espécies de um gênero: os recursos extraordinários. A finalidade dos recursos que compõem tal gênero não é rever a justiça da decisão diretamente, ou seja, a defesa de direitos subjetivos das partes, mas a análise de ofensa a normas jurídicas pela decisão recorrida. Assim, o recurso especial será cabível buscando atacar suposta ofensa, fundamentalmente, à lei federal, ao passo que o extraordinário objetiva aferir eventual violação à Constituição da República." (RODRIGUES, Marco Antonio. *Manual dos Recursos:* ação rescisória e reclamação. 2 ed. São Paulo: Juspodivm, 2023, p. 281).

76. Nesse sentido, há a Súmula n. 281 do STF: "É inadmissível o recurso extraordinário, quando couber na justiça de origem, recurso ordinário da decisão impugnada."

77. Nesse sentido, já nos manifestamos: "Inaplicável, pois, a fungibilidade entre o recurso excepcional e o agravo interno, em razão de se estar diante de erro grosseiro do recorrente. Hipótese interessante diz respeito ao recurso especial ou extraordinário interposto em face de decisão proferida por Tribunal de Justiça ou Regional Federal em sede de julgamento de agravo de instrumento interposto em face de decisão de primeiro grau relativa à tutela provisória. O Supremo Tribunal Federal, sobre a matéria, editou a Súmula 735, entendendo incabível recurso extraordinário nessa hipótese." (RODRIGUES, Marco Antonio. *Manual dos Recursos:* ação rescisória e reclamação. 2 ed. São Paulo: Juspodivm, 2023, p. 309-310).

petência do Supremo Tribunal Federal, atendida alguma das hipóteses de cabimento e os requisitos constitucionalmente previstos.[78]

Consoante o inciso III do art. 102 da Constituição Federal, incumbe ao Supremo Tribunal Federal julgar, em recurso extraordinário, as causas decididas em única ou última instância, quando a decisão recorrida: i) contrariar dispositivo da Constituição; ii) declarar a inconstitucionalidade de tratado ou de lei federal; iii) julgar válida lei ou ato de governo local contestado em face da Constituição; e iv) julgar válida lei local contestada em face de lei federal.

A primeira hipótese de cabimento encontra-se no art. 102, III, "a", da Constituição da República, o qual dispõe que caberá a interposição de recurso extraordinário quando a decisão recorrida contrariar dispositivo da Constituição.

Destaque-se que essa violação precisa ser direta ao próprio dispositivo constitucional, uma vez que a chamada ofensa reflexa, isto é, a inobservância de norma infraconstitucional e por consequência à Constituição, não autoriza o manejo do referido recurso excepcional com base na alínea acima citada, de acordo com a jurisprudência do STF.[79] Há, inclusive, entendimento da

78. Nas palavras de Gustavo Osna: "Em linhas gerais, enquadrando o problema, podemos notar que a medida recursal em questão possui assento constitucional – constituindo uma porta explicitamente aberta para garantir que o jurisdicionado conduza sua pretensão recursal ao Supremo Tribunal Federal. Isso, desde que a decisão recorrida preencha alguma das hipóteses causais previstas pelo constituinte (art. 102, inc. III), a saber: (i) contrarie dispositivo constitucional; (ii) declare a inconstitucionalidade de tratado ou de lei federal; (iii) julgue válida lei ou ato de governo local contestado em face da própria Constituição Federal; (iv) julgue válida lei local contestada em face de lei federal." (OSNA, Gustavo. A garantia ao recurso e a repercussão geral: conciliação ou negação?. *A&C – Revista de Direito Administrativo & Constitucional*, Belo Horizonte, ano 19, n. 77, p. -, jul./set. 2019. DOI: 10.21056/aec.v19i77.1129).

79. Nesse sentido: Agravo regimental no recurso extraordinário com agravo. Direito Processual Civil. Honorários advocatícios. Fatos e provas. Reexame. Impossibilidade. Legislação infraconstitucional. Ofensa reflexa. Precedentes. 1. A afronta aos princípios da legalidade, do devido processo legal, da ampla defesa, do contraditório, dos limites da coisa julgada ou da prestação jurisdicional, quando depende, para ser reconhecida como tal, da análise de normas infraconstitucionais, configura apenas ofensa indireta ou reflexa à Constituição Federal. 2. Inadmissível, em recurso extraordinário, o reexame dos fatos e das provas dos autos (Súmula nº 279/STF), bem como a análise da legislação infraconstitucional. 3. Agravo regimental não provido, com imposição de multa de 1% (um por cento) do valor atualizado da causa (art. 1.021, § 4º, do CPC). 4. Havendo prévia fixação de honorários advocatícios pelas instâncias de origem, seu valor monetário será majorado em 10% (dez por cento) em desfavor da parte recorrente, nos termos do art. 85, § 11, do Código de Processo Civil, observados os limites dos §§ 2º e 3º do referido artigo e a eventual concessão de justiça gratuita. (STF, ARE 1235606 AgR, Relator(a): DIAS TOFFOLI (Presidente), Tribunal Pleno, julgado em 15/04/2020, PROCESSO ELETRÔNICO DJe-119 DIVULG 13-05-2020 PUBLIC 14-05-2020). Esse é um posicionamento antigo da Corte: I- Agravo regimental em agravo de instrumento: suplementação do traslado: inadmissibilidade. A jurisprudência do STF não admite que, em agravo regimental, se proceda a juntada de documento ausente do traslado. II - Embargos declaratórios: matéria não suscitada na apelação: incidência da Súmula 356-STF. Os embargos declaratórios não cumprem a função prevista na Súmula 356-STF, quando por seu intermédio se inaugura o debate sobre o tema veiculado no RE. III - RE: ofensa reflexa a Constituição: descabimento. Não se viabiliza o extraordinário quando a

Suprema Corte no sentido de que a ofensa reflexa afasta a incidência de repercussão geral na hipótese[80], filtro de admissibilidade a esse recurso que será debatido mais à frente. Realmente, se a violação direta em jogo no recurso é a uma norma infraconstitucional, não haveria repercussão geral da questão constitucional, mas talvez, se matéria de lei federal, poderia existir relevância da questão, a autorizar recurso especial, tema que também será abordado oportunamente.

Por sua vez, o art. 102, II, "b", da Constituição determina a possibilidade de manejo do recurso extraordinário na hipótese de o tribunal local declarar a inconstitucionalidade de tratado ou de lei federal.

Para compreender tal hipótese, importante recordar que o Brasil adotou o modelo misto de controle de constitucionalidade, o qual, assim sendo, pode ser realizado de forma difusa, a cargo de quaisquer juízes e tribunais com competência para processamento e julgamento da demanda subjetiva; ou de forma concentrada, pelo Supremo Tribunal Federal, tendo-se como parâmetro a Constituição da República (art. 102, I, "a", da CFRB), ou por Tribunal de Justiça, utilizando-se como referencial a respectiva Constituição estadual (art. 105, § 2.º, da CFRB).

Nesse ponto, cumpre destacar, consoante a própria redação do texto constitucional, que somente em face da decisão recorrida que declarar inconstitucional tratado ou lei federal será cabível o recurso extraordinário. Portanto, caso o tribunal local repute constitucional o tratado ou a lei federal ao julgar determinado recurso ou ação, o recurso extraordinário será

---

contrariedade ao preceito constitucional que ele suscita se apresente como consequência virtual da ma aplicação da lei ordinária. (STF, AI 138196 AgR, Relator(a): SEPÚLVEDA PERTENCE, Primeira Turma, julgado em 06/09/1994, DJ 02-06-1995 PP-16232 EMENT VOL-01789-01 PP-00139). Na mesma perspectiva, há a Súmula 636 do STF, tratando da reiterada oferta de recurso extraordinário sob o fundamento de violação ao princípio constitucional da legalidade: "Não cabe recurso extraordinário por contrariedade ao princípio constitucional da legalidade, quando a sua verificação pressuponha rever a interpretação dada a normas infraconstitucionais pela decisão recorrida."

80. RECURSO EXTRAORDINÁRIO. DIREITO PREVIDENCIÁRIO. TEMA 350 DA REPERCUSSÃO GERAL. MÉRITO JULGADO PELO PLENÁRIO, NOS AUTOS DO RE 631.240. CONTROVÉRSIA ACERCA DA NECESSIDADE DE PRÉVIO REQUERIMENTO ADMINISTRATIVO PARA PLEITEAR EM JUÍZO AUXÍLIO-ACIDENTE PRECEDIDO POR AUXÍLIO-DOENÇA DE NATUREZA ACIDENTÁRIA. ARTIGO 86, § 2º, DA LEI 8.213/1991. MATÉRIA DE ÍNDOLE INFRACONSTITUCIONAL. OFENSA REFLEXA À CONSTITUIÇÃO. AUSÊNCIA DE REPERCUSSÃO GERAL. RECURSO INTERPOSTO SOB A ÉGIDE DO NOVO CÓDIGO DE PROCESSO CIVIL. APLICAÇÃO DO ARTIGO 1.033 DO CPC/2015. REMESSA AO SUPERIOR TRIBUNAL DE JUSTIÇA. (STF, RE 1287510 RG, Relator(a): MINISTRO PRESIDENTE, Tribunal Pleno, julgado em 22/10/2020, PROCESSO ELETRÔNICO DJe-281 DIVULG 26-11-2020 PUBLIC 27-11-2020). Tema 1105 - Exigibilidade de prévio requerimento administrativo como requisito para postular em juízo a concessão do benefício de auxílio-acidente precedido de auxílio-doença acidentário. Tese: "É infraconstitucional, a ela se aplicando os efeitos da ausência de repercussão geral, a controvérsia relativa à necessidade de requerimento administrativo, perante o Instituto Nacional do Seguro Social (INSS), considerado o entendimento firmado no RE 631.240 (Tema 350), como requisito para postular em juízo a concessão do benefício de auxílio-acidente precedido de auxílio-doença acidentário".

incabível, respeitando-se o princípio da presunção de constitucionalidade das leis[81].

Ademais, a declaração de inconstitucionalidade pela via difusa, quando oriunda de tribunal, exige que seja observada a cláusula de reserva de plenário, prevista no art. 97 da Constituição Federal, segundo a qual somente pelo voto da maioria absoluta dos membros do tribunal ou do órgão especial poderá ser declarada a inconstitucionalidade de lei ou ato normativo do Poder Público.[82] Na hipótese de o questionamento surgir em órgão fracionário, faz-se necessária a instauração do incidente de arguição de inconstitucionalidade, previsto nos arts. 948 e ss do CPC.

---

81. Cabe aqui expor o que a doutrina leciona acerca do referido princípio: "A supremacia das normas constitucionais no ordenamento jurídico e a presunção de constitucionalidade das leis e atos normativos editados pelo poder público competente exigem que, na função hermenêutica de interpretação do ordenamento jurídico, seja sempre concedida preferência ao sentido da norma que seja adequado à Constituição Federal. Assim sendo, no caso de normas com várias significações possíveis, deverá ser encontrada a significação que apresente conformidade com as normas constitucionais, evitando sua declaração de inconstitucionalidade e consequente retirada do ordenamento jurídico." (MORAES, Alexandre de. *Direito constitucional* [livro eletrônico]. 33. ed. rev. e atual. até a EC nº 95, de 15 de dezembro de 2016. São Paulo: Atlas, 2017).

82. CONSTITUCIONAL E TRABALHISTA. NULIDADE DO ACÓRDÃO RECORRIDO POR DESRESPEITO A CLÁUSULA DE RESERVA DE PLENÁRIO (CF, ART. 97 E SV 10). NEGATIVA PARCIAL DE VIGÊNCIA E EFICÁCIA AO INCISO II, DO ART. 94 DA LEI 9.472/1997 (LEI GERAL DE TELECOMUNICAÇÕES) POR ÓRGÃO FRACIONÁRIO COM BASE NA SÚMULA 331/TST. IMPOSSIBILIDADE. LICITUDE DE TERCEIRIZAÇÃO DE TODA E QUALQUER ATIVIDADE, MEIO OU FIM, NÃO SE CONFIGURANDO RELAÇÃO DE EMPREGO ENTRE A CONTRATANTE E O EMPREGADO DA CONTRATADA (ADPF 324 E RE 958.252). AGRAVO CONHECIDO. RECURSO PROVIDO. 1. A inconstitucionalidade de lei ou ato normativo estatal só pode ser declarada pelo voto da maioria absoluta da totalidade dos membros do tribunal ou, onde houver, dos integrantes do respectivo órgão especial, sob pena de absoluta nulidade da decisão emanada do órgão fracionário (turma, câmara ou seção), em respeito à previsão do art. 97 da Constituição Federal. 2. A cláusula de reserva de plenário atua como condição de eficácia jurídica da própria declaração jurisdicional de inconstitucionalidade dos atos do Poder Público, aplicando-se para todos os tribunais, via difusa, e para o SUPREMO TRIBUNAL FEDERAL, também no controle concentrado (CF, art. 97 e SV 10). 3. É nula a decisão de órgão fracionário que, ao negar a aplicação do inciso II, do art. 94 da Lei 9.472/1997, com base na Súmula 331/TST, e declarar ilícita a terceirização e atividade-fim, reconhece a existência de vínculo trabalhista entre a contratante e o empregado da contratada, pois exerceu controle difuso de constitucionalidade, declarando a parcial nulidade sem redução de texto do referido dispositivo sem observar a cláusula de reserva de Plenário. AGRAVO PROVIDO. 4. O PLENÁRIO DA CORTE declarou parcialmente inconstitucional a SÚMULA 331/TST e proclamou a licitude da terceirização de toda e qualquer atividade, meio ou fim; para afirmar a inexistência de relação de emprego entre a contratante e o empregado da contratada. RECURSO EXTRAORDINÁRIO PROVIDO. 5. Agravo conhecido e recurso extraordinário provido para restabelecer a sentença de primeiro grau, com a fixação da seguinte tese no TEMA 739: "É nula a decisão de órgão fracionário que se recusa a aplicar o art. 94, II, da Lei 9.472/1997, sem observar a cláusula de reserva de Plenário (CF, art. 97), observado o artigo 949 do CPC." (STF, ARE 791932, Relator(a): ALEXANDRE DE MORAES, Tribunal Pleno, julgado em 11/10/2018, PROCESSO ELETRÔNICO REPERCUSSÃO GERAL - MÉRITO DJe-044 DIVULG 01-03-2019 PUBLIC 06-03-2019). E ainda: AGRAVO REGIMENTAL EM RECLAMAÇÃO. REGIME DA LEI 8.038/90. DIREITO PROCESSUAL CIVIL. AFRONTA À CLÁUSULA DE RESERVA DE PLENÁRIO. SÚMULA VINCULANTE 10. 1. Viola a cláusula de reserva de plenário (art. 97 da CF/88) decisão de órgão fracionário de tribunal que, a pretexto de dar melhor interpretação à lei, afasta por completo sua incidência ao caso concreto. 2. Agravo regimental desprovido. (STF, Rcl 17003 AgR, Relator(a): ROBERTO BARROSO, Primeira Turma, julgado em 19/04/2016, PROCESSO ELETRÔNICO DJe-134 DIVULG 27-06-2016 PUBLIC 28-06-2016).

Como terceira hipótese de cabimento, o art. 102, III, "c", da Constituição da República permite a utilização de recurso extraordinário quando a decisão recorrida julgar válida lei ou ato de governo local contestado em face da própria Constituição.[83]

O ato de governo local deve ser aqui interpretado como ato normativo oriundo do Executivo estadual ou municipal, haja vista que quando o Constituinte quis restringir o ato ao âmbito estadual, fê-lo de forma expressa, como é possível observar pela leitura do art. 102, I, "a", da Constituição, que prevê a competência do STF para, em sede de ação direta de inconstitucionalidade, julgar lei ou ato normativo federal ou estadual.

A questão que surge, a partir da leitura desse dispositivo, refere-se à identificação de quais atos administrativos do Poder Executivo podem dar ensejo ao manejo do recurso.[84]

A título exemplificativo, o RE 226.861 foi interposto com base, dentre outros fundamentos, no art. 102, III, "c" da Constituição Federal. Na ocasião, o Tribunal de origem julgou improcedente pedido de ação de procedimento comum em que a parte autora buscava promover o recolhimento do ICMS sem a atualização monetária pela variação dos índices da UFESP. Desse modo, o acórdão recorrido, ao julgar improcedente tal pretensão, teria declarado válido ato do governo local, contestado em face da Constituição Federal.

Ao final do julgamento, o STF conheceu do referido recurso, dando-lhe provimento parcial para julgar procedente em parte o pedido, reconhecendo a ilegitimidade da unidade federada para proceder à atualização de seus créditos fiscais no que exceder o índice vigente ao tempo para a correção dos débitos tributários federais.[85]

---

83. "Entendem-se por lei ou ato do governo local todos aqueles provenientes dos Estados, dos Municípios e do Distrito Federal, seja do Executivo, do Legislativo ou do Judiciário estadual, municipal ou distrital." (CROSARA, Daniela de Melo. Comentários aos artigos 102 ao 110 da Constituição Federal. In: MACHADO, Costa (Org.); FERRAZ, Anna Candida da Cunha (Coord.). *Constituição Federal interpretada:* artigo por artigo, parágrafo por parágrafo. 9 ed. Barueri, SP: Manole, 2018, p. 620).

84. Acerca da expressão *ato de governo local*, vale conferir: "'Local' é no sentido de estadual ou municipal. 'Ato de governo' abrange atos administrativos, em sentido amplo, praticados pelo Poder Executivo, pelo Poder Legislativo e pelo Poder Judiciário." (RIBEIRO, Antônio de Pádua. *Do recurso especial para o Superior Tribunal de Justiça.* Inf. juríd. Bibl. Min. Oscar Saraiva, 1(2): 119-134, jul./dez. 1989, p. 129. Disponível em: <https://www.stj.jus.br/publicacaoinstitucional/index.php/informativo/article/download/198/168>. Acesso em: 20.10.2023).

85. Confira-se a ementa: - ICMS. Correção monetária. Conversão do débito em unidades fiscais (UFESP). Lei do Estado de São Paulo nº 6.374/89. - O Plenário desta Corte, ao julgar os RREE 154.273 e 172.394, não acolheu as alegações de ofensa aos princípios constitucionais da legalidade e da vedação da delegação de poderes. E no julgamento do RE 172.394 também não acolheu a alegação de ofensa ao princípio constitucional da não-cumulatividade. - Improcedência da alegação de ofensa ao art. 150, II, da Constituição e falta de prequestionamento das questões relativas aos artigos 5º, XXXV, e 93, IX, da Carta Magna. - No

Em relação aos decretos e à sua subdivisão em decretos regulamentares (art. 84, IV, da Constituição e que se destinam a regulamentar a execução das leis) e em decretos autônomos (art. 84, VI, da Constituição, emanados pelo chefe do Executivo com fundamento direto na Constituição Federal, sem a existência de lei), somente em relação aos últimos é que deve ser possível interpor recurso extraordinário com base no art. 102, III, na alínea "c" da Constituição da República.

Se o fundamento de validade do decreto autônomo encontra-se na própria Constituição, cabe ao seu intérprete final, o Supremo Tribunal Federal, decidir sobre o acerto da decisão que reconheceu a constitucionalidade do ato administrativo. Já no que concerne ao decreto regulamentar, eventual desrespeito à sua função seria conflito a ser sanado no plano da legalidade, e a oferta de recurso extraordinário representaria apenas ofensa reflexa à Constituição.

A Emenda Constitucional n. 45/2004 introduziu a quarta hipótese de cabimento do recurso extraordinário. A alínea "d" do art. 102, III, da Constituição da República incluiu entre as atribuições do Supremo Tribunal Federal o julgamento, mediante recurso extraordinário, das causas decididas em única ou última instância, quando a decisão recorrida julgar válida lei local contestada em face de lei federal.

Até então, tal tarefa incumbia ao Superior Tribunal de Justiça, conforme a redação original do art. 105, III, alínea "b", da Constituição da República. A necessidade de modificação surgiu do reconhecimento de que se trata de conflito de competências na esfera federativa, na medida em que a Constituição Federal prevê um rol extenso de competências legislativas privativas e concorrentes dos entes federados em seus arts. 22, 24 e 30.[86]

---

que diz respeito, porém, à competência para a fixação de índices de correção monetária de créditos fiscais, o Plenário deste Tribunal, ao terminar o julgamento do RE 183.907, firmou o entendimento de que as unidades federadas, embora sejam incompetentes para essa fixação em percentuais superiores aos fixados pela União para o mesmo fim, podem proceder à atualização apenas parcial de seus créditos fiscais, por não estarem impedidas de conceder incentivos fiscais, que a tanto vale a renúncia à correção monetária plena. Portanto, há ilegitimidade apenas no que exceder ao índice vigente ao tempo para a correção dos débitos tributários federais. Recurso extraordinário conhecido pela letra "c" do inciso III do artigo 102 da Constituição e provido em parte. (STF, RE 226861, Relator(a): MOREIRA ALVES, Primeira Turma, julgado em 08/04/2003, DJ 16-05-2003 PP-00110 EMENT VOL-02110-03 PP-00487).

86. Nesse sentido, já nos manifestamos: "A alínea 'd' do art. 102, III, transferiu competência até então atribuída ao Superior Tribunal de Justiça para o Supremo Tribunal Federal, prevendo ser interponível o recurso extraordinário quando a decisão recorrida julgar válida lei local contestada em face de lei federal. A Emenda Constitucional 45/2004, responsável pela inclusão do dispositivo, promoveu significativa alteração no cabimento dos recursos excepcionais. A Constituição da República traz, nos arts. 22, 24 e 30, um extenso rol de competências legislativas privativas e concorrentes da União, Estados e Municípios. Assim, se há discussão a respeito da validade de norma local em confronto com norma federal, teremos uma questão

Dessa forma, havendo controvérsia acerca da validade de norma local em conflito com norma federal, certo é que se trata de questão constitucional, considerando ser o Brasil uma República Federativa, conforme consagra desde logo o artigo 1º, caput, da Constituição. Impõe-se, portanto, a solução da questão mediante a interposição de recurso extraordinário.[87] Note-se que essa não é a única competência do Supremo Tribunal Federal ligada à proteção do federalismo. É o que se encontra, também, em sua competência originária para processar e julgar as causas e os conflitos entre a União e os Estados, a União e o Distrito Federal, ou entre uns e outros, inclusive as respectivas entidades da administração indireta, conforme prevê o artigo 102, I, f, da Constituição.

Essa hipótese de cabimento do recurso extraordinário não conflita com a redação da Súmula 280 do STF[88], aprovada em momento anterior ao texto constitucional. Isso porque o parâmetro normativo para a interposição do recurso extraordinário é a violação à repartição de competências prevista na Constituição Federal, e não a afronta a lei local.[89]

---

constitucional a ser dirimida, tratando da repartição de competências legislativas entre os entes da federação. Daí, portanto, o cabimento do recurso extraordinário em face da decisão." (RODRIGUES, Marco Antonio. *Manual dos Recursos:* ação rescisória e reclamação. 2 ed. São Paulo: Juspodivm, 2023, p. 290).

87. Importa, nesse ponto, colacionar o seguinte julgado, em que o STF inadmitiu o recurso extraordinário ofertado com base na alínea "d", pois a decisão recorrida não afirmava expressamente a validade da norma local em confronto com a lei federal, nem abordava eventual conflito de competências legislativas: AGRAVO INTERNO EM RECURSO EXTRAORDINÁRIO COM AGRAVO. DIREITO TRIBUTÁRIO. PROGRAMA ESPECIAL DE PARCELAMENTO. EXIGÊNCIA DE GARANTIA DO JUÍZO COMO REQUISITO PARA SUSPENSÃO DA EXECUÇÃO TRIBUTÁRIA. OFENSA REFLEXA. LEI ESTADUAL N. 6.374/1989. ENUNCIADO N. 280 DA SÚMULA DO SUPREMO. INADMISSIBILIDADE. RECURSO INTERPOSTO COM FUNDAMENTO NAS ALÍNEAS "C" E "D" DO INCISO III DO ART. 102 DA CONSTITUIÇÃO FEDERAL. INVIABILIDADE. 1. Divergir da conclusão alcançada pelo Tribunal de origem – quanto à necessidade de garantia do juízo para a suspensão da execução fiscal – demandaria a reinterpretação do Código Tributário Nacional e da legislação local (notadamente a Lei n. 6.374/1989). Incidência do enunciado n. 280 da Súmula do Supremo. 2. Não se admite a interposição de recurso extraordinário com fundamento na alínea "c" do inciso III art. 102 da Constituição Federal, quando o Tribunal a quo não houver assentado a validade de lei ou ato de governo local contestado em face da Carta Federal. 3. Ante a ausência, no pronunciamento de origem, de qualquer afirmação acerca da validade de norma local confrontada com lei federal ou de conflito de competência legislativa entre entes federados, descabe adotar, como autorizador da interposição do recurso extraordinário, o permissivo contido na alínea "d" do inciso III do art. 102 da Carta Magna. 4. Agravo interno desprovido. (STF, ARE 1360326 AgR, Relator(a): NUNES MARQUES, Segunda Turma, julgado em 03/04/2023, PROCESSO ELETRÔNICO DJe-s/n DIVULG 14-04-2023 PUBLIC 17-04-2023).

88. Por ofensa a direito local não cabe recurso extraordinário.

89. As razões do agravo interno não se mostram aptas a infirmar os fundamentos que lastrearam a decisão agravada, mormente no que se refere ao óbice da Súmula 280 do STF, a inviabilizar o trânsito do recurso extraordinário. 2. A suposta afronta aos postulados constitucionais invocados no apelo extremo somente poderia ser constatada a partir da análise da legislação infraconstitucional, a tornar oblíqua e reflexa eventual ofensa à Constituição, insuscetível, como tal, de viabilizar o conhecimento do recurso extraordinário. (STF, ARE 1.076.065 AgR, rel. min. Rosa Weber, 1ª T, j. 01-12-2018, *DJE* 288 de 14-12-2017).

Em relação ao órgão prolator da decisão recorrida, este em regra é um tribunal. Cumpre esclarecer, contudo, que, de forma excepcional, o recurso extraordinário pode ser interposto em face de decisões de juízes singulares, na medida em que o art. 102, III, da Constituição prevê o seu cabimento em face de decisões de única ou última instância, sem impor que sejam oriundas de tribunais.[90-91]

---

90. Como exemplo dessa hipótese excepcional, tem-se a sentença que julga os embargos infringentes de alçada, previstos no art. 34 da Lei 6.830/1980 e a decisão proferida por Turma Recursal de Juizado Especial Cível ou Criminal. Nesse sentido: INCIDENTE DE ASSUNÇÃO DE COMPETÊNCIA. PROCESSUAL CIVIL E TRIBUTÁRIO. EXECUÇÃO FISCAL. CAUSA DE ALÇADA. RECURSO ORDINÁRIO EM MANDADO DE SEGURANÇA. ART. 34 DA LEI 6.830/80. CONSTITUCIONALIDADE RECONHECIDA PELO STF NO ARE 637.975-RG/MG - TEMA 408/STF. EXECUÇÃO FISCAL DE VALOR IGUAL OU INFERIOR A 50 ORTN'S. SENTENÇA EXTINTIVA. RECURSOS CABÍVEIS. EMBARGOS INFRINGENTES E DE DECLARAÇÃO. EXCEÇÃO. RECURSO EXTRAORDINÁRIO (SÚMULA 640/STF). MANDADO DE SEGURANÇA. SUCEDÂNEO RECURSAL. NÃO CABIMENTO. SÚMULA 267/STF. 1. Cinge-se a questão em definir sobre ser adequado, ou não, o manejo de mandado de segurança para atacar decisão judicial proferida no contexto do art. 34 da Lei 6.830/80, tema reputado infraconstitucional pela Suprema Corte (ARE 963.889 RG, Relator Min. Teori Zavascki, DJe 27/05/2016). 2. Dispõe o artigo 34 da Lei 6.830/80 que, "Das sentenças de primeira instância proferidas em execuções de valor igual ou inferior a 50 (cinqüenta) Obrigações Reajustáveis do Tesouro Nacional - ORTN, só se admitirão embargos infringentes e de declaração". 3. O Supremo Tribunal Federal, ao julgar o ARE 637.975-RG/MG, na sistemática da repercussão geral, firmou a tese de que "É compatível com a Constituição o art. 34 da Lei 6.830/1980, que afirma incabível apelação em casos de execução fiscal cujo valor seja inferior a 50 ORTN" (Tema 408/STF). 4. Nessa linha de compreensão, tem-se, então, que, das decisões judiciais proferidas no âmbito do art. 34 da Lei nº 6.830/80, são oponíveis somente embargos de declaração e embargos infringentes, entendimento excepcionado pelo eventual cabimento de recurso extraordinário, a teor do que dispõe a Súmula 640/STF ("É cabível recurso extraordinário contra decisão proferida por juiz de primeiro grau nas causas de alçada, ou por turma recursal de Juizado Especial Cível ou Criminal"). 5. É incabível o emprego do mandado de segurança como sucedâneo recursal, nos termos da Súmula 267/STF ("Não cabe mandado de segurança contra ato judicial passível de recurso ou correição"), não se podendo, ademais, tachar de teratológica decisão que cumpre comando específico existente na Lei de Execuções Fiscais (art. 34). 6. Precedentes: AgInt no RMS 55.125/SP, Rel. Ministra Regina Helena Costa, Primeira Turma, DJe 16/11/2017; AgInt no RMS 54.845/SP, Rel. Ministro Gurgel de Faria, Primeira Turma, DJe 18/12/2017; AgInt no RMS 53.232/SP, Rel. Ministro Napoleão Nunes Maia Filho, Primeira Turma, DJe 11/05/2017; AgInt no RMS 53.267/SP, Rel. Ministro Sérgio Kukina, Primeira Turma, DJe 10/05/2017; AgRg no AgRg no RMS 43.562/SP, Rel. Ministro Benedito Gonçalves, Primeira Turma, DJe 24/10/2013; RMS 42.738/MG, Rel. Ministro Arnaldo Esteves Lima, Primeira Turma, DJe 21/08/2013; AgRg no RMS 38.790/SP, Rel. Ministro Ari Pargendler, Primeira Turma, DJe 02/04/2013; RMS 53.613/SP, Rel. Ministra Assusete Magalhães, Segunda Turma, DJe 24/05/2017; RMS 53.096/SP, Rel. Ministro Herman Benjamin, Segunda Turma, DJe 20/04/2017; AgInt no RMS 53.264/SP, Rel. Ministro Mauro Campbell Marques, Segunda Turma, DJe 07/04/2017; AgInt no RMS 50.271/SP, Rel. Ministra Diva Malerbi (Desembargadora Convocada TRF 3ª Região), Segunda Turma, DJe 12/08/2016. 7. TESE FIRMADA: "Não é cabível mandado de segurança contra decisão proferida em execução fiscal no contexto do art. 34 da Lei 6. 830/80". 8. Resolução do caso concreto: recurso ordinário do município de Águas de Santa Bárbara, a que se nega provimento. (STJ, IAC no RMS n. 54.712/SP, relator Ministro Sérgio Kukina, Primeira Seção, julgado em 10/4/2019, DJe de 20/5/2019 – grifos nossos).

91. No âmbito dos Juizados Especiais Federais e dos Juizados Especiais da Fazenda Pública, se for proposto o pedido de uniformização de jurisprudência (art. 14 da Lei 10.259/2001 e art. 18 da Lei 12.153/2009), o recurso extraordinário será cabível após o julgamento do incidente, em face da decisão da Turma. A interposição simultânea de recurso extraordinário e pedido de uniformização em face da mesma decisão configura erro grosseiro. A esse teor: Agravo regimental no recurso extraordinário com agravo. Não esgotamento das instâncias ordinárias. Súmula nº 281/STF. Precedentes. 1. Incide no caso a Súmula nº 281 do Supremo Tribunal Federal, pois o recurso extraordinário foi interposto simultaneamente ao inci-

2.5.2. Recurso especial

O art. 105, III[92], da Constituição traz, por sua vez, as hipóteses de cabimento de recurso especial.

Conforme a redação do referido dispositivo constitucional, o recurso especial somente será cabível em face de decisões de tribunal.[93] Nesse sentido, o Superior Tribunal de Justiça assentou entendimento no sentido de não ser cabível recurso especial contra decisões de órgãos jurisdicionais que não sejam tribunais, como os juízes singulares ou turmas recursais[94], fazendo aqui, então, uma interpretação literal do dispositivo constitucional.

---

dente de uniformização em processo em trâmite no juizado especial. 2. Agravo regimental não provido, com imposição de multa de 1% (um por cento) do valor atualizado da causa (art. 1021, § 4º, do CPC). 3. Havendo prévia fixação de honorários advocatícios pelas instâncias de origem, seu valor monetário será majorado em 10% (dez por cento) em desfavor da parte recorrente, nos termos do art. 85, § 11, do Código de Processo Civil, observados os limites dos §§ 2º e 3º do referido artigo e a eventual concessão de justiça gratuita. (STF, ARE 1249612 AgR/AM, Plenário, Relator: Ministro Dias Toffoli, Data do julgamento: 14/02/2020, Data da publicação: 21/02/2020 – grifos nossos).

92. "Art. 105. Compete ao Superior Tribunal de Justiça:

[...]

III – julgar, em recurso especial, as causas decididas, em única ou última instância, pelos Tribunais Regionais Federais ou pelos tribunais dos Estados, do Distrito Federal e Territórios, quando a decisão recorrida:

a) contrariar tratado ou lei federal, ou negar-lhes vigência;

b) julgar válido ato de governo local contestado em face de lei federal;

c) der a lei federal interpretação divergente da que lhe haja atribuído outro tribunal."

93. Nesse sentido: AGRAVO INTERNO NO AGRAVO EM RECURSO ESPECIAL. RECURSO ESPECIAL INTERPOSTO CONTRA DECISÃO MONOCRÁTICA DA PRESIDÊNCIA DO STJ. ERRO GROSSEIRO. AGRAVO INTERNO INTEMPESTIVO. 1. Hipótese em que a parte recorrente foi intimada da decisão monocrática do em. Ministro Presidente desta Corte Superior na data de 1/3/2021, sendo interposto o agravo interno somente em 1/6/2021. 2. O agravo interno é manifestamente intempestivo, porquanto interposto fora do prazo de 15 (quinze) dias úteis, nos termos do art. 994, III, c.c. os arts. 1.003, § 5.º, 1.029, e 219, caput, todos do Código de Processo Civil. 3. A interposição de recurso especial contra decisão monocrática do Ministro Presidente do STJ que não conhece do agravo em recurso especial consubstancia erro grosseiro, pois o referido meio de impugnação destina-se unicamente a combater acórdão proferido por Tribunais Regionais Federais, Tribunais Estaduais e do Distrito Federal e Territórios que a) contrariar tratado ou lei federal, ou negar-lhes vigência; b) julgar válida lei ou ato de governo local contestado em face de lei federal ou c) der a lei federal interpretação divergente da que lhe haja atribuído outro tribunal. 4. O equívoco na escolha do recurso adequado à espécie acarreta a impossibilidade de suspensão do prazo para apresentação de outros recursos, pois, caso contrário, haveria subversão da sistemática processual trazida pelo Código de Processo Civil de 2015, que vela pelo dever de cooperação entre as partes como decorrência do princípio da boa-fé, além de comprometer a celeridade processual, uma vez que bastaria a parte irresignada apresentar qualquer peça de impugnação, ainda que completamente inadmissível, para que os prazos fossem reiniciados ou suspensos, postergando indefinidamente a tramitação do feito, situação completamente inadmissível. 5. Agravo Interno não conhecido. (STJ, AgInt na PET no AREsp n. 1.819.416/SP, relator Ministro Luis Felipe Salomão, Quarta Turma, julgado em 30/8/2021, DJe de 9/9/2021).

94. Nessa senda, foi editada a Súmula 203 do STJ: "Não cabe recurso especial contra decisão proferida por órgão de segundo grau dos Juizados Especiais."

Com a devida vênia, essa concepção é criticável, por restringir em demasia o exercício da pretensão recursal contra as decisões proferidas no âmbito dos juizados especiais. No caso dos juizados especiais cíveis, regidos pela Lei n. 9.099/95, resta admitido somente o cabimento de reclamação e de mandado de segurança em situações excepcionais[95], o que pode representar, inclusive, violação ao princípio do acesso à justiça, insculpido no art. 5º, XXXV, da Lei Maior. Já no caso dos juizados especiais federais e dos da Fazenda Pública, ao invés da reclamação, admite-se o pedido de uniformização de interpretação de lei quando houver divergência entre decisões sobre questões de direito material proferidas por Turmas Recursais, nos moldes do artigo 14 da Lei n. 10.259/2001 e do artigo 18 da Lei n. 12.153/2009.

Passa-se, então, à análise das hipóteses de cabimento, constantes das alíneas do artigo 105, III.

O art. 105, III, "a", da Constituição prevê o cabimento do recurso especial quando a decisão recorrida contrariar tratado ou lei federal, ou negar-lhes vigência.

No que se refere à lei federal cuja violação dá ensejo ao recurso especial, na forma do art. 105, III, alínea "a", da Constituição da República, aquela deve ser compreendida como o ato normativo primário, isto é, aquele elaborado mediante o procedimento previsto na Constituição para a edição de leis ordinárias e complementares, incluindo-se nesse rol as medidas provisórias, por possuírem força de lei de acordo com o art. 62 da Constituição.

95. Tratando-se de reclamação, consoante o artigo 988 do Código de Processo Civil, essa ação poderá ser intentada visando: preservar a competência do tribunal (inciso I); garantir a autoridade das decisões do tribunal (inciso II); garantir a observância de enunciado de súmula vinculante e de decisão do Supremo Tribunal Federal em controle concentrado de constitucionalidade (inciso III); e garantir a observância de acórdão proferido em julgamento de incidente de resolução de demandas repetitivas ou de incidente de assunção de competência (inciso IV). No caso do mandado de segurança, nos termos da Lei n. 12.016/2009, sua impetração justifica-se pela necessidade de preservação de direito líquido e certo em verdadeiro controle de competência. Nesse sentido: RECURSO ORDINÁRIO EM MANDADO DE SEGURANÇA. CONTROLE DE COMPETÊNCIA PELO TRIBUNAL DE JUSTIÇA. JUIZADOS ESPECIAIS CÍVEIS. MANDADO DE SEGURANÇA. CABIMENTO. INDENIZAÇÃO POR DANOS MORAIS. CONDENAÇÃO SUPERIOR AO VALOR DE ALÇADA. EXORBITÂNCIA DA COMPETÊNCIA ESTABELECIDA NO ART. 3º DA LEI 9.099/95. RECURSO PROVIDO. SEGURANÇA CONCEDIDA. 1. É possível a impetração de mandado de segurança, no âmbito da Justiça comum, com a finalidade de promover o controle de competência nos processos em trâmite nos juizados especiais. Precedentes do STJ. 2. Deve ser reputada ineficaz a condenação fixada, a título de reparação de danos, na parte em que exceda o limite de alçada estabelecido no art. 3º da Lei 9.099/95 (Lei dos Juizados Especiais Estaduais), na forma preconizada pelo art. 39 do mesmo diploma legal. 3. Recurso ordinário provido. (STJ, RMS n. 48.259/PA, relator Ministro Raul Araújo, Quarta Turma, julgado em 13/9/2016, DJe de 25/10/2016).

Dessa forma, ficam excluídos do cabimento de recurso especial os atos infralegais, tais como resoluções, decretos regulamentares e instruções normativas[96], assim como os enunciados de súmula[97-98].

Nesse ponto, importante recordar que aos tratados e convenções internacionais, obedecido o procedimento para a sua incorporação ao ordenamento jurídico interno, foi conferido o mesmo status hierárquico da lei ordinária.[99]

---

96. PROCESSUAL CIVIL E ADMINISTRATIVO. AGRAVO INTERNO NO RECURSO ESPECIAL. AÇÃO ANULATÓRIA CUMULADA COM INDENIZATÓRIA. INFRAÇÃO DE TRÂNSITO. PRAZO PARA EXPEDIÇÃO DE NOTIFICAÇÃO DE AUTUAÇÃO. TERMO A QUO. FIXAÇÃO POR ATO INFRALEGAL. INADEQUAÇÃO DA VIA RECURSAL. 1. O recurso especial não é via adequada para análise de suposta violação de norma infralegal, motivo pelo qual não é cabível contra acórdão que decide a controvérsia com base em resoluções, porquanto eventual ofensa à lei federal seria meramente indireta e reflexa. 2. No caso, o Tribunal Regional Federal da 4ª Região, ao decidir pela não inclusão do dia da ocorrência da infração no cômputo do prazo de 30 dias estabelecido pelo art. 281 da Lei n. 9.503/1997 - CTB, apoiou-se no art. 3º da Resolução/CONTRAN n. 149/2003, que o regulamenta. É nesse regulamento que está definido "o prazo máximo de 30 dias contados da data do cometimento da infração", e não no referido dispositivo legal. 3. Agravo interno não provido. (STJ, AgInt no REsp n. 1.720.384/SC, relator Ministro Benedito Gonçalves, Primeira Turma, julgado em 23/3/2020, DJe de 25/3/2020).
97. ADMINISTRATIVO. MANDADO DE SEGURANÇA. DESCONTOS EM PROVENTOS DE SERVIDOR. RECURSO ESPECIAL. INCABÍVEL APRECIAÇÃO DE SUPOSTA VIOLAÇÃO DE SÚMULAS EM RECURSO ESPECIAL. ENUNCIADOS QUE NÃO SE ENQUADRAM NO CONCEITO DE LEI FEDERAL. INCIDÊNCIA DA SÚMULA N. 518/STJ. INEXISTÊNCIA DE OBRIGAÇÃO DE DEVOLUÇÃO DE VALORES PAGOS A MAIOR. REEXAME FÁTICO-PROBATÓRIO. INCIDÊNCIA DA SÚMULA N. 7/STJ. PELO DESPROVIMENTO DO RECURSO ESPECIAL. I - Inicialmente é necessário consignar que o presente recurso atrai a incidência do Enunciado Administrativo n. 3/STJ: "aos recursos interpostos com fundamento no CPC/2015 (relativos a decisões publicadas a partir de 18 de março de 2016) serão exigidos os requisitos de admissibilidade recursal na forma de novo CPC." II - De início, temos que é incabível apreciação de suposta violação de súmulas, em recurso especial, uma vez que tais enunciados não se enquadram no conceito de Lei Federal a que se refere a alínea a do permissivo constitucional autorizador, que dispõe: "contrariar tratado ou lei federal, ou negar-lhes vigência." III - Dessa forma, incide, na espécie, o óbice da Súmula n. 518 do STJ, o qual estipula: "Para fins do art. 105, III, a, da Constituição Federal, não é cabível recurso especial fundado em alegada violação de enunciado de súmula." IV - O Superior Tribunal de Justiça assentou que "o conceito de tratado ou lei federal, previsto no art. 105, inciso III, a, da Constituição da República, deve ser considerado em seu sentido estrito, não compreendendo súmulas de Tribunais, bem como atos administrativos normativos. Incidência, por analogia, da Súmula n. 518 do Superior Tribunal de Justiça" (AgInt no REsp n. 1.680.475/SP, Rel. Ministra Regina Helena Costa, Primeira Turma, julgado em 12/12/2017, DJe 18/12/2017). V - Portanto, não é de ser admitido o recurso especial por violação das Súmulas n. 346 e 473 do STF; 249 do TCU; e 34 da AGU. VI - Com relação à alegação de inexistência de obrigação de devolução dos valores pagos a maior, melhor sorte não assiste ao recorrente, por depender tal providência da reapreciação dos elementos fático-probatórios do caso concreto, o que atrai a incidência da Súmula n. 7/STJ. VII - Recurso especial não conhecido. (STJ, REsp n. 1.821.051/ES, relator Ministro Francisco Falcão, Segunda Turma, julgado em 13/10/2020, DJe de 19/10/2020).
98. Nesse ponto, cabe destacar: "No que tange aos regimentos internos de tribunais, especificamente, cabe menção à Súmula 399 do STF, editada sob a égide da CF/1946, que entendia incabível o recurso, por violação à lei federal, em razão da ofensa a regimento interno." (RODRIGUES, Marco Antonio. *Manual dos Recursos:* ação rescisória e reclamação. 2 ed. São Paulo: Juspodivm, 2023, p. 295).
99. ADMINISTRATIVO - ENSINO SUPERIOR - REGISTRO DE DIPLOMA DE MEDICINA OBTIDO EM CUBA - DIPLOMAS EXPEDIDOS EM 1992 E 1996 - EXIGÊNCIA DE REVALIDAÇÃO DO DIPLOMA - INAPLICÁVEL NA ESPÉCIE - DECRETO 80.419/1977 - REVALIDAÇÃO IMEDIATA ASSEGURADA. 1. O Decreto 3.007/1999 não tem o condão de revogar a Convenção Regional sobre o Reconhecimento de Estudos, Títulos e Diplomas de Ensino Superior na América Latina e Caribe (Decreto Presidencial 80.419/1977), que, após a conclusão do iter procedimental de sua incorporação no sistema jurídico nacional, apresenta estatura de lei ordinária.

O Supremo Tribunal Federal, contudo, somente aderiu a tal posicionamento após o advento da EC 45/2004, quando igualmente reconheceu o caráter supralegal dos tratados que versem sobre direitos humanos, incorporados sob a regra constante do art. 5.º, § 3.º, da Constituição. [100]

---

2. O fato de ainda estar em vigor não garante o reconhecimento automático do diploma estrangeiro, sem os procedimentos administrativos de revalidação de diploma previstos na Lei de Diretrizes e Bases, Lei 9.394/1996, pois a própria Convenção em nenhum dos seus artigos traz esta previsão. 3. Julgado recente da Segunda Turma entendeu ser inaplicável o processo administrativo de revalidação previsto pela Lei 9.394/1996, nos casos em que o diploma foi expedido pela instituição de ensino estrangeira em data anterior à vigência da referida norma, em respeito ao regime jurídico vigente à época da expedição do respectivo título (AgRg no REsp 1284273/RS, Rel. Ministro CASTRO MEIRA, SEGUNDA TURMA, julgado em 19/04/2012, DJe 04/05/2012). 4. Hipótese em que os diplomas a que se busca a revalidação foram expedidos em 1992 e 1996 (medicina e especialização em medicina geral integral), ou seja, em data anterior à vigência da Lei 9.394 de 20 de dezembro de 1996. 5. É de se reconhecer o direito à revalidação dos títulos, nos moldes previstos pelo Decreto 80.419/1977 (art. 2º, V - "reconhecimento imediato"), dispensando-se do processo administrativo de revalidação, exigível somente a partir da referida inovação legislativa. 6. Recursos especiais não providos. (STJ, REsp n. 1.344.533/PE, relatora Ministra Eliana Calmon, Segunda Turma, julgado em 9/10/2012, DJe de 17/10/2012 – grifos nossos). No mesmo sentido, o STF: Direito do consumidor. Transporte aéreo internacional. Conflito entre lei e tratado. Indenização. Prazo prescricional previsto em convenção internacional. Aplicabilidade. 1. Salvo quando versem sobre direitos humanos, os tratados e convenções internacionais ingressam no direito brasileiro com status equivalente ao de lei ordinária. Em princípio, portanto, as antinomias entre normas domésticas e convencionais resolvem-se pelos tradicionais critérios da cronologia e da especialidade. 2. Nada obstante, quanto à ordenação do transporte internacional, o art. 178 da Constituição estabelece regra especial de solução de antinomias, no sentido da prevalência dos tratados sobre a legislação doméstica, seja ela anterior ou posterior àqueles. Essa conclusão também se aplica quando o conflito envolve o Código de Defesa do Consumidor. 3. Tese afirmada em sede de repercussão geral: "Nos termos do art. 178 da Constituição da República, as normas e os tratados internacionais limitadores da responsabilidade das transportadoras aéreas de passageiros, especialmente as Convenções de Varsóvia e Montreal, têm prevalência em relação ao Código de Defesa do Consumidor". 4. Recurso extraordinário provido. (STF, ARE 766618, Relator(a): ROBERTO BARROSO, Tribunal Pleno, julgado em 25/05/2017, ACÓRDÃO ELETRÔNICO DJe-257 DIVULG 10-11-2017 PUBLIC 13-11-2017).

100. Prisão civil do depositário infiel em face dos tratados internacionais de direitos humanos. Interpretação da parte final do inciso LXVII do art. 5.º da Constituição brasileira de 1988. Posição hierárquico-normativa dos tratados internacionais de direitos humanos no ordenamento jurídico brasileiro. *Desde a adesão do Brasil, sem qualquer reserva, ao Pacto Internacional dos Direitos Civis e Políticos (art. 11) e à Convenção Americana sobre Direitos Humanos – Pacto de San José da Costa Rica (art. 7.º, 7), ambos no ano de 1992, não há mais base legal para prisão civil do depositário infiel, pois o caráter especial desses diplomas internacionais sobre direitos humanos lhes reserva lugar específico no ordenamento jurídico, estando abaixo da Constituição, porém acima da legislação interna. O status normativo supralegal dos tratados internacionais de direitos humanos subscritos pelo Brasil torna inaplicável a legislação infraconstitucional com ele conflitante, seja ela anterior ou posterior ao ato de adesão.* Assim ocorreu com o art. 1.287 do Código Civil de 1916 e com o Decreto-lei 911/1969, assim como em relação ao art. 652 do Novo Código Civil (Lei 10.406/2002). Alienação fiduciária em garantia. Decreto-lei 911/1969. Equiparação do devedor-fiduciante ao depositário. Prisão civil do devedor-fiduciante em face do princípio da proporcionalidade. A prisão civil do devedor-fiduciante no âmbito do contrato de alienação fiduciária em garantia viola o princípio da proporcionalidade, visto que: a) o ordenamento jurídico prevê outros meios processuais-executórios postos à disposição do credor-fiduciário para a garantia do crédito, de forma que a prisão civil, como medida extrema de coerção do devedor inadimplente, não passa no exame da proporcionalidade como proibição de excesso, em sua tríplice configuração: adequação, necessidade e proporcionalidade em sentido estrito; e b) o Decreto-lei 911/1969, ao instituir uma ficção jurídica, equiparando o devedor-fiduciante ao depositário, para todos os efeitos previstos nas leis civis e penais, criou uma figura atípica de depósito, transbordando os limites do conteúdo semântico da expressão "depositário infiel" insculpida no art. 5.º, inciso LXVII, da Constituição e, dessa forma, desfigurando o instituto do depósito em sua conformação constitucional, o que perfaz

A segunda parte do art. 105, III, "a", trata da negativa de vigência a tratado ou lei federal. Negar vigência refere-se à existência da norma cuja aplicação fica afastada, como, a título exemplificativo, na hipótese em que a lei é considerada derrogada por lei posterior ou por lei especial.[101]-[102]

Por sua vez, o art. 105, III, "b", da Constituição prevê que é cabível recurso especial em face de decisão de tribunal que julgar válido ato de governo local contestado em face de lei federal. Nesse caso, o conceito de ato de governo é bastante amplo, acobertando decretos, resoluções, instruções, circulares, entre outros.[103]

---

a violação ao princípio da reserva legal proporcional. Recurso extraordinário conhecido e não provido (STF, RE 349703, Tribunal Pleno, Rel. Min. Carlos Britto, Rel. p/ Acórdão: Min. Gilmar Mendes, j. 03.12.2008, *DJe*-104 divulg. 04.06.2009, public. 05.06.2009 Ement. 2363-04/00675).

101. A negativa de vigência, consoante a redação constitucional, precisa ser à lei federal: PROCESSUAL CIVIL E ADMINISTRATIVO. VIOLAÇÃO DO ART. 535, II, DO CÓDIGO DE PROCESSO CIVIL/1973 E DO ART. 1.022, II, DO CÓDIGO DE PROCESSO CIVIL/2015. DEFICIÊNCIA NA FUNDAMENTAÇÃO. SÚMULA 284/STF. ART. 18, III, "A", DA LEI 6.766/1979. AUSÊNCIA DE PREQUESTIONAMENTO. SÚMULA 211/STJ. ART. 278 DA LEI COMPLEMENTAR MUNICIPAL 193/2009. LEI LOCAL. SÚMULA 280/STF. 1. Não se conhece de Recurso Especial em relação à ofensa ao art. 535, II, do Código de Processo Civil/1973 e ao art. 1.022, II, do Código de Processo Civil/2015 quando a parte não aponta, de forma clara, o vício em que teria incorrido o acórdão impugnado. Incidência, por analogia, da Súmula 284/STF. 2. A alegação de afronta ao 18, III, "a", da Lei 6.766/1979, a despeito da oposição de Embargos Declaratórios, não foi apreciada pelo Tribunal a quo. Incide a Súmula 211/STJ porque, para que se tenha por atendido o requisito do prequestionamento, é indispensável também a emissão de juízo de valor sobre a matéria. 3. No tocante à presumida violação do art. 278 da Lei Complementar Municipal 193/2009, pontuo que, conforme a redação do art. 105, III, "a", da CF/88, somente tem cabimento a interposição de Recurso Especial contra decisão que contrariar ou negar vigência a lei federal, não se enquadrando nesse conceito dispositivo de legislação local, tampouco regramento de ordem infralegal. Incide, portanto, o teor da Súmula 280/STF. 4. Recurso Especial não conhecido. (STJ, REsp n. 1.703.485/SP, relator Ministro Herman Benjamin, Segunda Turma, julgado em 16/11/2017, DJe de 19/12/2017).

102. A esse respeito, assim já destacamos: "[...] o tribunal, ao não aplicar a lei ou o tratado federal, nega-lhe *eficácia*, e não vigência. *E.g.*, o Tribunal de Justiça, ao julgar recurso de apelação interposto em face de sentença que julgou improcedente pedido de indenização proposto em face de uma autarquia em razão do decurso de mais de três anos entre a data do fato e a propositura da demanda, aplicando o art. 206, §3.º, V, do Código Civil, não nega vigência ao art. 1.º do Decreto 20.910/1932. Ele o contraria, uma vez que a sua incidência ao caso é devida, como entende o Superior Tribunal de Justiça. Negar vigência, por seu turno, diz respeito à *existência* da norma, em razão, por exemplo, de considerá-la derrogada por lei posterior, ou especial." (RODRIGUES, Marco Antonio. *Manual dos Recursos:* ação rescisória e reclamação. 2 ed. São Paulo: Juspodivm, 2023, p. 297).

103. Conforme entendimento já manifestado nos Tribunais Superiores: RECURSO ESPECIAL – ALÍNEAS "A" E "B" – EMBARGOS À EXECUÇÃO FISCAL – ALEGADA OFENSA AOS ARTIGOS 9º, I E 144 DO CTN E 2º, § 4º, I E II E § 6º DA LEI N. 6.830/80 – AUSÊNCIA DE PREQUESTIONAMENTO – ALÍNEA "B" – RAZÕES RECURSAIS NÃO DEMONSTRAM QUE A DECISÃO DA CORTE A QUO JULGOU VÁLIDA LEI OU ATO DE GOVERNO LOCAL CONTESTADO EM FACE DE LEI FEDERAL – MATÉRIA DE DIREITO LOCAL – HONORÁRIOS EM FAVOR DO EXEQÜENTE/EMBARGADO – CABIMENTO – PRINCÍPIO DA SUCUMBÊNCIA. Os "atos de governo local" a que se refere o artigo 105, III, "b" restringem-se aos atos normativos editados pelos demais entes federativos, excluída a União, que, obviamente, não tem competência para legislar em âmbito local. Não se incluem, portanto, outros atos administrativos praticados pelos agentes públicos, a exemplo do caso ora em apreço, no qual se insurge a parte contra a "certidão de dívida assinada por autoridade incompetente". "A expressão 'lei ou ato de governo local', que deve ser interpretada em oposição à ideia de lei ou ato emanado da União Federal, abrange, na latitude dessa designação, as espécies jurídicas editadas pelos

Conforme visto no item relativo ao recurso extraordinário, a Emenda Constitucional n. 45/04 retirou do Superior Tribunal de Justiça a competência para dirimir o conflito entre lei federal e lei local (estadual, distrital e municipal), em sede de recurso especial, para conferi-la ao Supremo Tribunal Federal, no âmbito do recurso extraordinário. A partir de então, a competência do Superior Tribunal de Justiça limita-se às disputas entre atos administrativos e a lei federal[104].

Estados-membros, pelo Distrito Federal e pelos Municípios (STF – 1ª Turma, Ag 143.196-3-AM-AgRg, Rel. Min. Celso de Mello, j. 2.8.94, negaram provimento, v. u., DJU 17.3.95, p. 5.792)" (Theotônio Negrão, in "Código de Processo Civil e legislação processual em vigor", São Paulo, Saraiva, 2002, nota 3 ao artigo 321 do RISTF, p. 1927). Pretende demonstrar a recorrente que foi desatendido o comando do artigo 19 da Lei estadual 8.533/88, e não que a decisão julgou válida lei ou ato do governo local contestado em face da lei federal, segundo o autorizativo da alínea "b". Assim, não comporta exame a irresignação, visto que, por ofensa a direito local, não cabe recurso especial (Súmula 280/STF). A condenação da executada ao pagamento de honorários advocatícios em favor do Estado do Rio Grande do Sul tem assento no princípio da sucumbência (art. 20 do CPC e 26 da LEF). Recurso especial não-conhecido. (STJ, REsp n. 175.560/RS, relator Ministro Franciulli Netto, Segunda Turma, julgado em 20/6/2002, DJ de 31/5/2004, p. 253). Ressalte-se, ainda, que ato de governo local não abarca lei local, esta dotada de abstração e generalidade. Nesses termos: ADMINISTRATIVO. SERVIDOR PÚBLICO. REVISÃO DE APOSENTADORIA. PROVENTOS INTEGRAIS. DOENÇA GRAVE. DISCIPLINA EM LEI MUNICIPAL. NORMA QUE NÃO SE CONFUNDE COM ATO DE GOVERNO LOCAL. AUSÊNCIA DE DISPOSITIVO DE LEI FEDERAL. SÚMULA 284/STF. PERÍCIA. SÚMULA 7/STJ. 1. Cuida-se, na origem, de demanda proposta com a finalidade de promover revisão de aposentadoria de servidor público do Município de Fagundes Varela, sob o fundamento de que o agravante seria portador de doença grave e incurável, nos moldes da Lei Municipal 1.301/2007. 2. Nas razões do Recurso Especial, não foi indicado qual dispositivo de lei federal teria sido violado, o que atrai a incidência, por analogia, da Súmula 284/STF (AgRg no AREsp 344.725/GO, Rel. Ministro Humberto Martins, Segunda Turma, DJe 30.8.2013; REsp 1.281.061/PB, Rel. Ministra Eliana Calmon, Segunda Turma, DJe 20.8.2013). 3. O agravante fundamenta seu recurso também na alínea "b" do inciso III do art. 105 da Constituição Federal e aponta como ato de governo local contrário à lei federal a própria Lei Municipal 1.301/2007. Contudo, ato de governo local não se confunde com lei local dotada de abstração e generalidade. O STJ não possui competência para, em Recurso Especial, conhecer de conflito entre lei local e lei federal, sob pena de usurpação da competência do STF (art. 102, III, "d", da CF/1988). 4. A interpretação dos dispositivos da Lei Municipal 1.301/2007 esbarra no óbice da Súmula 280/STF, aplicável por analogia: "Por ofensa a direito local não cabe recurso extraordinário". 5. O acórdão recorrido apresenta fundamento constitucional autônomo não impugnado por Recurso Extraordinário, de modo que se aplica a Súmula 126/STJ: "É inadmissível recurso especial, quando o acórdão recorrido assenta em fundamentos constitucional e infraconstitucional, qualquer deles suficiente, por si só, para mantê-lo, e a parte vencida não manifesta recurso extraordinário". 6. Ademais, em razão da conclusão pericial acolhida pelo Tribunal a quo, aferir se a enfermidade alegada é de natureza grave exige revolvimento fático-probatório, o qual não pode ser realizado no âmbito do Recurso Especial (Súmula 7/STJ). 7. Agravo Regimental não provido. (STJ, AgRg no AREsp n. 342.470/RS, relator Ministro Herman Benjamin, Segunda Turma, julgado em 5/11/2013, DJe de 9/12/2013).

104. Nessa perspectiva: PROCESSUAL CIVIL E TRIBUTÁRIO. AGRAVO INTERNO NO RECURSO ESPECIAL. CRÉDITO TRIBUTÁRIO. LANÇAMENTO DECORRENTE DAS INFORMAÇÕES FORNECIDAS PELAS ADMINISTRADORAS DE CARTÕES. POSSIBILIDADE. LEGISLAÇÃO ESTADUAL. MATÉRIA CONSTITUCIONAL. VIOLAÇÃO DO ART. 1.022 DO CPC/2015. INEXISTÊNCIA. 1. Não há violação do art. 1.022 do CPC/2015 quando o órgão julgador, de forma clara e coerente, externa fundamentação adequada e suficiente à conclusão do acórdão embargado. 2. Dentre outros requisitos, a admissibilidade do especial, pelas alíneas "a" e "c" do permissivo constitucional, exige a indicação dos dispositivos legais pertinentes que estariam sendo violados e/ou que seriam objeto de interpretações divergentes, com a explicitação de argumentos específicos a respeito de o porquê da conclusão do acórdão recorrido contrariá-los ou não poder ser aceita. Precedentes. 3. Por força do art. 105, III, "b", da CF/1988, o recurso especial é via adequada para o

questionamento de atos normativos infralegais em face de lei federal, sendo da competência do Supremo Tribunal Federal julgar a validade lei local contestada em face de lei federal. 4. No caso dos autos, as sociedades empresárias foram autuadas porque a fiscalização da secretaria de fazenda do Estado de São Paulo constatou omissão de informações pertinentes a vendas realizadas, o que foi possível mediante análise de informações prestadas pelas administradoras de cartão de crédito (Lei Estadual n. 6.374/1989 e Portaria CAT n. 87/2006). 5. O recurso não preenche os requisitos necessários ao seu conhecimento, por qualquer das hipóteses constitucionais autorizadoras, pois o órgão julgador a quo não decidiu a legalidade de portaria em face de lei federal, mas a constitucionalidade de leis estaduais que a respaldam; não foi demonstrada a divergência jurisprudencial; e porque, considerada a tese de que o acórdão recorrido, apoiado na legislação estadual, viola os arts. 5º e 6º da LC n. 105/2001, a matéria tem natureza constitucional. Precedentes específicos pelo não conhecimento. 6. Agravo interno não provido. (STJ, AgInt no REsp n. 1.891.306/SP, relator Ministro Benedito Gonçalves, Primeira Turma, julgado em 1/3/2021, DJe de 3/3/2021). Em sentido semelhante: PROCESSUAL CIVIL E CONSTITUCIONAL. AÇÃO CIVIL PÚBLICA. DECLARAÇÃO DE INCONSTITUCIONALIDADE. LEI MUNICIPAL. CONFLITO ENTRE LEI MUNICIPAL E LEI FEDERAL. COMPETÊNCIA DO STF. REGULARIZAÇÃO DE ATOS ADMINISTRATIVOS. CESSÃO E TRANSFERÊNCIA DE DIREITOS. ANÁLISE DE CLÁUSULA CONTRATUAL. REEXAME DO CONTEXTO FÁTICO-PROBATÓRIO. IMPOSSIBILIDADE. SÚMULAS 5 E 7/STJ. RECURSO QUE DEIXA DE ATACAR ESPECIFICAMENTE OS FUNDAMENTOS DA DECISÃO AGRAVADA. SÚMULA 182/STJ. 1. O Tribunal de origem, ao decidir a quaestio iuris, consignou (fls. 1.343/e-STJ): "(...) Enfim, não tenho dúvida em afirmar que não padece de vício da inconstitucionalidade a Lei Municipal nº 3.401/97, sendo plenamente lícito e válido o contrato de concessão real de uso firmado entre o Município e a empresa Autódromo." 2. Na hipótese dos autos, percebe-se que todas as questões suscitadas pelo Ministério Público Estadual têm como supedâneo pedido de declaração de inconstitucionalidade incidenter tantum da Lei Municipal 3.041/1997, tendo sido declarado pelo Sodalício a quo inexistir vício de inconstitucionalidade. 3. Descabe ao Superior Tribunal de Justiça se manifestar sobre a vexata quaestio, pois a análise de possível inconstitucionalidade de Lei Municipal ou de eventual conflito entre a referida lei local e lei federal é da competência do Supremo Tribunal Federal (AgInt no REsp 1.360.060/SC, Rel. Ministra Regina Helena Costa, Primeira Turma, julgado em 16/8/2016, DJe 26/8/2016). 4. A análise da ilegalidade dos contratos de concessão ou respectiva prorrogação é inviável, seja pelo fato de tais contratos terem por fundamento a Lei Municipal, o que atrairia o óbice da Súmula 280/STF; seja em razão de não ser admissível a revisão de cláusulas contratuais no Superior Tribunal de Justiça em virtude do disposto na Súmula 5/STJ. 5. A irresignação também não merece prosperar, uma vez que o Tribunal de origem não emitiu juízo de valor sobre os dispositivos legais cuja ofensa se aduz, quais sejam 99, I, e 100 do Código Civil; art. 17 da Lei Federal 6.766/79; art. 17, § 2º, e art. 54, caput, da Lei 8.666/93; art. 2º, II, da Lei 10.257/01; art. 1º da Lei 7.347/85; e art. 7º do Decreto-Lei 271/67 (alterado pela Lei 11.481/2007). O Superior Tribunal de Justiça entende ser inviável o conhecimento do Recurso Especial quando os artigos tidos por violados não foram apreciados pelo Tribunal a quo, a despeito da oposição de Embargos de Declaração, haja vista a ausência do requisito do prequestionamento. Incide, na espécie, a Súmula 211/STJ. 6. No que diz respeito à regularização dos atos administrativos de estudo ambiental para operacionalização dos empreendimentos, o Tribunal de origem informou que tal questão já é objeto da Ação Popular 001.01.019456-7, o que atrai o óbice da Súmula 7/STJ. 7. Por fim, o decisum monocrático foi claro ao estabelecer que a quaestio iuris envolve matéria constitucional, de competência do STF, argumento este contra o qual não se manifestou a parte recorrente, incidindo o óbice da Súmula 182/STJ. 8. Agravo Interno não conhecido. (STJ, AgInt no REsp n. 1.313.723/MS, relator Ministro Herman Benjamin, Segunda Turma, julgado em 27/6/2017, DJe de 30/6/2017 – grifos nossos). No mesmo sentido: PROCESSUAL CIVIL. TRIBUTÁRIO. AGRAVO INTERNO NO RECURSO ESPECIAL. CÓDIGO DE PROCESSO CIVIL DE 2015. APLICABILIDADE. ARGUMENTOS INSUFICIENTES PARA DESCONSTITUIR A DECISÃO ATACADA. VIOLAÇÃO AO ART. 535 DO CPC/73. DEFICIÊNCIA DE FUNDAMENTAÇÃO. AUSÊNCIA DE COMBATE A FUNDAMENTOS AUTÔNOMOS DO ACÓRDÃO. RAZÕES RECURSAIS DISSOCIADAS. INCIDÊNCIA, POR ANALOGIA, DAS SÚMULAS N. 283 E 284/STF. ACÓRDÃO EMBASADO EM NORMA DE DIREITO LOCAL. LEIS MUNICIPAIS N. 805/66 E N. 3.499/90. INCIDÊNCIA, POR ANALOGIA, DA SÚMULA N. 280/STF. CONFLITO ENTRE LEI LOCAL EM FACE DE LEI FEDERAL. COMPETÊNCIA DA SUPREMO CORTE. ART. 7º DA LEI MUNICIPAL 3.316/89 EM CONFLITO COM O ART. 33 DO CÓDIGO TRIBUTÁRIO NACIONAL. ACÓRDÃO RECORRIDO ASSENTADO EM FUNDAMENTOS CONSTITUCIONAIS. IMPOSSIBILIDADE DE REVISÃO EM SEDE DE RECURSO ESPECIAL. DISSÍDIO JURISPRUDENCIAL. AUSÊNCIA DE COTEJO ANA-

Noutro giro, o art. 105, III, "c", da Constituição da República dispõe sobre o cabimento de recurso especial em face de acórdão que der a lei federal interpretação divergente da que lhe haja atribuído outro tribunal. Nessa hipótese de cabimento, o Superior Tribunal de Justiça atua para uniformizar o entendimento da lei federal entre diferentes tribunais[105].

LÍTICO. I - Consoante o decidido pelo Plenário desta Corte na sessão realizada em 09.03.2016, o regime recursal será determinado pela data da publicação do provimento jurisdicional impugnado. Assim sendo, in casu, aplica-se o Código de Processo Civil de 2015. II - A orientação deste Superior Tribunal de Justiça considera que quando a arguição de ofensa ao dispositivo de lei federal é genérica, sem demonstração efetiva da contrariedade, aplica-se, por analogia, o entendimento da Súmula n. 284, do Supremo Tribunal Federal. III - A jurisprudência desta Corte considera deficiente a fundamentação quando a parte deixa de impugnar fundamentos suficiente para manter o acórdão recorrido, apresentando razões recursais dissociadas dos fundamentos utilizados pela Corte de origem. Incidência, por analogia, das Súmulas n. 283 e 284/STF. IV - Não cabe ao Superior Tribunal de Justiça, no Recurso Especial, rever o acórdão que demanda interpretação de direito local, à luz do óbice contido na Súmula n. 280 do Supremo Tribunal Federal. V - Compete ao Supremo Tribunal Federal julgar, em única ou última instância, causas em que lei local é contestada em face de lei federal, sendo, portanto, vedada a análise da violação ora apontada por esta Corte, sob pena de usurpação de competência. VI - O recurso especial possui fundamentação vinculada, não se constituindo em instrumento processual destinado a revisar acórdão em base em fundamentos eminentemente constitucionais, tendo em vista a necessidade de interpretação de matéria de competência exclusiva da Suprema Corte. VII - É entendimento pacífico dessa Corte que o Recurso Especial não pode ser conhecido com fundamento na alínea c, do permissivo constitucional, ante a ausência de cotejo analítico entre os arestos confrontados. VIII - O Agravante não apresenta, no agravo, argumentos suficientes para desconstituir a decisão recorrida. IX - Agravo Interno improvido. (STJ, AgInt no REsp n. 1.360.060/SC, relatora Ministra Regina Helena Costa, Primeira Turma, julgado em 16/8/2016, DJe de 26/8/2016).

105. ADMINISTRATIVO. AMBIENTAL. RESPONSABILIDADE CIVIL DO ESTADO POR DANO AMBIENTAL. CONSTRUÇÃO DE MORADIAS EM ÁREA DE PRESERVAÇÃO PERMANENTE. CIÊNCIA DO MUNICÍPIO. INÉRCIA POR MAIS DE SEIS ANOS. RESPONSABILIDADE OBJETIVA POR OMISSÃO. AGRAVO CONHECIDO PARA DAR PROVIMENTO AO RECURSO ESPECIAL. I - Na origem, o Ministério Público do Estado de São Paulo ajuizou ação civil pública em desfavor de particulares e do Município de Bertioga, tendo por causa de pedir degradação ambiental ocorrida no endereço indicado. Narrou o autor que, em razão de omissão do Município de Bertioga no exercício do poder de polícia, os requeridos realizaram construção supressora de vegetação nativa em área de preservação permanente de restinga no bioma Mata Atlântica. II - O Juízo de primeira instância julgou procedentes em parte os pedidos iniciais para condenar os causadores diretos do dano e também o Município, em razão de sua omissão, em obrigações de fazer e não fazer. III - O Tribunal a quo, julgando o recurso de apelação interposto, reformou parcialmente a sentença afastando a responsabilidade do Município apelante. IV - O caso não atrai a incidência do óbice contido no Enunciado Sumular n. 7/STJ, porque a questão debatida no recurso especial é estritamente jurídica, acerca dos limites da responsabilidade civil ambiental do Estado por omissão, incumbindo a este Superior Tribunal de Justiça uniformizar a interpretação de lei federal. V - No caso, para excluir a responsabilidade da Municipalidade, o Tribunal de origem considerou, em suma, o fato de que o ente público não seria garantidor universal de condutas lesivas ao meio ambiente e que a autuação teve início no âmbito estadual. Esses argumentos acolhidos pelo Tribunal de origem não são, contudo, aptos, por si sós, a afastar a responsabilidade do Município pela omissão. Conforme constou do acórdão recorrido, a Municipalidade teve ciência acerca dos fatos e por mais de seis anos permaneceu inerte, o que atraiu a violação do dever específico de agir. VI - O Estado é solidário, objetiva e ilimitadamente responsável, nos termos do art. 14, § 1º, da Lei n. 6.938/1981, por danos ambientais decorrentes da omissão do seu dever de controlar e fiscalizar, nos casos em que contribua, direta ou indiretamente, tanto para a degradação ambiental em si mesma, como para o seu agravamento, consolidação ou perpetuação. Em casos tais em que o Poder Público concorre para o prejuízo por omissão, a sua responsabilidade solidária é de execução subsidiária (ou com ordem de preferência). VII - Precedentes: AREsp n. 1.728.895/DF, relator Ministro Herman Benjamin, Segunda Turma, julgado em 16/3/2021, DJe de 17/12/2021; AgInt no REsp n.

Considerando que a divergência precisa ser entre tribunais, o STJ possui entendimento no sentido de que decisão singular não pode ser usada como paradigma para comprovar o dissídio[106]. Com efeito, os tribunais são órgãos colegiados que se fracionam em outros órgãos colegiados. Assim, uma decisão monocrática é proferida por relator apenas por questão de eficiência, não representando propriamente o entendimento do colegiado como um todo.

Da mesma forma, não é possível que a divergência de entendimento seja entre julgados de um mesmo tribunal[107], já que não é papel do Superior Tribunal de Justiça a uniformização interna de tribunais. Estes devem cuidar da coerência e estabilidade de sua jurisprudência, na forma do artigo 926 do Código de Processo Civil.

Igualmente não é admitida a alegação de dissídio jurisprudencial quando a decisão recorrida estiver no mesmo sentido da jurisprudência dominante

---

1.205.174/PR, relator Ministro Sérgio Kukina, Primeira Turma, julgado em 28/9/2020, DJe de 1/10/2020; REsp n. 1.787.952/RJ, relator Ministro Herman Benjamin, Segunda Turma, julgado em 15/10/2019, DJe de 11/9/2020; EDcl no AREsp n. 1.233.356/SP, relator Ministro Mauro Campbell Marques, Segunda Turma, julgado em 19/6/2018, DJe de 27/6/2018. VIII - Agravo conhecido para dar provimento ao recurso especial, a fim de restabelecer a sentença condenatória. (STJ, AREsp n. 1.756.656/SP, relator Ministro Francisco Falcão, Segunda Turma, julgado em 18/10/2022, DJe de 21/10/2022). Nesse sentido, importa frisar: AGRAVO INTERNO NO RECURSO ESPECIAL. TRIBUTÁRIO. MANDADO DE SEGURANÇA. EXCLUSÃO DA CPRB DA SUA PRÓPRIA BASE DE CÁLCULO. QUESTÃO CONSTITUCIONAL. 1. "Não compete ao Superior Tribunal de Justiça, em sede de recurso especial, analisar eventual contrariedade a preceito contido na Constituição Federal, nem tampouco uniformizar a interpretação de matéria constitucional, sob pena de usurpação da competência atribuída ao Supremo Tribunal Federal" (AgInt no REsp n. 1.765.436/PE, relator Ministro Mauro Campbell Marques, Segunda Turma, DJe de 21/5/2019). 2. Agravo interno a que se nega provimento. (STJ, AgInt no REsp n. 1.986.209/RS, relator Ministro Og Fernandes, Segunda Turma, julgado em 2/8/2022, DJe de 10/8/2022).

106. PROCESSUAL CIVIL. AGRAVO INTERNO NOS EMBARGOS DE DIVERGÊNCIA. PARADIGMA. INDICAÇÃO DE DECISÃO MONOCRÁTICA. COMPROVAÇÃO DA DIVERGÊNCIA. AUSÊNCIA. AGRAVO INTERNO DESPROVIDO. 1. Segundo entendimento do Superior Tribunal de Justiça, é vedada a utilização de decisão singular como paradigma para comprovar dissídio jurisprudencial. Precedentes: AgInt nos EAREsp 1.963.225/PR, relatora Ministra Nancy Andrighi, Corte Especial, julgado em 25/10/2022, DJe de 28/10/2022; AgInt nos EREsp 1.907.536/RS, relatora Ministra Assusete Magalhães, Primeira Seção, julgado em 16/8/2022, DJe de 23/8/2022. 2. Agravo interno desprovido. (STJ, AgInt nos EREsp n. 1.830.293/SP, relator Ministro Paulo Sérgio Domingues, Primeira Seção, julgado em 30/5/2023, DJe de 6/6/2023).

107. AGRAVO INTERNO NO RECURSO ESPECIAL - AÇÃO ORDINÁRIA - DECISÃO MONOCRÁTICA QUE NEGOU PROVIMENTO AO RECLAMO. INSURGÊNCIA DA PARTE DEMANDADA. 1. "O dissenso interpretativo não pode ser conhecido no caso dos autos, pois, nos termos da Súmula nº 13 desta Corte, a divergência entre julgados do mesmo Tribunal não enseja recurso especial" (AgInt no AREsp 1755766/MT, Rel. Ministro MOURA RIBEIRO, TERCEIRA TURMA, julgado em 22/03/2021, DJe 25/03/2021). 2. A alteração do acórdão impugnado com relação à suficiência das provas acostadas aos autos e à prova do fato constitutivo do direito alegado pela parte autora demandaria o reexame do conjunto fático-probatório, o que é inviável no âmbito do recurso especial, a teor da Súmula 7/STJ. 2.1. Conforme entendimento desta Corte Superior, não há como aferir eventual ofensa ao art. 373 do CPC/15 (correspondente ao art. 333 do CPC/73), sem incursão no conjunto probatório dos presentes autos. Incidência da Súmula 7/STJ. 3. Agravo interno desprovido. (STJ, AgInt no REsp n. 2.052.008/DF, relator Ministro Marco Buzzi, Quarta Turma, julgado em 29/5/2023, DJe de 1/6/2023).

da Corte Superior[108], como prevê, inclusive, a Súmula 83 do STJ[109]. Nesse caso, descabe o recurso especial com base em divergência de jurisprudência, em razão de o Superior Tribunal de Justiça já ter pacificado a questão que se mostra controversa entre dois tribunais inferiores.

Importante destacar que essa hipótese de cabimento de recurso especial por dissídio jurisprudencial exige a devida comprovação do conflito entre as decisões. O dissídio deve se referir a julgados cuja similitude fática permita a sua análise de plano, visto que, do contrário, há óbice na Súmula 7 do STJ[110].

Ainda, é necessário que o recorrente proceda ao cotejo analítico, demonstrando o conflito entre os entendimentos do acórdão recorrido e do julgado proferido em sentido diverso[111], nos termos do art. 1.029, § 1.º do

108. AGRAVO REGIMENTAL NO AGRAVO EM RECURSO ESPECIAL. HOMICÍDIO QUALIFICADO TENTADO. JÚRI. MENÇÃO AO SILÊNCIO DO RÉU NA FASE DO PLENÁRIO. ILICITUDE DA PROVA. NÃO OCORRÊNCIA. AUSÊNCIA DE DISSÍDIO JURISPRUDENCIAL. AGRAVO REGIMENTAL NÃO PROVIDO. 1. A jurisprudência desta Corte Superior de Justiça é no sentido de que a menção ao silêncio do acusado, em seu prejuízo, no Plenário do Tribunal do Júri, é procedimento vedado pelo art. 478, II, do Código de Processo Penal. No entanto, a mera referência ao silêncio do acusado, sem a exploração do tema, não enseja a nulidade. 2. No presente caso, não se extrai do acórdão recorrido e da ata de julgamento, que o Ministério Público fez menção ao silêncio parcial do réu em seu prejuízo, não havendo qualquer ilegalidade a ser sanada. 3. Estando o acórdão recorrido no mesmo sentido da jurisprudência dominante desta Corte Superior, não se pode conhecer da divergência jurisprudencial. 4. Agravo regimental não provido. (STJ, AgRg no AREsp n. 2.259.084/GO, relator Ministro Reynaldo Soares da Fonseca, Quinta Turma, julgado em 16/5/2023, DJe de 22/5/2023).

109. "Não se conhece do recurso especial pela divergência, quando a orientação do tribunal se firmou no mesmo sentido da decisão recorrida."

110. AGRAVO INTERNO NO RECURSO ESPECIAL. PLANO DE SAÚDE. EX-EMPREGADOS APOSENTADOS. PERMANÊNCIA NO PLANO DE SAÚDE COLETIVO. ART. 31 DA LEI N. 9.656/1988. DEFINIÇÃO ACERCA DAS CONDIÇÕES ASSISTENCIAIS E DE CUSTEIO. INEXISTÊNCIA DE DIREITO ADQUIRIDO À MANUTENÇÃO DO MESMO PLANO. PRECEDENTE. MANUTENÇÃO DA EQUIVALÊNCIA DO CUSTEIO ENTRE AS CLASSES, PRESSUPOSTA NAS INSTÂNCIAS ORDINÁRIAS. PRETENSÃO DE REFUTAR O JUÍZO DE EQUIVALÊNCIA. REVISÃO DE FATOS E PROVAS. SÚMULA 7/STJ. NÃO PROVIMENTO. 1. Conforme pacificado na jurisprudência do STJ: "O ex-empregado aposentado, preenchidos os requisitos do art. 31 da Lei n. 9.656/1998, não tem direito adquirido de se manter no mesmo plano privado de assistência à saúde vigente na época da aposentadoria, podendo haver a substituição da operadora e a alteração do modelo de prestação de serviços, da forma de custeio e os respectivos valores, desde que mantida paridade com o modelo dos trabalhadores ativos e facultada a portabilidade de carências." (REsp n. 1.816.482/SP, relator Ministro Antonio Carlos Ferreira, Segunda Seção, julgado em 9/12/2020, DJe de 1º/2/2021.) 2. No caso, pressuposta a equivalência entre o valor atualmente pago pelo funcionário jubilado e os demais empregados da empresa, o acolhimento da pretensão do recorrente demandaria a revisão de fatos e provas, bem como dos termos da apólice, vedado em sede de recurso especial, em razão das Súmulas 5 e 7/STJ. 3. A incidência da Súmula 7 do STJ prejudica a análise do dissídio jurisprudencial pretendido, uma vez que a similitude fática entre os julgados confrontados deve ser aferível de plano, a fim de propiciar o confronto entre os precedentes. 4. Agravo interno a que se nega provimento. (STJ, AgInt no REsp n. 2.023.562/SP, relatora Ministra Maria Isabel Gallotti, Quarta Turma, julgado em 5/6/2023, DJe de 9/6/2023).

111. ADMINISTRATIVO E PROCESSUAL CIVIL. AGRAVO INTERNO NO AGRAVO EM RECURSO ESPECIAL. SERVIDOR PÚBLICO. HABILITAÇÃO DE HERDEIROS. LEVANTAMENTO DE PRECATÓRIO. ACÓRDÃO COM FUNDAMENTO NÃO RECHAÇADO NAS RAZÕES RECURSAIS. RAZÕES DISSOCIADAS. SÚMULAS 283 E 284/STF. DISSÍDIO JURISPRUDENCIAL NÃO DEMONSTRADO E COMPROVADO NOS TERMOS LEGAIS E REGIMENTAIS. AGRAVO

CPC, da Súmula 291 do STF[112] e do art. 255, § 1º do Regimento Interno do STJ[113].

Para tanto, exige-se do recorrente a prova da divergência com a certidão, cópia ou citação do repositório de jurisprudência, oficial ou credenciado, inclusive em mídia eletrônica, em que houver sido publicado o acórdão divergente, ou ainda com a reprodução de julgado disponível na rede mundial de computadores, com indicação da respectiva fonte, devendo-se, em qualquer caso, mencionar as circunstâncias que identifiquem ou assemelhem os casos confrontados.

Em sua redação original, o art. 1.029, § 2.º, do CPC previa que, quando o recurso estivesse fundado em dissídio jurisprudencial, seria vedado ao tribunal inadmiti-lo com base em fundamento genérico da existência de circunstâncias fáticas diferentes, sem demonstrar efetivamente a diferença.

INTERNO IMPROVIDO. I. Agravo interno aviado contra decisão que julgara Agravo em Recurso Especial interposto contra decisum publicado na vigência do CPC/2015. II. Na origem, trata-se de Agravo de Instrumento interposto pelos ora agravantes contra decisão que deferiu o pedido de habilitação dos herdeiros, contudo, indeferiu o pedido de levantamento dos valores em razão da inexistência de partilha. III. No caso, além de as razões recursais estarem dissociadas do que restou decidido no acórdão combatido, os fundamentos do referido acórdão não foram devidamente rechaçados pela parte recorrente, atraindo os óbices das Súmulas 283 e 284 do STF, ao caso. IV. Demais disso, nos termos do art. 1.029, § 1°, do CPC/2015 e do art. 255, § 1º, do RISTJ, a divergência jurisprudencial exige comprovação - mediante a juntada de cópia dos acórdãos paradigma ou a citação do repositório oficial ou autorizado em que publicados - e demonstração, esta, em qualquer caso, com a transcrição dos trechos dos acórdãos que configurem o dissídio, mencionando-se as circunstâncias que identifiquem ou assemelhem os casos confrontados, não bastando a simples transcrição de ementas, sem realizar o necessário cotejo analítico, a evidenciar a similitude fática entre os casos apontados e a divergência de interpretação. Precedentes do STJ: AgInt no REsp 1.796.880/RS, Rel. Ministra REGINA HELENA COSTA, PRIMEIRA TURMA, DJe de 23/10/2019; AgInt no AREsp 1.290.738/SC, Rel. Ministro MARCO BUZZI, QUARTA TURMA, DJe de 04/10/2019; AgRg nos EDcl no AREsp 1.447.962/DF, Rel. Ministra LAURITA VAZ, SEXTA TURMA, DJe de 07/10/2019. V. A título meramente ilustrativo, registra-se que o acórdão recorrido não destoa da jurisprudência desta Corte, firmada no sentido de que "não obstante seja possível a habilitação pretendida pelos agravantes, herdeiros do beneficiário principal falecido, o levantamento dos valores requisitados por meio do presente precatório fica condicionado à partilha do referido bem no âmbito de inventário judicial ou administrativo" (STJ, AgInt no Prc 5.236/DF, Rel. Ministro HUMBERTO MARTINS, CORTE ESPECIAL, DJe de 25/06/2021). VI. Agravo interno improvido. (STJ, AgInt no AREsp n. 2.174.016/SP, relatora Ministra Assusete Magalhães, Segunda Turma, julgado em 29/5/2023, DJe de 1/6/2023).

112. "No recurso extraordinário pela letra 'd' do art. 101, n. III, da Constituição, a prova do dissídio jurisprudencial far-se-á por certidão, ou mediante indicação do Diário da Justiça ou de repertório de jurisprudência autorizado, com a transcrição do trecho que configure a divergência, mencionadas as circunstâncias que identifiquem ou assemelhem os casos confrontados." A referência ao recurso extraordinário deve ser interpretada como feita ao recurso especial, visto que a súmula foi editada ainda na vigência da Constituição de 1946.

113. "§ 1º Quando o recurso fundar-se em dissídio jurisprudencial, o recorrente fará a prova da divergência com a certidão, cópia ou citação do repositório de jurisprudência, oficial ou credenciado, inclusive em mídia eletrônica, em que houver sido publicado o acórdão divergente, ou ainda com a reprodução de julgado disponível na internet, com indicação da respectiva fonte, devendo-se, em qualquer caso, mencionar as circunstâncias que identifiquem ou assemelhem os casos confrontados."

Tal dispositivo, porém, foi revogado pela Lei nº 13.256/16, o que não significa que fica admitida fundamentação genérica nesse caso. O art. 489, § 1.º, I e II, CPC enuncia que não se considera fundamentada a decisão que se limitar à indicação, à reprodução ou à paráfrase de ato normativo, sem explicar sua relação com a causa ou a questão decidida, bem como a que empregar conceitos jurídicos indeterminados, sem explicar o motivo concreto de sua incidência na hipótese. Por isso, a revogação do artigo 1.029, § 2.º do CPC não representa que o tribunal fique liberado de demonstrar que se trata de casos distintos, ao inadmitir o recurso por não se tratar de casos idênticos.

3. Os Filtros de Admissibilidade aos Recursos Excepcionais

3.1. O QUE SÃO FILTROS DE ADMISSIBILIDADE AOS RECURSOS EXCEPCIONAIS?

Após um panorama do sistema brasileiro de recursos excepcionais, procuraremos analisar os filtros de admissibilidade aos recursos excepcionais – isto é, àqueles que visam diretamente discutir uma ofensa à Constituição ou a normas infraconstitucionais –, como é o caso da repercussão geral e da relevância. Veja-se, pois, que o objetivo é analisar os filtros existentes no direito brasileiro e estrangeiro e buscar parâmetros sobre sua legitimidade ou não.

Diante disso, o que se entende por filtros de admissibilidade dos recursos excepcionais? Para os fins da presente obra, a expressão filtros de admissibilidade representa as exigências para que o recurso seja admitido. Não se trata dos requisitos genéricos de admissibilidade dos recursos como um todo, mas de exigências específicas para a admissão desses recursos aos Tribunais Superiores[114] que atuam como verdadeiros filtros para acesso a

---

114. "Como una competencia semejante sería jurídicamente inaceptable, teleológicamente inútil y materialmente imposible de desempeñar, históricamente se diseñaron límites de todo tipo para intentar evitar la sobreexposición de los superiores tribunales a una carga insoportable de trabajo, intentándose inicialmente que los criterios de limitación sean seguros, razonablemente tarifados o previsibles." (GIANNINI, Leandro J., Los filtros de acceso ante las cortes supremas. In: FENOLL, Jordi Nieva; CAVANI, Renzo. *La Casación hoy, cien años después de Calamandrei*. Madrid: Marcial Pons, 2021, p. 165). Há interpretações de filtros recursais de maneira mais ampla: "Os dispositivos legais que instrumentalizam a separação dos casos em que cabe reexame, no grau superior, daqueles em que, ainda que em tese merecedores de reexame, não cabe reexame judicial, podem ser concebidos como "filtros". A filtragem assim definida abrange tanto os requisitos da admissibilidade recursal (chamados aqui de "filtros diretos") quanto as disposições normativas que impedem a dilatação excessiva de um dado processo (aqui denominados "filtros indiretos"). Assim sendo, os filtros asseguram que o julgamento do recurso não atenda meramente aos interesses particulares das partes, mas que sirva, essencialmente, para dirimir questões de interesse geral" (QUARCH, Tilman. Equilíbrio entre efetividade da tutela jurisdicional e eficácia do funcionamento judiciário - filtros recursais no direito Processual civil alemão, com enfoque na revision. *Revista de Processo*,

tais Cortes, definindo os casos a serem decididos e suas soluções de forma paradigmática e uniformizadora.

Dessa forma, os filtros são exigências que podem também assumir a natureza de um requisito específico de admissibilidade aos recursos excepcionais – como é o caso da repercussão geral do recurso extraordinário e da relevância do recurso especial – ou se insiram como um elemento necessário na análise do próprio cabimento desses recursos, como é a hipótese da impossibilidade de revisão de matéria fática.

Assim, por exemplo, a tempestividade é um requisito de admissibilidade comum a todos os recursos. Para que um recurso seja admitido, precisa ser ofertado dentro do prazo previsto para sua interposição, sob pena de preclusão. Esse requisito à admissão de qualquer recurso não é um dos filtros aqui estudados, por ser comum ao juízo de admissibilidade de qualquer recurso.

Marinoni, Arenhart e Mitidiero sustentam, por exemplo, que a demonstração de repercussão geral para a interposição de recurso extraordinário é uma hipótese de filtro recursal, possibilitando ao STF analisar matérias que transcendam ao interesse subjetivo das partes e contribuam para a unidade de interpretação e de aplicação das normas constitucionais, amparado em princípios como o da isonomia e o da segurança jurídica.[115]

Ademais, Tilman Quarch ressalta a relevância que esses filtros adquirem no julgamento das demandas pelos tribunais, fazendo, ainda, uma distinção entre o que denomina de filtros diretos e filtros indiretos. Nesse contexto,

---

v. 207 p. 85 – 132, 2012). Marinoni, por outro lado, em sentido semelhante ao ora defendido neste estudo, limita os filtros recursais a meio de acesso à Cortes de Interpretação, ou Cortes Supremas: "Filtros recursais são instrumentos próprios às Cortes de Interpretação, cujas decisões orientam a vida em sociedade e constituem critérios para os demais juízes definirem os casos concretos. O que significa que a existência de filtros recursais é incompatível com uma Corte que não respeita as próprias decisões e não decide para estabelecer critérios para os tribunais inferiores solucionarem os casos." (MARINONI, Luiz Guilherme. Da Corte que declara o "sentido exato da lei" para a Corte que institui precedentes. *Revista dos Tribunais*. v. 950/2014, p. 165–198, 2014).

115. "O STF e o STJ, quando atuam mediante recurso extraordinário e recurso especial, compõem as *instâncias extraordinárias*. Como correntemente se afirma, o recurso especial e o recurso extraordinário tratam apenas de questões de direito. Para o conhecimento do recurso extraordinário, exige -se ainda a demonstração de repercussão geral da questão constitucional nele tratada (arts. 102, § 3.º, da CF/1988, e 543 -A do CPC). Trata -se de filtro recursal que permite ao STF examinar apenas os recursos extraordinários cujas decisões possam contribuir para unidade do direito – isto é, julgar apenas os recursos cujas questões pareçam à Corte como de maior importância. O recurso especial não conta com semelhante requisito de admissibilidade." (MARINONI, Luiz Guilherme; ARENHART, Sérgio Cruz; MITIDIERO, Daniel. *Novo curso de processo civil:* teoria do processo civil volume 1 (livro eletrônico). 3 ed. São Paulo: Revista dos Tribunais, 2017).

os filtros diretos seriam os pressupostos de admissibilidade recursal, e os indiretos, as normas que impedem a prolongação excessiva de um processo.[116]

O objeto deste estudo são os filtros específicos à admissibilidade dos recursos, e propriamente dos recursos excepcionais. Assim, por exemplo, a repercussão geral e a relevância são filtros aos recursos especial e extraordinário, no caso do direito processual civil brasileiro. Da mesma forma, tem-se o reconhecimento do efeito devolutivo limitado a questões de direito.

3.2. POR QUE SÃO NECESSÁRIOS FILTROS AOS RECURSOS EXCEPCIONAIS?

A criação de filtros de admissibilidade aos recursos excepcionais não é um fenômeno unicamente brasileiro. Trata-se de fenômeno observado em muitos países do mundo ocidental e que se encontra ligado a duas grandes causas.

A primeira delas, muito comum nos países de origem da *civil law*, relaciona-se à exigência de duração razoável dos processos perante os Poderes Judiciários nacionais, pois os filtros reduziriam o número de recursos que chegam às Cortes Superiores, permitindo que atuem de forma mais célere e eficiente.

No direito brasileiro, a duração razoável do processo foi expressamente configurada como direito fundamental processual no Brasil com a Emenda Constitucional n. 45, de 2004, que inseriu o inciso LXXVIII ao artigo 5º da Constituição da República, assegurando a todos a razoável duração dos processos judiciais e administrativos[117].

O Pacto de San José da Costa Rica – ou Convenção Americana De Direitos Humanos –[118] já previa a duração razoável do processo em seus

116. QUARCH, Tilman. Equilíbrio entre efetividade da tutela jurisdicional e eficácia do funcionamento judiciário – Filtros recursais no direito processual civil alemão, com enfoque na *Revision*. *Revista de Processo*. São Paulo: Revista dos Tribunais, v. 37, n. 207, maio 2012. 529 p..

117. Tal preocupação também foi seguida pelo Código de Processo Civil. Em texto escrito em 2015, Aluísio Gonçalves de Castro Mendes e Larissa Clare Pochmann da Silva aduzem que "o novo CPC parece ter priorizado valores relacionados à democratização do processo judicial, buscando fortalecer o contraditório, a transparência e a necessidade de fundamentação. O texto possui um viés muito forte de democratização do processo, de ampliação do debate e da participação, fazendo com que o Poder Judiciário tenha de desenvolver a atividade jurisdicional com o fortalecimento da fundamentação, das razões de decidir (ratio decidendi) do julgamento." (MENDES, Aluísio Gonçalves de Castro; SILVA, Larissa Clare Pochmann da. Os impactos do Novo CPC na razoável duração do processo. In: Revista de Processo, vol. 241, p. 15–25, Mar/2015).

118. O Pacto de San José da Costa Rica – ou Convenção Americana De Direitos Humanos – teve seu texto aprovado internamente pelo Decreto Legislativo nº 27, de 26 de maio de 1992, sendo, em seguida, promulgado pelo Decreto nº 678, de 6 de novembro de 1992.

arts. 8 e 25[119]. No entanto, embora tenha sido ratificado pelo Brasil em 25 de setembro de 1992, tal convenção somente foi elevada a nível supralegal com a Reforma do Judiciário ocasionada pela Emenda Constitucional nº 45/04.

A referida Emenda, dentre outras alterações, incluiu o §3º ao art. 5º da Constituição da República, dispondo que os tratados que versem especificamente sobre direitos humanos são equivalentes a emendas constitucionais, se aprovados em cada Casa do Congresso Nacional em dois turnos, por 3/5 dos votos dos respectivos membros.

Devido a essa inovação, a orientação acerca dos tratados internacionais igualmente precisou ser alterada, sobretudo em relação a aqueles que, anteriores à emenda, haviam sido aprovados por maioria simples, como ocorreu com o Pacto de San José.

No julgamento do RE 466.343, com repercussão geral (Tema 60), o Supremo Tribunal Federal decidiu que os tratados e as convenções internacionais sobre direitos humanos, se não incorporados como emenda constitucional, têm natureza de normas supralegais, paralisando, assim, a eficácia de todo o ordenamento infraconstitucional em sentido contrário.[120]

---

119. "Artigo 8º - Garantias judiciais 1. Toda pessoa terá o direito de ser ouvida, com as devidas garantias e dentro de um prazo razoável, por um juiz ou Tribunal competente, independente e imparcial, estabelecido anteriormente por lei, na apuração de qualquer acusação penal formulada contra ela, ou na determinação de seus direitos e obrigações de caráter civil, trabalhista, fiscal ou de qualquer outra natureza. [...]

 Artigo 25 - Proteção judicial 1. Toda pessoa tem direito a um recurso simples e rápido ou a qualquer outro recurso efetivo, perante os juízes ou tribunais competentes, que a proteja contra atos que violem seus direitos fundamentais reconhecidos pela Constituição, pela lei ou pela presente Convenção, mesmo quando tal violação seja cometida por pessoas que estejam atuando no exercício de suas funções oficiais. [...]" Disponível em <https://www.cidh.oas.org/basicos/portugues/c.convencao_americana.htm>. Acesso em 10.06.2023.

120. Esta é a ementa do julgado: PRISÃO CIVIL. Depósito. Depositário infiel. Alienação fiduciária. Decretação da medida coercitiva. Inadmissibilidade absoluta. Insubsistência da previsão constitucional e das normas subalternas. Interpretação do art. 5º, inc. LXVII e §§ 1º, 2º e 3º, da CF, à luz do art. 7º, § 7, da Convenção Americana de Direitos Humanos (Pacto de San José da Costa Rica). Recurso improvido. Julgamento conjunto do RE nº 349.703 e dos HCs nº 87.585 e nº 92.566. É ilícita a prisão civil de depositário infiel, qualquer que seja a modalidade do depósito. **Tema** 60 - Possibilidade de prisão civil do depositário infiel no ordenamento jurídico-constitucional brasileiro. **Tese** "É ilícita a prisão civil de depositário infiel, qualquer que seja a modalidade de depósito. Obs: Redação da tese aprovada nos termos do item 2 da Ata da 12ª Sessão Administrativa do STF, realizada em 09/12/2015." Ainda sobre esse julgamento, cabe destacar trecho do voto do Ministro Gilmar Mendes: "[...] Em conclusão, entendo que, desde a adesão do Brasil, sem qualquer reserva, ao Pacto Internacional dos Direitos Civis e Políticos (art. 11) e à Convenção Americana sobre Direitos Humanos - Pacto de San José da Costa Rica (art. 7o, 7), ambos no ano de 1992, não há mais base legal para prisão civil do depositário infiel, pois o caráter especial desses diplomas internacionais sobre direitos humanos lhes reserva lugar específico no ordenamento jurídico, estando abaixo da Constituição, porém acima da legislação interna. O status normativo supralegal dos tratados internacionais de direitos humanos subscritos pelo Brasil, dessa forma, torna inaplicável a legislação infraconstitucional com ele conflitante, seja ela anterior ou posterior ao ato de adesão. Assim ocorreu com o art. 1.287 do Código Civil de 1916 e com o Decreto-Lei n° 911/69, assim como em relação ao art. 652 do Novo Código Civil (Lei n° 10.406/2002). [...]"

No caso dos ordenamentos jurídicos europeus, vale registrar o artigo 6º da Convenção Europeia de Direitos Humanos, que garante a todos o direito a um exame equitativo e público de sua causa por um tribunal independente e imparcial em atenção a uma duração razoável do processo.

Considerando que as previsões mencionadas não definem o que significa um processo ter duração razoável, bem como os critérios para sua aferição, é preciso buscar um conceito e as formas de verificação de sua ocorrência ou não.

Assim, entende-se que a duração razoável do processo é um direito ao processo sem dilações indevidas. A duração razoável não pode ser entendida como uma expressão equivalente a "processo rápido". A justiça rápida nem sempre será razoável, dependendo das circunstâncias do caso[121]. No entanto, a violação à duração razoável estará configurada se o processo não tramitar devidamente, tendo atrasos desnecessários. Por exemplo, uma ação coletiva para reparação de danos ambientais de escala regional provavelmente terá uma tramitação razoável maior do que uma ação individual cujos fatos já ficam suficientemente provados por documentos juntados por autor e réu com suas petição inicial e contestação, respectivamente, considerando que aquela demandará a análise de muito mais provas, especialmente pericial de larga escala.

Não há critérios previstos expressamente na lei brasileira ou na Convenção Europeia para a aferição da duração razoável de um processo. No entanto, julgados da Corte Europeia de Direitos Humanos procuram estabelecer critérios para a verificação de uma tramitação irrazoável ou não. São eles: (i) a complexidade da causa; (ii) a conduta dos requerentes; (iii) a atuação das autoridades judiciais; e (iv) o interesse em risco no caso[122].

---

121. "Não convém esquecer, por outro lado, que há uma demora fisiológica, conseqüente à necessidade de salvaguardar na atividade judicial certos interesses e valores de que uma sociedade democrática não ousaria prescindir. Insiste-se na escrupulosa observância de tais ou quais garantias das partes – ao menos, diga-se de passagem, quando se trata de pessoas simpáticas à opinião pública (ou melhor, à opinião publicada, que com aquela ingenuamente somos levados a confundir). Ora, um processo de empenho garantístico é por força um processo menos célere. Dois proveitos não cabem num saco, reza a sabedoria popular. É pretensão desmedida querer desfrutar ao mesmo tempo o melhor de dois mundos. Nada mais sumário e rápido que o linchamento do réu; mas tolerar semelhante prática hoje em dia parece inconcebível, por maior frequência que se observe em tentativas, às vezes bem sucedidas, de emprega-la – senão no sentido físico, seguramente no moral – para com certos réus que incorrem, por isto ou por aquilo, nas iras especiais da imprensa ou de outros meios de comunicação social." (MOREIRA, José Carlos Barbosa. O futuro da justiça: alguns mitos. *Temas de direito processual: oitava série*. Atualizadores Luís Roberto Barroso, Frederico Montedonio. Rio de Janeiro: GZ, 2023, p. 5).
122. Confiram-se, por exemplo, os julgamentos dos casos König v. Germany, de 28.06.1978; Zimmermann and Steiner v. Switzerland, de 13.07.1983; Laino v. Italy, de 18.02.1999; Voleský v. the Czech Republic, de

O excesso de recursos ofertados pelos jurisdicionados às Cortes Superiores pode acarretar uma sobrecarga de trabalho em tais tribunais, gerando uma demora excessiva na tramitação dos processos judiciais e lesando, por consequência, o direito à duração razoável.

A experiência brasileira é importante exemplo de como a sobrecarga pode ser prejudicial à duração razoável. No Superior Tribunal de Justiça, em 2006, foram distribuídos 251.020 processos e julgados 262.343. Em 2009, depois da criação da sistemática de julgamento dos recursos repetitivos, foram distribuídos 292.103 processos e julgados 328.718. O STJ alcançou uma média de aproximadamente 294 dias nos processos baixados ou arquivados em 2006, enquanto a média foi de aproximadamente 583 dias nos processos baixados ou arquivados em 2009. Para traçar um paralelo, em 2022 foram distribuídos 430.991 processos, 406.012 foram baixados, e a média de tempo dos processos baixados ou arquivados em 2022 foi de 245,34 dias[123].

Por outro lado, no Supremo Tribunal Federal, em 2006, já depois da criação da repercussão geral, foram recebidos 129.054 processos e baixados 88.920. Com isso, naquele ano, alcançou uma média de 1.385 dias de tempo para baixa de um processo. Em 2022, em contraponto, foram recebidos 70.601 processos, com 71.002 processos baixados, chegando a uma média de apenas 121 dias para a baixa de um processo[124].

Outros exemplos são os casos alemão e italiano.[125] Na Itália, o artigo 111 da Constituição estabelece que os recursos ao Tribunal de Cassação em

---

29.06.2004; Ebru and Tayfun Engin Colak v. Turkey, de 30.05.2006; Galea and Pavia v. Malta, de 11.02.2020; Bieliński v. Poland, de 21.07.2022.

123. Dados disponíveis nos relatórios estatísticos anuais promovidos pelo site do STJ. Disponível em: <https://processo.stj.jus.br/processo/boletim>.

124. Dados disponíveis nos painéis estatísticos promovidos pelo Programa Corte Aberta. Disponível em: <https://portal.stf.jus.br/hotsites/corteaberta/>.

125. "É, no entanto, também significativo o exemplo do *Bundesgerichtshof* alemão. A autorização ao recurso prevista pela reforma ocorrida em 2001 é concedida conforme o critério da *grundsätzliche Bedeutung* da questão de direito alegada no recurso, sob a condição de que a decisão da corte realize *Fortbildung des Rechts* e seja necessária para unificação da jurisprudência. Semelhante autorização opera de modo a limitar significativamente o número das decisões tomadas a cada ano pela corte suprema alemã, que nos últimos anos pronunciou um número de decisões em pouco superior a 10% das decisões pronunciadas pela *Corte di Cassazione* italiana. Não se trata de quantidade tão reduzida como aquela das cortes inglesa e estadunidense, mas parece evidente que o precedente alemão está destinado a ter uma força que, em linha de princípio, não poderia ser reconhecida a um precedente italiano. Além do mais, os critérios em função dos quais é admitido o recurso à corte alemã tornam evidente que a sua função principal é a de contribuir para evolução do direito resolvendo questões de <fundamental importância>. Na Itália, como é sabido, o problema de seleção dos recursos para *Cassazione* em matéria civil coloca-se somente com a Lei n. 69, de 2009. Intervindo depois de décadas de crise da Corte devida ao número abnorme dos recursos e das respectivas decisões, foi introduzido no *Codice di Procedura Civile* um art. 360 *bis* no qual se preveem os critérios a partir dos quais uma própria seção da Corte deve selecionar os recursos que são admitidos e serão julgados no mérito e declarar a inadmissibilidade dos recursos que não apresentam

casos de violação da lei são sempre permitidos contra sentenças e contra decisões que afetem a liberdade pessoal, numa concepção em que se privilegia a função privada dos recursos. Dada esta ampla garantia recursal, a *Corte di Cassazione* se viu cada vez mais sobrecarregada com o volume de recursos. Desse modo, após décadas de crise, o legislador interveio por meio da Lei n. 69, de 2009, introduzindo novas regras no *Codice di Procedura Civile*, que determinam que todas as petições apresentadas ao tribunal seriam submetidas a uma triagem preliminar por uma sessão especializada da corte, cujo objetivo é identificar os casos em que o recurso é de plano inadmissível. A reforma, todavia, produziu resultados decepcionantes e pouco contribuiu para uma maior efetividade da *Corte di Cassazione*. Por exemplo, entre 2014 e 2019, o número de recursos em matéria civil pendentes de julgamento saltou em 16,1%, de 100.778 para 117.033 recursos[126]. Dentre as limitações da reforma, aponta-se a dificuldade na aplicação dos parâmetros de admissibilidade e a sobrecarga da recém-criada sessão responsável por tal exame[127].

Já na Alemanha, recursos são admitidos apenas quando envolvem questões de relevância fundamental cujos efeitos transcendem as partes envolvidas no litígio, denotando-se, na contramão do sistema italiano, a primazia do interesse público dos recursos[128]. Nessa toada, a admissibilidade

---

os requisitos indicados pela norma. (TARUFFO, Michele. *Processo civil comparado*: ensaios. São Paulo: Marcial Pons, 2015. p. 135).

126. Relazione sull'amministrazione della giustizia nell'anno 2019, p. 46. Disponível em https://www.cortedicassazione.it/cassazione-resources/resources/cms/documents/Relazione_Primo_Presidente_Cassazione_Cassazione_2020.pdf. Acessado em 20/07/2023.

127. "There are two explanations for this disappointing result. The first has to do with the objective difficulties in applying the new rules; the second is the specific (social) context in which the new rules are applied. As to the first, the way the new parameters of inadmissibility are structured is unclear, sometimes contradictory, and ultimately unable to provide for a real reduction of the caseload. [...] [p.44] As far as the procedure is concerned, even though it has recently been reformed, the most critical point appears to be the workload of the new chamber, called upon to examine all the petitions, deal with all the cases of inadmissibility and decide on the merits those appeals whose solution is manifest: needless to say, the huge number of cases on the docket that the court has to deal with should have suggested a more structured solution." (FERRARIS, Federico. Finding a Cure or Simply Relieving Symptoms? The Case of the Italian Supreme Court. In: BRAVO-HURTADO, Pablo; VAN RHEE, Cornelis Hendrik (orgs.). *Supreme Courts Under Pressure:* Controlling Caseload in the Administration of Civil Justice. Cham: Springer, 2021, p.43-44).

128. "According to the case law of the German Bundesgerichtshof, only questions that are relevant beyond the individual case are questions of fundamental importance. A question that is merely relevant for the case at hand can only be fundamentally important if the dispute itself has far-reaching effects, especially economic ones. Apart from that, legal errors in individual cases do not constitute questions of fundamental importance. It is not, in principle, the task of the Bundesgerichtshof to correct such errors, no matter how grave or obvious they might be" (DONEJ, T. What is an important case? Admissibility of appeals to the Supreme Courts in the German-Speaking jurisdictions. In: UZELAC, Alan; VAN RHEE, Cornelis Hendrik (orgs.). *Nobody´s perfect. Comparative essays on appeals and other means of recourse against judicial decisions in civil matters*. Cambridge: Intersentia, 2014, p. 282).

dos recursos (*Revisionsgründe*) à *Bundesgerichtshof* é feita primariamente pelas cortes de apelação, mas sendo negada a autorização para recorrer, as partes podem ainda recorrer diretamente à *Bundesgerichtshof* em face da decisão de inadmissibilidade (Nichtzulassungsbeschwerde). Outro filtro que acaba existindo no modelo alemão é a necessidade de a parte em ser representada por advogados especialmente autorizados a atuar perante a Corte Federal de Justiça (*Rechtsanwälte beim Bundesgerichtshof*), para que se possa interpor qualquer um dos dois recursos mencionados acima[129]. O número de casos pendentes tem permanecido estáveis ao longo dos anos e, em 2021, a *Bundesgerichtshof* tinha 4297 casos pendentes em matéria cível, dos quais três quartos se referem recursos contra a não admissibilidade.[130]

Assim, em virtude da duração razoável do processo, a escolha de filtros pode estar ligada a razões não diretamente jurídicas, mas que impactam tal direito fundamental processual, como são as possíveis questões ligadas ao número de jurisdicionados de um país ou ao de processos judiciais em curso, já que tais quantitativos possuem correlação, via de regra, com o número de recursos que virão a ser ofertados – naturalmente um número maior de processos gerará uma maior probabilidade de impugnação a decisões, já que estas também serão em maior número.

O uso dos filtros pelos Tribunais Superiores também representa uma forma de os ordenamentos jurídicos e esses próprios tribunais buscarem caracterizar suas funções ou ao menos qual seria sua função predominante[131], se num interesse de tutela ao caso concreto ou de unidade do ordenamento. Assim, a instituição de filtros pelo legislador pode ser uma forma de modificar ou acentuar o papel dos Tribunais Superiores.

Por exemplo, a adoção de filtros que gerem uma análise pelo Tribunal Superior de uma mesma questão de direito apenas por amostragem, por

129. "Arguably, the most important filter consists in the need for a special counsel to bring the appeal pursuant to § 78 (1)(3) ZPO. As there are only 45 advocates admitted to the Bundesgerichtshof, these specialists closely scrutinise every potential case and perform a very useful filter function." (STÜRNER, Michael. Sharing Responsibility: The German Federal Court of Justice and the Civil Appellate System. In: BRAVO-HURTADO, Pablo; VAN RHEE, Cornelis Hendrik (orgs.). *Supreme Courts Under Pressure:* Controlling Caseload in the Administration of Civil Justice. Cham: Springer, 2021, p. 90).

130. Übersicht über den Geschäftsgang bei den Zivilsenaten des Bundesgerichtshofes im Jahre 2021 (Panorama Geral do andamento processual nos senados civis do Tribunal Federal de Justiça em 2021), p. 25, disponível em https://www.bundesgerichtshof.de/SharedDocs/Downloads/DE/Service/StatistikZivil/jahresstatistikZivilsenate2021.pdf%3F__blob%3DpublicationFile&v%3D4 , Acesso em: 20.07.2023.

131. Nessa linha, DONEJ, T. What is an importante case? Admissibility of appeals to the Supreme Courts in the German-speaking jurisdictions. In: UZELAC, Alan; VAN RHEE, C.H. (orgs.) *Nobody´s perfect: Comparative essays on appeals and other means of recourse against judicial decisions in civil matters*. Cambridge: Intersentia, 2014, p. 277.

meio de caso ou casos representativos, representa um reflexo de uma opção por promover o papel do Tribunal Superior de conferir unidade ao Direito, deixando de analisar todos os demais casos, pois a decisão adotada no caso representativo terá aplicação para todos os demais processos que versarem sobre a mesma questão. É o que se encontra no sistema brasileiro de julgamento de recursos repetitivos, nos artigos 1036 e seguintes do Código de Processo Civil.

Nessa linha, nos países de origem da common law, por sua vez, a existência de filtros de acesso aos Tribunais Superiores está ligada à função dos Tribunais, conforme tratado em outro item deste estudo.[132]

Daniel Mitidiero defende que os filtros de acesso às Cortes Superiores surgem como decorrência da mudança do papel de tais cortes. Isso porque estas deixam de ser espaços para exercício do *ius litigatoris*, para a defesa de direitos subjetivos das partes, e passam a exercer um papel primordial de definição da unidade do Direito[133].

Assim, o papel predominante dessas Cortes afastaria a possibilidade de que qualquer interessado pudesse levar seu pleito de revisão de uma decisão judicial a um Tribunal Superior. Este se incumbiria não de julgar todos os casos que pudessem representar, em tese, ofensa ao ordenamento jurídico, mas seria responsável por definir, de maneira prospectiva, o sentido das normas, a fim de que os demais órgãos jurisdicionais apliquem tais entendimentos ao apreciar as demandas que lhes sejam submetidas.

Nesse contexto, uma mera insatisfação com a interpretação dada por um tribunal a uma norma, ao decidir um caso, não justificaria o acesso aos Tribunais Superiores.

132. "A nova *Supreme Court* inglesa – semelhantemente ao que sempre fez a seção jurisdicional da *House of Lords* – e a Suprema Corte dos Estados Unidos, de fato, decidem seus casos concretos estabelecendo se o direito *(statute* ou precedente) foi ou não corretamente interpretado e aplicado pela corte inferior cuja decisão foi recorrida. Também nessas cortes, pois, é facilmente percebida uma função reativa, que em nossa terminologia se pode definir como controle de legitimidade, isto é, de verificação da correta aplicação da lei nos casos concretos decididos pelos juízes inferiores." (TARUFFO, Michele. *Processo civil comparado*: ensaios. São Paulo: Marcial Pons, 2015. p. 123).

133. "A nomofilaquia do recurso interposto para uma corte de interpretação não está no exercício de um controle casuístico das decisões recorridas. Essa consiste na definição da adequada interpretação do direito. Desse modo, o recurso à corte não tem nenhuma razão para ser encarado como um direito subjetivo da parte. Com a compreensão da função de nomofilaquia da corte como uma função interpretativa, surge a possibilidade de submeter o recurso à corte a filtros recursais, bem como permitir o julgamento em um quadro mais amplo de razões recursais que viabilizem uma compreensão plural do caso e a formulação de uma adequada interpretação das normas aí envolvidas. O menos é mais" (MITIDIERO, Daniel. *Relevância no Recurso Especial*. São Paulo: Thomson Reuters Brasil, 2022, p. 54).

Vale destacar que outra razão para a existência ou não de filtros, assim como a escolha de quais devam ser adotados, está na cultura jurídica de cada país. Embora existam certos parâmetros mínimos que muitos países adotem em seus ordenamentos jurídicos – como é o caso da dignidade da pessoa humana, um verdadeiro axioma do mundo ocidental[134] –, evitando que maiorias ocasionais os eliminem, o Direito é fenômeno cultural, estando diretamente ligado à vida de cada país.

Diante disso, cada país possui sua cultura jurídica[135], o que impacta as opções adotadas pelo legislador ao regular os mais variados ramos do direito, sejam, por exemplo, as relações privadas, seja o direito processual e as formas de resolução de conflitos.

Portanto, pode ser que a cultura daquele ordenamento jurídico tenha se estabelecido com a premissa de ampla recorribilidade aos Tribunais Superiores, como forma de busca de uma justiça do caso concreto em razão de possível ofensa a uma norma jurídica, ou pode ser que, diferentemente, a cultura tenha se estabelecido pela recorribilidade sujeita a uma discricionariedade do Tribunal na escolha de casos, ou ainda, pela escolha de recursos a serem analisados como forma de garantir a unidade do Direito.

De nossa parte, parece-nos que a criação dos filtros pode ter raízes sobretudo em ambas as grandes fontes aqui mencionadas – a duração razoável do processo e a mudança do papel das Cortes – mas existem outras razões que podem justifica-los, como a cultura jurídica do país em análise.

No entanto, retornando à premissa anteriormente estabelecida neste estudo, eventual previsão de filtros em tese representa uma limitação a um direito, o que deve decorrer de opção legislativa.

É preciso, então, passar à análise dos principais filtros existentes no direito brasileiro e no estrangeiro, buscando avaliar sua legitimidade.

---

134. BARCELLOS, Ana Paula de. *A Eficácia Jurídica dos Princípios Constitucionais*: O Princípio da Dignidade da Pessoa Humana. Rio de Janeiro: Renovar, 2002. p. 293.

135. Também defendendo ser o direito um fenômeno cultural, veja: "Os processos de resolução de litígios são, em grande medida, um reflexo da cultura em que estão inseridos; não se trata de um sistema autônomo que seja, predominantemente, o produto de especialistas e *experts* isolados. Mais, eles são instituições através das quais a vida social e cultural é mantida, provocada e alterada, ou como a mesma ideia foi expressa, constituída ou construída. Essas práticas institucionais influenciam importantemente uma sociedade e sua cultura – seus valores, pensamentos, hierarquias sociais e símbolos – tanto quanto essas práticas também refletem a sociedade à sua volta." (CHASE, Oscar G. *Direito, cultura e ritual:* sistemas de resolução de conflitos no contexto da cultura comparada. 1 ed. São Paulo: Marcia Pons, 2014, p. 21).

4. Filtros Quantitativos e Qualitativos

As Cortes Superiores de um sistema jurídico, por representarem um papel relevante na definição do direito aplicado, convivem com um excesso de provocações à sua atuação. Tais provocações são em grau incompatível com os recursos materiais e humanos de que dispõem, levando a uma crise quantitativa: não é possível a um tribunal com número limitado de julgadores lidar, em prazo razoável, com a quantidade de recursos que lhe são submetidos[1].

Em paralelo, surge a crise qualitativa: a dificuldade que essas Cortes têm de observar seu papel institucional, como a definição de seus limites de atuação, abala a própria coerência dessa atuação e leva à produção de decisões nem sempre atentas ao papel da Corte e preocupadas com o padrão de qualidade esperado[2].

---

1. Nesse aspecto: "No es novedosa la preocupación por la sobrecarga de los más altos cuerpos de justicia tanto en nuestro país como en el derecho comparado. La más obvia razón de dicho desvelo responde a la misma posición de estos tribunales en la estructura jurisdiccional. Al estar ubicadas institucionalmente en la cúspide del sistema de justicia, las cortes supremas podrían quedar potencialmente sometidas a la revisión de la totalidad de la producción sentencial de un estado. Llevando deliberadamente el ejemplo al límite del absurdo, si la competencia de los superiores tribunales no encontrara en la legislación *(lato sensu)* límites adecuados, dichos órganos podrían quedar en posición de revisar todas y cada una de las providencias, resoluciones y sentencias de la totalidad de los tribunales inferiores, por cualquier injusticia alegada por las partes como agravio en cualquier caso tramitado ante la jurisdicción respectiva." (GIANNINI, Leandro J. 2. El certiorari en Argentina. La trascendencia como filtro de selección ante la Corte Suprema. *Revista de Processo*. vol. 251. ano 41. São Paulo: Ed. RT, janeiro 2016. Disponível em: <http://www.mpsp.mp.br/portal/page/portal/documentacao_e_divulgacao/doc_biblioteca/bibli_servicos_produtos/bibli_boletim/bibli_bol_2006/RPro_n.251.10.PDF>. Acesso em: 27.09.2023).
2. Acerca desse segundo fenômeno – a crise qualitativa –, que entende não ser necessariamente gerado pelo primeiro – a crise quantitativa –, Giannini assenta: "En síntesis, es cierto que, en general, la superproducción sentencial derivada de la sobrecarga de las cortes supremas, les ocasiona serios inconvenientes para desempeñar adecuadamente su rol institucional. En este sentido, hay una relación estrecha entre la crisis cuantitativa y la crisis cualitativa. Sin embargo, no nos parece que exista una relación *necesaria* entre ambas, que pueda permitir afirmar que la segunda es sólo una creación elegante para complejizar el análisis de la primera. La crisis cualitativa (es decir, los dilemas o conflictos sobre la definición y ejercicio adecuados del rol institucional de las cortes supremas) puede presentarse en un tribunal con una agenda numéricamente manejable y, por ende, es un fenómeno que puede y merece ser tratado con relativa independencia respecto de la crisis cuantitativa." (Ibid.).

Como uma tentativa de resolução de tais celeumas, no decorrer do desempenho da atividade dessas Cortes, passaram a ser desenvolvidos filtros, que Giannini separa em dois grupos: os filtros quantitativos e os filtros qualitativos.

Os primeiros, dos quais o principal exemplo são os filtros de valor, visam a limitar de maneira previsível o número de casos julgados anualmente por cortes superiores, aplicando-se um critério objetivo e previsível para a admissão dos recursos. Giannini considera que tais filtros têm poucos méritos para além do efeito imediato de desafogar as cortes superiores. Mas, quando se pensa no papel dessas cortes de promover a unidade e a evolução do direito, tais filtros não contribuem para o controle sobre a qualidade jurídica do tema em discussão[3].

Já os filtros qualitativos valem-se de critérios relacionados à relevância da questão a ser apreciada no recurso. Tais filtros têm um caráter subjetivo e acomodam certa flexibilidade quando comparados aos filtros quantitativos, sendo utilizados conceitos jurídicos indeterminados ou até mesmo fórmulas nas quais a seleção de recursos se dá com margem discricionária. Dado o enfoque que tal tipo de filtro confere ao mérito do recurso, os filtros qualitativos não descuram das funções públicas das cortes superiores[4], como a garantia da uniformidade da jurisprudência e a evolução do Direito.[5]

3. "Los instrumentos de selección cuantitativa como el valor del litigio tienen una dilatada trayectoria em el Derecho comparado. Buscan reducir la agenda de los superiores tribunales acudiendo a un criterio de relativa seguridad o previsibilidad, como es la cuantía económica en juego. Sin embargo, dicha previsibilidad (y la facilidad adicional que ella supone para controlar interna y externamente la selección de causas por una corte suprema), es prácticamente el único mérito que puede asignársele. A la hora de juzgar la idoneidad de la suma gravaminis para lograr que la corte concentre sus esfuerzos en temas acordes con su rol institucional (la ya referida relación entre objetivos e instrumentos), el saldo de la exigencia es verdaderamente pobre, especialmente en aquellos modelos en los que los superiores tribunales están pensados para dar unidad a la interpretación del Derecho y guiar su evolución. La razón para ello es obvia: el recaudo en cuestión delinea la agenda de una corte suprema priorizando el impacto que el error judicial tiene sobre el bolsillo del litigante. Se trata de una limitación típicamente enfocada en el ius litigatoris que se desinteresa de la calidad jurídica del tema discutido o del impacto que la decisión tendrá sobre la comunidad, enfocándose -en cambio- en un parámetro que solo interesa al recurrente: la cuantía del gravamen que ocasiona el fallo." (GIANNIANI, Leandro J. Los Filtros de Acceso ante las Cortes Supremas". In: FENOLL, Jordi Nieva; CAVANI, Renzo (eds.). *La casación hoy, cien años después de Calamandrei*. Madrid: Marcial Pons, 2021, p. 162-163).

4. "Nesse sentido, os filtros de relevância parecem ser uma forma de administrar não apenas a carga de trabalho, mas também a tensão existente entre o universalismo e o particularismo nas Cortes Supremas, a partir da relevância das questões tratadas: reconhecida a relevância, profere-se uma decisão motivada que se universaliza; do contrário, inadmite-se o recurso, mantendo-se a decisão particular dada pela instância recorrida, sem prejuízo da possibilidade de revisitar o tema no futuro, quando se poderá proferir uma decisão universalizável." (REGO, Frederico Montedonio. *Repercussão geral*: uma releitura do direito vigente. 2 ed. Belo Horizonte: Fórum, 2022, p. 198).

5. En contrapartida, los filtros cualitativos, basados en la utilización de criterios flexibles de selección relacionados con la relevancia de las cuestiones a dirimir (su importancia pública, trascendencia, repercusión

No presente estudo, não nos limitaremos à classificação em apreço, sendo o objetivo maior analisar os diferentes filtros em espécie encontrados no direito estrangeiro e brasileiro, e avaliar sua legitimidade.

No entanto, cabe desde logo adiantar que a classe dos filtros qualitativos possui especial papel nos tempos atuais em diversos ordenamentos, o que leva a analisarmos mais detidamente os principais filtros que se utilizam da análise da importância da matéria em jogo.

4.1. FILTROS QUALITATIVOS

4.1.1. O interesse cassacional espanhol

Antes de nos debruçarmos sobre o filtro qualitativo encontrado no Direito Espanhol, cabe fazer uma breve introdução acerca da estrutura judiciária espanhola e dos recursos lá existentes.

A primeira instância é formada pelos *Juzgados de primera instancia e instrucción*, que se organizam segundo *partidos judiciales*, territórios formados por um ou mais municípios limítrofes. A segunda instância, por sua vez, é composta pelas *Audiencias Provinciales*, que se organizam, como o próprio nome sugere, no nível das províncias[6].

Conforme estipulado pelo art. 123 da Constituição espanhola, cabe ao *Tribunal Supremo* o papel de órgão máximo do Poder Judiciário, dividindo-se em cinco salas de julgamento, conforme as suas áreas de atuação; Direito Privado, Direito Penal, Direito Administrativo, Direito do Trabalho e Previdenciário, e Justiça Militar. Cada Comunidade Autônoma[7] conta

---

general, interés casacional, significado constitucional, etc.), se hacen fuertes donde los anteriores son débiles, y viceversa. En efecto, al asignarse a las cortes mismas la posibilidad de decidir qué casos decidir atendiendo a la calidad de las cuestiones jurídicas involucradas, la agenda de dichos tribunales puede orientarse mucho más eficientemente a la consecución de sus misiones institucionales públicas, como es la promoción de la unidad y coherencia en la interpretación y evolución del Derecho. Existe una ventaja evidente en este punto sobre los mecanismos cuantitativos de reducción, que como vimos- logran el efecto inverso. En contrapartida, el único capítulo destacable de estos últimos, como es su relativa previsibilidad, es el más serio déficit de los instrumentos de selección que ahora analizamos. Al utilizarse fórmulas de gran indeterminación o, en ocasiones, explícitamente discrecionales, el proceso de selección pasa a ser especialmente imprevisible y queda sometido al riesgo constante de arbitrariedades. La falta de transparencia y motivación que muchas veces acompaña el ejercicio de este poder de selección agrava el panorama descrito". (GIANNIANI, Leandro J. Los Filtros de Acceso ante las Cortes Supremas". In: FENOLL, Jordi Nieva; CAVANI, Renzo (eds.). *La casación hoy, cien años después de Calamandrei*. Madrid: Marcial Pons, 2021, p. 164).

6. As províncias representam o segundo nível de divisão político-administrativo subnacional e são compostas de municípios.
7. As comunidades autônomas representam o primeiro nível de divisão político-administrativo subnacional e são compostas de pelo menos uma província. Cabe pontuar que em razão de características históricas, culturais e linguísticas de certas regiões o nível de autonomia é assimétrico.

também com um *Tribunal Superior de Justicia*, que também se divide em salas lidando com Direito Privado, Direito Penal, Direito Administrativo e Direito do Trabalho. Há também o Tribunal Constitucional, a quem recai o papel de realizar o controle de constitucionalidade.

Sendo esta, em linhas gerais, a estrutura do Poder Judiciário espanhol, cumpre então analisar os recursos extraordinários presentes na sistemática processual espanhola. Nos termos do artigo 466 da da *Ley de Enjuiciamenіento Civil* (LEC - Ley 1/2000), contra as decisões de segunda instância, i.e., as decisões proferidas pelas *Audiencias Provinciales*, são cabíveis dois recursos: o *recurso extraordinário por infracción procesal* e o *recurso de casación*.

Isso significa que as questões processuais não teriam acesso direto ao *Tribunal Supremo* via *recurso de casación* diretamente da segunda instância, pois para esses casos foi criado um novo recurso, o *recurso extraordinário por infracción procesal*, por meio do qual competiria aos *Tribunais Superiores de Justicia* julgar tais recursos visando corrigir vícios processuais. As questões processuais, contudo, poderiam alcançar o Tribunal Supremo mediante um *recurso en interés de la ley*, previsto no art. 490 da LEC, e que visava assegurar a uniformidade das decisões dos *Tribunais Superiores de Justicia*[8]. Nessa linha, os *recursos de casación* se prestariam exclusivamente à tutela dos direitos substantivos, e poderiam ser dirigidos tanto ao *Tribunal Supremo* quanto aos *Tribunales Superiores de Justicia,* a depender se a disputa em questão envolvesse direito nacional ou local, respectivamente.

Contudo, tal regime recursal nunca entrou em vigor após a reforma da LEC em 2000[9]. Ocorre que a reforma, em particular a criação do *recurso extraordinário por infracción procesal*, que expandia a competência dos *Tribunales Superiores de Justicia,* demandava também alterações na *Ley Orgánica del Poder Judicial*, o que exigia maioria absoluta do Parlamento espanhol[10]. Dado o descompasso entre a *Ley de Enjuiciamiento Civil* e a

8. Art. 490 Resoluciones recurribles en interés de la ley.

1. Podrá interponerse recurso en interés de la ley, para la unidad de doctrina jurisprudencial, respecto de sentencias que resuelvan recursos extraordinarios por infracción de ley procesal cuando las Salas de lo Civil y Penal de los Tribunales Superiores de Justicia sostuvieran criterios discrepantes sobre la interpretación de normas procesales.

2. No procederá el recurso en interés de la ley contra sentencias que hubiesen sido recurridas en amparo ante el Tribunal Constitucional.

9. RIGALBERT, Fernando Castillo. *International Encyclopedia of Law – Civil Procedure – Spain*. 1. Ed. Alphen aan deen Rijn: Kluwer Law International, 2018, §123, p. 54.

10. Cabe pontuar que a *Ley Orgánica del Poder Judicial* foi objeto de dezenas de alterações desde janeiro de 2000, mas nenhuma destas mudanças atreibuiu aos *Tribunales Superiores de Justicia* a competência funcional para julgar o novo recurso.

Ley Orgánica del Poder Judicial, o que implicava a impossibilidade de se operacionalizar o sistema recursal, adotou-se um regime transitório de recursos extraordinários, que acabou por perdurar no tempo, e que permitiu ao *Tribunal Supremo* julgar tanto violações a normas processuais quanto a normas substantivas nas sentenças proferidas em segunda instância pelas *Audiencias Provinciales*.

O regime, que nunca foi implementado, encontrou seu derradeiro fim com o advento do Real Decreto-ley 5/2023, que reformou profundamente o regime de recursos extraordinários. Até junho de 2023, o art. 477.2 da LEC definia as seguintes hipóteses[11] de cabimento do *recurso de casación*: (1) para a proteção de direitos fundamentais, salvo aqueles previstos no art. 24 da Constituição espanhola, que dizem respeito aos direitos fundamentais processuais; (2) sempre que o valor do litígio exceder a quantia de seiscentos mil euros; e (3) quando o julgamento do recurso representar *interés casacional*[12].

Na nova sistemática, o recurso passa a abranger queixas de violações substantivas e processuais[13] e foi abandonado o filtro de valor. Nesse sentido, a atual redação do art. 477.2 da LEC define apenas duas hipóteses de cabimento do *recurso de casación*: (1) quando o julgamento do recurso representar *interés casacional* ou (2) mesmo quando não representar *interés*

11. Cabe ressaltar que o Tribunal Supremo, de longa data entende que as hipóteses de cabimento são distintas e excludentes (Espanha, Tribunal Supremo, Caso nº 6132/2022, j.24.05.2023; Espanha, Tribunal Supremo, Caso nº 1719/2019, j.09.10.2019; Espanha, Tribunal Supremo, Caso nº 1279/2011, j. 12.01.2015; Espanha, Tribunal Supremo, Caso nº 1922/2011, j. 19.06.2012), o que significa que a parte recorrente só pode fazer a preparação e a interposição em uma das hipóteses (MARTIN, Rosa María de Castro; VELASCO, Julián-Pedro González. El trámite de la admisión del recurso de casación civil en España, según la Sala Primeira, de lo Civil, del Tribunal Supremo. In: NAVARRO, José Bonet (Dir.); PASTOR, José Martin (Cord.). *El Recurso de Casación Civil*. Cizur Menor: Editorial Aranzadi, 2010, p. 191-192).

12. Art. 477 - Motivo del recurso de casación y resoluciones recurribles en casación.

    2. Serán recurribles en casación las sentencias dictadas en segunda instancia por las Audiencias Provinciales, en los siguientes casos:

    1.º Cuando se dictaran para la tutela judicial civil de derechos fundamentales, excepto los que reconoce el artículo 24 de la Constitución.

    2.º Siempre que la cuantía del proceso excediere de 600.000 euros.

    3.º Cuando la cuantía del proceso no excediere de 600.000 euros o este se haya tramitado por razón de la materia, siempre que, en ambos casos, la resolución del recurso presente interés casacional. (redação em vigor entre outubro de 2011 e junho de 2023 – as versões anteriores eram basicamente iguais, mas contavam com quantias diversas na hipótese do 477.2.2).

13. Note-se, porém que o *recurso extraordinário por infracción procesal* continua sendo previsto na LEC, pois não foi expressamente revogado. O que foi expressamente revogado foi o, nunca utilizado, *recurso en interés de la ley*.

casacional, quando o recurso se funda na violação de direitos fundamentais, sejam eles de natureza substantiva ou processual[14].

Já o artigo 477.3, por sua vez, apresenta a definição de *interés casacional*, definindo que este restará caracterizado nos *recurso de casación* dirigidos ao *Tribunal Supremo* quando (1) a decisão recorrida contrariar a jurisprudência consolidada do *Tribunal Supremo*; (2) houver jurisprudência contraditória entre as Audiencias Provinciales; e (3) a decisão recorrida houver aplicado norma jurídica em vigência há menos de cinco anos, contanto que não haja jurisprudência consolidada do Tribunal Supremo a respeito de norma anterior de conteúdo igual ou similar. No que se refere aos *recursos de casación* dirigidos aos *Tribunales Superiores de Justicia*[15], o *interés casacional* se justifica quando, tratando-se de questão envolvendo o Direito especial da Comunidade Autônoma, (1) a decisão recorrida contrariar a jurisprudência consolidada do *Tribunal Superior de Justicia;* (2) não houver jurisprudência consolidada do *Tribunal Superior de Justicia* e (3) houver jurisprudência contraditória entre as Audiencias Provinciales[16].

Percebe-se, assim, que o *recurso de casación* busca permitir primariamente que o Tribunal Supremo equilibre as funções uniformizadora e

14. Art. 477 - Motivo del recurso de casación y resoluciones recurribles en casación.
 2. El recurso de casación habrá de fundarse en infracción de norma procesal o sustantiva, siempre que concurra interés casacional. No obstante, podrá interponerse en todo caso recurso de casación contra sentencias dictadas para la tutela judicial civil de derechos fundamentales susceptibles de recurso de amparo, aun cuando no concurra interés casacional. (redação atualmente em vigor)
15. Sobre o recurso de casación dirigidos aos Tribunales Superiores de Justicia veja-se: LÓPEZ, Ibon Hualde. El interés casacional como criterio de admisión del recurso en la doctrina de los Tribunales Superiores de Justicia. In: NAVARRO, José Bonet (Dir.); PASTOR, José Martin (Cord.). *El Recurso de Casación Civil*. Cizur Menor: Editorial Aranzadi, 2010.
16. Art. 477 – Motivo del recurso de casación y resoluciones recurribles en casación.
 3. Se considerará que un recurso presenta interés casacional cuando la resolución recurrida se oponga a doctrina jurisprudencial del Tribunal Supremo o resuelva puntos y cuestiones sobre los que exista jurisprudencia contradictoria de las Audiencias Provinciales o aplique normas sobre las que no existiese doctrina jurisprudencial del Tribunal Supremo.
 Cuando se trate de recursos de casación de los que deba conocer un Tribunal Superior de Justicia, se entenderá que existe interés casacional cuando la sentencia recurrida se oponga a doctrina jurisprudencial, o no exista doctrina del Tribunal Superior de Justicia sobre normas de Derecho especial de la Comunidad Autónoma correspondiente, o resuelva puntos y cuestiones sobre los que exista jurisprudencia contradictoria de las Audiencias Provinciales.

nomofilática[17], com clara preponderância da primeira[18], ainda deixando aberta uma porta para a tutela dos interesses individuais[19].

As duas primeiras hipóteses de configuração do *interés casacional* permitem que o Tribunal atue em prol da unidade do direito, impedindo a sobrevivência de decisões que atentem à jurisprudência do próprio Tribunal e dissipando as divergências interpretativas entre os tribunais de segundo grau, acentuando a função pública do *Tribunal Supremo.*

A função nomofilática fica assegurada em face da exigência de que o recorrente demonstre com clareza o dispositivo legal infringido[20]. Em particular, no caso do recurso em razão da aplicação de leis que entraram em vigor há menos de cinco anos, a admissão do recurso se justifica por permitir acesso ao Tribunal Supremo ainda que não haja divergência entre os tribunais de 2ª instância ou decisão prévia do Tribunal Supremo. Tal hipótese de admissão remonta à ideia das Cortes Superiores como órgãos cujo objetivo é dar a interpretação definitiva das leis[21]. Oportuno também ressaltar que tal hipótese de admissão serve ainda como válvula para que o Tribunal Supremo reveja sua jurisprudência em face de alterações legislativas supervenientes.

17. "La casación no es una tercera instancia que posibilite una nueva revisión del material fáctico del proceso, sino que cumple una función asaz diferente; por un lado, nomofiláctica o protectora de las normas jurídicas de derecho material o sustantivo; y, por otra, de fijación de doctrina, mediante el establecimiento de criterios uniformes de interpretación y aplicación de la ley, la costumbre y los principios generales del derecho en los términos del art. 1.6 del CC, que sirva de orientación y pauta de actuación para resolver asuntos que guarden identidad de razón." (Espanha, Tribunal Supremo, Caso nº 326/2022, j. 25.04.2022).
18. "Este sistema de selección obedece claramente a la prevalencia de la finalidad de unificación jurisprudencial sobre la de la nomofilaquia y el ius litigatoris, que no resultan eliminados pero quedan subordinados a aquél primer fin" (DEU, Teresa Armenta. Recurso de casación: Entre eficacia y nuevas orientaciones de fines tradicionales, *Revista para el análisis del derecho*, vol.1/2018, 2018, p.17).
19. Há quem critique duramente o papel secundário alocado ao interesse subjetivo das partes com a introdução dos filtros de seleção na Espanha: FENOLL, Jordi Nieva. La relevancia social de la casación: la importancia del *ius litigatoris. Revista de Processo.* v. 32, n. 147, maio 2007.
20. "el escrito de interposición del recurso adolece totalmente de falta de la precisión que impone la función nomofiláctica de la casación, ya que ni siquiera se formulan motivos casacionales propiamente dichos, sino que se contienen unas alegaciones sin mención específica a infracciones legales, en las que se entremezclan los meros alegatos de parte con la cita indiscriminada de sentencias de Audiencias Provinciales, que se transcriben parcialmente en un maremágnum argumentativo que hace prácticamente imposible la identificación del motivo casacional y de la infracción legal o jurisprudencial atribuida a la sentencia recurrida" (Espanha, Tribunal Supremo, Caso nº 98/2017, j. 15.02.2017).
21. "cuando se trata de la aplicación de normas que no llevan más de cinco años en vigor, vuelva a situarse en primer término la función de defensa de la ley, de tal manera que el Tribunal Supremo determinará cuál es la interpretación correcta de dicha norma." (BENAVENTE, María Ángeles Catalina. La acreditación del interés casacional ante la sala primera del Tribunal Supremo. *Anuario de la Facultad de Derecho de Madrid*, Vol.22, p.281-315, 2018, p. 286).

A tutela do *ius litigatoris*, como se mencionou, não restou eliminada na sistemática recursal espanhola. Atualmente, a hipótese de admissão do *recurso de casación* que mais claramente se presta à tutela desse interesse é aquela voltada à proteção dos direitos fundamentais. Deste modo, o interesse individual de se recorrer há de ser protegido, mesmo inexistindo interesse do público em geral na admissão do recurso, quando o erro jurídico em casos individuais representar uma violação a direitos fundamentais.

Ressalva-se, todavia, que a reforma de 2023 acarretou maiores limitações à tutela do *ius litigatoris* em duas frentes distintas. Primeiro, por completamente excluir a hipótese de admissão recursal com fundamento no valor da causa e, em segundo lugar, por reunificar a tutela de direitos processuais e de direitos substantivos sob um único recurso. Ocorre que o *recurso extraordinário por infracción procesal* era admissível em quatro hipóteses: a violação de normas sobre competência e jurisdição, a violação de normas reguladoras da sentença, violação de normas que regem os atos e garantias do processo quando estas podem gerar nulidade ou provocar *indefensión*, e a violação de direitos fundamentais previstos no art. 24 da Constituição Espanhola. O *recurso de casación*, após a reforma de 2023, só incorporou a última hipótese do *recurso extraordinário por infracción procesal*, de modo que para as outras três hipóteses o acesso ao Tribunal Supremo passa a ficar restrito aos casos em que se demonstre haver *interés casacional*.

4.1.2. A importância fundamental da questão na Alemanha

Na Alemanha, foi introduzido pela primeira vez em 1924 o filtro da importância geral do caso como requisito para acesso a uma corte superior. Seu objetivo inicial era aliviar, em questões ligadas a relações matrimoniais, o trabalho da Corte Imperial (*Reichsgericht*), antecessora imediata do atual Tribunal Federal de Justiça (*Bundesgerichtshof*). Com o tempo, porém, esse passou a ser o principal filtro para recursos dirigidos a Supremas Cortes na Alemanha, aplicado não apenas em questões civis, mas também de direito administrativo[22].

Até 2001, o acesso ao Tribunal Federal de Justiça se dava mediante dois caminhos: (a) nos casos em que o valor em jogo na demanda não ultrapassasse 60 mil marcos alemães (aproximadamente 30 mil euros), era

22. DOMEJ, T. "What is an important case? Admissibility of appeals to the Supreme Courts in the German-Speaking jurisdictions". In: UZELAC, A., VAN RHEE, C.H. (Org.). *Nobody's perfect. Essays on Appeals and other Means of Recourse against Judicial Decisions in Civil Matters*. Cambridge: Intersentia, 2014, p. 278.

necessário que o apelante obtivesse a autorização para recorrer do tribunal de apelação (*Zulassungsrevision*), ou (b) nos casos em que o valor em disputa superasse tal soma, os recursos eram admitidos automaticamente sem necessidade de autorização (*wertrevision*)[23].

Com a reforma ao Código de Processo Civil alemão (*Zivilprozessordnung* – ZPO) em 2001, o recurso ao Tribunal Federal de Justiça passou a ser admissível apenas se existir uma questão de direito de importância fundamental (*Grundsätzliche Bedeutung*) ou se a decisão da Corte for necessária no interesse da aplicação uniforme da lei (*Sicherung einer einheitlichen Rechtsprechung*) ou no interesse do desenvolvimento do Direito (*Fortbildung des Rechts*), por força do §543(2) do Código alemão[24].

Com a reforma mencionada, veja-se que o filtro de valor ficou completamente afastado, remanescendo a reformada *Zulassungsrevision*, que passou a ser o meio geral de se recorrer, independentemente do valor da causa[25]. Desse modo, após a reforma processual, o interesse individual só é protegido na medida em que o recurso ao Tribunal Federal de Justiça também seja de interesse do público em geral.

Tradicionalmente, são entendidas como questões de importância fundamental aquelas que tenham relevância para além do caso individual, seja por configurarem questão jurídica potencialmente aflorável em um número indefinido de casos[26], seja pelo fato de a questão jurídica individual envolver

---

23. GOTTWALD, Peter. Civil Justice Reform: Access, Cost and Expedition. The German Perspective. In: ZUCKERMAN, Adrian (ed.). *Civil Justice in Crisis: Comparative Perspectives of Civil Procedure*. Oxford: Oxford University Press, 1999, p.213; STÜRNER, Michael. Sharing Responsibility: The German Federal Court of Justice and the Civil Appellate System. In: BRAVO-HURTADO, Pablo; VAN RHEE, Cornelis Hendrik (orgs.). *Supreme Courts Under Pressure:* Controlling Caseload in the Administration of Civil Justice. Cham: Springer, 2021, p. 85.
24. §543
    (2) A Revisão será admitida quando
    1. O caso apresentar uma questão de importância fundamental, ou
    2. O desenvolvimento do Direito ou a garantia da uniformidade da jurisprudência demandar uma decisão de uma corte de revisão
    A corte de revisão está vinculada a decisão da corte de apelação que admite a Revisão. (tradução própria)
25. SAENGER, Ingo. Reform des Deutschen Zivilprozessrechts - Fluch oder Segen. *Rechtstheorie*, Vol.31, p.413-431, 2000, p.423; KUNZE, Axel. Major Changes in the German Civil Procedure Code. *International Legal Practitioner*, vol. 27, no. 1, pp.3-7, 2002, p.6
26. RAUSCHER, Thomas; KRÜGER, Wolfgang. *Münchener Kommentar zur Zivilprozessordnung mit Gerichtsverfassungsgesetz und Nebengesetzen, Band 2: §§ 355-945b*. Munique: Verlag C.H.BECK München, 2020, §543. III.2. Nesse mesmo sentido: Alemanha, Tribunal Federal de Justiça (Bundesgerichtshof), 5º Senado Cível, Caso nº V ZB 16/02, j. 04.07.2002; Alemanha, Tribunal Federal de Justiça (Bundesgerichtshof), 5º Senado Cível, Caso nº V ZR 291/02, j. 27.03.2003; Alemanha, Tribunal Federal de Justiça (Bundesgerichtshof), 12º Senado Cível, Caso nº XII ZR 159/12, j. 24.04.2013.

consequências econômicas de longo alcance, que atingirão, portanto, um interesse para além do caso[27].

Nesse sentido, a mera correção de erros jurídicos em casos individuais não constituiria questão de importância fundamental, pois, em princípio, não cabe ao Tribunal Federal de Justiça corrigir tais erros, por mais graves ou óbvios que sejam[28].

Embora a admissibilidade, sob o pretexto de salvaguarda da uniformidade da jurisprudência, exista para se corrigir as divergências interpretativas[29], tem-se admitido que erros gravíssimos podem ser objeto de recurso ao Tribunal Federal de Justiça com base na suposta salvaguarda dessa uniformidade. Nestes casos, segundo a Corte, existiria o perigo de que a confiança pública no próprio Poder Judiciário pudesse ser comprometida, caso não houvesse solução para tal erro[30]. Ressalta-se, todavia, que a permissão para recorrer nessa base só é concedida em casos muito graves, como quando a decisão do tribunal tenha sido totalmente arbitrária ou que as prerrogativas processuais fundamentais tenham sido flagrantemente violadas[31].

Ao analisar o filtro qualitativo da importância fundamental, o Tribunal Federal de Justiça entende que a análise depende de a questão ser clarificável (*klärungsfähige Rechtsfrage*) e em necessidade de clarificação (*klärungsbedürftige*)[32].

---

27. DOMEJ, T. "What is an important case? Admissibility of appeals to the Supreme Courts in the German-Speaking jurisdictions". In: UZELAC, A., VAN RHEE, C.H. (Org.). *Nobody´s perfect. Essays on Appeals and other Means of Recourse against Judicial Decisions in Civil Matters*. Cambridge: Intersentia, 2014, p. 282.
28. KOLLER, Christian. Civil Justice in Austrian-German Tradition: The Franz Klein heritage and beyond. In: UZELAC, Alan. *Goals of Civil Justice and Civil Procedure in Contemporary Judicial Systems*. Cham (Suiça): Springer, 2014, p. 49.
29. Por divergências interpretativas, há de se entender objetivamente como os casos em que contenha a decisão impugnada contiver uma proposição jurídica abstrata que se desvia da proposição jurídica abstrata estabelecida por outro tribunal (KESSAL-WULF, Sibylle, §543. In: VORWERK, Volkert; WOLF, Christian (eds.). Beck'scher Online-Kommentar ZPO. 49ª edição, Munique: Verlag C.H.BECK München, 2023, §543 Rn 26).
30. Alemanha, Tribunal Federal de Justiça (*Bundesgerichtshof*), 5º Senado Cível, Caso nº V ZR 75/02, j. 04.07.2002; Alemanha, Tribunal Federal de Justiça (*Bundesgerichtshof*), 4º Senado Cível, Caso nº V ZB 218/17, j. 12.07.2018.
31. DOMEJ, T. "What is an important case? Admissibility of appeals to the Supreme Courts in the German-Speaking jurisdictions". In: UZELAC, A., VAN RHEE, C.H. (Org.). *Nobody´s perfect. Essays on Appeals and other Means of Recourse against Judicial Decisions in Civil Matters*. Cambridge: Intersentia, 2014, p. 282; KESSAL-WULF, Sibylle, §543. In: VORWERK, Volkert; WOLF, Christian (eds.). Beck'scher Online-Kommentar ZPO. 49ª edição, Munique: Verlag C.H.BECK München, 2023, §543 Rn 14.
32. MUSIELAK, Hans-Joachim; VOIT, Wolfgang; BALL, Wolfgang. §543, in: MUSIELAK, Hans-Joachim; VOIT, Wolfgang (orgs.). Zivilprozessordnung: mit Gerichtsverfassungsgesetz. Munique: Verlag Franz Vahlen. 2023, §543 Rn.5; RAUSCHER, Thomas; KRÜGER, Wolfgang. *Münchener Kommentar zur Zivilprozessordnung mit Gerichtsverfassungsgesetz und Nebengesetzen, Band 2: §§ 355-945b*. Munique: Verlag C.H.BECK München, 2020, § 543 Rn. 7.

Por questão clarificável, entende-se que existem duas situações que não são passíveis de clarificação: as que envolvam a inconstitucionalidade das leis, e as que concernam a Direito não-revisável (*nicht revisibles Recht*)[33].

Uma questão jurídica necessita ser esclarecida se a interpretação for duvidosa, havendo opiniões divergentes na doutrina e na jurisprudência dos tribunais inferiores, e a questão ainda não tiver sido esclarecida pelo Tribunal Federal de Justiça[34]. Após o Tribunal Federal de Justiça ter esclarecido uma questão jurídica, é possível que persista a necessidade de esclarecimentos adicionais caso os tribunais inferiores ou parte significativa da doutrina continuem a contradizer a visão do Tribunal Federal de Justiça ou se novos argumentos forem apresentados que possam levar esse Tribunal a rever o seu ponto de vista[35].

Note-se, finalmente, que em algumas situações de erros graves em casos individuais, o Tribunal Federal de Justiça admite o recurso, mas isso se dá em virtude de clara arbitrariedade na decisão recorrida, ou por violação a direitos fundamentais processuais. Nesses casos, o Tribunal entende ameaçada a própria confiança no Poder Judiciário se a decisão não puder ser revista, o que impõe a admissibilidade do recurso[36].

4.1.3. O regime dos EUA

A Suprema Corte dos Estados Unidos nem sempre teve a forma e as funções que hoje lhe são atribuídas. Quando surgiu, na esteira do processo de independência dos Estados Unidos, a Suprema Corte era uma instituição com pouquíssimos casos e quase sem estrutura[37]. O processo que levou a

33. Em princípio, toda a legislação alemã pode agora ser revista sem restrições, incluindo a lei local, mesmo a lei consuetudinária local e até mesmo termos e condições contratuais amplamente utilizadas. São tidas como não revisáveis as normas contratuais que não tem aplicabilidade generalizada e o Direito estrangeiro em geral (RAUSCHER, Thomas; KRÜGER, Wolfgang. Münchener Kommentar zur Zivilprozessordnung mit Gerichtsverfassungsgesetz und Nebengesetzen, Band 2: §§ 355-945b. Munique: Verlag C.H.BECK München, 2020, § 545 Rn. 10-13).

34. Alemanha, Tribunal Federal de Justiça (*Bundesgerichtshof*), 8º Senado Cível, Caso nº VIII ZR 315/19, j. 09.06.2020.

35. BALL, Wolfgang. §543, in: MUSIELAK, Hans-Joachim; VOIT, Wolfgang (orgs.). *Zivilprozessordnung: mit Gerichtsverfassungsgesetz*. Munique: Verlag Franz Vahlen. 2023, §543 Rn.5a; JACOBS, Mathias. §543. In: *Stein/Jonas Kommentar zur Zivilprozessordnung, Band6: §§ 511-703d*. 23ª ed. Tubinga: Mohr Siebeck, 2014, §543 Rn 7.

36. Nessa linha: DOMEJ, T. "What is an important case? Admissibility of appeals to the Supreme Courts in the German-Speaking jurisdictions". In: UZELAC, A., VAN RHEE, C.H. (Org.). *Nobody´s perfect. Essays on Appeals and other Means of Recourse against Judicial Decisions in Civil Matters*. Cambridge: Intersentia, 2014, p. 282.

37. Com efeito, depois de sua sessão inaugural, a qual dois dos seis *justices* sequer compareceram, a corte ainda haveria de esperar mais dezoito meses até receber seu primeiro caso. Nos primeiros anos era comum que juízes e juristas proeminentes não aceitassem a nomeação ou que os Justices abandonassem a função em prol de outros cargos mais atraentes, caso de Jonh Jay, primeiro *Chief Justice*, que largou a

corte ao papel de destaque que hoje ocupa foi longo, começando após a corte reconhecer em si o papel de exercer o controle de constitucionalidade sobre as leis, com o julgamento de Marbury v. Madison[38], até a consolidação do conceito de supremacia judicial, com Cooper v. Aaron[39].

Neste ínterim, a justiça federal americana passou por uma série de transformações. Em 1789, o Congresso editou seu primeiro ato organizando o Poder Judiciário norte-americano, com cortes distritais de primeira instância, com competência sobretudo para casos de direito marítimo, Circuit Courts com competências originárias em matérias envolvendo crimes federais e jurisdição recursal sobre as district courts, e a Suprema Corte como corte recursal para as decisões proferidas pelas Circuit Courts e pelas cortes estaduais[40], por meio do chamado writ of error[41].

Curiosamente, o Congresso não designou juízes para compor com exclusividade de atribuição as Circuit Courts. Em vez disso, o juiz distrital local e dois Justices da Suprema Corte presidiriam tais tribunais. De acordo com a prática conhecida como "circuit riding", cada Justice era designado

---

toga para concorrer ao cargo de governador no estado de Nova York. Sobre a modesta origem da corte, nesse sentido: "The court of the late eighteen century was a feeble institution. It lacked Prestige, respect, and power, it had no building a small budget and was largely controlled and handicapped by the other branches of government" (CROWE, Justin. *Building the Judiciary: Law, Courts, and the Politics of Institutional Development*. Princeton: Princeton University press, 2012, p. 2).

38. Estados Unidos, Suprema Corte dos Estados Unidos, Marbury v. Madison, 5 U.S. (1 Cranch) 137 (1803), 24.02.1803. O caso, dentre os mais célebres já decididos pela Suprema corte, justamente por inaugurar o controle de constitucionalidade no constitucionalismo moderno, envolvia espinhosa questão política, em que o Secretário de Estado James Madison, por ordem do novo Presidente Thomas Jefferson, deixara de entregar os atos necessários para que os juízes de paz nomeados pelo então Presidente John Adams pudessem exercer suas funções. William Marbury – um dos prejudicados pela omissão – ajuizou, com base na Seção 13 do Judiciary Act de 1789, ação junto à Suprema Corte, buscando um writ of mandamus para obrigar o Secretário de Estado a entregar os referidos documentos. O Presidente da Suprema Corte, John Marshall, declarou em seu voto condutor o Judiciary Act de 1789 inequivocamente previa a competência originária da Suprema Corte para a causa. Entretanto, segundo o Chief Justice, não seria possível expedir o writ of mandamus em face do Secretário de Estado, já que a criação de uma nova hipótese de competência originária da Suprema Corte, por lei ordinária, seria inconstitucional.

39. Estados Unidos, Suprema Corte dos Estados Unidos, Cooper v. Aaron, 358 U.S. 1 (1958), j.29.09.1958. O caso, que envolvia a resistência de escolas a implementar a política de dessegregação estabelecida em Brown v. Board of Education (1954), proferiu uma decisão que considerou que os estados (e por extensão todo funcionário público nos Estados Unidos) estão vinculados às decisões do Tribunal e devem aplicá-las mesmo que discordem delas.

40. WHITE, Edward. *Law in American History: Volume 1: From the Colonial Years through the Civil War*. Nova York: Oxford University Press, 2012, p.197; LINZER, Peter. The Meaning of Certiorari Denials. *Columbia Law Review*, Vol. 79, n. 7, p.1227-1305, 1979, p.1230.

41. A Seção 25 do Judiciary Act de 1789, previa o cabimento do denominado writ of error quando uma Corte estadual decidisse (i) pela invalidade de lei ou ato federal; (ii) pela validade de ato ou lei local questionado em face da legislação federal; ou (iii) contrariamente à existência de algum direito alegadamente previsto na legislação federal, já a Seção 22 previa o cabimento do writ of error quando uma Circuit Corte decidisse, fosse em sua competência recursal ou originária, uma questão cujo valor da causa excedesse a quantia de dois mil dólares.

para um dos três circuitos geográficos e viajava para os locais de reunião designados nos distritos desse circuito[42]. O desempenho de tais funções mantinha os Justices afastados por meses e permitia que a Suprema Corte se reunisse apenas por alguns meses do ano[43].

O sistema começou a tomar a forma que tem hoje após sucessivas reformas na segunda metade do séc. XIX e do início do séc. XX, com especial destaque para o Judiciary Act of 1869[44], o Judiciary Act of 1891[45], o Judicial Code of 1911[46], e o Judiciary Act of 1925[47], que sucessivamente diminuíram a prática de circuit riding até sua abolição, organizaram as Cortes de Apelação Federal em substituição às Circuit Courts (enquanto que a sua função como corte criminal foi incorporada às cortes distritais), e estabeleceram os primeiros filtros de acesso à Suprema Corte. Até a edição do Judiciary Act of 1891, a Suprema Corte dos Estados Unidos era obrigada a decidir todos os casos levados a ela[48], mas tal dinâmica se altera com a introdução do writ of certiorari[49]. Com o Judiciary Act de 1925, ampliaram-se as

42. O sistema, que muitas vezes obrigava os Justices da Suprema Corte a ouvirem recursos das próprias decisões que tomaram nas Circuit Courts foi definido como "Three tiers of courts operated by two sets of judges" (FRANKFURTER, Felix; LANDIS, James M. *The business of the Supreme Court:* A Study in the Federal Judicial System. Nova York: Routledge, 2017, p. 14).

43. GLICK, Joshua. Comment: on the road: The Supreme Court and the history of circuit riding. *Cardozo Law Review*, vol. 24, 2003.

44. O Judiciary Act of 1869 definiu o tamanho da Suprema Corte em nove juízes, limitou o circuit Riding e estabeleceu magistraturas próprias para as circuit courts.

45. O Judiciary Act of 1891, também conhecido como Evarts Act (em homenagem ao seu principal proponente, o senador William Evarts), foi responsável por introduzir as Cortes Federais de Apelação, reestruturar o Poder Judiciário Federal, modificar as competências das District Courts e das Circuit Courts, e, principalmente, modificou as formas de acesso à Suprema Corte, introduzindo o Writ of Certiorari.

46. O Judicial Code of 1911 deu ao Poder Judiciário Federal a estrutura que até hoje é empregada, com a eliminação das Circuit Courts, com suas competências originárias sendo transferidas às District Courts (as competências recursais já haviam sido transferidas às recém criadas cortes de apelação em 1891).

47. O Judiciary Act of 1925, fruto de um esforço político habilidoso do então Chief Justice William Howard Taft (o único a ter ocupado tanto o cargo de Presidente da República quanto o de Presidente da Suprema Corte daquele país), ampliou as hipóteses de cabimento do certiorari, em detrimento das outras formas de acesso à Suprema Corte, tornando esta a principal forma de recurso à corte.

48. "[the Court] has no more right to decline the exercise of jurisdiction which is given than to usurp that which is not given" (Estados Unidos, Suprema Corte dos Estados Unidos, Cohens v. Virginia, 19 U.S. 264 (1821), j. 19.02.1821). Ressalta-se, todavia, que nem todos os casos eram passíveis de recurso, e ao longo do séc. XIX existiram diferentes filtros de valor para matérias cíveis advindas das cortes federais, por exemplo.

49. O Judiciary Act of 1891 estabelecia quatro formas de se alcançar a Suprema Corte (i) do appeal; (ii) da certificação; (iii) do writ of error; e do (iv) do writ of certiorari. Curiosamente, em sua concepção originária, o writ of certiorari não fora originalmente vislumbrado para se tornar o principal filtro de acesso à Suprema Corte, mas servir como válvula de escape para que a Corte pudesse, discricionariamente, manter a uniformidade da jurisprudência nos casos em que, a princípio, não cabiam recursos à corte (LINZER, Peter. The Meaning of Certiorari Denials. *Columbia Law Review*, Vol. 79, n. 7, p.1227-1305, 1979, p.1235-1236; HARTNETT, Edward. Questioning Certiorari: Some Reflections Seventy-Five Years after the Judges' Bill. *Columbia Law Review*, vol. 100, n. 7, p. 1634-1738, 2000, p. 1656). Inclusive, esse caráter excepcional do writ of certiorari pode ser observado na literatura da época: "It is only when questions of gravity and

hipóteses de cabimento do certiorari, em detrimento das outras formas de acesso à Suprema Corte. Desde então, tais hipóteses têm sido só ampliadas pela legislação – a exemplo da reforma realizada em 1988 (Supreme Court Case Selections Act) –, substancialmente eliminando hipóteses de jurisdição obrigatória, e, consequentemente, assegurando à Suprema Corte o tão desejado "poder de agenda", ou seja, o poder de decidir quais casos julgar.[50]

O writ of certiorari pode ser conceituado, genericamente, como um pedido dirigido à Suprema Corte, para que esta reveja decisão de uma corte federal ou estadual, segundo seu juízo discricionário[51]. Ao chegarem à Suprema Corte, os pedidos de certiorari são encaminhados a um pool formado por assessores (clerks), os quais produzem um curto memorando. Após a análise desses memorandos pelos gabinetes, endossando ou não a manifestação do pool, uma pequena fração dos casos é incluída em uma

importance are involved that the power of the supreme court to require a case in which the judgment and decree of the circuit court of appeals is made final, can be properly invoked; or in the interest of uniformity of decisions [...], it is a power which will be sparingly exercised" (BATES, Chrisenberry Lee. *Federal Equity Procedure, vol. 1*. Nova York: T. H. Flood, 1901, p. 847).

50. Especificamente sobre a reforma de 1988, veja-se CORDRAY, Margaret Meriwether; CORDRAY, Richard. The Supreme Court's Plenary Docket, *Washington and Lee Law Review*, Vol. 58, n. 3, p.737-794, 2001, p.751-758. Para um relato histórico completo sobre o processo que levou à Suprema Corte a estabelecer seu poder de agenda, veja-se: SHAPIRO, Carolyn. Docket control, mandatory jurisdiction, And the Supreme Court's failure in Rucho v. Common Cause. *Wisconsin Law Review*, vol. 2020(1), p.301-316, 2020, p. 303-306.

51. Há ampla literatura acerca de diferentes aspectos do *writ of certiorari*, e.g., NIELSON, Aaron L.; STANCIL, Paul. Gaming Certiorari. *University of Pennsylvania Law Review*, vol. 170, n. 5, p. 1129-1198, 2022, (discutindo como cortes inferiores podem propositadamente tornar suas decisões menos sujeitas de serem revistas pela Suprema Corte); NARECHANIA, Tejas N. Certiorari in Important Cases. *Columbia Law Review*, vol. 122, n. 4, p. 923-1018, 2022 (utilizando métodos empíricos para desvendar o que a Suprema Corte entende por 'casos importantes'); EPPS, Daniel; ORTMAN, Willliam. The lottery docket. *Michigan Law Review*, vol. 116, n. 5, p.705-757, 2018 (desafiando a noção de que o poder discricionário absoluto do Tribunal para selecionar seu processo é benéfico e sugerindo que a Corte ouça uma parte dos casos selecionados aleatoriamente); RE, Richard M. Narrowing Supreme Court Precedent from Below. *The Georgetown Law Journal*, Vol. 104, p.921-971, 2016 (estudando votos discidentes nnegação ao certiorari que abordam uma tendência dos tribunais inferiores de se desviar de precedentes da Suprema Corte); WATTS, Kathryn A. Constraining Certiorari Using Administrative Law Principle. University of Pennsylvania Law Review, vol. 160, n. 1, p. 1-68, 2011 (aplicando princípios de direito administrativo ao tema da reforma ao writ of certiorari); CORDRAY, Margaret Meriwether; CORDRAY, Richard. Strategy in Supreme Court Case Selection: The Relationship Between Certiorari and the Merits. *Ohio State Law Journal*, vol. 69, n.1, p.1-51, 2008 (examinando até que ponto a tomada de decisão de um Justice na fase de certiorari é influenciada por sua visão do mérito dos casos em consideração); HARTNETT, Edward. Questioning Certiorari: Some Reflections Seventy-Five Years after the Judges' Bill. *Columbia Law Review*, vol. 100, n. 7, p. 1634-1738, 2000 (questionando se o certiorari é consistente com as concepções tradicionais de judicial review, a natureza do poder judicial e o estado de direito); STRAUSS, Peter L. One Hundred Fifty Cases Per Year: Some Implications of the Supreme Court's Limited Resources for Judicial Review of Agency Action. *Columbia Law Review*, vol. 87, n. 6, p.1093-1136, 1987 (discutindo o impacto sistêmico das limitações à pauta da Suprema Corte); LINZER, Peter. The Meaning of Certiorari Denials. *Columbia Law Review*, Vol. 79, n. 7, p.1227-1305, 1979 (examinando o significado e a importância da não concessão do certiorari). Sobre o writ of certiorari em comparação com a repercussão geral no Brasil, veja-se RODRIGUES, Marco Antonio; PEPE, Rafael. *Writ of certiorari* e Recurso Extraordinário: encontros e desencontros. *Revista de Processo*, n. 280, p.275-299, 2018.

"lista de discussão" pelo Chief Justice – o primeiro gargalo enfrentado. Essa lista, então, é levada aos demais Justices, e o deferimento do certiorari depende do voto favorável de, no mínimo, quatro deles (conhecida como Rule of Four)[52].

Embora seja discricionária, a seleçao de casos não é exatamente arbitrária. É amplamente compreendido que o padrão dominante para a concessão de certiorari é a existência de dissídio jurisprudencial entre cortes inferiores[53]. A discricionariedade na seleção de casos não muda o fato de que a função primordial da Suprema Corte segue sendo promover uniformidade na aplicação da legislação federal[54].

Note-se que a Rule 10 das Rules of the Supreme Court of the United States, em vigor, embora enfatize que a revisão de uma decisão inferior

---

52. "The "rule of four" is not a command of Congress. It is a working rule devised by the Court as a practical mode of determining that a case is deserving of review, the theory being that if four Justices find that a legal question of general importance is raised, that is ample proof that the question has such importance. This is a fair enough rule of thumb on the assumption that four Justices find such importance on an individualized screening of the cases sought to be reviewed." (Estados Unidos, Suprema Corte dos Estados Unidos, Ferguson v. Moore-McCormack Lines, Inc., 352 U.S. 521 (1957), j. 25.02.1957). Comentando a *rule of four*, veja-se: SHAPIRO, Stephen M. Certiorari Practice: the Supreme Court's Shrinking Docket. *Litigation*, v. 24, 1997-1998, p. 26-27.

53. "It is widely understood that the dominant standard for certiorari is conflict. The Supreme Court is most likely to grant review where there is a split in authority among, say, the federal courts of appeals. This is because of a longstanding view that federal law should be uniform-that, for example, a federal statute should apply the same way in Kansas City, Kansas, as it does in Kansas City, Missouri." (NARECHANIA, Tejas N. Certiorari in Important Cases. *Columbia Law Review*, vol. 122, n. 4, p. 923-1018, 2022, p. 925). No mesmo sentido, fazendo análises empíricas entre os casos admitidos pela corte e sua relação com dissídios jurisprudenciais: CALDEIRA, Gregory; WRIGHT, Jonh. Organized Interests and Agenda Setting in the U.S. Supreme Court. *American Political Science Review*, vol. 82, n. 4, p.109-1127, 1988, p.1120; ULMER, S. Sidney. Conflict with Supreme Court precedent and the granting of plenary review. *The Journal of Politics*, v. 45, n. 2, p. 474-478, 1983, p. 477; ULMER, S. Sidney. The Supreme Court's certiorari decisions: Conflict as a predictive variable. *American Political Science Review*, v. 78, n. 4, p. 901-911, 1984, p. 906-911.

54. Estados Unidos, Suprema Corte dos Estados Unidos, City & County of San Francisco v. Sheehan, 575 U.S. 600 (2015), j.18.05.2015 ("[C]ertiorari jurisdiction exists to clarify the law "); Estados Unidos, Suprema Corte dos Estados Unidos, Bullock v. BankChampaign, 569 U.S. 267 (2013), j. 13.05.2013, ("[I]t is important to have a uniform interpretation of federal law"); Estados Unidos, Suprema Corte dos Estados Unidos, Thompson v. Keohane, 516 U.S. 99 (1995), j. 29.11.1995 ("Because uniformity among federal courts is important on questions of this order, we granted certiorari to end the division of authority"); Estados Unidos, Suprema Corte dos Estados Unidos, Bradley Little, Governor of Idaho v. Reclaim Idaho, 591 U.S. (2020), j. 30.07.2020 ("the Court is reasonably likely to grant certiorari to resolve a split ... on an important issue of election administration"); BREYER, Stephen. Reflections on the Role of Appellate Courts: A View From the Supreme Court. *The Journal of Appelate Practice and Process*, Vol. 8, n. 1, p.91-99, 2006, p.92 ("the Supreme Court is charged with providing a uniform rule of federal law in areas that require one"); HAMILTON Alexander. *Federalist Papers, LXXXII*, 1788 ("that tribunal [the Supreme Court] which is destined to unite and assimilate the principles of national justice and the rules of national decisions". Contudo, apontando atuação insatisfatória da Corte na resolução de divergência entre circuitos federais, veja-se: STARR, Kenneth W. The Supreme Court and Its Shrinking Docket: The Ghost of William Howard Taft. *Minnesota Law Review*, vol. 90, p.1363-1385, 2006; BEIM, Deborah; RADER, Kelly. Legal Uniformity in American Courts, *Journal of Empirical Legal Studies*, vol. 16, n. 3, p. 448-478, 2019.

por meio do certiorari seja um ato discricionário, estabelece três critérios indicativos das razões que devem levar ao seu deferimento[55]: (i) existência de decisão de uma Corte de Apelação Federal que divirja de decisão proferida por outra Corte de Apelação Federal ou por uma Corte estadual de última instância envolvendo importante questão federal, ou que fuja do curso normal do procedimento; (ii) existência de decisão de uma Corte estadual de última instância que tenha decidido uma importante questão federal de maneira distinta de outra Corte estadual de última instância ou de uma Corte de Apelação Federal; e (iii) existência de decisão de uma Corte estadual ou de uma Corte de Apelação Federal a respeito de uma importante questão envolvendo lei federal que não foi – mas deveria ter sido – decidida pela Suprema Corte, ou que divirja de decisões relevantes da própria Suprema Corte[56].

Importante ressaltar, também, que a Suprema Corte, de longa data[57], tem a tradição de explicar ao longo de suas decisões as razões que a levaram a admitir o recurso para julgamento. A partir de uma base de dados

55. A existência de critérios objetivos por meio da Rule 10 do Regimento da Suprema Corte que pautam a concessão do certiorari, em alguma medida lembra, inclusive em seu conteúdo, os conceitos juridicamente indeterminados encontrados em diferentes ordenamentos de Civil Law. Contudo, algumas diferenças importantes persistem, como (1) a não vinculação da Suprema Corte a estes critérios; (2) no modelo norte-americano, é a própria Suprema Corte que define os parâmetros de concessão do writ of certiorari enquanto que nos sistemas de *civil law* o significado dos conceitos jurídicos indeterminados usados como filtros de admissibilidade é oriundo das disposições normativas legais; e (3) a corte não tem qualquer obrigação de justificar a concessão ou não do recurso.

56. Rule 10. Review on a writ of certiorari is not a matter of right, but of judicial discretion. A petition for a writ of certiorari will be granted only for compelling reasons. The following, although neither controlling nor fully measuring the Court's discretion, indicate the character of the reasons the Court considers: (a) a United States court of appeals has entered a decision in confict with the decision of another United States court of appeals on the same important matter; has decided an important federal question in a way that conficts with a decision by a state court of last resort; or has so far departed from the accepted and usual course of judicial proceedings, or sanctioned such a departure by a lower court, as to call for an exercise of this Court's supervisory power; (b) a state court of last resort has decided an important federal question in a way that conficts with the decision of another state court of last resort or of a United States court of appeals; (c) a state court or a United States court of appeals has decided an important question of federal law that has not been, but should be, settled by this Court, or has decided an important federal question in a way that conficts with relevant decisions of this Court.

57. Aponta-se o desenvolvimento da prática durante a decade de 1930, nesse sentido: "Out of 41 cases coming up upon certiorari in which opinions were written, the reasons for the grant were expressly stated or clearly implied in 45. In detail and in informativeness these explanations go beyond anything in the previous practice of the Court. On many grounds is the giving of them to be welcomed. It is appropriate, when the right to appear before the highest tribunal is so closely guarded, that every case which does gain a hearing should bear on its face, as a matter of course, the evidences of its title to be heard. Cases in the past have not come so accredited; though the title was good the opinion ordinarily failed to disclose it. Such disclosures are important as public assurances that great powers are exercised in accordance with considered, discernible standards." (FRANKFURTER, Felix; HART Jr., Henry M. Business of the Supreme Court at October Term, 1934. *Harvard Law Review*, vol. 49, n. 1, p.68-107, 1935, p.83).

organizada por pesquisadores da Washington University[58], que reúne todos os casos julgados pela Suprema Corte entre 1946 e 2021, é possível extrair que a corte julgou 7433 casos oriundos do processo de certiorari. Desses casos, a corte justificou a seleção do caso em 56% das vezes (4163 casos), sendo a justificativa mais comum a necessidade de se resolver conflitos jurisprudenciais entre cortes federais de apelação (1352 casos – 32,4% dos casos admitidos).

Nada obstante, o interesse da corte vai se alterando ao longo do tempo, sendo influenciado por fatores econômicos, políticos e mesmo pela evolução na composição da corte[59]. É perfeitamente possível que um caso em princípio não se enquadre nas hipóteses da Rule 10, mas que ainda assim lhe seja concedido certiorari. É o caso, por exemplo, de Dobbs v. Jackson Women's Health Organization[60], que reverteu o entendimento da corte sobre a existência de um direito constitucional ao aborto. A decisão recorrida em questão não envolvia dissídio jurisprudencial. Muito ao contrário, aliás. Ela reafirmava a jurisprudência de longa data da própria Suprema Corte sobre o tema[61]. Naturalmente, não é este estudo o locus adequado para expressar qualquer opinião sobre o mérito da referida decisão. É preciso, porém, reconhecer que essa liberdade na escolha dos casos confere à corte

58. Harold J. Spaeth, Lee Epstein, Andrew D. Martin, Jeffrey A. Segal, Theodore J. Ruger, and Sara C. Benesh. 2022 Supreme Court Database, Version 2022 Release 1 (Cases Organized by Supreme Court Citation). Disponível em: http://scdb.wustl.edu/data.php (acesso em: 02/09/2023).

59. NARECHANIA, Tejas N. Certiorari in Important Cases. *Columbia Law Review*, vol. 122, n. 4, p. 923-1018, 2022, p. 968-984. Sumarizando seu entendimento: "I highlighted three factors that seemed to influence. the Court's important-questions docket: exogenous events (e.g., economic depressions); political developments (e.g., landmark legislation); and personnel changes (e.g., new appointments). These findings drew from an array of examples: the Hughes Court's interest in bankruptcy cases in the wake of the Great Depression and in labor and employment cases following passage of the Fair Labor Standards Act (among other statutes); the Warren Court's interest in cases about criminal confessions following Chief Justice Warren's appointment; the Rehnquist Court's interest in sentencing- and habeas-related cases following the promulgation of the Sentencing Guidelines and of the enactment the Antiterrorism and Effective Death Penalty Act; and the Roberts Court's interest in patent cases considering questions arising out of the Leahy Smith America Invents Act and, notably, in cases asking the Court to overrule its precedents." (NARECHANIA, Tejas N. Certiorari in the Roberts Court. *Saint Louis University Law Journal*, vol. 67, n. 4, pp. 587-614, 2023, p.591-592).

60. Estados Unidos, Suprema Corte dos Estados Unidos, Dobbs v. Jackson Women's Health Organization, 597 U.S. (2022), j. 24.06.2022.

61. "The Court is essentially free to choose the cases it will decide. And so the Court decided Dobbs because it wanted to, not because it had to. Even for those who believe that the Court is obliged to-or, at the very least, ought to-grant review to resolve circuit splits, the Court's decision to decide Dobbs was an exercise of absolute discretion. There was no circuit split in Dobbs: In the judgment under review, the Fifth Circuit held, consistent with prevailing precedent and with every other court to confront a similar question, that Roe and Casey governed restrictions on access to abortion" (NARECHANIA, Tejas N. Certiorari in the Roberts Court. *Saint Louis University Law Journal*, vol. 67, n. 4, pp. 587-614, 2023, p.591-592).

a flexibilidade necessária para a superação de precedentes[62]. Por outro lado, a natureza discricionária do juízo de admissibilidade indica que um caso pode perfeitamente atender uma ou mais das hipóteses, e mesmo assim não ser admitido[63].

Por fim, cabe ressaltar que a não admissão do writ of certiorari, quase sempre sem motivação, nada significa senão que a Suprema Corte escolheu não ouvir aquele caso. Ou seja, não implica, de modo algum, o acerto da decisão atacada[64].

4.1.4. O sistema italiano

A *Corte di Cassazione* é órgão que ocupa o vértice da pirâmide judiciária italiana e sua atuação segue um modelo fortemente inspirado na sua equivalente francesa[65]. O acesso à corte se dá por meio do recurso de cassação previsto no art. 360 do *Codice di Procedura Civile,* contra as sentenças proferidas em grau de apelação ou em único grau e contra todo outro provimento do juiz com conteúdo decisório e de outro modo irrecorrível nas seguintes hipóteses: (1) por motivos relativos à jurisdição; (2) por violação das regras de competência, quando não estiver prevista a regulamentação da competência; (3) por violação ou falsa aplicação de disposições legais e

62. Com efeito, para efeitos comparativos, essa é justamente uma das deficiências encontradas no regime dos recursos extraordinários repetitivos no Brasil, nesse sentido: "a adoção do regime dos recursos extraordinários repetitivos exige que se estabeleça uma ferramenta para a superação dos precedentes. Com efeito, a longevidade de um sistema dessa natureza depende da sua oxigenação, por meio da adaptabilidade a eventuais mudanças nas circunstâncias fáticas, no texto normativo ou na percepção do Direito. [...] Contudo, da forma como estruturado o art. 1.036 do CPC/2015 (LGL\2015\1656), fica inviabilizada, na prática, a chegada de novos recursos ao Supremo Tribunal Federal sobre uma questão já apreciada. Isso porque a fixação de um precedente provocará a sua aplicação obrigatória aos casos ainda não julgados, ou a negativa de seguimento ou prejuízo dos recursos já interpostos" (RODRIGUES, Marco Antonio; PEPE, Rafael. Writ of certiorari e Recurso Extraordinário: encontros e desencontros. *Revista de Processo*, n. 280, p. 275-299, 2018).

63. "It simply means that fewer than four members of the Court deemed it desirable to review a decision of the lower court as a matter of sound judicial discretion. A variety of considerations underlie denials of the writ, and as to the same petition different reasons may lead different justices to the same result. A decision may satisfy all these technical requirements and yet may commend itself for review to fewer than four members of the Court. Pertinent considerations of judicial policy here come into play. A case may raise an important question but the record may be cloudy. It may be desirable to have different aspects of an issue further illuminated by lower courts. Wise adjudication has its own time for ripening" (Estados Unidos, Suprema Corte dos Estados Unidos, Maryland v. Baltimore Radio Show, 338 U.S. 912 (1950), j. 09.01.1950).

64. Estados Unidos, Suprema Corte dos Estados Unidos, Brown v. Allen, 344 U.S. 443 (1953), j. 09.02.1953 ("denial of certiorari should be given no significance whatever. It creates no precedent and approves no statement of principle entitled to weight in any other case").

65. Sobre a evolução histórica da Corte de Cassasão italiana e sua relação com a Corte de Cassação francesa, veja-se: RICCI, Gian Franco. *Il giudizio civile di Cassazione.* 3ª ed. Turim: Giappichelli, 2019, p. 3-10; RUSCIANO, Silvia. *Nomofilachia e Ricorso in Cassazione*. Turim: Giappichelli Editore, 2012, p.6-14.

de contratos e acordos coletivos de trabalho nacionais; (4) por nulidade de sentença ou do processo; e (5) por não apreciação de fato decisivo para a decisão recorrida.[66]

O caso italiano é também bastante interessante, por representar uma jurisdição na qual a implementação de filtros de acesso à *Corte di Cassazione* é limitada, embora se pretenda da corte o exercício de funções que normalmente os exigem[67]. Assim, a fim de mais adequadamente entender o regime cassacional italiano, é necessário que se dê um passo atrás, para vislumbrar a multiplicidade de atribuições que a legislação processual italiana impõe à Corte.

O Artigo 65 da *legge fondamentale sull'ordinamento giudiziario* estabelece que a *Corte di Cassazione* é o órgão supremo de justiça, responsável por assegurar a observância e a interpretação uniforme da lei, a unidade do direito nacional e o respeito aos limites das diversas jurisdições.[68] Tal dispositivo denota o caráter público da corte, consubstanciado nas funções nomofilática e uniformizadora da jurisprudência[69].

---

66. Art. 360 Codice di Procedura Civile - Le sentenze pronunciate in grado d'appello o in unico grado, possono essere impugnate con ricorso per cassazione:
    1) per motivi attinenti alla giurisdizione;
    2) per violazione delle norme sulla competenza, quando non è prescritto il regolamento di competenza;
    3) per violazione o falsa applicazione di norme di diritto e dei contratti e accordi collettivi nazionali di lavoro;
    4) per nullità della sentenza o del procedimento;
    5) per omesso esame circa un fatto decisivo per il giudizio che è stato oggetto di discussione tra le parti.
67. "the 'general rule' requires that when the court carries out a 'public' function — that is, ensuring the development of national law — case-selection mechanisms are necessary to limit its review to the most relevant issues that can implement legal principles in a super-individual perspective; vice versa, when the court carries out a 'private' function — where the goal is to check the decision-making process of the lower court — the same use of case-selection mechanisms appears inconsistent with a court responsible for verifying the correctness of the challenged decision. Yet, as far as the Supreme Court is concerned, such a distinction (and its consequences), as we are going to explain, cannot adequately fit the double, seemingly contradictory role assigned to the court by the various provisions governing its functioning." (FERRARIS, Federico. Finding a Cure or Simply Relieving Symptoms? The Case of the Italian Supreme Court. In: BRAVO-HURTADO, Pablo; VAN RHEE, Cornelis Hendrick (eds.). *Supreme Courts Under Pressure:* Controlling Caseload in the Administration of Civil Justice. Cham: Springer, 2021, p. 37).
68. Art. 65 - La corte suprema di cassazione, quale organo supremo dela giustizia, assicura l'esatta osservanza e l'uniforme interpretazione della legge, l'unita', del diritto oggettivo nazionale, il rispetto dei limiti delle diverse giurisdizioni; regola i conflitti di competenza e di attribuzioni, ed adempie gli altri compiti ad essa conferiti dalla legge.
69. "Antes bien, sería esta la función esencial que el Tribunal de Casación debería cumplir al garantizar la nomofilaxis, es decir, la correcta interpretación y aplicación del Derecho en el sistema de administración de la justicia en su integridad. Por otra parte, no se trata solo de una opción doctrinal. Baste con recordar, para seguir en el ejemplo italiano, el art. 65 de (la Ley de 1941 del Ordinamento Giudiziario - que aún está vigente - , en el que se dice que el Tribunal de Casación garantiza la correcta observancia y la interpretación uniforme de la ley, además de la unidad del derecho objetivo nacional [...] De este modo, la función fundamental del Tribunal de Casación ya no es vista sobre todo desde la perspectiva del control de lega-

Tal caráter público é reforçado por diversos artigos do *Codice di Procedura Civile*, dentre os quais se menciona o artigo 363, que permite que quando as partes não tenham interposto recurso nos prazos legais ou tenham renunciado a ele, ou quando a disposição não puder ser objeto de recurso em cassação e não puder ser contestada de outra forma, o Procurador-Geral do Tribunal de Cassação pode solicitar que o Tribunal declare, no interesse da lei, o princípio de direito que o juiz de primeira instância deveria ter seguido[70]; o artigo 384, que estabelece que, ao julgar os recursos de cassação fundados em violação de dispositivos legais ou em quaisquer outros casos de particular importância, a Corte enunciará o princípio de direito aplicável[71]; o artigo 374, que determina a vinculação das Salas da *Corte di Cassazione* às decisões proferidas pelas salas reunidas[72]; e, provavelmente o mais relevante nesse sentido, o art. 360 *bis*, que prevê a inadmissibilidade do recurso de cassação quando a decisão impugnada tiver decidido questão de direito de maneira conforme à jurisprudência da *Corte di Cassazione*[73].

Contudo, por mais que seja conferida à Corte di Cassazione o papel de promover a uniformidade do Direito italiano e de declarar a correta inter-

---

lidad de la decisión del caso concreto, función que con excepción de lo que diremos más adelante-sigue siendo atribuida al tribunal; sino en especial en la perspectiva de la interpretación general y uniforme de las normas que son aplicadas por el propio tribunal. De esta manera, el tribunal llega a cumplir un rol que por lo menos puede ser equiparado al del legislador, si no es incluso de nivel superior: en esencia, el legislador produce textos de normas, pero es el Tribunal de Casación la que produce los significados que son atribuidos a los enunciados normativos a través de la nomofilaxis." (TARUFFO, Michele. Sobre la evolución del Tribunal de Casación italiano. In: FENOLL, Jordi Nieva; CAVANI, Renzo (eds.). *La casación hoy, cien años después de Calamandrei*. Madrid: Marcial Pons, 2021, p. 17-18).

70. Art. 363 Codice di Procedura Civile - Quando le parti non hanno proposto ricorso nei termini di legge o vi hanno rinunciato, ovvero quando il provvedimento non è ricorribile in cassazione e non è altrimenti impugnabile, il Procuratore generale presso la Corte di cassazione può chiedere che la Corte enunci nell'interesse della legge il principio di diritto al quale il giudice di merito avrebbe dovuto attenersi.

71. Art. 384 Codice di Procedura Civile - La Corte enuncia il principio di diritto quando decide il ricorso proposto anorma dell'articolo 360, primo comma, n. 3), e in ogni altro caso in cui, decidendo su altri motivi del ricorso, risolve una questione di diritto di particolare importanza.
La Corte, quando accoglie il ricorso, cassa la sentenza rinviando la causa ad altro giudice, il quale deve uniformarsi al principio di diritto e comunque a quanto statuito dalla Corte, ovvero decide la causa nel merito qualora non siano necessari ulteriori accertamenti di fatto.

72. Art. 374 Codice di Procedura Civile - Inoltre il primo presidente può disporre che la Corte pronunci a sezioni unite sui ricorsi che presentano una questione di diritto già decisa in senso difforme dalle sezioni semplici, e su quelli che presentano una questione di massima di particolare importanza.
Se la sezione semplice ritiene di non condividere il principio di diritto enunciato dalle sezioni unite, rimette a queste ultime, con ordinanza motivata, la decisione del ricorso.

73. Art. 374 Codice di Procedura Civile - Il ricorso è inammissibile:
1) quando il provvedimento impugnato ha deciso le questioni di diritto in modo conforme alla giurisprudenza della Corte e l'esame dei motivi non offre elementi per confermare o mutare l'orientamento della stessa;
2) quando è manifestamente infondata la censura relativa alla violazione dei princìpi regolatori del giusto processo.

pretação da lei, há outros elementos que reforçam o papel da Corte como um órgão encarregado de tratar da regularidade dos processos judiciais e dos interesses privados das partes em se obter uma decisão justa. Especificamente, o artigo 111, §7º, da Constituição italiana estabelece que os recursos à *Corte di Cassazione* em casos de violação da lei são sempre permitidos[74].

Tal situação, na qual se busca tutelar simultaneamente o *ius litigatoris* e o *ius constitutionis*, sem que se faça uma opção clara sobre qual dos dois o sistema italiano busca tutelar preferencialmente, chegou a ser descrita como uma "terra de ninguém" entre dois modelos[75] e como um sintoma de uma verdadeira crise de identidade do sistema judiciário italiano[76].

A essa "crise de identidade" somam-se as dificuldades operacionais da Cassação italiana. Nesse sentido, é importante salientar que o sistema judiciário italiano é conhecido por suas morosidade e dificuldade em lidar com o volume de processos.

Com efeito, a Itália acumulava condenações na Corte Europeia de Direitos Humanos pela morosidade de seu sistema judiciário[77], sendo com boa margem o país envolvido em mais procedimentos sobre o tema. Dentre os 4161 casos reportados na base de dados da CEDH envolvendo tempo razoável para a resolução de um litígio, a Itália seria o Estado-réu em 1273 deles[78], o que corresponde a 30,6 % dos casos[79]. A situação tornou-se tão grave que, em 2001, foi editada a Lei n. 89, a qual ficou conhecida como *Legge Pinto*, em homenagem ao Senador Michele Pinto, que originalmente a propusera. A *Legge Pinto* estabelece prazos para a tramitação do processo

74. Art. 11, §7º, Costituzione - Contro le sentenze e contro i provvedimenti sulla libertà personale, pronunciati dagli organi giurisdizionali ordinari o speciali, è sempre ammesso ricorso in Cassazione per violazione di legge. Si può derogare a tale norma soltanto per le sentenze dei tribunali militari in tempo di guerra.

75. "in una sorta di terra di nessuno tra due (o più) modelli fondamentali di corti supreme" (TARUFFO, Michele. Le funzioni delle Corti supreme. Cenni generali. In: MITIDIERO, Daniel; AMARAL, Guilherme Rizzo (coord.). *Processo Civil. Estudos em homenagem ao Prof. Doutor Carlos Alberto Alvaro de Oliveira*. São Paulo: Atlas, 2012, p. 359-360).

76. SILVESTRI, Elisabetta. Goals of Civil Justice when nothing works: The case of Italy. In: UZELAC, Alan (ed.). *Goals of Civil Justice and Civil Procedure in Contemporary Judicial Systems*. Cham: Springer, 2014, p.80 e ss.

77. E.g Corte Europeia de Direitos Humanos, Grande Câmara, Di Mauro v. Italy, Aplicação nº 342656/96, j. 28.07.1999; Corte Europeia de Direitos Humanos, Grande Câmara, Mennitto v. Italy, aplicação 33804/96, j. 05.10.2000; Corte Europeia de Direitos Humanos, Primeira Seção, Verrascina et al. V. Italy, Aplicação 15566, j.28/07/2022.

78. A Base de dados, já com os filtros relevantes selecionados, pode ser acessada em: https://hudoc.echr.coe.int/#{%22respondent%22:[%22ITA%22],%22article%22:[%226-1%22],%22kpthesaurus%22:[%22406%22],%22documentcollectionid2%22:[%22GRANDCHAMBER%22,%22CHAMBER%22]} (acesso em: 06/10/2023).

79. Tal percentual chama especial atenção quando se coloca em perspectiva que a Corte Europeia de Direitos Humanos exerce jurisdição sobre 46 países, dos quais quatro (Alemanha, França, Reino Unido e Turquia) são mais populosos do que a Itália.

e define um procedimento especial para a fixação de indenização por parte do Estado italiano pelos danos emergentes do excessivo atraso da tutela jurisdicional[80]. Com efeito, tendo em vista que os questionamentos relativos à demora na prestação jurisdicional passaram a ser resolvidos internamente, houve uma queda expressiva no número de reclamações na Corte Europeia contra o Estado italiano[81], que na última década foi parte em apenas dez procedimentos sobre o tema. Ainda assim, é importante ressaltar que a Itália chegou a ser condenada na CEDH por demoras no próprio procedimento especial de indenização da *Legge Pinto*[82].

As dificuldades encontradas na Itália com o volume de processos fizeram com que o legislador italiano voltasse suas atenções ao sistema de cassação. Desse modo, após uma crescente de crise, foi promulgada a Lei n. 69, de 2009, por meio da qual foram introduzidas novas regras no *Codice di Procedura Civile* (como o supramencionado art. 360 *bis*), determinando novas causas de inadmissibilidade do recurso de cassação, quando o provimento impugnado houver decidido as questões de direito em consonância com a jurisprudência da Corte de Cassação e o exame dos motivos não ofereceu elementos para confirmar ou mudar aquela orientação, ou quando for manifestamente infundada a censura relativa à violação aos princípios atinentes ao devido processo legal[83].

Outrossim, no escopo da mesma reforma, alterou-se o art. 376 do Código, estabelecendo-se que todas as petições apresentadas à Corte de Cassação sejam submetidas a uma triagem preliminar por uma seção especializada da Corte cujo objetivo é identificar os casos em que o recurso

---

80. A lei prevê que os processos devem durar um máximo de seis anos, sendo 3 anos para a primeira instância, 2 anos para a 2ª instância e 1 ano perante a Corte de Cassação. Já a indenização, desde 2012, é parametrizada entre 400 e 800 euros por cada ano ou fração de ano maior do que seis meses para além dos prazos estipulados na lei, cabendo aumentos de 20% a 40% do valor a depender do tempo de demora.
81. Tal queda é resultado direto do art. 35 da Convenção Europeia de Direitos Humanos, que define que a Corte só pode ser solicitada a conhecer de um assunto depois de esgotadas todas as vias de recurso internas, incluindo-se aqui, portanto o procedimento introduzido em 2001.
82. Corte Europeia de Direitos Humanos, Segunda Seção, Gablione et al. v. Italy, Aplicação 45867/07, j.21/12/2010; Corte Europeia de Direitos Humanos, Primeira Seção, Montalto et al. v. Italy, aplicação 37301/17, j.12.01.2023. Sobre algumas das dificuldades sobre a Legge Pinto: "Unfortunately, it did not take long to realise that the special procedure laid down by the Pinto Act was by itself a cause of further problems, due to the already congested caseloads of appellate courts; the damages awarded were often inadequate and, most of all, their payments were delayed, since the national budget lacked the funds necessary to cover them. A new wave of Italian cases began to reach the European Court, challenging the very remedy by which the infringement of the right to have one's case resolved within a reasonable time should have been compensated adequately at the national level." (SILVESTRI, Elisabetta. Goals of Civil Justice when nothing works: The case of Italy. In: UZELAC, Alan (ed.). *Goals of Civil Justice and Civil Procedure in Contemporary Judicial Systems*. Cham: Springer, 2014, p. 82).
83. TARUFFO, Michele. *Processo civil comparado*: ensaios. São Paulo: Marcial Pons, 2015. p. 135.

é manifestamente inadmissível. Caso o recurso seja inadmitido por tal seção, a decisão recorrida transitará em julgado, já que não cabe recurso do juízo de admissibilidade lá feito (art. 380 *bis*), e se este for admitido, será então remetido para uma das seções competentes para que se julgue o mérito recursal.

Embora se trate de mudança em que se privilegiou a tutela *ius constitutionis*[84], não há como não apontar que o "filtro" introduzido na Itália é muito mais tímido do que aquele encontrado nos demais países da Europa continental aqui estudados, não se comparando ao *interés casacional* espanhol ou à questão fundamental de direito alemão[85]. Ocorre que, como aponta a própria jurisprudência da Corte de Cassação, as decisões proferidas pela seção de admissibilidade possuem um conteúdo de mérito e não um conteúdo processual, na medida em que a Corte declara o recurso improvido porque manifestamente infundado ("*decisione di manifesta infondatezza nel merito del ricorso*")[86]. Assim, o que estabelece o art. 360 *bis* é criar um procedimento simplificado que faz parte do juízo de mérito e não representa propriamente um juízo de admissibilidade[87].

Com efeito, a Corte não faz uma seleção dos recursos baseada numa averiguação qualitativa, em razão da relevância da questão suscitada pela parte vencida ou da necessidade de se uniformizar o entendimento entre distintos tribunais de apelação, e que sequer permite a corte inadmitir um recurso sem antes exercer escrutínio acerca do mérito recursal.

84. "Pare atteggiarsi, piuttosto che quale causa di amputazione della garanzia, per come oggettivamente descritta dalla formula costituzionale, quale elemento di rimodulazione funzionale della stessa, con spostamento del baricentro del rimedio da strumento dato prevalentemente a tutela dello jus litigatoris a strumento (anzitutto) dello jus constitutionis" (RUSCIANO, Silvia. *Nomofilachia e Ricorso in Cassazione.* Turim: Giappichelli Editore, 2012, p.168).

85. "il 'filtro' dei ricorsi è, appunto, un 'filtro' e non va confuso con un meccanismo di selezione dei casi" (SILVESTRI, Elisabetta. Le novità in tema di giudizio di cassazione. In: TARUFFO, Michele (ed.). *Il processo civile riformato.* Bolonha: Zanichelli, 2010, p. 440).

86. "Il filtro al giudizio di legittimità costruito nel 2009 – a parere della Corte –rischierebbe di riprodurre lo stesso negativo risultato, se fosse inteso nel senso che il legislatore abbia inteso proseguire sulla strada di affidarsi al meccanismo della inammissibilità, anziché battere la strada, ben diversa, di dotare la corte di una modalità di impiego dei propri poteri decisori, che, facendo leva sul fisiologico modo di procedere della giurisprudenza, le consenta per un verso di raccogliere dalla dialettica del processo e dal confronto con la dottrina argomenti per impostare e far evolvere la propria interpretazione della legge, ma per altro verso di rigettare in modo economico i motivi di ricorso che, nel momento in cui si tratta di deciderne, trovino ostacolo in propri precedenti, da cui la stessa corte ritenga di non doversi allontanare" (Itália, Corte di Cassazione, Sezione Unite Civili, Ordinanza nº 19051, j. 06.09.2010).

87. "Come detto, l'art. 360-bis, nella versione concretamente introdotta, prevede due ipotesi di inammissibilità del ricorso. L'inquadramento di tali ipotesi risulta peraltro problematico. La difficoltà che esse pongono è evidente: essa consiste nel fatto che da un lato la norma parla espressamente di inammissibilità, all'altro quelle in questione sono però, altrettanto espressamente, valutazioni di merito. Da qui l'immediata, istintiva, sensazione di un'intrinseca contraddittorietà". (FORNACIARI, Michele. L'inammissibilità del ricorso per cassazione ex art. 360-bis c.p.c. *Riv. trim. dir. dir. Proc,* 2013, p. 648).

De todo, o que se observa, a partir do regime italiano, é uma *Corte di Cassazione* que existe sob a promessa de atuar como uma corte de precedentes em prol da uniformidade do Direito[88], mas que não conta com os meios necessários para fazê-lo, havendo inclusive um óbice constitucional à implementação de filtros qualitativos – a despeito do potencial fortalecimento da missão normativa da Corte que tais filtros trariam [89]. Taruffo tenta argumentar que a criação de um mecanismo de seleção de casos à moda do que se encontra em outros países não seria inconstitucional, e que existe uma diferença entre o direito de se interpor o recurso e uma garantia legal de que todos os casos terão seu mérito apreciado, contudo, o próprio autor reconhece que sua visão é minoritária[90], embora entendamos, em linha semelhante, que é possível ao legislador conformar o direito de recorrer constitucionalmente assegurado.

Recentemente, em 2021, foi aprovado um amplo conjunto de reformas, tanto no processo penal quanto no civil, que ficou conhecido como *Riforma Cartabia*, em referência à então Ministra da Justiça (e ex-juíza da Corte Constitucional Italiana), Marta Cartabia, que liderou os esforços para a sua aprovação, necessária para obter recursos da União Europeia de recuperação pós-COVID-19[91]. No processo civil, as mudanças mais substantivas se deram na primeira instância e no fomento a formas alternativas de

88. TARUFFO, Michele. Sobre la evolución del Tribunal de Casación italiano. In: FENOLL, Jordi Nieva; CAVANI, Renzo (eds.). *La casación hoy, cien años después de Calamandrei*. Madrid: Marcial Pons, 2021, p.18-19.
89. CAPASSO, Valentina. Il ricorso per cassazione avverso... la giurisprudenza. Control uno stare decisis all'italiani. *Rivista trimestrale di diritto e procedura civile*, vol. 2019, nº 2, p.627-651, p. 630-632; RUSCIANO, Silvia. *Nomofilachia e Ricorso in Cassazione*. Turim: Giappichelli Editore, 2012, p.166-168; PASSANANTE, Luca. El Tribunal Supremo Italiano a cien años de la Cassazione Civile de Calamandrei. In: FENOLL, Jordi Nieva; CAVANI, Renzo (eds.). *La casación hoy, cien años después de Calamandrei*. Madrid: Marcial Pons, 2021, p. 67.
90. "Se podría dudar si en el ordenamiento italiano es posible una selección de los recursos de Casación, tomando en consideración el art. 111, 7.° párrafo de la Constitución, que prevé la garantía del recurso de casación «por violación de la ley» contra todas las sentencias. La opinión negativa parece mayoritaria32, sin embargo, no parece que esta sea decisiva en el sentido de considerar que la introducción de un certiorari en Casación implicaría una violación de la garantía constitucional. En efecto, una cosa es que se garantice el derecho a interponer el recurso de casación, con una garantía que está presente en todos los ordenamientos, y otra muy distinta es que la ley garantice en todos los casos una decisión de instancia sobre la impugnación. En esencia, un certiorari razonablemente regulado sería muy compatible con una garantía relativa al derecho de interponer el recurso ante el Tribunal Supremo." (TARUFFO, Michele. Sobre la evolución del Tribunal de Casación italiano. In: FENOLL, Jordi Nieva; CAVANI, Renzo (eds.). *La casación hoy, cien años después de Calamandrei*. Madrid: Marcial Pons, 2021, p. 23).
91. Para ajudar na recuperação da pandemia da Covid-19, a União Europeia lançou um programa de ajuda, denominado Next Generation EU, que estabelecia como condição de acesso aos fundos a realização de uma série de reformas estruturais nos vários países da União Europeia. No caso da Itália, a Comissão Europeia condicionou parte dos seus 200 bilhões de euros de fundos de recuperação da pandemia à redução, ao longo de cinco anos, da duração dos julgamentos em 25% em processos criminais e em 40% em processos civis.

resolução de controvérsias, em particular a mediação[92]. A reforma, embora não tenha alterado significativamente a sistemática do recurso de cassação, trouxe alguns requisitos adicionais de forma ao recurso, quais sejam a (1) a necessidade de se expressar de modo claro e conciso as razões recursais e (2) a autossuficiência do recurso[93].

4.1.5. A repercussão geral da questão constitucional no Brasil

A repercussão geral, prevista no artigo 102 da Constituição da República e disciplinada no Código de Processo Civil, e no Regimento Interno do Supremo Tribunal Federal, apresenta-se como um requisito específico de admissibilidade do recurso extraordinário, mas também se revela como um verdadeiro filtro de acesso ao julgamento pelo Supremo Tribunal Federal.[94-95-96]

A redação do art. 102, §3º, da Constituição da República, introduzida pela Emenda Constitucional nº 45/2004, passou a prever a necessidade de demonstração de repercussão geral para a admissão do recurso extraordinário. A ausência de repercussão, contudo, deverá ser reconhecida por dois terços dos membros do tribunal.

---

92. MATTEUCCI, Giovanni. Italy 2023, Riforma Cartabia: Innovations in the Civil Process and ADR; Potential Interactions?, *Revista Eletrônica de Direito Processual*, Vol. 24, n. 3, 2023, p. 236-239.

93. "Quanto alla chiarezza, ci sembra che pur in assenza di una precisa indicazione in tal senso proveniente dall'art. 366 c.p.c., non sia possibile dubitare che un simile requisito sia da ritenersi fondamentale ai fini dell'indicazione delle censure da muovere alla sentenza impugnata. Poiché la parte non può chiedere il controllo della sentenza sotto profili diversi da quelli indicati dall'art. 360 c.p.c., è fondamentale che essa individui in modo chiaro quale è il motivo per cui chiede la cassazione. In mancanza di una simile indicazione il ricorso non potrebbe ritenersi ammissibile. Sulla sinteticità, già a seguito dell'adozione del Protocollo del 2015, si era osservato che essa poteva collidere con l'esigenza di rendere il ricorso autosufficiente. Il principio di autosufficienza infatti impone al ricorrente (secondo l'elaborazione che di esso ha dato la Corte di cassazione nel tempo) di redigere il proprio atto in modo tale da renderlo completo e permettere al giudice di legittimità, dalla sola lettura del ricorso, di comprendere quali siano le doglianze mosse alla sentenza impugnata" (LICCI, Paola. I Nuovi Criteri di Redazione del Ricorso per Cassazione dopo la Riforma Cartabia. *Revista Eletrônica de Direito Processual*, Vol. 24, n. 3, 2023, p. 489-490).

94. "A repercussão geral no recurso extraordinário pode ser definida de dois pontos de vista: a) processual; e b) constitucional. Do ponto de vista processual, essa exigência é definida como um requisito intrínseco da admissibilidade do recurso extraordinário. Trata-se de uma verdadeira questão prévia e preliminar que, antes de se adentrar no mérito, verifica se as questões ultrapassam as controvérsias das partes envolvidas no litígio (MARINONI; MITIDIERO, 2007, p. 33; THEODORO JR., 2009, p. 104). Do ponto de vista constitucional, por certo, o mecanismo não deixa de ser um requisito de admissibilidade recursal. Ganha, no entanto, contornos próprios quando descrito como um filtro para selecionar o que será julgado pelas cortes que exercerão a jurisdição constitucional, como bem destaca Luís Roberto Barroso (2011, p. 132-133) – após percorrer, brevemente, o Direito comparado –, ressaltando a discricionariedade que outras cortes constitucionais têm para decidir o que será ou não julgado. Independentemente do ponto de vista adotado, seja como requisito de admissibilidade do recurso seja como filtro de acesso à corte constitucional, a repercussão geral pressupõe a relevância e a transcendência da causa." (FERNANDES, Eric Baracho Dore; FERREIRA, Siddharta Legale. Irrecorrível, mas nem tanto: a revisão de tese na repercussão geral do recurso

Essa alteração surgiu em um momento de consenso sobre a necessidade de reforma do Judiciário, incitada, sobretudo, pela morosidade, inclusive no âmbito dos Tribunais Superiores – a já mencionada "crise" de tais tribunais.[97] Como reflexo disso, entre diversas previsões da Emenda n. 45 tem-se a inclusão do direito fundamental à duração razoável do processo, no artigo 5º, inciso LXXVIII, da Constituição, e a criação da repercussão geral, ora analisada.

Conforme aponta José Carlos Barbosa Moreira, o regime da repercussão geral adotado na Emenda Constitucional n. 45/2004 foi inspirado igualmente no ordenamento jurídico norte-americano e em instituto existente em anterior ordem constitucional brasileira, a chamada "relevância da questão federal". Cabe aqui transcrever suas lições:

---

extraordinário. *Rev. SJRJ*, Rio de Janeiro, v. 21, n. 40, p. 193-209, ago. 2014. Disponível em: <https://www.jfrj.jus.br/sites/default/files/revista-sjrj/arquivo/487-2424-1-pb.pdf>. Acesso em 18.08.2023).

95. "Por fim, trazendo mais um tempero para esse caldo, ao longo da última década o texto constitucional passou a incorporar mais um requisito indispensável ao processamento do recurso extraordinário, especialmente pertinente para o presente ensaio. Trata-se da ideia de *repercussão geral*. Por meio desse conceito flagrantemente aberto, procura-se, em nossa visão, consolidar ainda mais a natureza *objetiva* e *seletiva* de referido meio de impugnação – tentando harmonizá-lo a uma tentativa de realinhamento do papel da Corte." (OSNA, Gustavo. A garantia ao recurso e a repercussão geral: conciliação ou negação?. *A&C – Revista de Direito Administrativo & Constitucional*, Belo Horizonte, ano 19, n. 77, p. -, jul./set. 2019).

96. No mesmo sentido aqui defendido, Frederico Rego defende a ideia de que, no modelo processual brasileiro, a repercussão geral é utilizada não somente como requisito para solução de casos semelhantes a nível de controvérsia constitucional, mas também como verdadeiro instrumento de filtragem qualitativa de recursos extraordinários. A respeito da necessidade de existência de filtros dessa natureza, o autor faz o seguinte apontamento: "Sem prejuízo da correção teórica desse raciocínio e da eloquência da exposição, a implantação de filtros de relevância em escala mundial deve-se à constatação de que, se *todos* os assuntos forem vistos como *igualmente* relevantes, nada poderá ser realmente tratado como relevante, o que reverterá em prejuízo de todos, pois ninguém poderá contar com uma atuação tempestiva da Suprema Corte. Assim, embora todas as questões jurídicas possam ter a *sua carga* de relevância, ou ser relevantes em alguma medida, isso não implica que cada uma delas deva ser tratada exatamente com o mesmo grau de prioridade de todas as outras." (REGO, Frederico Montedonio. *Repercussão geral*: uma releitura do direito vigente. 2 ed. Belo Horizonte: Fórum, 2022, p. 206).

97. "O 'diagnóstico' assinalou o óbvio: a Justiça brasileira é cara, morosa e eivada de senões que são obstáculos a que os jurisdicionados recebam a prestação que um Estado democrático lhes deve. Tais falhas vieram bem acentuadas em alguns setores; e de maneira mais discreta em outros. Faltou, de maneira geral, uma configuração mais exata da crise: a situação presente decorre da defasagem entre o conservadorismo tão típico das classes jurídicas e o ímpeto desenvolvimentista que se espalhou pelo resto da vida do país desde a revolução de 1964. Por um desses absurdos inerentes a todo processo revolucionário, o Judiciário foi o único dos poderes do Estado que manteve uma estrutura praticamente inalterada: enquanto o Legislativo e o Executivo foram modificados - e, diga-se de passagem, nem sempre de maneira feliz - o Judiciário foi esquecido. Acusou o reflexo de tais transformações, sem ter colhido seus eventuais benefícios. E permaneceu como fora concebido: para atuar dentro de um esquema menos ambicioso, de uma sociedade estável, onde valessem realmente os precedentes na apreciação dos casos levados à Justiça. A caducidade dos conceitos anteriormente esposados é que urgiu, afinal, o evidente: uma extensa e profunda revisão, para que se possa. de novo, dar a cada um o que é seu." Trecho da Justificativa da PEC n. 96/1992, apresentada pelo Deputado Federal Hélio Bicudo e que, depois de aprovada, veio a se tornar a EC n. 45/2004. Disponível em: <https://imagem.camara.gov.br/Imagem/d/pdf/DCD01MAI1992.pdf#page=7>. Acesso em: 16.08.2023.

> Mais uma novidade atinente ao recurso extraordinário aparece no § 3º acrescentado ao art. 102: "o recorrente deverá demonstrar a repercussão geral das questões constitucionais discutidas no caso, nos termos da lei, a fim de que o Tribunal examine a admissão do recurso, somente podendo recusá-lo pela manifestação de dois terços de seus membros". A norma, de clara inspiração norte-americana, encontra um antecedente no próprio direito brasileiro. tempo houve, sob outro regime constitucional, em que a admissibilidade do recurso extraordinário se subordinava, em certas hipóteses, à demonstração da então denominada "relevância da questão federal". A ideia é a mesma, se bem que consagrada agora sob forma algo diversa. O que se pretende é evitar que o Supremo Tribunal Federal tenha de ocupar-se de questões de interesse visto como restrito à esfera jurídica das partes do processo, em ordem a poder reservar sua atenção e seu tempo para matérias de mais vasta dimensão, para grandes problemas cuja solução deva influir com maior intensidade na vida econômica, social, política do país.[98]

Ressalte-se que, em que pese o contexto histórico no qual foi concebida, essa manifestação do poder constituinte reformador não esteve imune a críticas, existindo até mesmo corrente que defendia a sua inconstitucionalidade[99], o que, contudo, não parece se sustentar, pois a repercussão geral se encontra nos limites de conformação normativa do poder constituinte reformador, que pode realizar ponderações entre normas e valores ao alterar o texto constitucional, respeitados os limites formais, materiais e temporais à emenda.

A repercussão geral foi regulamentada pela Lei n. 11.418/2006, com o acréscimo dos artigos 543-A e 543-B ao Código de Processo Civil de 1973, então vigente. No âmbito interno do STF, a regulamentação do instituto se deu por meio da Emenda Regimental n. 19, de 2006, 21[100], de 2007, bem como por outras Emendas ao Regimento.

---

98. MOREIRA, José Carlos Barbosa. A Emenda Constitucional nº 45 e o processo. *Rev. Minist. Público*, Rio de Janeiro, RJ, (23), p. 165-178, 2006. Disponível em: <https://www.mprj.mp.br/documents/20184/2764825/Jose_Carlos_Barbosa_Moreira.pdf>. Acesso em: 17.08.2023.

99. "[...] alguns autores têm como inconstitucional a instituição do requisito da repercussão geral pela EC nº 45/2004, seja por violação à cláusula pétrea do direito de acesso à justiça (CF, art. 5º, XXXV), seja por violação à competência do STF para a guarda da Constituição, inclusive das questões constitucionais sem repercussão geral (CF, art. 102). O constituinte, porém, pode restringir as hipóteses de cabimento de recursos extraordinários. Assim, a melhor maneira de conceber a repercussão geral não é equipará-la a uma ferramenta aniquiladora de questões constitucionais, mas de *graduação* da relevância que todas possuem, em maior ou menor grau, de modo a permitir o tratamento prioritário das mais importantes." (REGO, Frederico Montedonio. *Repercussão geral*: uma releitura do direito vigente. 2 ed. Belo Horizonte: Fórum, 2022, p. 207-208). Defendendo a inconstitucionalidade, veja-se: BERALDO, Leonardo de Faria. A arguição de relevância da questão constitucional no recurso extraordinário sob o prisma da EC nº 45/2004. *Revista Síntese de Direito Civil e Processual Civil*, ano VI, n. 35, p. 139-153, 2005; PEDRON, Flavio Quinaud. A EC n º 45/2004 e a inconstitucionalidade dos filtros recursais da transcendência e da repercussão geral. *Revista CEJ*, n. 53, p. 31-44, 2011; AURELLI, Arlete Inês. Repercussão geral como requisito de admissibilidade do recurso extraordinário. *Revista de Processo*, v. 151, p. 140-149, 2007.

100. Ressalte-se que há uma parcela na doutrina defendendo que o STF somente poderia exigir a presença do requisito da repercussão geral aos recursos extraordinários interpostos após 03/05/2007: "A exigência de

Após o advento do Código de Processo Civil de 2015, a repercussão geral passou a ser tratada nos artigos 1.030, 1.035 e seguintes desse diploma. Já o Regimento Interno do Supremo Tribunal Federal foi acrescido de outras previsões relevantes nas Emendas Regimentais n. 52, de 2019; e 53 e 54, de 2020.

Acerca dessa última Emenda Regimental – a de n. 54, de 2020 –, cabe destacar que tal inovação modificou os parágrafos do art. 324 do Regimento Interno do STF, a fim de disciplinar a votação da repercussão geral no plenário virtual e desenvolver a análise preliminar da questão constitucional[101], conforme adiante se analisará.

No Código de Processo Civil atualmente em vigor, a repercussão geral é disciplinada no art. 1.035. Do referido dispositivo, é possível extrair a existência de duas espécies de repercussão.

A primeira é a repercussão geral necessária ou presumida, prevista nos arts. 1.035, § 3º, e 987, § 1º, ambos do CPC. Presente alguma das hipóteses constantes desses dispositivos, há presunção absoluta da existência de repercussão[102], tornando-se irrelevante o entendimento do órgão julgador sobre se o mérito do caso teria ou não repercussão geral.

---

demonstração de repercussão geral só poderá ser feita pelo Supremo aos recursos extraordinários interpostos posteriores a 3/5/2007, quando a Emenda Regimental nº 21/07 estabeleceu as normas necessárias à execução das disposições legais e constitucionais sobre o novo instituto." (FERNANDES, Eric Baracho Dore; FERREIRA, Siddharta Legale. Irrecorrível, mas nem tanto: a revisão de tese na repercussão geral do recurso extraordinário. *Rev. SJRJ*, Rio de Janeiro, v. 21, n. 40, p. 193-209, ago. 2014. Disponível em: <https://www.jfrj.jus.br/sites/default/files/revista-sjrj/arquivo/487-2424-1-pb.pdf>. Acesso em 18.08.2023).

101. Acerca desse exame prévio: "Dessa maneira, por mais que seja somente um momento de análise macro, com a questão colocada para o plenário virtual e o prazo de 20 (vinte) dias para cada Ministro se manifestar, as manifestações devem ser de maneira escalonada: primeiro a manifestação sobre a incidência, ou não, de questão constitucional no recurso extraordinário pautado; e, caso seja considerada existente a questão constitucional, a análise passa-se para a incidência, ou não, da repercussão geral. Ou seja, o art. 324, § 1º do Regimento Interno do STF impõe uma necessária análise da questão constitucional de modo anterior e não concomitante à repercussão geral, deixando de maneira clara que as análises são autônomas, com uma preliminariedade da questão constitucional e, na sua ausência, caso não alcance a maioria absoluta. Essa sistematização da relação entre a questão constitucional e a repercussão geral, com a definição de um modo de análise subsequencial, com a preliminariedade da questão constitucional, era notadamente já realizado pelo STF, pelo próprio fato de ambos os pontos materiais serem requisitos de admissibilidade do próprio recurso extraordinário, seja no cabimento (incidência e existência da questão constitucional)." (RODRIGUES, Marco Antonio; LEMOS, Vinicius Silva. A Emenda Regimental 54/2020 ao Regimento Interno do STF, a repercussão geral e a busca pela evolução sistêmica. *Revista de Processo*. vol. 326. ano 47. p. 231-256. São Paulo: Ed. RT, abril 2022. Disponível em: <http://revistadostribunais.com.br/maf/app/document?stid=st-rql&marg=DTR-2022-8507>. Acesso em: 16.09.2023).

102. "Existem algumas hipóteses envolvendo questões constitucionais em que há presunção de existência de repercussão geral. Essa presunção pode ser legal (e, portanto, *absoluta*) ou pode decorrer da interpretação do sistema jurídico brasileiro (e, portanto, *relativa*)" (OLIVEIRA, Pedro Miranda de. Art. 1.035. In: WAMBIER, Teresa Arruda Alvim et al. *Breves comentários ao novo Código de Processo Civil*. São Paulo: RT, 2015, p. 2315).

São estas as hipóteses de repercussão geral presumida: recurso extraordinário que impugnar acórdão que contrarie súmula ou jurisprudência dominante do Supremo Tribunal Federal (art. 1.035, § 3º, inciso I); recurso extraordinário que impugnar acórdão que tenha reconhecido a inconstitucionalidade de tratado ou de lei federal, nos termos do art. 97 da Constituição Federal (art. 1.035, § 3º, inciso III); e recurso extraordinário interposto em face do acórdão de incidente de resolução de demandas repetitivas (art. 987, § 1º).

No que se refere à primeira das hipóteses – recurso extraordinário que impugna acórdão que contrarie súmula ou jurisprudência dominante do Supremo Tribunal Federal –, vale notar sua semelhança com a mencionada previsão de interesse cassacional no *recurso de casación* espanhol, na forma do artigo 477.3 da LEC, que reputa tal interesse presente quando a decisão recorrida contrariar a jurisprudência consolidada do *Tribunal Supremo.*

O inciso II do art. 1.035, § 3º, do CPC estabelecia a existência de repercussão geral nos casos em que o acórdão impugnado tivesse sido proferido em julgamento de casos repetitivos. Esses últimos, conforme previsão do art. 928 do CPC, são os julgamentos de recursos especiais ou extraordinários repetitivos e de incidente de resolução de demandas repetitivas e, de acordo com os arts. 1.040 e 985 do CPC, têm força vinculante no âmbito do Judiciário para casos presentes e futuros. Contudo, tal inciso foi revogado pela Lei n. 13.256/2016, persistindo, acerca da repercussão geral em casos repetitivos, a previsão do art. 987, § 1º do CPC, relativamente ao acórdão do incidente de resolução de demandas repetitivas. Ademais, é possível que surja questão constitucional no julgamento de recurso especial repetitivo, a ensejar a interposição de recurso extraordinário.

A segunda modalidade de repercussão geral é a repercussão geral por relevância e transcendência, disposta no art. 1.035, § 1º, do CPC. Segundo o dispositivo legal, para fins de repercussão geral, será considerada a presença de questões relevantes do ponto de vista econômico, político, social ou jurídico, aptas a extrapolar os interesses subjetivos do processo.

Dessa forma, considerando se tratar de um conceito jurídico indeterminado, a configuração da relevância pode ser exemplificada em demandas cujo valor da causa seja extremamente elevado (relevância econômica) e em ações coletivas em que sejam discutidos direitos fundamentais de grupos sociais vulneráveis (relevância social).[103] Sem prejuízos desses exemplos,

103. "A principal questão constitucional relativa à repercussão geral diz respeito à sua delimitação semântica. A repercussão estará presente quando do caso repercutirem reflexos econômicos, políticos, sociais

pode haver outros tipos de relevância, como a jurídica e a política na análise da questão constitucional.

Noutro giro, a transcendência é o transbordamento da questão discutida no recurso para além dos interesses dos sujeitos do processo, demonstrando a importância de a matéria ser analisada pela Corte Suprema.

A transcendência pode ser quantitativa ou qualitativa.[104] Na quantitativa, a questão ultrapassa os interesses subjetivos do processo pois afeta múltiplos outros processos que tratam de idêntica questão. É o que ocorre, por exemplo, em demandas repetitivas. Já a transcendência qualitativa se configura quando a importância da questão discutida no recurso extraordinário interessa também uma coletividade de pessoas, ainda que não conste de processos idênticos[105].

Nessa linha, vale salientar que, no regime alemão, considera-se de importância fundamental, para fins de acesso ao Tribunal Federal de Justiça, a questão que tenha relevância para além do caso individual, pois tem potencial multiplicador para outros casos, ou por suas consequências

---

e jurídicos (GOMES JR., 2005, p. 101-102; BARBOSA MOREIRA, 2008, p. 638). Por tal razão, podem ser apontados como possíveis exemplos que caracterizariam o requisito da relevância: a) causas de valor extremamente elevado; b) questões sensíveis para os partidos políticos e para harmonia entre os poderes; e c) causas envolvendo direitos fundamentais de um grupo social vulnerável." (FERNANDES, Eric Baracho Dore; FERREIRA, Siddharta Legale. Irrecorrível, mas nem tanto: a revisão de tese na repercussão geral do recurso extraordinário. *Rev. SJRJ*, Rio de Janeiro, v. 21, n. 40, p. 193-209, ago. 2014. Disponível em: <https://www.jfrj.jus.br/sites/default/files/revista-sjrj/arquivo/487-2424-1-pb.pdf>. Acesso em 18.08.2023).

104. "Podem ser encontradas duas espécies de transcendência: a) transcendência quantitativa: ocorre quando a questão ultrapassa os interesses subjetivos da causa, por ter um efeito multiplicador sobre outras demandas. Por exemplo, numa demanda relativa a um serviço público, com centenas de milhares de ações com o mesmo objeto pelo País, a decisão de eventual recurso extraordinário possui impacto para a cognição das ações em curso; b) transcendência qualitativa: a questão ultrapassa os interesses subjetivos da causa porque tem uma fundamentalidade para a coletividade. Exemplifique-se com um recurso extraordinário que discute o direito de alguém ser candidato a uma eleição (sua capacidade eleitoral passiva). Ocorre que essa questão tem uma fundamentalidade para a coletividade, considerando que os eleitores poderão votar nesse candidato ou não." (RODRIGUES, Marco Antonio. *Manual dos Recursos:* ação rescisória e reclamação. 2 ed. São Paulo: Juspodivm, 2023, p. 325). No mesmo sentido, à luz do CPC/1973, MARINONI, Luiz Guilherme; MITIDIERO, Daniel. *Repercussão geral no recurso extraordinário.* 2. ed. São Paulo: RT, 2008. p. 37).

105. "A transcendência, por sua vez, significa que a questão constitucional a ser debatida no mencionado recurso extraordinário ultrapassa os limites subjetivos da causa. Em outras palavras, a discussão jurídica por via desse mecanismo do controle incidental tornou-se representativa de uma gama de outras ações. O recurso ganha feições, por isso, objetivas à medida que se torna um pretexto para deliberar sobre um tema, o que se comprova até mesmo pelo sobrestamento de recursos análogos enquanto não for decidido o recurso paradigma a ser julgado: se tem ou não repercussão geral, se merece ser julgado procedente ou improcedente. Desse modo, procura-se atacar a multiplicação de processos para desafogar o Supremo Tribunal Federal, com o intuito de removê-lo da condição de mais uma instância recursal e elevá-lo ao status de corte constitucional." (FERNANDES, Eric Baracho Dore; FERREIRA, Siddharta Legale. Irrecorrível, mas nem tanto: a revisão de tese na repercussão geral do recurso extraordinário. *Rev. SJRJ*, Rio de Janeiro, v. 21, n. 40, p. 193-209, ago. 2014. Disponível em: <https://www.jfrj.jus.br/sites/default/files/revista-sjrj/arquivo/487-2424-1-pb.pdf>. Acesso em 18.08.2023).

econômicas de longo alcance, atingindo múltiplos sujeitos. As espécies de repercussão geral não presumida nos mostram que, diante da indeterminação inerente a esse instituto, ainda que se busque estipular critérios objetivos para a sua caracterização, o Supremo Tribunal Federal acaba exercendo um papel definidor do que, de fato, tem repercussão geral, o denominado *filtro de relevância oculto*[106].

4.1.5.1.A análise da existência ou não da repercussão geral

Nos termos do art. 1.030 do CPC, o recurso extraordinário deve ser submetido a um duplo juízo de admissibilidade, a ser desempenhado, primeiramente, pela presidência do tribunal recorrido e, se positivo este, pelo Supremo Tribunal Federal em seguida.

Todavia, a existência de repercussão geral não será analisada pelo tribunal que proferiu a decisão recorrida, na medida em que há previsão constitucional no sentido de que é necessário o voto de 2/3 (dois terços) dos membros do Supremo Tribunal Federal para que tal requisito seja afastado.

Assim, para negar a repercussão geral, o número mínimo é de 8 (oito) ministros, a demandar a apreciação da questão pelo Pleno do STF (art. 102, §3º, da Constituição da República).[107] Diferentemente do que foi visto no regime dos Estados Unidos, parece-nos que a garantia constitucional da fundamentação exige a devida motivação de tal negativa.

---

106. Essa é a expressão utilizada por Montedonio Rego: "[...] não há como negar o papel construtivo do STF na definição do que tem e do que não tem repercussão geral. Em nome da negação de uma discricionariedade da Corte, tudo o que a concepção "ontológica" consegue fazer é remeter a uma 'essência' ou 'natureza das coisas' ainda mais obscuras, que não vêm impedindo o STF de exercer um filtro de relevância oculto. Melhor é reconhecer, de forma transparente e desassombrada, que o STF *define* – e não só 'declara' – o que tem e o que não tem repercussão geral, para que se possa controlar o trabalho da Corte por seus resultados." (REGO, Frederico Montedonio. *Repercussão geral*: uma releitura do direito vigente. 2 ed. Belo Horizonte: Fórum, 2022, p. 210-211).

107. A respeito do quórum previsto no art. 102, §3º da Constituição Federal: EMBARGOS DE DECLARAÇÃO NO RECURSO EXTRAORDINÁRIO. VALORES PAGOS PELO EMPREGADOR AO EMPREGADO NOS PRIMEIROS QUINZE DIAS DE AUXÍLIO-DOENÇA. INCIDÊNCIA DE CONTRIBUIÇÃO PREVIDENCIÁRIA. NATUREZA INFRACONSTITUCIONAL DA MATÉRIA ASSENTADA POR ESTE SUPREMO TRIBUNAL. APLICAÇÃO DOS EFEITOS DA REJEIÇÃO DA REPERCUSSÃO GERAL. INAPLICABILIDADE DO QUÓRUM QUALIFICADO DO § 3º DO ART. 102 DA CONSTITUIÇÃO DA REPÚBLICA. 1. O quórum qualificado previsto no § 3º do art. 102 da Constituição da República respeita às hipóteses de inexistência de repercussão geral, isto é, quando este Supremo Tribunal entende que determinada controvérsia constitucional não preenche os requisitos de relevância ou transcendência. 2. Situação diversa é aquela em que o Supremo Tribunal Federal manifesta-se pela ausência de questão constitucional no recurso extraordinário e assenta, no caso, incidirem os efeitos da inexistência de repercussão geral. Não há, então, análise da repercussão geral da matéria, pois o recurso extraordinário sequer trata de questão constitucional. 3. Embargos de declaração rejeitados. (STF, RE 611505 ED, Relator(a): EDSON FACHIN, Relator(a) p/ Acórdão: CÁRMEN LÚCIA, Tribunal Pleno, julgado em 31/08/2020, PROCESSO ELETRÔNICO DJe-297 DIVULG 18-12-2020 PUBLIC 07-01-2021).

Há entendimento doutrinário no sentido de que a exigência desse quórum qualificado representa uma tentativa de impedir arbitrariedades, considerando a discricionariedade intrínseca à análise da existência de repercussão geral. Essa é a visão esposada por Frederico Montedonio Rego:

> A explicação mais coerente com a natureza e as experiências inspiradoras do instrumento – e apta a dissipar a perplexidade com a instituição de um requisito de admissibilidade formalmente mais dificultoso que o necessário para julgar o mérito (item 1.1.2) – é a de que o *quorum* qualificado constitui um contrapeso destinado a compensar a impraticabilidade de uma motivação analítica das decisões negativas em larga escala. Em outras palavras: para dificultar que a inevitável discricionariedade do juízo de repercussão geral desnature-se em arbitrariedade. Considerando que a repercussão geral mostra-se uma noção vaga, e que não é possível nem desejável um debate exaustivo sobre o requisito em dezenas de milhares de decisões, o constituinte entendeu que seria razoavelmente seguro afirmar a pouca relevância de uma controvérsia se dois terços dos ministros do STF concordassem a respeito. Tal consenso, reforçado em razão do *quorum* qualificado, autoriza um "acordo não completamente teorizado", na terminologia de Sunstein, desde que a decisão tenha seus efeitos limitados ao caso concreto, sem gerar precedentes (cf. item 2.2). Trata-se de fórmula claramente inspirada nas experiências dos EUA e da Alemanha, onde o *quorum*, tão ou mais qualificado, compensa a indeterminação das fórmulas dos filtros de relevância e a falta de motivação das decisões negativas (cf. item 2.3).[108]

De outro lado, Barbosa Moreira, de maneira crítica tão logo foi editada a Emenda Constitucional n. 45/2004, questionou as consequências práticas da necessidade de afastamento da repercussão geral pelo voto de dois terços dos membros do tribunal. Segundo o autor, tal exigência poderia provocar verdadeiro entrave aos trabalhos da Corte, ao invés de facilitá-los.[109]

---

108. REGO, Frederico Montedonio. *Repercussão geral*: uma releitura do direito vigente. 2 ed. Belo Horizonte: Fórum, 2022, p. 244-245.

109. "Decerto se conta, como fator de alívio para o Supremo Tribunal Federal, com a exigência da 'repercussão geral das questões discutidas' no recurso extraordinário (art. 102, §3º). Raciocinemos, contudo, em perspectiva prática e com os pés firmes no chão. O recurso terá de submeter-se à apreciação do plenário do tribunal, visto que, para negar-lhe conhecimento, serão necessários os votos de, no mínimo, dois terços dos Ministros. Com isso já se introduz uma complicação no processamento, em confronto com o regime atual, em que a competência para julgar o recurso extraordinário cabe, em princípio, a qualquer das Turmas (Regimento Interno, art. 9º, nº III), e só por exceção sobe ele ao Tribunal Pleno. Adite-se que, à luz do art. 93, nº IX, da Carta da República, não alterado pela Emenda, será, por força, pública e motivada a decisão sobre o cumprimento ou descumprimento do requisito da 'repercussão geral'. Fica pois afastada a vantagem – se na verdade é lícito (ponto mais que duvidoso) chamar-lhe assim – de que goza, no particular, a *Supreme Court* norte-americana, onde é secreta e em regra sem motivação divulgada a deliberação sobre se a *petition for certiorari* será examinada no mérito. Em resumo: sempre que se mantiverem aquém do *quorum* especial os votos no sentido de não se conhecer do recurso, por falta do requisito da 'repercussão geral', a tramitação compreenderá dois julgamentos, em vez de um único – e ambos realizados em sessão pública e devidamente fundamentados: o do Plenário, de rejeição da preliminar, e, em princípio, o da Turma, sobre a restante matéria. Pelo menos no particular, portanto, não se afigura exagero de pessimismo vaticinar que aumentará o trabalho do Tribunal e demorará mais a solução do problema." (MOREIRA, José Carlos Barbosa. A Emenda Constitucional nº 45 e o processo.

Entendemos que, ainda que acabe por exigir a manifestação de mais ministros, o que naturalmente delongará um pouco mais o procedimento, o quórum qualificado enriquece processo decisório e aumenta a sua legitimidade, por nele incorporar perspectivas diversas e, assim, produz uma decisão fruto de uma análise multifacetada.

Ademais, o julgamento da repercussão geral por meio do plenário virtual também reduz o risco de demora na análise desse filtro. Em 2007, um ano após Barbosa Moreira questionar a prestabilidade da votação por maioria qualificada, o STF implementou um mecanismo de votação eletrônica assíncrona[110], na qual o relator submeteria aos demais ministros cópia de sua manifestação sobre a existência, ou não, de repercussão geral, e os demais ministros, então, deveriam se manifestar no prazo comum de 20 dias[111]. Findo este prazo, existiriam apenas dois resultados possíveis: ou se formava a maioria qualificada de 2/3, exigida para a inadmissibilidade do recurso, ou o processo seguiria para a análise de mérito[112]. Com o advento da Emenda Regimental n. 58, de 2022, o procedimento foi ainda mais otimizado, com a redução do prazo comum de 20 dias para 6 dias úteis (art. 324, caput RISTF). Desse modo, a introdução do plenário virtual procura assegurar a finalidade da repercussão geral de ser um filtro de acesso ao STF, sem que este seja a causa de um novo problema, impondo uma duplicidade

Rev. Minist. Público, Rio de Janeiro, RJ, (23), p. 165-178, 2006. Disponível em: <https://www.mprj.mp.br/documents/20184/2764825/Jose_Carlos_Barbosa_Moreira.pdf>. Acesso em: 17.08.2023).

110. O plenário virtual foi originalmente concebido apenas para admissibilidade do recurso extraordinário, mas pouco tempo depois seu uso foi expandido para outras hipóteses, como julgamento do mérito dos processos nas hipóteses de aplicação de jurisprudência pacífica da Corte, de agravos internos e de embargos de declaração. Com o advento da pandemia de Covid-19, seu uso tornou-se disseminado na corte, com a previsão, no art. 21-B do Regimento Interno, de que todos os processos de competência do Tribunal poderão, a critério do relator ou do ministro vistor com a concordância do relator, ser submetidos a julgamento virtual. Sobre a evolução do uso do plenário virtual, veja-se: COSTA, Alexandre Araújo; PEDROSA, Maria Helena Martins Rocha. O Plenário Virtual do Supremo Tribunal Federal: Evolução das Formas de Julgamento e Periodização. *Revista Estudos Institucionais*, v. 8, n. 1, p. 62-87, 2022; FREIRE, Alexandre Reis Siqueira; VIEIRA, Thiago Gontijo. Supremo Tribunal Federal no Período da Pandemia Covid-19: Ambiente Virtual como uma Solução de Eficiência Jurisdicional e Ampliação do Direito de Acesso à Justiça. *Revista de Política Judiciária, Gestão e Administração da Justiça*, v. 7, n.1, p.102-121, 2021.

111. Desde 2019, o STF passou a disponibilizar na página de cada processo pautado no plenário virtual, arquivos com o relatório e voto do ministro relator, e, caso houvesse, os votos escritos dos demais ministros. Nesta página, é possível acompanhar, em tempo real, quaisquer mudanças no placar de votação.

112. "Se, nesse prazo, não chegar ao relator o número suficiente de manifestações para a rejeição da repercussão geral (sete manifestações que, somadas à do relator, perfazem um total de oito), estará cumprido o requisito, confirmando-se a existência de repercussão geral. Diversamente, se, nesse prazo, chegar ao relator o número suficiente de manifestações contrárias ao requisito, o recurso não será admitido por falta de repercussão geral." (DIDIER Jr., Fredie; CUNHA, Leonardo Carneiro da. *Curso de Direito Processual Civil:* o processo civil nos tribunais, recursos, ações de competência originária de tribunal, *querela nullitatis*, incidentes de competência originária de tribunal. 19 ed. São Paulo: Juspodivm, 2022, v. 3, p. 480).

de pautas ao Tribunal pleno e conspirando contra sua própria finalidade de racionalizar os julgamentos no STF[113].

Por sua vez, o art. 1.035, § 2º, do CPC prevê a necessidade de que o recorrente demonstre a existência de repercussão em seu recurso. Observa-se, desse modo, que os tribunais locais poderão avaliar, sob o aspecto formal, o cumprimento ou não desse requisito. Dito em outros termos, não será possível que as cortes recorridas apreciem a efetiva existência de relevância e transcendência, mas sim que procedam à análise da presença desse argumento no recurso extraordinário[114], sob pena de restar confi-

113. Ibid.

114. Nesse sentido, confira-se o seguinte julgado do Supremo Tribunal Federal, ainda na vigência do Código de Processo Civil de 1973, mas que se encaixa à questão mesmo com o Código de 2015: I. Questão de ordem. Recurso extraordinário, em matéria criminal e a exigência constitucional da repercussão geral. 1. O requisito constitucional da repercussão geral (CF, art. 102, § 3º, red. EC 45/2004), com a regulamentação da L. 11.418/06 e as normas regimentais necessárias à sua execução, aplica-se aos recursos extraordinários em geral, e, em conseqüência, às causas criminais. 2. Os recursos ordinários criminais de um modo geral, e, em particular o recurso extraordinário criminal e o agravo de instrumento da decisão que obsta o seu processamento, possuem um regime jurídico dotado de certas peculiaridades - referentes a requisitos formais ligados a prazos, formas de intimação e outros - que, no entanto, não afetam substancialmente a disciplina constitucional reservada a todos os recursos extraordinários (CF, art. 102, III). 3. A partir da EC 45, de 30 de dezembro de 2004 - que incluiu o § 3º no art. 102 da Constituição -, passou a integrar o núcleo comum da disciplina constitucional do recurso extraordinário a exigência da repercussão geral da questão constitucional. 4. Não tem maior relevo a circunstância de a L. 11.418/06, que regulamentou esse dispositivo, ter alterado apenas texto do Código de Processo Civil, tendo em vista o caráter geral das normas nele inseridas. 5. Cuida-se de situação substancialmente diversa entre a L. 11.418/06 e a L. 8.950/94 que, quando editada, estava em vigor norma anterior que cuidava dos recursos extraordinários em geral, qual seja a L. 8.038/90, donde não haver óbice, na espécie, à aplicação subsidiária ou por analogia do Código de Processo Civil. 6. Nem há falar em uma imanente repercussão geral de todo recurso extraordinário em matéria criminal, porque em jogo, de regra, a liberdade de locomoção: o RE busca preservar a autoridade e a uniformidade da inteligência da Constituição, o que se reforça com a necessidade de repercussão geral das questões constitucionais nele versadas, assim entendidas aquelas que "ultrapassem os interesses subjetivos da causa" (C.Pr.Civil, art. 543-A, § 1º, incluído pela L. 11.418/06). 7. Para obviar a ameaça ou lesão à liberdade de locomoção - por remotas que sejam -, há sempre a garantia constitucional do habeas corpus (CF, art. 5º, LXVIII). II. Recurso extraordinário: repercussão geral: juízo de admissibilidade: competência. 1. Inclui-se no âmbito do juízo de admissibilidade - seja na origem, seja no Supremo Tribunal - verificar se o recorrente, em preliminar do recurso extraordinário, desenvolveu fundamentação especificamente voltada para a demonstração, no caso concreto, da existência de repercussão geral (C.Pr.Civil, art. 543-A, § 2º; RISTF, art. 327). 2. Cuida-se de requisito formal, ônus do recorrente, que, se dele não se desincumbir, impede a análise da efetiva existência da repercussão geral, esta sim sujeita "à apreciação exclusiva do Supremo Tribunal Federal" (Art. 543-A, § 2º). III. Recurso extraordinário: exigência de demonstração, na petição do RE, da repercussão geral da questão constitucional: termo inicial. 1. A determinação expressa de aplicação da L. 11.418/06 (art. 4º) aos recursos interpostos a partir do primeiro dia de sua vigência não significa a sua plena eficácia. Tanto que ficou a cargo do Supremo Tribunal Federal a tarefa de estabelecer, em seu Regimento Interno, as normas necessárias à execução da mesma lei (art. 3º). 2. As alterações regimentais, imprescindíveis à execução da L. 11.418/06, somente entraram em vigor no dia 03.05.07 - data da publicação da Emenda Regimental nº 21, de 30.04.2007. 3. No artigo 327 do RISTF foi inserida norma específica tratando da necessidade da preliminar sobre a repercussão geral, ficando estabelecida a possibilidade de, no Supremo Tribunal, a Presidência ou o Relator sorteado negarem seguimento aos recursos que não apresentem aquela preliminar, que deve ser "formal e fundamentada". 4. Assim sendo, a exigência da demonstração formal e fundamentada, no

gurada usurpação de competência do STF, vindo a justificar até mesmo o ajuizamento de reclamação, nos termos do art. 988, inciso I, do CPC.

Nesse ponto, cabe uma ressalva quanto aos poderes do tribunal local na aferição de repercussão geral, decorrente no art. 1.035, §8º, do CPC, de que adiante se falará: o presidente ou o vice-presidente do tribunal local pode vir a inadmitir o recurso extraordinário, pela ausência de repercussão geral, nos casos sobrestados na origem que versem sobre matéria idêntica àquela a respeito da qual o STF já tenha reconhecido a inexistência do requisito em representativo da controvérsia.[115]

Destaque-se que a atuação do presidente ou vice-presidente de um tribunal local na forma do parágrafo anterior não representa usurpação de competência do Supremo Tribunal Federal, pois não há aqui propriamente um julgamento do mérito da repercussão geral, mas apenas a aplicação de entendimento do STF sobre a inexistência desse requisito. Ademais, even-

---

recurso extraordinário, da repercussão geral das questões constitucionais discutidas só incide quando a intimação do acórdão recorrido tenha ocorrido a partir de 03 de maio de 2007, data da publicação da Emenda Regimental n. 21, de 30 de abril de 2007. (STF, AI 664567 QO, Relator(a): MIN. SEPÚLVEDA PERTENCE, Tribunal Pleno, julgado em 18/06/2007, DJe-096 DIVULG 05-09-2007 PUBLIC 06-09-2007 DJ 06-09-2007 PP-00037 EMENT VOL-02288-04 PP-00777 RTJ VOL-00202-01 PP-00396 RDDP n. 55, 2007, p. 174 RMP n. 34, 2009, p. 259-279 – grifos nossos).

115. Trata-se, assim, de hipótese excepcional, na qual inexiste usurpação de competência da Corte Suprema pelo tribunal local. Nessa senda, já julgou o Supremo Tribunal Federal:: RECLAMAÇÃO – UTILIZAÇÃO DESSE INSTRUMENTO PROCESSUAL CONTRA DECISÃO QUE, EMANADA DE ÓRGÃO DE JURISDIÇÃO INFERIOR, LIMITA-SE, TÃO SOMENTE, A FAZER INCIDIR, NO CASO CONCRETO, A SISTEMÁTICA DA REPERCUSSÃO GERAL (CPC/15) – ALEGAÇÃO DE QUE O ATO RECLAMADO ESTARIA EM DESACORDO COM TESE FIRMADA PELO SUPREMO TRIBUNAL FEDERAL SOB O REGIME DE REPERCUSSÃO GERAL – INADMISSIBILIDADE – PRETENDIDA DISCUSSÃO EM TORNO DE QUESTÕES REFERENTES À SUPOSTA MÁ APRECIAÇÃO DO LITÍGIO PELO ÓRGÃO JULGADOR OU À ERRÔNEA ADEQUAÇÃO DA CONTROVÉRSIA JURÍDICA VERSADA NOS AUTOS AO ENTENDIMENTO ESTABELECIDO EM RECURSO EXTRAORDINÁRIO – SITUAÇÕES JURÍDICO-PROCESSUAIS QUE, SE EVENTUALMENTE CONSTATADAS, LEGITIMARIAM A PRETENSÃO DE REFORMA DA DECISÃO IMPUGNADA, A SER DEDUZIDA, NO ENTANTO, PERANTE ÓRGÃO JUDICIÁRIO COMPETENTE, POR MEIO DAS VIAS RECURSAIS (AGRAVO INTERNO) OU ORDINÁRIAS (AÇÃO RESCISÓRIA) APROPRIADAS – INOCORRÊNCIA, NA ESPÉCIE, DE QUALQUER HIPÓTESE DE TRANSGRESSÃO OU DE DESRESPEITO À AUTORIDADE DE DECISÃO EMANADA DESTA SUPREMA CORTE, POR ATOS QUE CONSUBSTANCIEM MANIFESTAÇÃO INTENCIONAL DE OPOSIÇÃO, DE OBJEÇÃO, DE REJEIÇÃO OU DE RESISTÊNCIA ÀS TESES FIXADAS PELO SUPREMO TRIBUNAL FEDERAL EM SEDE DE REPERCUSSÃO GERAL – INADEQUAÇÃO DO EMPREGO DA AÇÃO RECLAMATÓRIA COMO INADMISSÍVEL SUCEDÂNEO DE AÇÃO RESCISÓRIA, DE RECURSOS OU DE AÇÕES JUDICIAIS EM GERAL – PRECEDENTES – RECURSO DE AGRAVO IMPROVIDO. – **Revela-se inviável submeter ao Supremo Tribunal Federal, mediante reclamação (que se qualifica como instrumento processualmente inadequado), o reexame de decisão proferida por órgão judiciário "a quo" que aplica a sistemática da repercussão geral, inocorrendo, em tal hipótese, situação configuradora de descumprimento de julgado da Corte Suprema ou de usurpação de sua competência, pois a aplicação do instituto da repercussão geral inclui-se na esfera de atribuições do Presidente (ou do Vice-Presidente) do próprio Tribunal ou órgão judiciário recorrido, cuja decisão – embora não comporte, em referido contexto, o emprego da via reclamatória – admite impugnação, no entanto, por meio de agravo interno (CPC, art. 1.030, § 2º).** Precedentes. (STF, Rcl 32485 AgR, Relator(a): CELSO DE MELLO, Segunda Turma, julgado em 04/05/2020, PROCESSO ELETRÔNICO DJe-137 DIVULG 02-06-2020 PUBLIC 03-06-2020 – grifos nossos).

tual insatisfeito poderá ofertar agravo interno ao Tribunal Pleno ou Órgão Especial do tribunal local, visando a atacar a decisão tomada na forma do art. 1.035, §8º, do CPC, caso a repute equivocada.

Note-se, ainda, que eventual desrespeito, no julgamento do agravo interno pelo Tribunal local, ao entendimento firmado em sede de repercussão geral pode ser objeto de reclamação, à luz do artigo 988, §5º, inciso II, do CPC, conforme defenderemos mais adiante.

Por fim, cumpre destacar que o exame meramente formal da existência de repercussão geral realizado pelo tribunal *a quo* é semelhante ao desempenhado pelo relator do recurso extraordinário no âmbito do STF, ao efetuar a mera análise de admissibilidade do recurso[116].

4.1.5.2.Aspectos procedimentais da repercussão geral

Importante, ainda, analisar alguns dos aspectos da repercussão geral, à luz do seu papel de filtro de admissibilidade e dos efeitos que sua decisão gerará para outros casos.

De acordo com o art. 1.035, § 4º, do CPC, na análise da repercussão geral, o relator poderá admitir a manifestação de terceiros, subscrita por procurador habilitado, na forma do Regimento Interno do Supremo Tribunal Federal[117].

---

116. Nesse viés: AGRAVO INTERNO NO RECURSO EXTRAORDINÁRIO COM AGRAVO. PENAL E PROCESSO PENAL. CRIME TIPIFICADO NO ARTIGO 140 DO CÓDIGO PENAL. ALEGADA INDIVISIBILIDADE DA AÇÃO PENAL. OFENSA REFLEXA. REVOLVIMENTO DO CONJUNTO FÁTICO-PROBATÓRIO ENGENDRADO NOS AUTOS. AGRAVO INTERNO DESPROVIDO. 1. O recurso extraordinário é instrumento de impugnação de decisão judicial inadequado para a valoração e exame minucioso do acervo fático-probatório engendrado nos autos, bem como para a análise de matéria infraconstitucional. Precedentes: ARE 1.175.278-AgR-Segundo, Primeira Turma, Rel. Min. Luiz Fux, DJe de 25/2/19; ARE 1.197.962–AgR, Tribunal Pleno, Rel. Min. Dias Toffoli (Presidente), DJe de 17/6/19; e ARE 1.017.861-AgR, Segunda Turma, Rel. Min. Gilmar Mendes, DJe de 5/6/17; ARE 1.048.461-AgR, Primeira Turma, Rel. Min Rosa Weber, DJe de 4/3/2020; e ARE 1.264.183-AgR, Primeira Turma, Rel. Min. Luiz Fux, DJe de 26/5/2020. 2. O Ministro Presidente guarda poderes para examinar, como Relator, os recursos extraordinários e os agravos em recurso extraordinário ineptos ou manifestamente inadmissíveis, inclusive por incompetência, intempestividade, deserção, prejuízo ou ausência de preliminar formal e fundamentada de repercussão geral, bem como aqueles cujo tema seja destituído de repercussão geral, nos termos do artigo 13, V, c, do Regimento Interno do Supremo Tribunal Federal, sendo certa a ausência de violação ao princípio da colegialidade quando do exercício dessa faculdade. Precedentes: ARE 1.2615.88-AgR, Tribunal Pleno, Rel. Min. Dias Toffoli (Presidente), DJe de 29/06/2020; e ARE 1.265.863-AgR, Tribunal Pleno, Rel. Min. Dias Toffoli (Presidente), DJe de 14/07/2020. 3. Agravo interno desprovido. (STF, ARE 1328370 AgR, Relator(a): LUIZ FUX (Presidente), Tribunal Pleno, julgado em 23/08/2021, PROCESSO ELETRÔNICO DJe-176 DIVULG 02-09-2021 PUBLIC 03-09-2021).

117. De acordo com o Regimento Interno do Supremo Tribunal Federal: "Art. 21. São atribuições do Relator: [...] XVII – convocar audiência pública para ouvir o depoimento de pessoas com experiência e autoridade em determinada matéria, sempre que entender necessário o esclarecimento de questões ou circunstâncias de fato, com repercussão geral ou de interesse público relevante; [...] Art. 323. Quando não for caso de inadmissibilidade do recurso por outra razão, o(a) Relator(a) ou o Presidente submeterá, por meio

Com efeito, embora o Código de Processo Civil não indique a qual espécie de intervenção esteja se referindo, identifica-se, em primeiro lugar, a possibilidade de intervenção de *amicus curiae*[118], a qual, nos termos do art. 138 do CPC, significa a participação de pessoa natural ou jurídica, órgão ou entidade especializada, com representatividade adequada considerando a relevância da matéria, a especificidade do tema objeto da demanda ou a repercussão social da controvérsia.

Considerando as consequências que a decisão da existência ou não de repercussão geral terá para outros casos que tratem de idêntica questão, parece-nos que há um verdadeiro poder-dever de admissão de *amici curiae*, como forma de promoção do contraditório sobre a questão. Se a decisão sobre a repercussão possui uma eficácia panprocessual[119], conforme se mencionará, é preciso conferir a pessoas e órgãos com representatividade adequada a possibilidade de contribuir para o processo decisório, concretizando-se o contraditório enquanto direito de influência.

A eficácia jurídica do direito fundamental ao contraditório deve permitir, ainda, a participação de interessados na solução da controvérsia, ainda que não sejam entes dotados de representatividade sobre a questão. Se a decisão

---

eletrônico, aos demais ministros, cópia de sua manifestação sobre a existência, ou não, de repercussão geral. [...] § 3º Mediante decisão irrecorrível, poderá o(a) Relator(a) admitir de ofício ou a requerimento, em prazo que fixar, a manifestação de terceiros, subscrita por procurador habilitado, sobre a questão da repercussão geral."

118. "O §4º prevê a possibilidade de intervenção de *amicus curiae* - sobre o *amicus curiae*, ver o v. 1 deste *Curso*. A regra justifica-se como uma forma de qualificar o debate em torno da questão. Relaciona-se, portanto, com a formação de um precedente obrigatório. Por causa disso, parece-nos que a norma se aplica apenas aos casos em que a repercussão geral será examinada pelo Plenário do STF, o que nem sempre acontece, como vimos." (DIDIER JR., Fredie; CUNHA, Leonardo Carneiro da. *Curso de direito processual civil:* o processo civil nos tribunais, recursos, ações de competência originária de tribunal e *querela nullitatis*, incidentes de competência originária de tribunal. 19. ed. São Paulo: Juspodivm, 2022, v. 3, p. 488).

119. Nessa perspectiva, assim expõe a doutrina: "A decisão que nega a existência de repercussão geral tem eficácia panprocessual, valendo para todos os recursos que versem sobre idêntica controvérsia (art. 1.035, § 8.º, CPC). Nesse caso, a Presidência do Supremo Tribunal Federal está autorizada a não conhecer liminarmente o recurso extraordinário, indeferindo-o (arts. 13, V, *c*, e 327, *caput*, RISTF). Idêntica prerrogativa compete ao relator do recurso, acaso a Presidência não o tenha feito desde logo (art. 327, § 1.º, RISTF). Dessa decisão caberá agravo (art. 327, § 2.º, RISTF). Reconhecida a inexistência de repercussão geral da questão debatida no recurso extraordinário, ainda, dispensa-se o recorrente, em sendo o caso, de interpor simultaneamente recurso extraordinário e recurso especial do acórdão local que se assenta em fundamento constitucional e infraconstitucional (súmula 126, STJ – "é inadmissível recurso especial, quando o acórdão recorrido assenta em fundamentos constitucional e infraconstitucional, qualquer deles suficiente, por si só, para mantê-lo, e a parte vencida não manifesta recurso extraordinário). Basta, nesse caso, insurgir-se contra a decisão por recurso especial. Com o reconhecimento de inexistência de repercussão geral, o tribunal de origem está autorizado a não conhecer dos recursos extraordinários sobrestados na origem (art. 1.030, I, *a*, CPC)." (MARINONI, Luiz Guilherme; ARENHART, Sérgio Cruz; MITIDIERO, Daniel. *Código de processo civil comentado*. 7. ed. São Paulo: Thomson Reuters Brasil, 2021).

pode produzir efeitos sobre tais pessoas, deve-lhes ser franqueada a possibilidade de influência na tomada de decisão pelo Supremo Tribunal Federal.

Diante disso, a participação dos interessados que não se enquadrem na figura de *amicus* deve ser franqueada de alguma forma, seja da maneira escrita, prevista pelo artigo 1035, §4º, do Código de Processo Civil, seja por meio de audiência pública, como forma de flexibilização procedimental e busca de maior eficiência.

Embora não esteja prevista expressamente a figura da audiência pública no artigo 1035, ao regulamentar a repercussão geral, importante destacar que é possível aplicar aqui de maneira extensiva o artigo 1038, inciso II, do Código de Processo Civil, que atribui ao relator de recursos representativos de controvérsia o dever de designar data para, em audiência pública, ouvir depoimentos de pessoas com experiência e conhecimento na matéria, com a finalidade de instruir o procedimento. Com efeito, trata-se da aplicação de regra do sistema de recursos repetitivos para a análise de repercussão geral, o que se mostra plenamente possível na prática, na medida em que se cuida de regimes nos quais se resolve questão de forma paradigmática para a resolução de outros casos[120]. Assim, os mecanismos de ampliação de contraditório previstos em um devem ser aplicados para o outro, em caso de omissão.

Passa-se, então, ao procedimento de análise da repercussão geral, regulamentado, no âmbito do Regimento Interno do STF, no art. 323 e seguintes.

O art. 323, *caput* do Regimento prevê que, não ocorrendo a inadmissibilidade do recurso por outra razão, o Relator ou o Presidente submeterá, por meio eletrônico, aos demais ministros, cópia de sua manifestação sobre a existência, ou não, de repercussão.

Ressalte-se que o Presidente ou Vice-Presidente do tribunal recorrido realiza a seleção do recurso que seguirá como representativo de controvérsia constitucional ou infraconstitucional (art. 1.030, inciso IV, do CPC), sendo que, por força do artigo 1036, §6º, do CPC, somente podem ser selecionados recursos admissíveis que contenham abrangente argumentação e discussão a respeito da questão a ser decidida. Ademais, procede a um prévio juízo

120. Na mesma linha: DIDIER JR., Fredie; CUNHA, Leonardo Carneiro da. *Curso de direito processual civil:* o processo civil nos tribunais, recursos, ações de competência originária de tribunal e *querela nullitatis*, incidentes de competência originária de tribunal. 19. ed. São Paulo: Juspodivm, 2022, v. 3. Na prática, porém, especificamente em relação a audiências públicas, em geral nos editais convocando as audiências o Supremo Tribunal Federal tem fundamentado sua realização com base no seu Regimento (art. 21, XVII), sendo que a vasta maioria de tais audiências se dá em processos de controle concentrado.

de admissibilidade que, se for positivo, ocasionará a remessa do feito ao Supremo Tribunal Federal ou ao Superior Tribunal de Justiça (art. 1.030, inciso V do CPC).

Nessa linha, verifica-se que somente faz sentido a escolha e remessa ao Supremo Tribunal Federal de recursos que sejam admissíveis, por uma questão de eficiência e de duração razoável do processo. A remessa indiscriminada de recursos atrasaria o procedimento, levando o Supremo a determinar a remessa de outros recursos, o que já é autorizado pelo artigo 1036, parágrafo 4º, do CPC.

Embora o artigo 1036 trate de recursos repetitivos, cabe recordar que deve ser aplicado o regime dos recursos repetitivos no que couber à análise de repercussão geral, conforme já defendido acima.

Segundo o §1º do art. 323 do Regimento Interno do STF, inclusive o Presidente do Tribunal poderá atuar como relator na análise da repercussão geral e, se esta for reconhecida, o feito será encaminhado à livre distribuição para o julgamento de mérito.

Recebida a manifestação do relator sobre a existência ou não de repercussão geral, de acordo com o art. 324, *caput*, do Regimento, os demais ministros terão o prazo comum de seis dias úteis para se manifestarem sobre a mesma questão. No entanto, a repercussão geral somente será analisada se a maioria absoluta dos ministros acolher a existência de matéria constitucional.

O ministro que não se manifestar no prazo previsto no *caput* terá sua não participação registrada na ata do julgamento, com base no §3º. Não alcançado o quórum necessário para o reconhecimento da natureza constitucional da questão ou da existência de repercussão geral, consoante o §4º, o julgamento será suspenso e retomado de forma automática na sessão em meio eletrônico imediatamente seguinte, com a coleta das manifestações dos ministros ausentes.

No julgamento realizado por meio eletrônico, se vencido o relator, o ministro sorteado dentre os que dele divergiram ou não se manifestaram será o responsável por redigir o acórdão e por relatar o caso para o exame do mérito ou de eventuais incidentes processuais, na forma do § 5º do artigo 324.

4.1.5.3. A suspensão nacional de processos e os efeitos do julgamento em repercussão geral

Reconhecida a existência de repercussão geral, o art. 1.035, § 5º, do CPC estabelece que o relator do recurso no Supremo Tribunal Federal determinará a suspensão do processamento de todos os processos pendentes, individuais ou coletivos, que versem sobre a questão e tramitem no território nacional.

Veja-se que a suspensão nacional dos processos pendentes que tratem da mesma questão fortalece o papel do Supremo Tribunal Federal enquanto corte de precedentes. Os processos devem aguardar o julgamento pela corte suprema, para que observem o entendimento ali firmado[121].

Importante observar, também, que a técnica de sobrestamento nacional pode, em tese, contribuir para a duração razoável dos processos, já que as demandas paralisadas serão apreciadas com a observância do entendimento firmado pelo Supremo Tribunal Federal, o que reduz drasticamente a chance de êxito dos recursos eventualmente ofertados para atacar o pronunciamento jurisdicional que segue o posicionamento firmado ao se julgar o recurso em sede de repercussão geral.[122]

Não se pode esquecer, de outro lado, que a suspensão nacional pode incorrer em equívocos, seja porque o caso sobrestado trata de matéria distinta, seja pela eventual suspensão de recurso extraordinário intempestivo.

---

121. Trata-se de medida intimamente ligada ao papel do Supremo Tribunal Federal na implementação dos precedentes. A respeito, assinalam Aluísio Gonçalves de Castro Mendes, Luiz Fux e Rodrigo Fux: "O Supremo Tribunal Federal (STF), o Superior Tribunal de Justiça (STJ) e o Conselho Nacional de Justiça (CNJ) têm assumido papel importante de implementação dos precedentes. O Conselho Nacional de Justiça (CNJ) tem trabalhado para criar o Banco Nacional de Precedente, para permitir que a sociedade possa ter em um único site, um banco nacional, para acesso aos precedentes de todos os tribunais do país, com o dever de todas as cortes manterem o seu banco de precedentes e a referência ao banco nacional. É um trabalho conjunto com o Executivo e com o Legislativo para que o site de legislação possa estar conectado com os precedentes vinculativos dos tribunais superiores e dos tribunais locais." (MENDES, Aluísio Gonçalves de Castro; FUX, Luiz; FUX, Rodrigo. Sistema brasileiro de precedentes: principais características e desafios. In: *Revista de Processo*, vol. 332, p. 313-327, out./2022).

122. Importa aqui traçar um comparativo em relação ao sistema processual anteriormente vigente, conforme já nos manifestamos: "Recorde-se que o CPC/1973, diferentemente, previa que o reconhecimento da repercussão geral levaria à suspensão da tramitação dos recursos extraordinários interpostos sobre a mesma matéria. Logo, as ações em instâncias inferiores poderiam seguir tramitando. No entanto, a previsão do art. 1.035, § 5.º, parece mais adequada, pois reforça o importante papel dado à decisão do recurso representativo de controvérsia, que gera efeitos vinculantes sobre processos pendentes e futuros, por força do art. 1.040, conforme adiante se analisará. Assim, a suspensão dos processos em todas as instâncias em função da repercussão geral contribui para a isonomia, a segurança jurídica e a economia processual, permitindo que os processos das diferentes instâncias adotem o entendimento formado pelo Supremo Tribunal Federal quanto a uma idêntica questão e reduzindo a prolação de decisões contraditórias." (RODRIGUES, Marco Antonio. *Manual dos Recursos:* ação rescisória e reclamação. 2 ed. São Paulo: Juspodivm, 2023, p. 328).

Nos moldes do art. 1.035, § 6º, do CPC, o interessado pode requerer, ao presidente ou ao vice-presidente do tribunal de origem, que este exclua da decisão de sobrestamento e inadmita o recurso extraordinário interposto intempestivamente. Nesse caso, o recorrente tem o prazo de 5 (cinco) dias para se manifestar sobre o referido requerimento.

Por sua vez, o art. 1.035, § 7º, do CPC, com a redação dada pela Lei nº 13.256/2016, dispõe que caberá agravo interno da decisão que indeferir o requerimento feito nos termos do § 6º ou que aplicar entendimento firmado em regime de repercussão geral ou em julgamento de recursos repetitivos.

Com efeito, a eficiência, enquanto norma fundamental do processo civil, expressamente positivada no artigo 8º do Código de Processo Civil, impõe que não se aguarde para a inadmissão de um recurso intempestivo. Recursos intempestivos em regra não produzem efeito impeditivo da preclusão da decisão recorrida[123]. Assim, devem ser rejeitados desde logo, já que o resultado da apreciação da repercussão geral lhes será indiferente.

Ademais, a exclusão do sobrestamento também se justifica em distinção, ainda que não haja previsão expressa no artigo 1035 do Código de Processo Civil. Tal pedido de exclusão do sobrestamento de casos distintos também é decorrência da função do Supremo Tribunal Federal de corte de precedentes. Se ficar sobrestado caso com circunstâncias que o difiram da questão pendente de julgamento em repercussão geral, isso pode inclusive ser um risco à força do precedente que eventualmente será firmado no futuro pelo Supremo Tribunal Federal sobre o tema.

Assim, por força do microssistema de julgamento de recursos excepcionais perante os Tribunais Superiores, impõe-se a aplicação extensiva do regime do artigo 1037, §§9º a 13, do Código de Processo Civil, sendo admissível, perante os tribunais locais, o pedido de afastamento do sobres-

123. Nesse sentido já nos manifestamos em RODRIGUES, Marco Antonio. *Manual dos Recursos:* ação rescisória e reclamação. 2 ed. São Paulo: Juspodivm, 2023, p. 122. No mesmo viés: "A interposição de um recurso pode produzir até três efeitos. O primeiro destes é o efeito impeditivo. É que a interposição de recurso admissível produz, como consequência, um impedimento à preclusão da decisão recorrida ou ao seu trânsito em julgado. Trata-se, pois, de um efeito estabilizador da decisão. É que, uma vez interposto recurso admissível – isto é, recurso que preencha todos os seus requisitos de admissibilidade –, a decisão recorrida não se estabiliza, não se torna firme (não havendo que se falar nem em preclusão da matéria decidida nem em formação – se for o caso – de coisa julgada). Evidentemente, porém, esse efeito só se produz se o recurso é admissível, mas não se é ele inadmissível. Basta pensar no caso de um recurso intempestivamente interposto contra uma sentença de mérito. É evidente que, nesse caso, não poderia o recurso intempestivo impedir a formação de uma coisa julgada que, no momento de sua interposição, já estava formada." (CÂMARA, Alexandre Freitas. *Manual de direito processual civil* [livro eletrônico]. 2. ed. Barueri [SP]: Atlas, 2023). Em sentido parcialmente distinto, entendendo que o recurso inadmitido possui uma preclusão retardada, DINAMARCO, Cândido Rangel. *Nova era do processo civil*. São Paulo: Malheiros, 2003, p. 109-110.

tamento de caso distinto da questão que pende ser apreciada em sede de repercussão geral.

Ressalte-se que a decisão que conclui pelo reconhecimento da existência de repercussão geral possibilita, então, que o feito seja preparado para que ocorra propriamente o julgamento do mérito do recurso extraordinário.[124] Consoante o art. 1.035, § 11, do CPC, a súmula da decisão acerca da repercussão geral constará de ata, que será publicada no diário oficial e servirá como acórdão.

O recurso que tiver a repercussão geral reconhecida deverá ser julgado no prazo de 1 (um) ano e terá preferência sobre os demais feitos, com exceção dos que envolvam réu preso e dos pedidos de habeas corpus, com fulcro no art. 1.035, § 9º, do CPC.[125]

De outro lado, negada a repercussão geral, o art. 1.035, § 8º, do CPC prevê que o presidente ou o vice-presidente do tribunal de origem negará seguimento aos recursos extraordinários sobrestados na origem que versem sobre matéria idêntica.

Dessa forma, nos termos do referido dispositivo legal, a decisão que nega a existência de repercussão geral tem eficácia em relação a todos os

124. "A *decisão* quanto à presença da repercussão geral no recurso extraordinário não materializa um julgamento propriamente. Trata-se de forma de admissibilidade para possibilitar o julgamento (ALVIM, 2005, p. 77). De qualquer forma, é certo que tal decisão deve ser pública e motivada, por conta da determinação constitucional contida no art. 93, IX e X, da Carta Magna. Ao final, deverá ser editada uma súmula do julgamento da repercussão geral, que constará em ata e será publicada no Diário Oficial. Servirá essa publicação como acórdão, a fim de racionalizar futuras verificações da ausência ou presença desse requisito. A decisão que analisa a repercussão geral pode reconhecê-la ou entender que ela não se faz presente. Sua eficácia depende, justamente, desse conteúdo. Reconhecida a repercussão geral, será admitido o recurso extraordinário que deverá ser julgado, desde que presentes os demais requisitos: prequestionamento, violação direta da constituição e esgotamento das instâncias ordinárias (TUCCI, 2006, p. 62). Por outro lado, caso não seja reconhecida a repercussão geral, o recurso extraordinário será sequer conhecido (AZEM, 2007, p. 94)." (FERNANDES, Eric Baracho Dore; FERREIRA, Siddharta Legale. Irrecorrível, mas nem tanto: a revisão de tese na repercussão geral do recurso extraordinário. *Rev. SJRJ*, Rio de Janeiro, v. 21, n. 40, p. 193-209, ago. 2014. Disponível em: <https://www.jfrj.jus.br/sites/default/files/revista-sjrj/arquivo/487-2424-1-pb.pdf>. Acesso em 18.08.2023).

125. Nessa perspectiva: "Não é por outra razão que, superado pela EC nº 45/2004 o debate sobre a conveniência ou não de instituir um filtro de relevância no Brasil, o art. 1.035, §9º, do CPC/2015 instituiu uma *preferência legal* para o julgamento dos recursos com repercussão geral reconhecida (ressalvados apenas os feitos com réu preso e os pedidos de *habeas corpus*), que deverá ocorrer em até um ano. Trata-se de uma exceção à regra geral do Código, segundo a qual os casos devem ser julgados, preferencialmente, conforme a ordem cronológica da conclusão (art. 12). Num sistema que preza pela celeridade e pela razoável duração do processo (CF, art. 5º, LXXVIII), esse senso de prioridade é reforçado pela suspensão de todos os processos, individuais ou coletivos, que versem sobre a questão com repercussão geral reconhecida e tramitem no território nacional (art. 1.035, §5º). Cabe notar que o §10 do art. 1.035 do CPC fazia cessar a suspensão dos processos caso não ocorresse o julgamento do tema pelo STF em um ano, mas a norma veio a ser revogada antes de sua entrada em vigor (Lei nº 13.256/2016)." (REGO, Frederico Montedonio. *Repercussão geral*: uma releitura do direito vigente. 2 ed. Belo Horizonte: Fórum, 2022, p. 209).

recursos que tratem de controvérsia idêntica, o que tem sido chamado por parcela da doutrina de eficácia panprocessual[126].

O art. 1.035, § 10, do CPC, revogado pela Lei nº 13.256/2016, previa que, não ocorrendo o julgamento no prazo de 1 (um) ano a contar do reconhecimento da repercussão geral, cessaria a suspensão dos processos em todo o território nacional, retomando seu curso normal. Contudo, o legislador optou por afastar o termo final da suspensão contido nessa previsão. Para parcela da doutrina, com a qual concordamos, deve ser aplicada a regra do artigo 980, parágrafo único, do Código de Processo Civil, como decorrência do microssistema de casos repetitivos, extraído do artigo 928 do mesmo diploma legal[127]. Assim, por decisão fundamentada do relator, pode ser mantida a suspensão nacional dos processos, o que condiz com a função paradigmática e uniformizadora que o Supremo Tribunal Federal possui ao julgar a repercussão geral ou o mérito do recurso cuja repercussão foi reconhecida.

4.1.5.4. A repercussão geral e a possibilidade de análise da questão constitucional apenas para o caso concreto

A Emenda Regimental n. 54, de 2020, incluiu os §§ 1º a 4º no artigo 326 do Regimento Interno do STF[128], para disciplinar a possibilidade de análise casuística da questão constitucional.[129]

---

126. Nesse sentido, confira-se MARINONI, Luiz Guilherme; ARENHART, Sérgio Cruz; MITIDIERO, Daniel. *Código de processo civil comentado* [livro eletrônico]. 7. ed. São Paulo: Thomson Reuters Brasil, 2021.

127. Alexandre Câmara pondera que "essa regra continua a incidir por força do disposto no art. 980, parágrafo único – com a ressalva da 'decisão fundamentada do relator em sentido contrário' –, aplicável aos recursos repetitivos, como se vê pelo Enunciado nº 345 do FPPC)." (CÂMARA, Alexandre Freitas. *Manual de direito processual civil* [livro eletrônico]. 2. ed. Barueri [SP]: Atlas, 2023).

128. Regimento Interno – STF. Art. 326. Toda decisão de inexistência de repercussão geral é irrecorrível e, valendo para todos os recursos sobre questão idêntica, deve ser comunicada, pelo(a) Relator(a), à Presidência do Tribunal, para os fins do artigo subsequente e do art. 329.

§1º Poderá o relator negar repercussão geral com eficácia apenas para o caso concreto.

§2º Se houver recurso, a decisão do relator de restringir a eficácia da ausência de repercussão geral ao caso concreto deverá ser confirmada por dois terços dos ministros para prevalecer.

§3º Caso a proposta do relator não seja confirmada por dois terços dos ministros, o feito será redistribuído, na forma do art. 324, § 5º, deste Regimento Interno, sem que isso implique reconhecimento automático da repercussão geral da questão constitucional discutida no caso.

§4º Na hipótese do § 3º, o novo relator sorteado prosseguirá no exame de admissibilidade do recurso, na forma dos arts. 323 e 324 deste Regimento Interno.

129. A esse respeito, já nos manifestamos da seguinte forma: "A partir dessa nova concepção dada pela citada alteração regimental, o relator pode, então, negar a repercussão geral de um modo que não era possível, sem a amplificação e transcendência negativa para os demais casos idênticos, com aplicabilidade somente para aquele caso. Ou seja, é a abertura para uma análise de repercussão geral de maneira monocrática, contudo com a possibilidade somente que o relator assim o faça caso seja para negar a existência de repercussão geral. E, ainda, essa negativa de repercussão geral somente pelo relator não será com os

Nesse sentido, o §1º prevê que o relator poderá negar repercussão geral com eficácia apenas para o caso concreto. Isto é, a partir dessa alteração regimental, o relator pode negar a repercussão geral de um modo que não era possível, sem a amplificação e transcendência negativa para os demais casos idênticos, com aplicabilidade somente para aquele caso.

De acordo com o § 2º, então, se houver recurso, a decisão do relator de restringir a eficácia da ausência de repercussão geral ao caso concreto deverá ser confirmada por 2/3 (dois terços) dos ministros para prevalecer.

Caso a proposta do relator não seja confirmada por esse quórum, nos termos do §3º, o feito será redistribuído, seguindo-se o previsto no artigo 324, § 5º, do Regimento, sem que isso implique reconhecimento automático da repercussão geral da questão constitucional discutida na hipótese. Nesse último caso, o §4º determina que o novo relator sorteado prosseguirá no exame de admissibilidade do recurso, nos moldes dos artigos 323 e 324 do Regimento.

Essa faculdade conferida ao relator permite que o exame da repercussão geral de uma mesma questão constitucional seja feito em uma nova oportunidade, por meio de outro processo[130], no qual, por exemplo, fique mais evidente a transcendência da matéria discutida[131].

A partir da possibilidade de o Supremo Tribunal Federal voltar ao tema em outro momento, é possível enxergar na evolução regimental o potencial

---

mesmos impactos de uma ausência de repercussão geral reconhecida pelo pleno, retirando essa transcendência negativa e o efeito cascata, importando em não conhecer somente daquele recurso específico, sem impactar a matéria como um todo e, consequentemente, também sem importar em inadmissibilidade imediata dos demais recursos extraordinários análogos e nem uma negativa de importância daquela matéria específica." (RODRIGUES, Marco Antonio; LEMOS, Vinicius Silva. A Emenda Regimental 54/2020 ao Regimento Interno do STF, a repercussão geral e a busca pela evolução sistêmica. *Revista de Processo*. vol. 326. ano 47, p. 231-256, 2022).

130. Tal possibilidade poderia sugerir uma ofensa à isonomia, em face da possibilidade situação em que o STF recusa um caso por ausência de repercussão geral, apenas para admitir outro versando sobre idêntica questão posteriormente. Como aponta Frederico Montedonio Rego, contudo, tal visão, representaria uma perspectiva estática da questão, que não leva em consideração uma mesma questão, conforme as circunstâncias, pode ser, ou deixar de ser, relevante (REGO, Frederico Montedonio. *Repercussão geral*: uma releitura do direito vigente. 2 ed. Belo Horizonte: Fórum, 2022, p. 275-276). Outrossim, argumentos nesse sentido esbarram numa interpretação sistemática do regime da repercussão geral, dado que o CPC impõe mecanismos para minimizar violações a isonomia caso esta hipótese se concretize, tal como a inexigibilidade do título executivo judicial fundado em lei ou ato normativo que tenha sido declarado inconstitucional pelo STF (art. 525, §12) e o cabimento de ação rescisória na hipótese de trânsito em julgado de sentença fundado em lei ou ato normativo que tenha sido declarado inconstitucional pelo STF (art. 525, §15).

131. Nesse sentido, "Sem a pretensão de formar precedentes abrangentes e vinculantes – uma característica do Plenário Virtual –, a sistemática introduzida pela Emenda Regimental 54/2020 objetiva uma ágil rejeição dos recursos desprovidos de repercussão geral, por meio de uma fundamentação concisa do Relator" (STF, Pleno, Agr. no ARE 1273640, Rel. Min. Alexandre de Moraes, j. 08.09.2020).

de acentuar o papel discricionário do STF. A sistemática da repercussão geral é instrumento de seleção qualitativa de recursos extraordinários baseado em um conceito jurídico indeterminado. Como tal, a identificação no caso concreto da repercussão geral é uma atividade predominantemente técnico-jurídica, mas que é fundamentalmente subjetiva, o que já confere alguma margem liberdade aos ministros do STF na seleção dos casos em que vão julgar[132]. A possibilidade de análise da questão constitucional apenas para o caso concreto enfatiza a capacidade de o STF organizar a sua pauta e estabelecer, em alguma medida um "Poder de Agenda", aproximando-o ainda mais de um filtro discricionário, como é o caso dos Estados Unidos, guardadas as devidas distinções.

Na medida em que a negativa da repercussão geral pelo relator passa a impactar apenas aquele processo em específico, permitindo que, no futuro, esta matéria seja novamente analisada em outro recurso extraordinário, o STF passa a ter a faculdade, por exemplo, de decidir se aquele é ou não o momento adequado para se julgar a causa[133]. Com efeito, um caso pode até levantar uma questão importante, mas seu histórico pode ser nebuloso, ou talvez seja desejável que diferentes aspectos de uma questão sejam mais esclarecidos e explorados pelos tribunais inferiores antes da questão ser decidida em termos definitivos pelo STF. A introdução deste mecanismo reflete, então, a visão da corte de que há matérias nas quais não se vislumbraria num primeiro momento a existência da repercussão geral, mas sobre as quais a corte não pretenderia ainda fechar suas portas para futura apreciação.

Segundo Frederico Montedonio Rego, esse caráter de maior discricionariedade, implicaria também em um dever mitigado de fundamentação por parte da corte, que seria satisfeito com a mera prolação de uma decisão

---

132. Alguns autores utilizam-se da palavra discricionariedade para se referir a tal poder (REGO, Frederico Montedonio. *Repercussão geral*: uma releitura do direito vigente. 2 ed. Belo Horizonte: Fórum, 2022, p. 224), outros já consideram que o termo não é tecnicamente o mais adequado (DANTAS, Bruno. *Repercussão geral*. 3. ed. São Paulo: Revista dos Tribunais, 2012. p. 276-277). A questão terminológica, contudo, não é o enfoque aqui, mas o reconhecimento de que a mudança regimental expande o campo de liberdade de atuação do STF na seleção de casos.

133. Também defendendo que a inovação regimental acentua o papel discricionário da corte, veja-se: REGO, Frederico Montedonio. *Repercussão geral:* uma releitura do direito vigente. 2 ed. Belo Horizonte: Fórum, 2022, p. 275-276; DIDIER Jr., Fredie; CUNHA, Leonardo Carneiro da. *Curso de Direito Processual Civil: o processo civil nos tribunais, recursos, ações de competência originária de tribunal, querela nullitatis, incidentes de competência originária de tribunal*. 19 ed. São Paulo: Juspodivm, 2022, v. 3, p. 487-488. Nesse mesmo sentido, também já nos manifestamos previamente: RODRIGUES, Marco Antonio; LEMOS, Vinicius Silva. A Emenda Regimental 54/2020 ao Regimento Interno do STF, a repercussão geral e a busca pela evolução sistêmica. *Revista de Processo*. vol. 326. ano 47. p. 231-256.

genérica, até mesmo limitada à mera referência à base legal que a autoriza[134]. No entanto, parece-nos que a decisão que rejeita a repercussão geral para o caso concreto não excepciona o disposto no art. 489, §1º, III, do Código de Processo Civil e no art. 93, IX, da Constituição da República[135]. A decisão monocrática em questão é uma oportunidade de se indicar razões que poderiam no futuro conduzir ao enfrentamento da questão de mérito pelo STF[136]. Nada obstante, uma análise das decisões com fundamento no art. 326, §1º, do Regimento Interno, sugere que a prática é pela utilização de decisões genéricas[137].

Esse maior espaço de discricionariedade só é possível na medida em que a decisão do relator reconhece apenas uma desimportância imediata, ao contrário da desimportância perene que a negativa da repercussão geral pelo pleno acarretaria. Sem possibilidade de análise casuística da repercussão geral, o STF ou fecharia as portas em definitivo para a apreciação da questão, ou se valeria da jurisprudência defensiva (*e.g.* ofensa reflexa e falta de pré-questionamento), pois em tais hipóteses a decisão não geraria vinculação para casos futuros. Como bem assevera Frederico Montedonio Rego, ao invés de ter de recorrer a tal prática, o artigo 326, §1º, do Regimento Interno do STF, permite que a corte decida acerca da admissão dos

---

134. "A forma de compatibilizar o dever de motivação (CF, art. 93, IX) com o exercício funcional do filtro de relevância em larga escala, de modo a não violar os arts. 5º, LXXVIII, 102, caput e §3º, da CF, é admitir que a motivação da decisão neste caso possa limitar-se à referência à base legal que a autoriza, ou que assuma formas algo genéricas" (REGO, Frederico Montedonio. *Repercussão geral:* uma releitura do direito vigente. 2 ed. Belo Horizonte: Fórum, 2022, p. 260).

135. O próprio autor, contudo, também antecipa o contra-argumento, apontando que "Exigir que cada questão tenha sua relevância do ponto de vista político, econômico, social e jurídico comparada com todas as demais, presentes e passadas, é inviabilizar o STF. A entender-se que o art. 489, §1º, III, do CPC/2015 proíbe essa prática, o preceito impediria o filtro de funcionar eficazmente e, assim, teria uma incidência inconstitucional quanto às decisões negativas de repercussão geral, exigindo interpretação conforme a Constituição." (Ibid, p. 261).

136. "Nesse sentido, a ausência de fundamentação da negativa de repercussão geral dificultaria sobremaneira a identificação das razões que podem conduzir à superação do precedente e, eventualmente, levem ao enfrentamento da questão de mérito pelo Tribunal" (FORTES, Luiz Henrique Krassuski. Como aprimorar o funcionamento da repercussão geral? Um diálogo com Luís Roberto Barroso e Frederico Montedonio Rego. In: MARINONI, Luiz Guilherme et al. (Coords.). *Processo constitucional.* 1ª ed. São Paulo: Revista dos Tribunais, 2019).

137. Tome-se como exemplo, as seguintes decisões em casos de relatoria do Min. Alexandre de Moraes, proferidas no mesmo dia, que utilizam como fundamentação exclusivamente a seguinte passagem : "No presente caso, a parte recorrente não apresentou elementos concretos, indicativos da presença de repercussão geral. De todo modo, da análise dos autos, verifica-se que a questão controvertida não extrapola os limites da causa e o interesse subjetivo das partes envolvidas. Trata-se de tema específico, de efeito restrito e aplicação limitada." (STF, RE 1442281/PB, Decisão Monocrática, Min. Rel. Alexandre de Moraes, j. 24.07.2023; STF, ARE 1438417/DF, Decisão Monocrática, Min. Rel. Alexandre de Moraes, j. 24.07.2023; STF, RE 1444298/RS, Decisão Monocrática, Min. Rel. Alexandre de Moraes, j. 24.07.2023; STF, ARE 1445050/SC, Decisão Monocrática, Min. Rel. Alexandre de Moraes, j. 24.07.2023).

Recursos Extraordinários de modo mais transparente, honesto e saudável[138]. No entanto, imprescindível se faz que haja um aprimoramento, com a fundamentação adequada das decisões tomadas com base nesse dispositivo regimental.

4.1.6. A relevância no recurso especial

4.1.6.1. Expectativa histórica pelo filtro da relevância

A Emenda Constitucional nº 125, de 2022, alterou o art. 105 da Constituição da República, para nele incluir os parágrafos 2º e 3º, que instituem o filtro da relevância para os recursos especiais, de acesso ao Superior Tribunal de Justiça. Enquanto o parágrafo 2º do art. 105 passou a prever a própria relevância enquanto requisito de admissibilidade do recurso, o parágrafo 3º buscou elencar hipóteses em que haveria relevância da questão de direito federal infraconstitucional, estabelecendo, inclusive, casos com presunção absoluta de relevância[139].

Com a inclusão do filtro, dúvidas apareceram sobre como o filtro seria regulamentado[140] e sobre como seria tratado pelo Superior Tribunal de Justiça[141]. Ocorre que a instituição do filtro não é nenhuma surpresa, diante da tramitação legislativa da proposta de emenda que nela culminou, bem como de todo o panorama mencionado do direito estrangeiro, e desde logo se pode

---

138. "Em vez de extrair uma tese do caso concreto e negar repercussão geral a todos os processos semelhantes, ou de aplicar filtros formais defensivos para negar provimento ao recurso, o Tribunal usou o filtro da repercussão geral e concluiu, de forma mais transparente, honesta e saudável, inadmitiu-se o recuso sem a criação de um precedente." (REGO, Frederico Montedonio. *Repercussão geral:* uma releitura do direito vigente. 2 ed. Belo Horizonte: Fórum, 2022, p. 254).

139. "Nesses casos, entendemos que, verificando-se que o recurso se enquadra em qualquer dos incisos, o requisito da relevância será tido como satisfeito, tratando-se de presunção absoluta." (HILL, Flávia Pereira. *A relevância da questão federal no recurso especial:* Quando menos é mais. Migalhas, 13 jan. 2023. Disponível em: <https://www.migalhas.com.br/coluna/elas-no-processo/379936/a-relevancia-da-questao-federal-no-recurso-especial>. Acesso em: 12.11.2023).

140. No presente estudo, não entraremos no mérito se a relevância se configura como uma repercussão geral para a questão infraconstitucional, ou se permitirá a análise individualizada da ofensa à lei federal, tendo em vista que as características pormenorizadas do instituto dependerão da regulamentação legislativa, ainda pendente.

141. Teresa Arruda Alvim, ao resenhar a obra de Daniel Mitidiero sobre o filtro da relevância no recurso especial, afirmou: "Às vezes, no mundo jurídico, acontecem verdadeiros apagões. Quando, por exemplo, há alterações no plano do direito positivo, que, por diversas razões, não se sabe bem como aplicar. E, o que é pior, dizem respeito a institutos fundamentais! Foi exatamente isso que aconteceu recentemente, quando o nosso ordenamento incluiu um novo requisito para o cabimento do recurso especial, que é a relevância da questão federal discutida. Essa novidade foi trazida pela emenda constitucional 125 2022 e foi recebida com entusiasmo por uma parcela expressiva da doutrina. É o meu caso e o do Mitidiero. Mas a literalidade do texto deixa muitas questões em aberto." (ALVIM, Teresa Arruda. Relevância no recurso especial, de Daniel Mitidiero. *Revista de Processo*, v. 337, p. 483-484, 2023).

adiantar que vem como legítima forma de justificar a função exercida hoje pelo Superior Tribunal de Justiça, ao lado do Supremo Tribunal Federal[142].

Como já apontado neste trabalho, o Superior Tribunal de Justiça e o Supremo Tribunal Federal hoje exercem o papel de Cortes Supremas[143]. Com isso, a função dos tribunais de vértice passa a ser a função das cortes de interpretação. Esse é o cenário hoje existente no Superior Tribunal de Justiça[144], e prova disso é a instituição do filtro da relevância para o recurso especial.

De fato, o filtro da relevância não apenas evidencia que o recurso especial deve versar sobre questões evidentemente relevantes, mas confirma a acentuação da função do Superior Tribunal de Justiça como corte de precedentes[145]. Serve, sem dúvidas, para coibir a interposição desenfreada de recursos especiais como manifestação do *ius litigatoris*, que muitas vezes distorce o propósito primordial de estabelecer precedentes sólidos e fomentar a uniformidade na aplicação do direito[146]. O filtro da relevância, estabelecido de maneira formalmente legítima – i.e. por emenda constitucional de iniciativa do Legislativo – vem para aprimorar o quadro atual de que trata este livro.

---

142. Em texto escrito em 2007, Teresa Arruda Alvim já apontava para a necessidade de criação de filtro de admissibilidade do recurso especial, voltado à preservação da função do referido recurso, qual seja, a preservação do direito objetivo. Em suas palavras: "Está-se vivendo um momento em que muitos Tribunais se encontram verdadeiramente abarrotados de recursos, o que os leva, compreensivelmente, a adotar medidas extremas para diminuir a sua carga de trabalho. Quando a adoção destas medidas extremas passa a se traduzir no rigor excessivo e às vezes até indevido no que diz respeito à verificação da presença dos requisitos formais, relativos à admissibilidade dos recursos, passa-se a querer, e este é o meu caso, que haja sistemas de filtro, que acabem levando a uma efetiva diminuição da carga de trabalho nos Tribunais, mas cujos critérios sejam legítimos. No meu entender, este é o caso da repercussão geral. (...) Lamenta-se que não tenha sido adotado também para selecionarem-se os recursos especiais que vão para o Superior Tribunal de Justiça. O fato de só haver repercussão geral para os recursos extraordinários reflete, de certo modo, uma incongruência, já que se poderia pensar que no que diz respeito a problemas ligados à Constituição Federal, deveriam ser selecionadas questões relevantes. Mas, paradoxalmente, se entenderia que todas as questões que envolvem ofensa a Lei Federal seriam relevantes a ponto de justificar ou de ensejar o julgamento dos recursos especiais." (ALVIM, Teresa Arruda. Repercussão Geral. In: *Revista do Instituto dos Advogados de São Paulo*, vol. 19, p. 368 – 371, Jan-Jun/2007).
143. Na mesma linha, MITIDIERO, Daniel. *Cortes superiores e Cortes Supremas:* do controle à interpretação, da jurisprudência ao precedente. 3. ed. São Paulo: Editora Revista dos Tribunais, 2017, p. 110.
144. Neste ponto, recomenda-se o estudo de Luiz Guilherme Marinoni, que já apontava esse movimento com profunda análise: MARINONI, Luiz Guilherme. *O STJ enquanto corte de precedentes:* recompreensão do sistema processual da corte suprema. 3. ed. São Paulo: Editora Revista dos Tribunais, 2017.
145. Tema trabalhado, dentre outros, por Daniel Mitidiero (MITIDIERO, Daniel. *Cortes superiores e cortes supremas*: do controle à interpretação, da jurisprudência ao precedente. 3. ed. São Paulo: Revista dos Tribunais, 2017, p. 37.
146. MARINONI, Luiz Guilherme. *O STJ enquanto corte de precedentes:* recompreensão do sistema processual da corte suprema. 3. ed. São Paulo: Editora Revista dos Tribunais, 2017, p. 146.

Na verdade, antes mesmo da Constituição de 1988 e da criação do Superior Tribunal de Justiça, o Supremo Tribunal Federal já aplicava o filtro da relevância. A Constituição de 1967/1969, em seu artigo 119, inciso III, alíneas "a" e "d", e §1º[147], previa que o recurso extraordinário fundado em violação constitucional ou a tratado ou lei federal, bem como em violação à interpretação firmada por outro Tribunal ou pelo Supremo Tribunal Federal, deveria demonstrar sua relevância para sua admissibilidade[148].

O filtro, contudo, foi abolido pela Constituição de 1988, imaginando-se que a criação de uma nova Corte Superior bastaria para lidar com o volume de trabalho[149]. Em 1989, na apreciação da Questão de Ordem relativa à competência para o julgamento do Recurso Extraordinário nº 119.218-6, foi julgada, por unanimidade, prejudicada a arguição de relevância:

> QUESTÃO DE ORDEM RELATIVA A COMPETÊNCIA PARA O JULGAMENTO DE RECURSO EXTRAORDINÁRIO FUNDADO EM ALEGAÇÕES DE OFENSA A PRECEITOS CONSTITUCIONAIS E DE DISSIDIO DE JURISPRUDÊNCIA SOBRE MATÉRIA CONSTITUCIONAL, O QUAL FOI ADMITIDO EM PARTE, E SUBIU A ESTA CORTE NOS AUTOS ORIGINAIS, COM ARGÜIÇÃO DE RELEVÂNCIA. - ARGÜIÇÃO DE RELEVÂNCIA QUE SE JULGA PREJUDICADA COM A INSTALAÇÃO DO S.T.J. E COM O CONSEQÜENTE EXAURIMENTO DA EFICÁCIA DO ARTIGO 27, § 1º, DO A.D.C.T., PORQUE A ATUAL CONSTITUIÇÃO NÃO MAIS ADMITE AS RESTRIÇÕES QUE A ELA DAVAM MARGEM, QUER QUANTO AO RECURSO EXTRAORDINÁRIO, QUER QUANTO AO RECURSO ESPECIAL. QUESTÃO DE ORDEM QUE SE DECIDE NO SENTIDO DE QUE, PREJUDICADA A ARGÜIÇÃO DE RELEVÂNCIA E SENDO O RECURSO EXTRAORDINÁRIO EXCLUSIVAMENTE LIMITADO A QUESTÕES

147. Art. 119. Compete ao Supremo Tribunal Federal: [...]
III - julgar, mediante recurso extraordinário, as causas decididas em única ou última instância por outros tribunais, quando a decisão recorrida:
a) contrariar dispositivo desta Constituição ou negar vigência de tratado ou lei federal; [...]
d) der à lei federal interpretação divergente da que lhe tenha dado outro Tribunal ou o próprio Supremo Tribunal Federal.
§ 1º As causas a que se fere o item III, alíneas a e d, deste artigo, serão indicadas pelo Supremo Tribunal Federal no regimento interno, que atenderá à sua natureza, espécie, valor pecuniário e relevância da questão federal.

148. Alcides Mendonça Lima teceu severas críticas sobre o instituto, asseverando que "o expediente foi tão acremente censurado, por sua falta de índole democrática, que terminou desaparecendo como norma legal na Constituição Federal de 1988. Serviu, apenas, para dificultar a admissibilidade e o conhecimento do recurso extraordinário, porque, em 100 instrumentos, o acolhimento não chegava a oito por cento, se tanto. Logo o recurso visado ficava sujeito às restrições do regimento interno, que cancelou requisitos da própria Constituição, sobrepondo-se à sua hierarquia clássica." (LIMA, Alcides Mendonça. Arguição de relevância da questão federal. In: *Revista de Processo*, vol. 58, p. 118-119, abr-jun/1990).

149. FARIA. Luiz Alberto Gurgel de; FARIA, Isabela Medeiros Gurgel de. O recurso especial repetitivo e a arguição de relevância: instrumentos para a efetivação do STJ como Corte Suprema. Boletim *Revista dos Tribunais Online*, v. 27, mai. 2022.

CONSTITUCIONAIS, PERSISTE A COMPETÊNCIA DO SUPREMO TRIBUNAL FEDERAL PARA JULGÁ-LO INTEGRALMENTE.[150]

Paralelamente, a Medida Provisória 2.226/2001 inseriu no âmbito da Justiça do Trabalho filtro semelhante à Repercussão Geral. Passou a constar na CLT o art. 896-A, que estabeleceu o requisito da transcendência para a admissibilidade de recursos para o Tribunal Superior do Trabalho. O §1º desse dispositivo elenca, exemplificativamente, indicadores de transcendência econômica, política, jurídica e social.[151] Apesar de sua regulamentação não ser objeto deste trabalho, que se presta apenas à análise dos filtros no processo civil, pertinente se faz apontar que o movimento que se obteve com a instituição do filtro da relevância não é exclusivo do Superior Tribunal de Justiça, e é prova de uma transformação legítima da função dos tribunais superiores em cortes de precedentes. O filtro, portanto, não é uma novidade.

A Emenda Constitucional nº 125 de 2022, na verdade, remonta a 2011[152], a partir de anteprojeto instalado pelo Ministro Teori Zavascki, na época, ainda Ministro do Superior Tribunal de Justiça[153]. Passou para o Poder Legislativo em 2012, com a PEC nº 209/2012, proposta originalmente na Câmara dos Deputados, de autoria da Deputada Federal Rose de Freitas e do Deputado Federal Luiz Pitiman[154]. Em 2017, foi remetida ao Senado, tornando-se PEC nº 17/2017[155]. Ao retornar à Câmara dos Deputados, em 8 de novembro de 2021, tornou-se a PEC nº 39/2021[156]. Assim, foi transformada em Emenda Constitucional, instituindo o filtro da relevância ao recurso especial em processo legislativo antigo e já esperado. Toda a história do filtro expressa que não há qualquer surpresa com a instituição da relevância[157]. O que se fez foi dar legitimidade constitucional à instituição do filtro, consagrando,

150. STF, RE 119218 QO, Rel. Min. Moreira Alves, Tribunal Pleno, j. 26.04.1989.
151. PAMPLONA FILHO, Rodolfo; SOUZA, Tercio Roberto Peixoto. *Curso de direito processual do trabalho*. 2. ed. São Paulo: Saraiva Educação, 2020.
152. KOEHLER, Frederico Augusto Leopoldino; BONIZZI, Marcelo José Magalhães. A relevância da questão de direito federal infraconstitucional no recurso especial. *Revista de Processo*, v. 333, p. 159-185, nov. 2022.
153. Relator admite processamento da PEC da repercussão geral para o STJ, 8 nov. 2012. Disponível em: <https://www.cjf.jus.br/cjf/outras-noticias/2012-1/novembro/relator-admite-processamento-da-pec-da-repercussao-geral-para-o-stj>. Acesso em 12.11.2023.
154. Maiores informações em: <https://www.camara.leg.br/proposicoesWeb/fichadetramitacao?idProposicao=553947>.
155. Maiores informações em: <https://www25.senado.leg.br/web/atividade/materias/-/materia/128403>.
156. Maiores informações em: <https://www.camara.leg.br/proposicoesWeb/fichadetramitacao?idProposicao=2306112>. Para melhor entendimento da tramitação bicameral: <https://www.congressonacional.leg.br/materias/materias-bicamerais/-/ver/pec-209-2012-cd>.
157. BRAZIL, Renato Caldeira Grava. *Recurso Especial:* efeitos e a prática no Superior Tribunal de Justiça. São Paulo: Quartier Latin, 2020, p. 151 e ss.

por meio do Poder Legislativo, a definição mais precisa das funções do Superior Tribunal de Justiça.

Veja-se que, sem o filtro da relevância, o Superior Tribunal de Justiça atua, à exceção do regime de julgamento de recursos repetitivos, precisando recorrer à já mencionada jurisprudência defensiva, e enfrentando o recurso especial como corretor de incorreta aplicação de lei federal, ou seja, como mera manifestação de *ius litigatoris*.

No entanto, consoante analisamos ao olhar para o Direito estrangeiro, esse papel predominante no recurso especial vai em sentido contrário ao que se verifica em diversos países da tradição de *civil law* e a assunção de um papel de Corte de precedentes ao Superior Tribunal de Justiça[158]. É de se notar que a própria motivação da PEC nº 209/2012 evidencia essa função[159]. Uma corte de precedentes deve ter seu acesso limitado para garantir sua função de estabelecer verdadeiros precedentes[160].

O filtro da relevância já era pensado muito antes de 2022. Luiz Guilherme Marinoni já apontava a necessidade de ser instituído um filtro recursal de "repercussão geral" ao Superior Tribunal de Justiça[161]. O Ministro do STJ Ricardo Villas Bôas Cueva, em 2017, "salientava que o filtro da relevância para o recurso especial seria necessário para completar a engenharia da Emenda Constitucional 45, de 2004, a qual fora responsável pela exigência da 'repercussão geral' como um requisito adicional de admissibilidade para o Recurso Extraordinário"[162]. Já em 1999, José Manoel de Arruda Alvim Netto rebatia as críticas à instituição de um filtro de relevância ao recurso

158. Nessa linha, para Marinoni, esse papel de mera correção de aplicação da lei federal contraria frontalmente a função que o Superior Tribunal de Justiça deveria prestar (MARINONI, Luiz Guilherme. *O STJ enquanto corte de precedentes:* recompreensão do sistema processual da corte suprema. 3. ed. São Paulo: Editora Revista dos Tribunais, 2017, p. 146).

159. "Resta por necessária a adoção do mesmo requisito no tocante ao recurso especial, recurso esse de competência do STJ. A atribuição de requisito de admissibilidade ao recurso especial suscitará a apreciação de relevância da questão federal a ser decidida, ou seja, devendo-se demonstrar a repercussão geral, considerar-se-á a existência, ou não, de questões relevantes do ponto de vista econômico, político, social ou jurídico, que ultrapassem os interesses subjetivos da causa. Atualmente, vige um modelo de livre acesso, desde que atendidos os requisitos já explicitados como constantes do inciso III, do art. 105, da Constituição Federal. De tal sorte, acotovelam-se no STJ diversas questões de índole corriqueira, como multas por infração de trânsito, cortes no fornecimento de energia elétrica, de água, de telefone." (Disponível em: <https://www.camara.leg.br/proposicoesWeb/prop_mostrarintegra?codteor=1020915&-filename=Tramitacao-PEC%20209/2012>. Acesso em 12.11.2023.

160. MARINONI, Luiz Guilherme. *O STJ enquanto corte de precedentes:* recompreensão do sistema processual da corte suprema. 3. ed. São Paulo: Editora Revista dos Tribunais, 2017, p. 149.

161. MARINONI, Luiz Guilherme. *O STJ enquanto corte de precedentes:* recompreensão do sistema processual da corte suprema. 3. ed. São Paulo: Editora Revista dos Tribunais, 2017, p. 142-148.

162. REIS, Aldacir. *Filtro de relevância para recurso especial é medida necessária.* Consultor Jurídico, 9 mar. 2017. Disponível em: <https://www.conjur.com.br/2017-mar-09/adacir-reis-filtro-relevancia-recurso-especial--necessario>. Acesso em 12.11.2023.

especial – diga-se, as mesmas críticas que precisam ser rebatidas até hoje – e pedia a criação do filtro naquela época[163].

Diante do contexto e da evolução histórica mencionados, constata-se que o filtro da relevância realmente não é novidade para recursos excepcionais como o recurso especial. Contudo, vem para confirmar anos de desenvolvimento doutrinário e para que o Superior Tribunal de Justiça possa ampliar sua atuação como corte de precedentes. A evolução normativa nos mostra, por exemplo, que a criação do regime dos recursos repetitivos, a repercussão geral e a própria relevância alteram, de certa forma, o método de trabalho das Cortes Superiores, ao conferir um predomínio do *ius constitutionis* aos recursos excepcionais, além de acentuar seu papel como cortes de precedentes.

4.1.6.2. Compreendendo o filtro da relevância

Muito mais do que apenas restringir o acesso ao Superior Tribunal de Justiça, a relevância aprimora o significado tanto do recurso especial quanto da própria Corte Superior. Como adiantado, a instituição do filtro da relevância ao recurso especial confirma e acentua a função do Superior Tribunal de Justiça como corte de precedentes, prezando pela uniformização do direito pelos tribunais brasileiros. O recurso especial, por sua vez, tem ressaltada sua função de prezar pelo direito objetivo, não devendo ser usado como mera instância revisora de decisões de instâncias inferiores[164].

Não há motivos para que o Superior Tribunal de Justiça siga revisando decisões judiciais sem efetivamente uniformizar a interpretação do direito.

163. "Parecem-se inteiramente infundadas as razões e motivos que se tem levantado contra a admissão da argüição de relevância entre nós. Esta se constituirá - sem exclusão de outros possíveis mecanismos - num meio apto a resolver a crise do Superior Tribunal de Justiça, ao lado do que proporcionará condições próximas das ideais para o alto desempenho dessa Corte de Justiça, cujas decisões devem ser sempre modelos e paradigmas para a Nação. Este momento do primeiro semestre de 1999, em que se encontram delineadas linhas e alternativas para a Reforma do Poder Judiciário, é o adequado para a consideração deste tema." (ALVIM NETTO, José Manoel de Arruda. A alta função jurisdicional do Superior Tribunal de Justiça no âmbito do recurso especial e a relevância das questões. *Revista de Processo*, v. 96, p. 37-44, out./dez. 1999).

164. Como apontado por Evandro Lins e Silva ao discorrer sobre a arguição de relevância, tratada pela Constituição de 1967, em lições igualmente aplicáveis ao recurso especial "não se justifica que processos penais por contravenções ou por crimes leves, ações de despejo, causas julgadas em procedimentos sumaríssimos, processos cautelares, litígios trabalhistas de servidores com a União, acidentes de trabalho ou de trânsito congestionem as pautas do STF, salvo se estiver em causa uma ofensa à Constituição ou uma razão superior que recomende ou exija a sua intervenção corretiva. O recurso para o STF, pelo seu próprio nome, é "extraordinário", o que significa que se destina aos casos excepcionais e não aos casos rotineiros do dia-a-dia forense e, muito menos, às questões de nonada ou de litigantes caprichosos, que querem ver suas causas decididas pela mais alta Corte do País." (SILVA, Evandro Lins e. O recurso extraordinário e a relevância da questão federal. In: *Revista Forense*. Nº 485, Rio de Janeiro: Forense, 1976).

Até hoje, a sistemática dos recursos especiais favorece uma pluralidade de interpretações que permite aos recorrentes escolher precedentes em meio a uma multiplicidade de outras interpretações sobre a mesma matéria. Daí, o Superior Tribunal de Justiça corrige a interpretação que foi dada pela instância inferior para aquela que, naquele momento, entende correta[165].

Os números estatísticos do Superior Tribunal de Justiça assustam e não parecem os números de uma corte com o papel de uniformização da jurisprudência. No ano de 2022, para a Ministra Presidente da Corte, foram distribuídos 165.600 processos, sendo eles 146.961 agravos em recursos especiais e 3.229 recursos especiais. O total para toda a corte foi de 430.991 processos, sendo 63.621 recursos especiais e 242.803 agravos em recursos especiais[166]. Não é possível exercer uma correta uniformização da interpretação do direito com esse número de processos. O produto dessa equação é uma contradição infinita e uma desarmonia jurisprudencial[167].

A instituição do filtro é fundamental para que o Superior Tribunal de Justiça passe a julgar casos com relevância social. Há, contudo, críticas à criação da relevância. Desde antes de editada a Emenda Constitucional nº 125, a PEC que a originou já suscitava censuras. De um lado, sustentava-se que o Superior Tribunal de Justiça se transformaria em uma corte elitista, "da[ndo] as costas a vulneráveis"[168]. Lenio Streck apontava que já havia

165. "É certo que o recurso especial tem sido admitido para permitir a simples revisão da interpretação da lei federal. Isso acontece porque, como o Superior Tribunal de Justiça não define a interpretação da lei mediante precedente que se sobrepõe aos tribunais ordinários, abre-se um leque para que esses possam escolher uma das várias interpretações que podem ser conferidas à lei, dando-se ao Superior Tribunal de Justiça a oportunidade de corrigir a opção do tribunal local, conforme a interpretação episódica que determinada Turma esteja conferindo à lei no momento do julgamento do recurso especial." (MARINONI, Luiz Guilherme. *O STJ enquanto corte de precedentes:* recompreensão do sistema processual da corte suprema. 3. ed. São Paulo: Editora Revista dos Tribunais, 2017, p. 142).

166. STJ. Relatório Estatístico de 2022. Disponível em: <https://www.stj.jus.br/docs_internet/processo/boletim/2022/Relatorio2022.pdf>. Acesso em 12.11.2023.

167. A qual contraria a função uniformizadora dos tribunais de cúpula, como é o caso do STJ. Como apontam Bruno Dantas e Maria Isabel Gallotti, "Superada a fase em que o juiz desempenhava mero papel de la bouche de la loi, para assumir sua função moderna em que participa ativamente na realização da ordem jurídica, hoje repleta de princípios, conceitos jurídicos abstratos, cláusulas gerais etc., é natural que, na investigação da solução mais adequada para cada caso, surjam interpretações conflitantes. Não é natural, todavia, que essa dissonância se perpetue, gerando, cada vez mais, um cenário caótico de insegurança jurídica em que se encontra tudo, menos igualdade perante a lei. E o que pretende fazer a função uniformizadora é justamente corrigir esse tipo de distorção. Especialmente no momento atual, em que se lida com o processo judicial no seio de uma sociedade de massa, na qual, como não poderia ser diferente, processos muito similares se repetem aos milhares (senão aos milhões, em alguns casos), a falta de uniformidade é um convite bastante atrativo à litigiosidade." (DANTAS, Bruno; GALLOTTI, Isabel. Crise do recurso especial e a função constitucional do STJ: uma proposta de reforma. In: *Revista dos Tribunais*, vol. 998, dez./2018, p. 129-158).

168. CALEGARI, Luiza. ALVES, Mateus Silva. *PEC da Relevância pode fazer STJ dar as costas a vulneráveis, avaliam advogados.* Consultor Jurídico, 5 nov. 2021. Disponível em: <https://www.conjur.com.br/2021-nov-05/pec-relevancia-stj-dar-costas-vulneraveis>. Acesso em 12.11.2023.

uma dificuldade extrema em um recurso especial ser admitido, bem como identificava certa incerteza sobre como seria definida a relevância de um recurso especial[169]. Cruz e Tucci aponta benefícios na instituição do filtro da relevância, mas, diante de sua experiência enquanto advogado, manifesta receio da jurisprudência defensiva desenvolvida tradicionalmente pelo Superior Tribunal de Justiça [170]. Ainda, há quem critique a instituição de um filtro como a relevância nessa Corte Superior, tendo em vista que supostamente causaria uma perpetuação de erros em decisões de instâncias inferiores[171].

A quantidade de processos tramitando ser grande não desmente a dificuldade de admissão. A relevância, longe de transformar o Superior Tribunal de Justiça em elitista, dará à Corte a possibilidade de se debruçar sobre recursos especiais que versem sobre temas que ultrapassam os limites daquela controvérsia, ou seja, dotados de transcendência que justifique sua atuação. Passa-se de uma função predominantemente privada da Corte, para uma função sobretudo pública. Ainda, não importa a matéria discutida, seja de consumidor ou de empresarial, pois tendo relevância, a matéria há de ser julgada pelo Superior Tribunal de Justiça, para que seja definida a interpretação correta[172].

A incerteza sobre a definição que o Superior Tribunal de Justiça dará à relevância, quando de sua aplicação, é legítima, por tratar-se de um conceito jurídico indeterminado[173], mas o fato de o Superior Tribunal de Justiça não ter apontado desde logo um significado discricionário, sem que houvesse lei para disciplinar o filtro, indica que sua regulamentação será cautelosamente formada, o que também se verifica do tempo já decorrido para a

169. STRECK, Lenio Luiz. *O que restará do recurso especial se aprovada a PEC da Relevância?* Consultor Jurídico, 21 out. 2021. Disponível em: <https://www.conjur.com.br/2021-out-21/senso-incomum-restara-recurso-especial-aprovada-pec-relevancia>. Acesso em 12.11.2023.

170. "É claro que em termos de economia processual e eventualmente de celeridade, esta significativa alteração constitucional poderá de fato corresponder às expectativas da sociedade. Contudo, pela experiência que todos nós advogados do contencioso temos da famigerada "jurisprudência defensiva", doravante, serão certamente redobradas as dificuldades que o jurisdicionado enfrentará para que um recurso especial seja admitido!" (CRUZ E TUCCI, José Rogério. *Relevância da questão federal como requisito de admissibilidade do REsp.* Consultor Jurídico, 19 jul. 2022. Disponível em: <https://www.conjur.com.br/2022-jul-19/questao-federal-admissibilidade-recurso-especial-stj>. Acesso em 12.11.2023).

171. Apontando e rebatendo duas dessas críticas, confira-se: PEREIRA, Carlos Frederico Bastos. O Superior Tribunal de Justiça e repercussão geral no recurso especial. *Revista Eletrônica de Direito Processual – REDP,* v. 20, n. 2., p. 20-46, mai./ago. 2019, p. 32-35.

172. "O critério da relevância da questão federal confere à Corte oportunidade para se concentrar sobre questões federais que devem ser resolvidas para orientar a vida social" (MARINONI, Luiz Guilherme. O STJ enquanto corte de precedentes: recompreensão do sistema processual da corte suprema. 3. ed. São Paulo: Editora Revista dos Tribunais, 2017, p. 147).

173. Sobre o tema, já se discorreu em: RODRIGUES, Marco Antonio. *Manual dos Recursos*: ação rescisória e reclamação. 2 ed. São Paulo: Juspodivm, 2023, p. 329.

elaboração da lei regulamentadora. De toda forma, deve-se analisar como será o tratamento a ser conferido à relevância, e espera-se que certamente seja fiel à lei que regulamentará o filtro. No mesmo sentido é a observação de José Rogério Cruz e Tucci: devemos esperar para ver como o Superior Tribunal de Justiça balanceará sua jurisprudência defensiva com o novo filtro da relevância.

Quanto à crítica de que o filtro da relevância possa impedir sejam levadas alegações de ofensa à lei federal ao Superior Tribunal de Justiça, essa própria Corte Superior pode errar, e a não correção de toda e qualquer decisão judicial que carregue um erro não constitui propriamente uma lesão ao sistema jurídico[174]. Além disso, a mutação nas funções das Cortes Superiores mostra que a correção de decisões judiciais não é a função direta do Superior Tribunal de Justiça. Assim, a instituição de um filtro que afaste a Corte de uma função que não deve exercer não deveria ser objeto de críticas; necessário é olhar-se para a sistematização de como caracterizar o atendimento a esse filtro. Conforme defendido na doutrina, querer que o Superior Tribunal de Justiça cumpra a função de revisar todos os erros judiciais de decisões de instâncias inferiores é "transformar a Corte Suprema em um inimaginável, enorme e ineficiente tribunal de terceira instância"[175].

4.1.6.3. Repercussão geral – semelhanças e diferenças

A primeira e imediata comparação que se faz com a relevância instituída para a admissibilidade do recurso especial é à repercussão geral do recurso extraordinário[176]. De fato, a função das Cortes Superiores e os motivos que levaram aos filtros são os mesmos[177]. Contudo, podemos apontar algumas diferenças que levam à conclusão que não serão tratados da mesma maneira.

---

174. PEREIRA, Carlos Frederico Bastos. O Superior Tribunal de Justiça e repercussão geral no recurso especial. *Revista Eletrônica de Direito Processual – REDP*, v. 20, n. 2., p. 20-46, mai./ago. 2019, p. 34.

175. MARINONI, Luiz Guilherme. *O filtro da relevância*. São Paulo: Thomson Reuters Brasil, 2023, p. 93.

176. Daniel Mitidiero, em obra publicada pouco tempo depois de publicada a Emenda Constitucional nº 125, chegou a afirmar: "a relevância não é senão outro nome para a repercussão geral no recurso extraordinário e para a transcendência no recurso de revista." (MITIDIERO, Daniel. *Relevância no recurso especial*. São Paulo: Thomson Reuters Brasil, 2022, p. 88). Lenio Streck indica serem instrumentos semelhantes: "Traduzindo, isto quer dizer que, assim como já acontece no STF com a repercussão geral, agora o STJ passaria a ter a sua." (STRECK, Lenio Luiz. *O que restará do recurso especial se aprovada a PEC da Relevância? Consultor Jurídico, 21 out. 2021*. Disponível em: <https://www.conjur.com.br/2021-out-21/senso-incomum-restara-recurso-especial-aprovada-pec-relevancia>. Acesso em: 12.11.2023).

177. THEODORO JÚNIOR, Humberto. O recurso especial e a relevância da questão jurídica discutida (EC 125/2022). *Revista Direito UNIFACS*, n. 270, dez. 2022.

Luiz Guilherme Marinoni e Daniel Mitidiero empregaram fórmula importante para estabelecer o significado da repercussão geral. Para os autores, a repercussão geral seria formada pela relevância social, política, econômica ou jurídica, bem como pela transcendência relativa às partes daquela disputa[178]. Mais recentemente, Marinoni emprega a mesma fórmula para definir a relevância no recurso especial, que seria formada pela relevância e pela transcendência[179].

A respeito dessa fórmula, é importante recordar o que se defendeu acima: há duas espécies de transcendência – a quantitativa e a qualitativa. A transcendência quantitativa se faz pela multiplicidade de processos que serão afetados pela resolução daquela questão. Já a transcendência qualitativa existe quando aquela controvérsia vai além da subjetividade da demanda, tratando de questão de direito que afeta a própria coletividade[180].

No entanto, Marinoni aponta que as funções de uniformizar a interpretação do direito em âmbito constitucional e infraconstitucional possuem diferenças que refletem na repercussão geral e na relevância. Argumenta-se que a interpretação da Constituição deve ter a participação da sociedade e não deve ser um monopólio do Judiciário, sendo o Supremo Tribunal Federal, então, "coadjuvante qualificado da interpretação constitucional"[181]. Em contraponto, a interpretação da lei federal poderia ser definitiva, e não necessariamente a discussão continuará sob deliberação popular[182]. Além disso, aponta que, caso a matéria constitucional não se mostre bem discutida pelo Parlamento ou pela sociedade, o Supremo Tribunal Federal não deveria julgar a matéria, respeitando o processo democrático, e transferindo às instituições seus papéis verdadeiros, devendo ser rejeitada a repercussão geral da matéria[183]. A diferença estaria, portanto, na configuração da transcendência[184].

---

178. MARINONI, Luiz Guilherme; MITIDIERO, Daniel. A repercussão geral no recurso extraordinário. *Revista eletrônica [do] Tribunal Regional do Trabalho da 9ª Região*, Curitiba, v. 9, n. 92, p. 16-29, set. 2020.
179. "O conceito de relevância é integrado por dois elementos: a relevância (importância) da questão e sua transcendência." (MARINONI, Luiz Guilherme. *O filtro da relevância*. São Paulo: Thomson Reuters Brasil, 2023, p. 81).
180. Sobre o tema, já se discorreu em: RODRIGUES, Marco Antonio. *Manual dos Recursos*: ação rescisória e reclamação. 2 ed. São Paulo: Juspodivm, 2023, p. 325.
181. MARINONI, Luiz Guilherme. *O filtro da relevância*. São Paulo: Thomson Reuters Brasil, 2023, p. 76.
182. Ibid.
183. MARINONI, Luiz Guilherme. *O filtro da relevância*. São Paulo: Thomson Reuters Brasil, 2023, p. 77-78.
184. "Assim, diversamente do que ocorre quando se cogita sobre a arguição de relevância, a transcendência, na repercussão geral, inevitavelmente assume duplo sinal. Possui sinal positivo, servindo para a caracterização da necessidade de decidir questão constitucional de interesse da sociedade, e sinal negativo para indicar que a questão requer discussão popular e deliberação parlamentar." (MARINONI, Luiz Guilherme. *O filtro da relevância*. São Paulo: Thomson Reuters Brasil, 2023, p. 78).

Ao nosso sentir, porém, não parece haver uma diferença tão larga no procedimento de interpretação da Constituição e no da lei federal. Com efeito, ambos devem ter um contraditório qualificado, sempre que possível com a participação de sujeitos dos variados setores, buscando o máximo de elementos para a definição do sentido de uma norma. Ademais, em ambos pode ser que haja, com o tempo, uma mudança de interpretação, a justificar uma revisão do precedente.

Ademais, a ausência de previsão legal não atribui às Cortes Superiores o poder de criar algo além da interpretação - gramatical, histórica, sistemática e teleológica - possível do dispositivo que está em análise também em relação às normas infraconstitucionais. Um dos objetivos desta tese é justamente demonstrar a ilegitimidade de filtros recursais eventualmente estabelecidos pelas próprias cortes sem qualquer previsão constitucional ou legal, usando a atribuição de dar sentido à norma para, na verdade, criar obstáculos indevidos de acesso a suas instâncias.

Ainda que a relevância e a repercussão geral possam ter diferenças, deve-se apontar que ambas possuem o mesmo objetivo e a mesma razão de ser. Por isso, devem possuir paralelos muito marcados, com tratamento semelhante em diversos pontos, para confirmar o sentido pelo qual o filtro foi criado, assegurando o funcionamento de Cortes Supremas no Brasil.[185]

Dessa maneira, nosso entendimento é de que a regulamentação legislativa da relevância deve, na medida do possível, se pautar pela relevância e pela transcendência, sem prejuízo das hipóteses de relevância presumida, que já se encontram previstas na Constituição, com a alteração decorrente da Emenda Constitucional n. 125.

Nesse sentido, um aprimoramento interessante parece ser o da adoção das hipóteses de transcendência previstas no artigo 896-A da CLT para a transcendência exigida como filtro ao recurso de revista, como parâmetros que contribuam para a concretização do filtro ao recurso especial.

A teor do mencionado dispositivo, são indicadores de transcendência, dentre outros, (i) econômica, o elevado valor da causa; (ii) política, o desrespeito da instância recorrida à jurisprudência sumulada do Tribunal Superior do Trabalho ou do Supremo Tribunal Federal; (iii) social, a postulação, por

185. Luís Roberto Barroso e Frederico Montedônio Rego indicam procedimentos a serem seguidos no exame de filtros de modalidade de repercussão geral: BARROSO, Luís Roberto; REGO, Frederico Montedônio. Como salvar o sistema de Repercussão Geral: transparência, eficiência e realismo na escolha do que o Supremo Tribunal Federal vai julgar. *Revista Brasileira de Políticas Públicas, Brasília*, v. 7, n. 3, p. 696-713, 2017. p. 707-711.

reclamante-recorrente, de direito social constitucionalmente assegurado; (iv) jurídica, a existência de questão nova em torno da interpretação da legislação trabalhista.

Nessa linha, no que se refere à transcendência jurídica como questão nova, vale recordar o que foi abordado relativamente ao interesse cassacional no regime espanhol. Isso porque, por força do art. 477.3 da LEC, haverá interesse cassacional, dentre outras hipóteses, para fins de admissão do *recurso de casación*, se a decisão recorrida houver aplicado norma jurídica em vigência há menos de cinco anos, contanto que não haja jurisprudência consolidada do Tribunal Supremo a respeito de norma anterior de conteúdo igual ou similar.

4.1.6.4. Regime da relevância

A instituição do filtro da relevância para a admissibilidade do recurso especial no Superior Tribunal de Justiça trouxe dúvidas sobre como seria traçado seu tratamento[186]. O §2º do art. 105 da Constituição Federal, adicionado pela Emenda Constitucional nº 125 de 2022, estabelece expressamente que a demonstração da relevância deverá ser feita nos termos da lei. Nesse sentido, o Pleno do Superior Tribunal de Justiça aprovou seu Enunciado Administrativo nº 8[187], estabelecendo que a relevância somente será exigida depois da regulamentação por lei[188]. Dessa forma, a expectativa se volta ao Legislativo, aguardando-se a regulamentação do filtro da relevância.

Imediatamente depois de editada a Emenda Constitucional nº 125, surgiram as dúvidas acerca de como o filtro seria tratado pelo Superior Tribunal de Justiça em recursos especiais interpostos dali em diante. Em alguns julgados, tomou-se a interpretação de que, quando o acórdão recor-

186. Ainda nos trâmites dos Projetos de Emenda Constitucionais, a dúvida já era bastante presente na doutrina: "Ato contínuo, as preocupações da comunidade jurídica são consequências lógicas. Afinal, como a proposta da nova norma constitucional empurra para a lei a competência de, efetivamente, reger de maneira mais precisa os critérios de definição da relevância a justificar a interposição do recurso especial, não é demais dizer ser impossível prever como funcionará, na prática, o formalismo que poderá vir a ser imposto, embora seja inequívoca a necessidade de se instaurar um filtro aos recursos especiais, a fim de desafogar minimamente o Superior Tribunal de Justiça, em especial daqueles casos em que sua intervenção não se faz necessária." (BRAZIL, Renato Caldeira Grava. *Recurso Especial:* efeitos e a prática no Superior Tribunal de Justiça. São Paulo: Quartier Latin, 2020, p. 153).

187. "A indicação no recurso especial dos fundamentos de relevância da questão de direito federal infraconstitucional somente será exigida em recursos interpostos contra acórdãos publicados após a data de entrada em vigor da lei regulamentadora prevista no art. 105, § 2º, da Constituição Federal."

188. Critério de relevância do recurso especial só será exigido após vigência da futura lei regulamentadora. Disponível em: <https://www.stj.jus.br/sites/portalp/Paginas/Comunicacao/Noticias/2022/19102022-Criterio-de-relevancia-do-recurso-especial-so-sera-exigido-apos-vigencia-da-futura-lei-regulamentadora.aspx>. Acesso em: 12.11.2023.

rido tivesse sido publicado antes da publicação da Emenda Constitucional nº 125, o requisito de admissibilidade não seria aplicável[189]. Contudo, a aprovação do Enunciado Administrativo nº 8, três meses depois da Emenda Constitucional nº 125, afastou todas as dúvidas e assegurou o correto entendimento do marco temporal da aplicabilidade do filtro.

O próprio Superior Tribunal de Justiça está trabalhando para apresentar ao Legislativo uma proposta de lei regulamentando o filtro da relevância. Em dezembro de 2022, foi encaminhada ao Senado uma sugestão de anteprojeto de lei[190], mas que parece ainda estar sob ajustes dos próprios ministros, enquanto sua tramitação no Senado está suspensa[191]. É possível que a regulamentação absorva muito do que é usado à repercussão geral, como: "a) demonstração da relevância da questão federal em preliminar do recurso especial, com apreciação reservada para o STJ; b) não conhecimento do especial, em decisão irrecorrível, quando a questão federal não ostentar relevância do ponto de vista econômico, político, social ou jurídico; c) intervenção da figura do *amicus curiae*; d) recusada a existência de relevância da questão federal, a decisão valerá para todos os recursos sobre matéria idêntica, que serão indeferidos liminarmente, salvo revisão de tese"[192]. Então, apenas deverá ocorrer o desenvolvimento do entendimento do STJ acerca do filtro quando entrar em vigor a lei regulamentadora do §2º do art. 105 da Constituição Federal.

Da leitura das previsões constitucionais fica evidente que o filtro da relevância se mostra como filtro qualitativo, em vez de filtro quantitativo. O motivo de o filtro existir está totalmente relacionado à necessidade de garantir ao Superior Tribunal de Justiça sua atuação pela missão pública que deve exercer[193]. Foram trazidos filtros semelhantes no direito estrangeiro,

---

189. Confira-se, por exemplo, AgInt no AREsp n. 2.127.335/PR, Rel. Min. Ricardo Villas Bôas Cueva, Terceira Turma, j. 13.03.2023; AgInt no AREsp n. 2.087.415/RS, Rel. Min. Ricardo Villas Bôas Cueva, Terceira Turma, j. 06.03.2023.

190. STJ entrega ao Senado proposta para regulamentar filtro de relevância do recurso especial, 5 dez. 2022. Disponível em: <https://www.stj.jus.br/sites/portalp/Paginas/Comunicacao/Noticias/2022/05122022-STJ--entrega-ao-Senado-proposta-para-regulamentar-filtro-de-relevancia-do-recurso-especial.aspx>. Acesso em: 12.11.2023.

191. OLIVON, Beatriz. Regulamentação de filtro de relevância está 90% discutida no STJ. *Valor Econômico*, Brasília, 16 jun. 2023. Disponível em: <https://valor.globo.com/legislacao/valor-juridico/coluna/regulamentacao-de-filtro-de-relevancia-esta-90percent-discutida-no-stj.ghtml>. Acesso em: 12.11.2023.

192. KOEHLER, Frederico Augusto Leopoldino; BONIZZI, Marcelo José Magalhães. A relevância da questão de direito federal infraconstitucional no recurso especial. *Revista de Processo*, v. 333, p. 159-185, nov. 2022.

193. "A razão em função da qual se faz esta seleção é, seja ou não confessada, haja ou não fundamentação da decisão em que se revela a seleção, a importância, a relevância da questão cujo exame se quer submeter à Corte Superior. A missão pública das cortes superiores, no sentido de promover uniformidade e unidade do direifto, contribuindo decisivamente para a construção do próprio direito, fica evidentemente realçada quando se prioriza o filtro qualitativo da relevância." (ALVIM, Teresa ARRUDA. *Decisões de qualidade em*

que buscam orientar a sociedade a partir de interpretações possíveis de matérias de certa qualidade[194].

No entanto, importante destacar que há hipóteses previstas no artigo 105, §3º, da Constituição da República, em que a relevância fica presumida. São elas: ações penais; ações de improbidade administrativa; ações cujo valor da causa ultrapasse 500 (quinhentos) salários mínimos; ações que possam gerar inelegibilidade; hipóteses em que o acórdão recorrido contrarie jurisprudência dominante do Superior Tribunal de Justiça; e outras hipóteses previstas em lei.

Pode-se afirmar que há, em tais situações, uma relevância presumida, a justificar a admissão do recurso especial, caso presentes os seus demais requisitos de admissibilidade[195]. Note-se que, na maioria de tais hipóteses, tem-se matérias que justificam a relevância, em razão do bem jurídico em jogo – no caso das ações penais, as de improbidade e as que possam gerar inelegibilidades, está-se diante de processos que podem acarretar sanções de alguma espécie a uma das partes, o que levou o constituinte reformador a reconhecer a relevância já de forma abstrata.

No caso das ações cujo valor da causa ultrapasse 500 (quinhentos) salários mínimos, verifica-se a instituição de um filtro quantitativo dentro de um filtro qualitativo, considerando a relevância em função do elevado valor em jogo. Com efeito, conforme se sustenta neste estudo, os filtros de valor devem estar associados a filtros qualitativos, de relevância, pois há matérias que discutem montantes de baixo impacto econômico, mas justificam sua análise pelas Cortes Superiores. Diante disso, entende-se adequado que o constituinte reformador não tenha instituído um filtro de valor independente, mas sim associado à relevância da questão.

---

temas relevantes para o país: o novo filtro do STJ. Consultor Jurídico, 23 dez. 2022. Disponível em: <https://www.conjur.com.br/2022-dez-23/teresa-arruda-alvim-filtro-stj>. Acesso em: 12.11.2023).

194. "The second group of selection devices focuses not so much on the depth of the injury to be remedied or on the seriousness of the error committed, but on the quality of the legal issues involved. These methods concentrate, in general, on verifying whether a judgment on the appeal would allow the supreme court to solve interpretative conflicts, to guide the conduct of the community, or to lead the improvement or evolution of the law. Examples falling in this category are selection mechanisms based on notions such as the significance or public importance of the case (or, more precisely, of the matters discussed in the appeal), the cassational interest of the case or its fundamental meaning." (GIANNINI, Leandro J. Access filters and institutional performance of the Supreme Courts. *International Journal of Procedural Law*, n. 2, 2022).

195. Quanto ao ponto, Humberto Dalla Bernardina de Pinho e Rodrigo Cunha Mello Salomão destacam que "ao contrário da repercussão geral, a relevância da questão de direito não pode ser um filtro de seleção político e absolutamente discricionário. (PINHO, Humberto Dalla Bernardina de; SALOMÃO, Rodrigo Cunha Mello. A arguição de relevância das questões de direito federal infraconstitucional: passado, presente e futuro. In: *Revista de Processo*, São Paulo, v. 48, n. 346, p. 113-141, dez. 2023).

Já nas hipóteses em que o acórdão recorrido contrariar jurisprudência dominante do Superior Tribunal de Justiça, a relevância presumida vem como fator de reforço à função deste Tribunal Superior como Corte de precedentes: ainda que não haja até o momento um padrão decisório vinculante a seguir, já existem parâmetros definidos pelo Superior Tribunal de Justiça, e ser chamado a falar em sede de recurso especial com relevância é uma forma de fortalecer seu papel de construção de unidade do Direito.

O significado da relevância deve ser tomado considerando o impacto que a instituição desse filtro possui na função a ser exercida pelo Superior Tribunal de Justiça. A relevância está, principalmente, onde houver discussões sobre uma multiplicidade de interpretações por parte da doutrina e dos tribunais[196]. Afinal, apenas assim o Superior Tribunal de Justiça poderá exercer seu papel de unificador da jurisprudência.

Com a instituição do filtro da relevância, espera-se uma menor duração dos processos, com a aplicação do entendimento firmado sobre a questão pela Corte Superior, uma diminuição de recursos interpostos ao Superior Tribunal de Justiça, uma maior atenção dos Ministros sobre os casos e um aperfeiçoamento do sistema de precedentes do ordenamento jurídico brasileiro e da função do Superior Tribunal de Justiça enquanto Corte de precedentes[197].

4.2. FILTROS DE VALOR

A análise dos diferentes ordenamentos jurídicos traz à tona o filtro do valor (*ratione valoris*) da condenação ou do benefício econômico em jogo na causa como um dos filtros utilizados em alguns países para acesso aos Tribunais Superiores. Em outras palavras, seria um requisito, para que eventual recurso excepcional seja admissível às Cortes Supremas, que o valor em jogo tivesse determinado patamar mínimo, estabelecido na legislação do país que adote tal critério.

Passa-se à análise de alguns dos casos em que adotado tal filtro de valor mínimo da controvérsia.

---

196. KOEHLER, Frederico Augusto Leopoldino; BONIZZI, Marcelo José Magalhães. A relevância da questão de direito federal infraconstitucional no recurso especial. *Revista de Processo*, v. 333, p. 159-185, nov. 2022.

197. Vale também mencionar a advertência trazida por parcela da doutrina: "A emenda constitucional recém aprovada é mais um passo na concentração de poder junto aos tribunais superiores a revelar a importância de melhor compreender a função do Superior Tribunal de Justiça dentro do quadro constitucional vigente. É preciso que haja um uso virtuoso dessa nova diretriz." (CUNHA, Guilherme Antunes da; SCALABRIN, Felipe. A relevância da questão federal como novo requisito de admissibilidade do recurso especial: reflexões iniciais. *Revista Eletrônica de Direito Processual – REDP*, v. 23, n. 3, p. 120-148, set./dez. 2022, p. 140).

Em primeiro lugar, destaque-se a experiência alemã. A partir da reforma ocorrida em 2001 ao Código de Processo Civil alemão (a *Zivilprozessordnung* – ZPO), o recurso de revisão (*revision*) ao Tribunal Federal de Justiça (*Bundesgerichtshof – BGH*) depende da existência de questão de importância fundamental, ou se a decisão do Tribunal Superior é necessária para o desenvolvimento do Direito ou para a interpretação uniforme da lei, por força do § 543 da ZPO. Assim, mesmo em questões de pequeno valor será possível a oferta de recurso excepcional, presente algum desses requisitos mencionados.

No entanto, até a reforma de 2001, era admissível a *revision* ao Tribunal nos casos em que o valor em jogo ultrapassasse 60.000 marcos alemães ou 30.000 euros.

Sistema um pouco diferente, com regra de filtro ligado a valor, pode ser encontrado na Suíça e na Áustria. Em ambos os ordenamentos, verificam-se os filtros do valor e da importância da questão para fins de admissão da análise do recurso pela Corte Superior.

Na Áustria, por força do § 502(2) da ZPO austríaca, sempre é inadmissível o recurso quando o valor em jogo for inferior a 5.000 euros. Entre 5.000 e 30.000 euros, deve haver uma autorização do tribunal inferior para a oferta do recurso, sob pena de inadmissão, conforme se extrai do § 502(3).

Para que seja admitido tal recurso, contudo, é necessário que haja a importância da questão de direito em jogo, ultrapassando os limites da causa. Registre-se que, quando o filtro da relevância foi criado na Áustria em 1983, sua aplicação se restringia a ser um filtro para levar à admissão de recursos que não poderiam ser admitidos em função do valor discutido. No entanto, a partir de 1989, o filtro da relevância passou a ser aplicado para quaisquer recursos, independentemente de valor[198].

A Suíça também possui um filtro de valor. O acesso ao Tribunal Federal da Suíça, a corte de vértice do país, é assegurado pelo art. 191 da Constituição suíça[199]. Assim, ao Tribunal Federal da Suíça são permitidos recursos cíveis

198. Conforme registro histórico de DOMEJ, T. "What is an important case? Admissibility of appeals to the Supreme Courts in the German-Speaking jurisdictions". In: UZELAC, A., VAN RHEE, C.H. (Org.). *Nobody´s perfect. Essays on Appeals and other Means of Recourse against Judicial Decisions in Civil Matters*. Cambridge: Intersentia, 2014, p. 279.

199. "Art. 191. Access to the Federal Supreme Court
1- Access to the Federal Supreme Court is guaranteed by law.
2- For disputes that do not relate to a legal issue of fundamental importance, the law may stipulate a threshold for the amount in dispute.
3- The law may exclude access to the Federal Supreme Court in relation to specific matters.
4- The law may provide for a simplified procedure for appeals that are manifestly unfounded."

se o valor da causa for maior que um limite predeterminado, ou até mesmo os que sejam relativos a causas de menor valor, se a causa versar sobre questões de importância fundamental. À luz de seu ordenamento jurídico, no entanto, tais previsões constitucionais não criam direitos constitucionais subjetivos por si só, mas são remetidas ao Legislativo, para que seja então regulamentado o acesso ao Tribunal Federal.

Em 2007, passou a vigorar a *Bundesgerichtsgesetz*, lei que regulamentou as hipóteses de acesso ao Tribunal Federal, estabelecendo o valor do limite predeterminado em 30 mil francos suíços hoje, enquanto antes da reforma da lei, o limite era de 8 mil francos suíços.

Com isso, a limitação à admissibilidade dos recursos ordinários ao Tribunal Federal da Suíça trazida pelo requisito de um valor mínimo da causa encontrou uma contraposição pela possibilidade de serem admitidos os casos que versarem sobre questões de direito de importância fundamental. Além disso, ainda que os requisitos para o recurso ordinário não se façam presentes, questões constitucionais sempre podem ser remetidas ao Tribunal Federal da Suíça.[200]

Em Portugal, o inciso primeiro do Art. 629, §1 do Código de Processo Civil delimita as decisões judiciais que admitem recurso[201]. Nos termos do dispositivo, a parte vencida apenas pode recorrer de qualquer decisão se cumprir dois critérios cumulativos: o valor da causa exceder o valor de alçada do tribunal que proferiu a decisão recorrida e o valor de sucumbência exceder metade da alçada. Nos termos do mesmo dispositivo, nos casos em que não seja possível determinar o valor da sucumbência, aplica-se apenas o critério da alçada.

Tais critérios se aplicam aos recursos ordinários em geral, governando a recorribilidade das decisões de primeira instância para os Tribunais da Relação (apelação) e destes para o Supremo Tribunal de Justiça (recurso de revista) – o que muda é o valor da alçada de cada instância. Nos termos do art. 44 da Lei da Organização do Sistema Judiciário (Lei nº 62/2013), a atual alçada dos Tribunais da Relação é de 30 mil euros e a dos tribunais de primeira instância é de 5 mil euros. Assim, uma das vias de acesso recursal

---

200. DOMEJ, T. "What is an important case? Admissibility of appeals to the Supreme Courts in the German-Speaking jurisdictions". In: UZELAC, A., VAN RHEE, C.H. (Org.). *Nobody´s perfect. Essays on Appeals and other Means of Recourse against Judicial Decisions in Civil Matters*. Cambridge: Intersentia, 2014, p. 280.

201. Art. 629, §1 - O recurso ordinário só é admissível quando a causa tenha valor superior à alçada do tribunal de que se recorre e a decisão impugnada seja desfavorável ao recorrente em valor superior a metade da alçada desse tribunal, atendendo-se, em caso de fundada dúvida acerca do valor da sucumbência, somente ao valor da causa.

ao Supremo Tribunal de Justiça[202] se dá mediante a demonstração de que o valor da causa supera 30 mil euros e o valor da sucumbência, caso este seja determinável, supera 15 mil euros.

Numa série de casos relativos ao acesso a Cortes Superiores, a Corte Europeia de Direitos Humanos teve de apreciar se a existência de filtros de valor, em vigor em diversos sistemas processuais europeus, era compatível com o artigo 6º, §1, da Convenção Europeia de Direitos Humanos[203]. A esse respeito, a CEDH considerou que a fixação do limiar financeiro para recursos para Cortes Superiores não é, em abstrato, contrária à Convenção em si, uma vez que persegue um objetivo legítimo de evitar a sobrecarga das Cortes Superiores com casos de menor importância.[204] Nada obstante, a questão de se saber se a interpretação da regra *rationae valoris*, à luz das circunstâncias de um caso concreto, é proporcional e conforme à Conven-

---

202. Sobre o recurso de revista e o acesso ao Supremo Tribunal de Justiça, veja-se: BELEZA, Maria dos Prazeres Pizarro. Restrições à admissibilidade do recurso de revista e revista excepcional. *A Revista do Supremo Tribunal de Justiça*, nº 1, p.11-39, 2022; REGO, Carlos Lopes do. Mecanismos de Filtragem dos recursos no acesso aos Supremos Tribunais: a experiência portuguesa no processo civil, in: RAMOS, Armando Dias; ROSA, António Amaro. *Estudos em Homenagem ao Juiz Conselheiro António Henriques Gaspar*. Coimbra: Almedina, p. 255-281, 2019. Sobre a jurisdição extraordinária do Supremo Tribunal de Justiça, veja-se: GOMES, Fernando Roggia. Recurso Extraordinário de Uniformização de Jurisprudência: A similitude factual como requisito de admissibilidade. *Revista portuguesa de Ciências Jurídicas*, vol. 4, nº 1, p. 136-151, 2023.
203. Art 6º §1 - Qualquer pessoa tem direito a que a sua causa seja examinada, equitativa e publicamente, num prazo razoável por um tribunal independente e imparcial, estabelecido pela lei, o qual decidirá, quer sobre a determinação dos seus direitos e obrigações de carácter civil, quer sobre o fundamento de qualquer acusação em matéria penal dirigida contra ela. O julgamento deve ser público, mas o acesso à sala de audiências pode ser proibido à imprensa ou ao público durante a totalidade ou parte do processo, quando a bem da moralidade, da ordem pública ou da segurança nacional numa sociedade democrática, quando os interesses de menores ou a protecção da vida privada das partes no processo o exigirem, ou, na medida julgada estritamente necessária pelo tribunal, quando, em circunstâncias especiais, a publicidade pudesse ser prejudicial para os interesses da justiça.
204. Corte Europeia de Direitos Humanos, Primeira Seção, Bulfracht Ltd. v. Croatia, Aplicação nº 53261/08, j. 21.06.2011 ("the Court considers that setting the financial threshold for appeals to the Supreme Court in order to stop that court being overloaded with cases of lesser importance is a legitimate aim"); Corte Europeia de Direitos Humanos, Segunda Seção, Dobrić v. Serbia, Aplicações nº 2611/07 e 15276/06, j. 21.06.2011 ("the applicable statutory threshold was not a gratuitous interference with the applicants' right of access. It was, rather, a legitimate and reasonable procedural requirement having regard to the very essence of the Supreme Court's role"); Corte Europeia de Direitos Humanos, Segunda Seção, Jovanović v. Serbia, Aplicação nº 32299/08, j.02.10.2012 ("the statutory threshold for appeals to the Supreme Court is a legitimate and reasonable procedural requirement having regard to the very essence of the Supreme Court's role to deal only with matters of the requisite significance"); Corte Europeia de Direitos Humanos, Grande Câmara, Zubac v. Croatia, Aplicação nº 40160/12, j.05.04.2018 ("there is no dispute between the parties that the ratione valoris restrictions on access to the Supreme Court are generally permissible and, for the purpose of this provision, legitimate"); Corte Europeia de Direitos Humanos, Brualla Gómez de la Torre v. Spain, j. 19.12.1997 ("the Court considers legitimate the aim pursued by this statutory amendment, namely increasing the financial threshold for appeals to the Supreme Court in this sphere, so as to avoid that court's becoming overloaded with cases of lesser importance").

ção, continua a ser examinada caso a caso[205]. Nessa toada, a Corte, em sua análise, busca identificar a legitimidade de tal filtro no caso concreto tendo em vista (i) a previsibilidade da restrição, (ii) se é o requerente ou o Estado requerido quem deve suportar as consequências adversas dos erros cometidos durante o processo que levaram à negação do acesso do requerente ao tribunal supremo e (iii) se se poderia dizer que as restrições em questão envolvem "formalismo excessivo"[206].

No Brasil, o filtro de valor também foi trazido para o recurso especial, dirigido ao Superior Tribunal de Justiça, por força da Emenda Constitucional n. 125/22, que alterou a Constituição da República e instituiu o filtro da relevância para tal recurso. Uma das hipóteses de relevância necessária trazidas pelo artigo 105, parágrafo 3º, é a de o valor da causa da demanda de origem do recurso especial ultrapassar 500 salários mínimos, correspondentes em 2023 a R$ 660.000,00 (seiscentos e sessenta mil reais).

Note-se que, no caso brasileiro, o filtro de valor serve não como excludente de matérias da apreciação da Corte Superior, mas sim para trazer certas questões, independentemente de sua fundamentalidade material, para a apreciação do Superior Tribunal de Justiça. Dessa forma, o filtro qualitativo ligado à importância do direito em jogo não fica excluído pelo fato de o montante envolvido ser inferior a 500 salários mínimos. Trata-se de critérios que se complementam, tendo o constituinte reformador se preocupado em ter como relevantes também questões de elevado valor.

Após a análise do filtro de valor nos ordenamentos acima mencionados, entendemos que o critério do valor pode ser um dos filtros legítimos a serem adotados por um Tribunal Superior, mas para tanto deve haver, em primeiro lugar, previsão normativa que o institua. De outro lado, tal filtro não pode ser aplicado isoladamente, sendo imprescindível que haja

205. Para casos em que a CEDH identificou violações ao art. 6, §1 no caso concreto em face a aplicações desproporcionais ou irrazoáveis de filtros de valor veja-se: Corte Europeia de Direitos Humanos, Segunda Seção, Jovanović v. Serbia, Aplicação nº 32299/08, j.02.10.2012; Corte Europeia de Direitos Humanos, Primeira Seção, Makrylakis v. Greece, Aplicação nº 34812/15, j. 17.11.2022; Corte Europeia de Direitos Humanos, Quarta Seção, Garzičić v. Montenegro, Aplicação nº 17931/07, j. 21.09.2010; Corte Europeia de Direitos Humanos, Terceira Seção, Affaire Sociedad Anónima del Ucieza v. Spain, Aplicação nº 38963/08, j. 04.11.2014; Corte Europeia de Direitos Humanos, Primeira Seção, Egić v. Croatia, Aplicação nº 32806/09, j. 05.06.2014.

206. "with respect to the application of statutory ratione valoris restrictions on access to the superior courts, the Court has to varying degrees taken account of certain further factors, namely (i) the foreseeability of the restriction, (ii) whether it is the applicant or the respondent State who should bear the adverse consequences of the errors made during the proceedings that led to the applicant's being denied access to the supreme court and (iii) whether the restrictions in question could be said to involve excessive formalism" (Corte Europeia de Direitos Humanos, Grande Câmara, Zubac v. Croatia, Aplicação nº 40160/12, j.05.04.2018).

uma associação com a relevância material da questão de direito em jogo, que pode vir a superar, excepcionalmente, a fato de o montante envolvido na ação ser inferior ao mínimo para que abstratamente se admitisse um recurso a uma Corte Superior.

4.3. FILTRO DE RESTRIÇÃO DE ADVOGADOS PARA ATUAR EM TAIS CORTES

Outro possível filtro encontrado, a partir da análise do direito estrangeiro, é a criação de restrições ou limitações a quem pode advogar perante Tribunais Superiores. Trata-se, em última análise, de uma restrição à capacidade para postular[207] perante tais cortes, uma vez que a capacidade postulatória pertence via de regra ao advogado.[208]

Tal restrição é encontrada no sistema da cassação francesa, na qual estabeleceu-se desde 1817 (*Ordonnance du 10 septembre 1817*), uma Ordem de advogados com acesso exclusivo à *Cour de Cassation* e ao *Conseil d'État*. A posição na Ordem é uma função pública na qual os membros são investidos pelo Ministro da Justiça. O número de cargos é determinado pelo Ministro da Justiça, e a Autoridade Concorrencial francesa é responsável por indicar, pelo menos de dois em dois anos, a necessidade de novas vagas na Ordem. Atualmente, a Ordem em questão é composta por 131 profissionais[209].

Outrossim, na Alemanha, a Lei dos Advogados Federais (*Bundesrechtsanwaltsordnung*) estabelece uma rígida limitação quanto a quem pode postular perante o Tribunal Federal de Justiça. Para ser autorizado, o §165 institui que é necessário que o advogado seja nomeado por uma comissão (*Wahlausschuss für Rechtsanwälte bei dem Bundesgerichtshof*) composta por

207. A capacidade postulatória é a capacidade para a prática de atos postulatórios, ou seja, formular pedidos e requerimentos ao órgão jurisdicional. Segundo a doutrina, capacidade postulatória pode ser definida da seguinte forma: "O último aspecto da capacidade das partes é a *capacidade postulatória*. Para a prática de atos postulatórios a parte deve ser representada no processo por um *advogado*, sob pena de seus atos serem ineficazes – considerando-se *advogados* os diplomados em Faculdade de Direito que, após regular *exame de Ordem*, hajam obtido sua inscrição na Ordem dos Advogados do Brasil (CPC, art. 103 – *supra*, n. 122). Não se incluem entre os atos postulatórios, e são realizados pela própria parte, o depoimento pessoal e outros atos personalíssimos, bem como a os atos de cumprimento de ordens judiciais emitidas em medidas urgentes ou na própria sentença." (DINAMARCO, Cândido Rangel; BADARÓ, Gustavo Henrique Righi Ivahy; LOPES, Bruno Vasconcelos Carrilho. *Teoria geral do processo*. 32 ed. São Paulo: Malheiros, 2020, p. 388).

208. No Brasil, a capacidade postulatória possui tal sistemática, por força do art. 103 do CPC, segundo o qual a parte será representada em juízo por advogado regularmente inscrito na Ordem dos Advogados do Brasil. Contudo, há exceções à regra, como no caso dos Juizados Especiais Cíveis, nos quais, em virtude dos artigos 9º e 41, §2º da Lei n. 9.099/95, a capacidade para postular nas causas de até 20 salários mínimos é titularizada pela parte, mas apenas em primeiro grau de jurisdição.

209. Disponível em: https://www-ordre--avocats--cassation-fr.translate.goog/ordre/avocats?_x_tr_sl=auto&_x_tr_tl=en&_x_tr_hl=pt-BR&_x_tr_pto=wapp (acesso em 28/08/2023).

membros do Tribunal Federal de Justiça (o presidente e o presidente de cada senado cível), além dos membros diretores da Associação Federal de Advogados (*Bundesrechtsanwaltskammer*) e da Associação de Advogados do Tribunal Federal de Justiça (*Rechtsanwaltskammer beim BGH*), e aprovado pelo Ministro da Justiça. A rigor, as únicas restrições a que o indivíduo seja nomeado pela comissão são de que seja maior de 35 anos e atue initerruptamente como advogado há pelo menos 5 anos. Contudo, atualmente, apenas 38 profissionais em todo o país estão habilitados a atuar perante o Tribunal Federal de Justiça [210]. Ademais, esses advogados são proibidos de atuar em outros tribunais, que não os Tribunais Superiores.

Nos Estados Unidos também existem restrições a quem pode postular perante a Suprema Corte, embora nem de longe tão exclusivas quanto às encontradas na França e na Alemanha. A regra número 5(1) do regimento interno da Suprema Corte estipula que, para atuar perante a corte, é necessário que, no momento da aplicação, o aplicante já fosse autorizado a atuar há pelo menos três anos na mais alta corte de um Estado, de um território americano ou do Distrito de Columbia; não tenha sofrido qualquer punição disciplinar neste período; aparente ter boa índole moral e profissional; e tenha sido patrocinado por dois advogados já autorizados a postular perante a Suprema Corte[211].

Ademais, cabe registrar que tal restrição é encontrada no sistema da cassação italiana, em que é necessário que o advogado possua um registro especial para representar tanto o recorrente quanto o recorrido diante da Corte de Cassação.[212]

Vale notar que, no Brasil, um grupo de advogados defende que seja criada, por lei, a organização da advocacia em carreira. Dessa forma, um advogado poderia atuar em tribunais estaduais somente após 5 (cinco)

210. Disponível em: https://www.rak-bgh.de/verzeichnis/ (acesso em: 28/08/2023).

211. A Suprema Corte não disponibiliza uma lista dos advogados autorizados, mas publica anualmente o Diário da Suprema Corte dos Estados Unidos contendo as atas oficiais da Corte daquele ano, inclusive todos os advogados admitidos. Uma breve pesquisa pelos diários demonstra que centenas de advogados são admitidos todos os anos.

212. Nesse sentido, explica Giannini: "Es de señalar que *no cualquier abogado puede actuar ante la Corte de Casación* (sea representando al recurrente o a la contraparte), sino sólo los profesionales inscriptos en el "Registro Especial de abogados admitidos al patrocinio ante la Corte de Casación y otras Jurisdicciones Superiores" (*'Albo Speciale degli avvocati ammessi al patrocinio dinanzi alla Corte di Cassazione ed alle Altre Giurisdizioni Superiori'*) llevado por el *Consiglio nazionale forense* (organismo institucional de representación de la abogacía italiana)." (GIANNINI, Leandro J. *El certiorari*: la jurisdicción discrecional de las Cortes Supremas. Tesis doctoral. Facultad de Ciencias Jurídicas y Sociales – Universidad Nacional de La Plata).

anos de carreira e, nos tribunais superiores, apenas após 10 (dez) anos de exercício da advocacia[213].

A restrição ao acesso aos recursos excepcionais por meio da limitação da capacidade postulatória por tais recursos não parece ser a criação de filtro legítimo. Alguns motivos levam a tal conclusão, seja entendendo-se por uma predominância do papel do *ius litigatoris* em tais recursos, seja posicionando-se pelo predomínio do papel de *ius constitutionis.*

Em primeiro lugar, veja-se que os filtros tratados no presente estudo em geral se referem a questões relativas ao conteúdo da demanda discutida ou ao objeto do recurso, mas não a condições sobre a pessoa que está postulando, como é o caso da limitação ora discutida. Assim, restringir o acesso às Cortes Superiores em razão de uma exigência referente a seu advogado não se refere ao objeto do processo ou ao conteúdo do recurso, criando uma reserva de mercado àqueles que venham a reunir os requisitos para postular em tais tribunais.

Ademais, importante salientar que, seja qual for a posição que se adote sobre a função predominante de tais recursos, é fundamental que as condições pessoais dos advogados para acesso às Cortes Superiores sejam amplas. Caso se entenda que o papel predominante de tais recursos é de defesa do direito em jogo, exercendo-se um *ius litigatoris*, é fundamental que se permita um amplo acesso de advogados, para que as múltiplas visões sobre a norma jurídica em jogo possam ser trazidas à Corte. Da mesma forma que se espera uma Corte pluralista para definir se houve uma ofensa a uma norma no julgamento de um caso concreto, o pluralismo dos postulantes em tais Cortes contribui para a apresentação de diferentes visões que contribuem para um aprofundamento da análise da matéria.

Nesse contexto, cabe aqui destacar a célebre frase de Peter Häberle: "A sociedade é livre e aberta na medida que se amplia o círculo dos intérpretes da Constituição em sentido *lato*."[214]

Tal pensamento deve ser aplicado em relação a todos aqueles que são afetados direta ou indiretamente pelo campo de incidência de uma norma,

---

213. Sobre o tema, encontram-se notícias em https://www.conjur.com.br/2022-dez-09/crise-advogados-projetam-reformulacao-carreira-lei) de 2022, e mais recentemente, https://www.oab-sc.org.br/noticias/oab-santa-catarina-manifesta-preocupacao-projeto-lei-que-organiza-advocacia-em-carreira/21302. Acesso a ambas em 28.out.2023.

214. HÄBERLE, Peter. *Hermenêutica Constitucional:* a sociedade aberta dos intérpretes da constituição: contribuição para a interpretação pluralista e "procedimental" da constituição. Porto Alegre: S. A. Fabris, 2002, p. 40.

sobretudo em se tratando de advogados, os quais representam função essencial à efetivação da justiça.[215]

De outro lado, caso se entenda que a função predominante dos recursos excepcionais é a de promoção da unidade do Direito, com papel também prospectivo, com mais razão tal pluralismo se justifica. A formação de entendimentos que vincularão a análise de casos idênticos pelos demais tribunais exige um contraditório qualificado, com diversos sujeitos participando, como é o caso do *amicus curiae* e da realização de audiências públicas, o que encontra previsão no Código de Processo Civil brasileiro no artigo 1038, incisos I e II. Assim, é interessante reflexo de tal pluralismo de ideias que também os titulares da capacidade postulatória possuam diferentes origens, idades e experiências, contribuindo para a ampliação da visão da Corte Superior, para que profira a decisão com o maior domínio possível sobre o tema.

4.4. LIMITAÇÃO AO EFEITO DEVOLUTIVO DOS RECURSOS EXCEPCIONAIS

4.4.1. O efeito devolutivo dos recursos

Os recursos em geral possuem efeito devolutivo, qual seja, o efeito de transferência da matéria impugnada ao órgão julgador do recurso. O efeito devolutivo trata, em essência, da transferência. Historicamente a expressão se explica: no Antigo Regime, em suas monarquias absolutistas, o rei concentrava todo o poder para si, mas podia delegá-lo a seus agentes. Eventuais recursos eram então endereçados ao monarca. O raciocínio era, portanto, de devolver-lhe a matéria recorrida, já que, em um primeiro momento, foi o próprio rei que delegou a matéria a seus agentes, como os juízes, que julgaram em primeira análise a decisão recorrida.

O recurso, por ser ato de vontade - em referência aqui ao princípio da voluntariedade - atribui ao recorrente a escolha de devolver a matéria

215. "Para uma pesquisa ou investigação realista do desenvolvimento da interpretação constitucional, pode ser exigível um conceito mais amplo de hermenêutica: cidadãos e grupos, órgãos estatais, o sistema público e a opinião pública (...) representam forças produtivas de interpretação (*interpretatorische Produktivkräfte*); eles são intérpretes constitucionais em sentido lato, atuando nitidamente, pelo menos, como pré-intérpretes (*Vorinterpreten*). Subsiste sempre a responsabilidade da jurisdição constitucional, que fornece, em geral, a última palavra sobre a interpretação (com a ressalva da força normatizadora do voto minoritário). Se se quiser, tem-se aqui uma democratização da interpretação constitucional. Isso significa que a teoria da interpretação deve ser garantida sob a influência da teoria democrática. Portanto, é impensável uma interpretação da Constituição sem o cidadão ativo e sem as potências públicas mencionadas." (Ibid., p. 14).

que quiser da decisão impugnada. Pode escolher recorrer de todos os pontos decididos pela decisão recorrida ou apenas de alguns. Assim, leva-se a matéria impugnada ao órgão julgador e efetiva-se o efeito devolutivo[216].

Naturalmente, quando se trata de uma decisão que possui partes principais e partes acessórias, ao recorrer apenas das partes principais da decisão, um recurso veicula também as partes acessórias ao efeito devolutivo. É a regra de o acessório seguir o principal. Acontece, por exemplo, em apelação interposta contra sentença que, além de decidir o mérito da disputa, decide também sobre juros, atualização monetária, honorários sucumbenciais e custas[217].

O efeito devolutivo pode ser classificado como imediato, gradual ou diferido. É imediato, quando o recurso é interposto diretamente no órgão competente para julgá-lo, como o agravo de instrumento. É gradual, quando o recurso é interposto perante outro órgão que não o seu órgão julgador,

216. RECURSO ESPECIAL. PROCESSUAL CIVIL. CPC/2015. ART. 1.013. APELAÇÃO. EFEITO DEVOLUTIVO. EXTENSÃO DA DEVOLUTIVIDADE DETERMINADA PELO PEDIDO RECURSAL. CAPÍTULO NÃO IMPUGNADO. TRÂNSITO EM JULGADO. PROIBIÇÃO DE REFORMATIO IN PEJUS. CONTRADITÓRIO. INDISPENSABILIDADE. NÃO ACEITAÇÃO PELO ORDENAMENTO JURÍDICO BRASILEIRO DA "DECISÃO-SURPRESA". 1. A apelação é interposta contra sentença, podendo compreender todos ou apenas alguns capítulos da decisão judicial recorrida, a depender da delimitação apresentada pelo recorrente em sua petição, que vincula a atuação do órgão ad quem na solução do mérito recursal. 2. O efeito devolutivo da apelação define o que deverá ser analisado pelo órgão recursal. O "tamanho" dessa devolução se definirá por duas variáveis: sua extensão e sua profundidade. A extensão do efeito devolutivo é exatamente a medida daquilo que se submete, por força do recurso, ao julgamento do órgão ad quem. 3. No âmbito da devolução, o tribunal poderá apreciar todas as questões suscitadas e discutidas no processo, ainda que não tenham sido solucionadas pela sentença recorrida, mas a extensão do que será analisado é definida pelo pedido do recorrente. Em seu julgamento, o acórdão deverá limitar-se a acolher ou rejeitar o que lhe for requerido pelo apelante, para que não haja ofensa aos princípios da disponibilidade da tutela jurisdicional e o da adstrição do julgamento ao pedido. 4. O diploma processual civil de 2015 é suficientemente claro ao estabelecer que "a apelação devolverá ao tribunal o conhecimento da matéria impugnada", cabendo ao órgão ad quem apreciar e julgar "todas as questões suscitadas e discutidas no processo, ainda que não tenham sido solucionadas, desde que relativas ao capítulo impugnado" (§ 1º do art. 1.013 do CPC/2015). 5. Sobre o capítulo não impugnado pelo adversário do apelante, podendo a reforma eventualmente significar prejuízo ao recorrente, incide a coisa julgada. Assim, não há pensar-se em reformatio in pejus, já que qualquer providência dessa natureza esbarraria na res iudicata. 6. Ao tribunal será permitido julgar o recurso, decidindo, desde logo, o mérito da causa, sem necessidade de requisitar ao juízo de primeiro grau manifestação acerca das questões. Considera-se o processo em condições de imediato julgamento apenas se ambas as partes tiveram oportunidade adequada de debater a questão de mérito que será analisada pelo tribunal. 7. A utilização pelo juiz de elementos estranhos ao que se debateu no processo produz o que a doutrina e os tribunais, especialmente os europeus, chamam de "decisão-surpresa", considerada inadmissível, tendo em conta a compreensão atual do contraditório. 8. Recurso especial provido. (STJ, REsp n. 1.909.451/SP, relator Ministro Luis Felipe Salomão, Quarta Turma, julgado em 23/3/2021, DJe de 13/4/2021).

217. "Os capítulos acessórios reputam-se incluídos no pedido recursal, se o recorrente impugnar o capítulo principal, mesmo que haja silêncio a respeito deles (p. ex.: se a parte recorre do montante principal, este recurso abrange os capítulos relacionados aos juros, à correção monetária e às verbas da sucumbência)." (DIDIER JR., Fredie; CUNHA, Leonardo Carneiro da. *Curso de direito processual civil:* o processo civil nos tribunais, recursos, ações de competência originária de tribunal e *querela nullitatis*, incidentes de competência originária de tribunal. 19 ed. São Paulo: Juspodivm, 2022, v. 3, p.133).

vez que a devolução da matéria ao órgão julgador depende de um processamento anterior, e deve ser remetido, então, ao outro órgão competente para julgá-lo[218].

Por fim, é diferido quando o efeito devolutivo é adiado para momento futuro, característico de recursos retidos. Como exemplo da última classificação, tome-se os recursos especiais ou extraordinários repetitivos, quando há suspensão nos tribunais locais até o julgamento final de recursos representativos de controvérsia afetados nos Tribunais Superiores, conforme disposto no art. 1.030, III, para que sejam apenas posteriormente processados, nos termos do art. 1.030, I e V.

Uma vez analisado o efeito devolutivo dos recursos e suas características, é preciso enfrentar as especificidades desse efeito em matéria de recursos excepcionais, que acabam por torná-lo um mecanismo de filtragem qualitativa à admissibilidade desses meios de impugnação com base em seu conteúdo.

4.4.2. Origem da limitação dos recursos excepcionais a questões de direito

O efeito devolutivo nos recursos especial e extraordinário possui limitações, sendo classificado, portanto, como restrito. Isso porque, conforme visto anteriormente, de longa data construiu-se a ideia de que tais recursos possuem como objetivo direto rever a legalidade ou constitucionalidade da decisão impugnada. Assim, não se prestariam ao reexame de matéria fática[219], o que seria objeto apenas dos recursos nas instâncias ordinárias, em que os recursos em geral são de fundamentação ampla e permitem discutir a justiça do pronunciamento jurisdicional atacado.

A limitação do efeito devolutivo em recursos excepcionais no regime brasileiro não é única do modelo de supremas cortes pelo mundo. A título

218. "Quando se fala em devolução gradual, tem-se presente, portanto, que a devolução consumada é o efeito de uma série de atos somados, que vão desde a interposição até à emissão do juízo positivo de admissibilidade e determinação da remessa dos autos ao tribunal que o julgará" (DINAMARCO, Cândido Rangel. *Nova era do processo civil*. São Paulo: Malheiros, 2003, p. 117).

219. AGRAVO REGIMENTAL NO RECURSO EXTRAORDINÁRIO COM AGRAVO. MATÉRIA CRIMINAL. RECURSO EM SENTIDO ESTRITO. PRECLUSÃO. FUNGIBILIDADE. MATÉRIA INFRACONSTITUCIONAL. OFENSA REFLEXA. REEXAME DE FATOS E PROVAS. SÚMULA 279 DO STF. AGRAVO REGIMENTAL DESPROVIDO. 1. O recurso extraordinário esbarra no óbice previsto na Súmula 279 do STF, por demandar o reexame de fatos e provas. 2. É inviável o processamento do apelo extremo quando sua análise implica rever a interpretação de normas infraconstitucionais que fundamentaram a decisão a quo. A afronta à Constituição, se ocorrente, seria apenas indireta. 3. Agravo regimental desprovido. (STF - AgR ARE: 1158159 MG - MINAS GERAIS 0038313-79.2013.8.13.0408, Relator: Min. EDSON FACHIN, Data de Julgamento: 27/03/2020, Segunda Turma, Data de Publicação: DJe-107 04-05-2020).

exemplificativo, pode-se mencionar que há diversos ordenamentos em que há uma limitação da matéria de análise pela corte de vértice. Exemplos clássicos dessa limitação são Itália[220], França[221] e Espanha[222]. O recurso excepcional do sistema jurídico alemão leva à Suprema Corte alemã apenas matérias de direito[223]. O mesmo ocorre na suprema corte croata[224]. Não se trata de uma limitação incomum. Muito pelo contrário, trata-se de limitação altamente difundida.

A ideia da restrição do efeito devolutivo nos recursos excepcionais surge no Brasil a partir da Súmula n. 279, em 1963. Assim como na de 1988, na Constituição de 1946 não havia qualquer previsão positiva que fundamentasse a limitação do recurso extraordinário a questões de direito[225]. Segue assim até hoje, sem qualquer transformação normativa que lhe dê legitimidade formal. Na verdade, conforme se sustentará, tal restrição do efeito devolutivo perde força pela função que cada vez mais se mostra presente nas Cortes Supremas, o que se vê hoje muito claramente com o requisito da repercussão geral para o recurso extraordinário ao STF e o da relevância no recurso especial para o STJ[226]. Com base nisso, cabe verificar o que levou o STF a aprovar o verbete sem fundamentação positiva que lhe gerasse legitimidade.

O próprio STF aponta dois julgados como fonte da Súmula n. 279[227]: o Agravo de Instrumento n. 29.710 e a Carta Testemunhável n. 3.713. O

220. RUSCIANO, Silvia. *Nomofilachia e ricorso in cassazione*. Turim: G. Giappichelli Editore, 2012, p. 27.
221. JEULAND, Emmanuel. Towards a Reform of the French Court of Cassation? In: BRAVO-HURTADO, Pablo; VAN RHEE, Cornelis Hendrik. *Supreme Courts Under Pressure:* Controlling Caseload in the Administration of Civil Justice. Cham: Springer, 2021, p. 22-23.
222. BENITO, Marco de. Back in Focus: Case Overload and Case Selection Standards in the Spanish Supreme Court. In: BRAVO-HURTADO, Pablo; VAN RHEE, Cornelis Hendrik. *Supreme Courts Under Pressure:* Controlling Caseload in the Administration of Civil Justice. Cham: Springer, 2021, p. 64.
223. STÜRNER, Michael. Sharing Responsibility: The German Federal Court of Justice and the Civil Appellate System. In: BRAVO-HURTADO, Pablo; VAN RHEE, Cornelis Hendrik. *Supreme Courts Under Pressure:* Controlling Caseload in the Administration of Civil Justice. Cham: Springer, 2021, p. 88-89.
224. UZELAC, Alan; BRATKOVIĆ, Marko. Croatia: Supreme Court Between Individual Justice and System Management. In: BRAVO-HURTADO, Pablo; VAN RHEE, Cornelis Hendrik. *Supreme Courts Under Pressure:* Controlling Caseload in the Administration of Civil Justice. Cham: Springer, 2021, p. 134.
225. TRENTO, Simone. *Cortes supremas diante da prova*. 1. ed. São Paulo: Thomson Reuters Brasil, 2018, p. 94-95.
226. "O critério teleológico, que permite ao STJ selecionar os casos em que deve intervir e, portanto, indica quais recursos especiais deve admitir ou não, tem sua positivação na nossa ordem jurídica na exigência de demonstração da relevância da questão federal arguida no recurso especial. O que interessa para legitimação da abertura das duas portas é o impacto que pode advir, a partir do julgamento do recurso, para a ordem jurídica como um todo. Daí a razão pela qual a cognição do STJ não encontra limites na análise das questões de fato, estando plenamente legitimado para analisa-las." (MITIDIERO, Daniel. *Relevância no recurso especial*. São Paulo: Thomson Reuters Brasil, 2022, p. 58).
227. BRASIL. Supremo Tribunal Federal. Disponível em: <https://jurisprudencia.stf.jus.br/pages/search/seq-sumula279/false>. Acesso em: 22.07.2023.

Agravo de Instrumento 29.710 data do mesmo ano de 1963 e, em sua fundamentação, o Min. Evandro Lins, relator do julgado, destaca que "[h]ouve aplicação da lei, em face das provas, dentro das atribuições da justiça local. Inadmissível, pois, o apelo extraordinário". Antes disso, faz uma breve ressalva de que o agravo apenas pretendia o reexame da matéria de fato, mas não se ocupa dos motivos pelos quais a Suprema Corte não poderia reexaminar matéria fática apesar de não existir fundamento legal para tanto.

Não mais fez o STF em 1924, quando julgou a Carta Testemunhável n. 3.713. Na oportunidade, então regido pela Constituição de 1891, o acórdão apontou que "tendo se limitado à apreciação de prova de factos e á applicação aos factos provados das disposições de lei, que os regiam, o Acordam recorrido, delle não cabe recurso extraordinario". Não diferente dispunha a Constituição de 1891 para motivar o entendimento disposto no acórdão. Ainda assim, não foi exposta a origem daquele entendimento que restringia o cabimento de recursos extraordinários.

Posteriormente, em 1976 - já depois de aprovada a Súmula n. 279 –, o STF parece ter buscado fundamentar melhor a adoção do verbete. No Recurso Extraordinário n. 84.699, o Ministro Rodrigues Alckmin disserta sobre a função nomofilática do STF e faz distinção sobre o que pode e o que não pode ser objeto de análise pelo STF. No caso, analisou os fatos que levaram à decisão recorrida, e, com isso, concluiu que a decisão recorrida tratava de certa apreciação de provas, sendo incabível sua revisão, portanto, em sede de Recurso Extraordinário.

Analogamente, o STJ, criado em 1988, apresentou verbete similar ao do STF, importando o conteúdo da Súmula n. 279 para si em 1990. Assim como na edição da Súmula n. 279, o STJ não fundamentou a limitação do efeito devolutivo para a aprovação da Súmula n. 7, tendo apenas seguido o entendimento do STF e criado uma Súmula que lhe traz o mesmo efeito. Assim, muitas vezes, nos julgados apontados como precedentes para a aprovação da Súmula n. 7, aplicava-se a Súmula 279 do STF também ao Recurso Especial[228], sem buscar fundamentos normativos.

No entanto, como se verá, além da falta de fundamentação, as Súmulas n. 7 do STJ e 279 do STF encontram uma má aplicação que desvirtua ainda mais a admissibilidade dos recursos excepcionais no Brasil[229], o que acaba por

228. Tenha-se como exemplo: REsp nº 305-MS, j. 19.02.1990; AgInt no A.I. nº 148-MS, j. 05.12.1989; AgRg no A.I. nº 824-DF, j. 21.11.1989; REsp nº 674-MS, j. 12.12.1989; REsp nº 943-GO, j. 24.10.1989; REsp nº 982, j. 31.10.1989; REsp nº 1.326-PR, j. 29.11.1989; REsp nº 1.412-RJ, j. 07.11.1989.

229. TRENTO, Simone. *Cortes supremas diante da prova*. 1. ed. São Paulo: Thomson Reuters Brasil, 2018, p. 105-111.

transformá-las num filtro à admissão desses recursos. Assim, é necessário delimitar em que medida é legítimo inadmitir um recurso excepcional em razão da limitação de sua análise a questões de direito.

Como a explicação possível para fundamentar a formação dos verbetes seria a função que o STJ e o STF exercem no ordenamento jurídico brasileiro, cabe entender também a origem dos recursos cassacionais e como esta pode esclarecer o papel desempenhado pelos recursos excepcionais hoje no Brasil.

Como já visto, embora seja controversa na doutrina a origem da cassação, Calamandrei considera que esta decorre do sistema jurídico francês, a partir da Revolução Francesa, como forma de garantir o princípio da separação de poderes[230], impedindo "qualquer interferência do Judiciário sobre o produto do Legislativo".[231] Muito por isso, quando o Judiciário precisava da interpretação da lei para sua aplicação ao caso concreto, foi criado o *référé legislatif* facultativo[232], que consistia em consultas ao parlamento francês, para que fosse dada uma interpretação autêntica diante de uma obscuridade legislativa. A cassação, portanto, foi criada para vedar a interpretação da lei pelos juízes, alvos de grandes desconfianças pelos revolucionários na atuação do Judiciário no Antigo Regime.

O recurso de cassação protegia nada mais que a vontade do parlamento - sem poder nela interferir. À época, fazia mais sentido discorrer sobre a limitação do efeito devolutivo aos recursos de acesso às cortes superiores[233], porque não era dada a correta interpretação da lei ao caso concreto, mas apenas se exercia a cassação da decisão judicial, sem poder julgar a questão

---

230. CALAMANDREI, Piero. *Opere Giuridiche*: La Cassazione Civile (Parte Prima). v. 6, Roma: Roma Tre Presas, 2019, p. 709.

231. MARINONI, Luiz Guilherme. *O STJ enquanto corte de precedentes:* recompreensão do sistema processual da corte suprema. 3. ed. São Paulo: Editora Revista dos Tribunais, 2017, p. 33.

232. Instituído pelo art. 12, Tít. II, do Decreto de Agosto de 1790: "Ils ne pourront point faire de règlements, mais ils s'adresseront au corps législatif toutes les fois qu'ils croiront nécessaire, soit d'interpréter une loi, soit d'en faire une nouvelle".

233. "Para controlar a atuação da magistratura que, como dito, não poderia deixar de aplicar o que determinavam as normas positivadas, foi criada, em 27.11.1790, a Corte de Cassação Francesa, um órgão de cunho marcadamente político e auxiliar do Poder Legislativo, que não detinha competência jurisdicional. Cabia-lhe, tão somente, analisar as demandas que lhe eram submetidas através de recursos de direito estrito e, se observada mácula às leis, proceder à cassação do julgado, determinando, por consequência, que novos julgamentos fossem proferidos. Nesses julgamentos, à Corte de Cassação era vedado o conhecimento dos fatos específicos da causa, assim como não lhe era permitido perscrutar as alegações das partes; cabia-lhe, tão somente, analisar se havia, ou não, ofensa ao direito positivado, até mesmo porque, como relembra Mauro Cappelletti,29 não se tratava de órgão integrante do Judiciário" (FARIA, Márcio Carvalho. As funções das cortes superiores, os recursos excepcionais e a necessária revisão dos parâmetros interpretativos em relação à lealdade processual (parte um). *Revista de processo*, v. 247, p. 265-297, set. 2015).

litigiosa[234]. No Brasil, contudo, tanto o STJ como o STF se tornaram cortes de unificação de aplicação do direito, de matéria legal e infraconstitucional[235].

No voto vencedor do Recurso Extraordinário n. 84.699, o Min. Rodrigues Alves aponta - tentando justificar a limitação do efeito devolutivo ao recurso extraordinário - que o STF, em sua função como corte recursal, se restringe ao *ius constitutionis*, não lhe cabendo qualquer intervenção no *ius litigatoris*, para "velar pela unidade e pela aplicação do direito federal (nomofilaquia), não decidir se bem ou mal julgaram, as instâncias locais, dos direitos dos litigantes". Disso, decorreu sua conclusão de que "no tocante ao direito probatório, portanto, somente podem ser objeto de apreciação questões de direito".

Vê-se, com os anos, uma mudança significativa na função das cortes de vértice do sistema jurídico brasileiro. Como neste trabalho já foi referenciado, Daniel Mitidiero diferencia Cortes Superiores de Cortes Supremas. Em seu trabalho, classifica tanto o STF como o STJ como Cortes Supremas, evidenciando, com isso, uma função verdadeiramente de uniformização do direito positivo[236].

Luiz Guilherme Marinoni parte também dessa posição, concordando com tal classificação, para apontar que o STJ atua hoje como corte de precedentes[237]. Há, portanto, uma diferença significativa para aquela primeira função exercida pelo Tribunal de Cassação, então apontada por Calamandrei. A uniformização não se trata hoje meramente de uma função secundária, que resulta - apenas acessoriamente - de uma função principal da cassação, que buscaria primariamente a correta aplicação do direito.

234. MARINONI, Luiz Guilherme. *O STJ enquanto corte de precedentes:* recompreensão do sistema processual da corte suprema. 3. ed. São Paulo: Editora Revista dos Tribunais, 2017, p. 39.

235. MITIDIERO, Daniel. *Cortes superiores e cortes supremas:* do controle à interpretação, da jurisprudência ao precedente. 3. ed. São Paulo: Editora Revista dos Tribunais, 2017, p. 93-152.

236. "É justamente para evitar esse particularismo e essa inconstância que o Supremo Tribunal Federal e o Superior Tribunal de Justiça devem ser vistos como cortes proativas e de adequada interpretação da Constituição e da legislação infraconstitucional federal - cortes, portanto, que tomam a decisão recorrida como ponto de partida para o desenvolvimento da sua função de outorga de unidade ao Direito, isto é, de tutela do direito em uma dimensão geral." (MITIDIERO, Daniel. *Cortes superiores e cortes supremas:* do controle à interpretação, da jurisprudência ao precedente. 3. ed. São Paulo: Editora Revista dos Tribunais, 2017, p. 110).

237. "A autoridade dos precedentes também guarda relação com o fato de uma Suprema Corte ter posição diferenciada no sistema jurídico, destinada à revelação do sentido do direito. No sistema brasileiro o Superior Tribunal de Justiça é uma Corte de vértice, nada existindo acima dela no que diz respeito ao direito federal. Assim, sua posição no sistema lhe confere a última palavra no que pertine à atribuição judicial de sentido ao direito federal." (MARINONI, Luiz Guilherme. *O STJ enquanto corte de precedentes:* recompreensão do sistema processual da corte suprema. 3. ed. São Paulo: Editora Revista dos Tribunais, 2017, p. 153).

As funções que atualmente prestam o STJ e o STF não geram a necessidade de se limitar o efeito devolutivo dos recursos excepcionais. Hoje, exercem também função de construção e unificação do direito objetivo, para sua correta aplicação nas instâncias inferiores do sistema judicial brasileiro. Buscam garantir a correta interpretação ao produto do Poder Legislativo, o que se desejava evitar na primeira fórmula do Tribunal de Cassação na França, resultado dos ideais revolucionários antipáticos do Antigo Regime.

Já que constroem o sentido da norma - e, como bem apontado por Teresa Arruda Alvim, muitas vezes de maneira criativa[238-239] -, como poderia se falar em análise do direito em separação aos fatos? Na verdade, o resultado dessa interpretação só pode ser correto se forem considerados os fatos da discussão. Não é possível abstrair os fatos na tarefa de decidir se o direito foi corretamente aplicado. Assim, não só devem o STJ e o STF analisar os fatos do caso concreto, como se trata de encargo que não pode ser dissociado da função precípua dos tribunais.

Como diversas vezes neste trabalho se repisa, tanto o STJ como o STF têm hoje função de Cortes Supremas, isto é, de unificação da interpretação na aplicação do direito positivo pelos tribunais brasileiros.[240] O Superior Tribunal de Justiça passou a ser uma corte de precedentes[241]. Destaque-se que, em consonância com o entendimento sobre a função desses tribunais

---

238. ALVIM, Teresa ARRUDA. *Fatos e recursos nos Tribunais Superiores* - Uma combinação impossível? Migalhas, 6 mai. 2022. Disponível em: <https://www.migalhas.com.br/depeso/365326/fatos-e-recursos-nos-tribunais-superiores--uma-combinacao-impossivel>. Acesso em 15.11.2023.

239. "Atualmente, não é possível assumir posição nesse sentido, pois a interpretação de toda e qualquer norma jurídica, e em especial das constitucionais, que envolvem fortemente fatores metajurídicos, é criativa, estando sua concretização ligada a algum problema prático." (RODRIGUES, Marco Antonio dos Santos. *A modificação do pedido e da causa de pedir no processo civil.* 1. ed. Rio de Janeiro: GZ Editora, 2014, p. 122).

240. "O Supremo Tribunal Federal e o Superior Tribunal de justiça, como cortes responsáveis por dar a última palavra a respeito da interpretação da Constituição e da legislação infraconstitucional federal na ordem jurídica brasileira, devem ser pensados como Cortes Supremas, a fim de que se possa reconstruí-los em termos conceituais, estruturais, funcionais e eficaciais a partir de um quadro teórico capaz de fornecer soluções coerentes aos problemas ligados à interpretação judicial no Estado Constitucional. Nessa linha, o Supremo Tribunal Federal e o Superior Tribunal de justiça devem ser pensados como cortes de interpretação e não como cortes de controle, como cortes de precedentes e não como cortes de jurisprudência, tendo autogoverno e sendo dotados de meios idôneos para consecução da tutela do direito em uma dimensão geral de forma isonômica e segura." (MITIDIERO, Daniel. *Cortes superiores e cortes supremas:* do controle à interpretação, da jurisprudência ao precedente. 3. ed. São Paulo: Editora Revista dos Tribunais, 2017, p. 93).

241. "Resulta claramente que o Judiciário deixa de estar submetido ao legislador, passando a dele ser colaborador para a instituição de um direito adequado à justa organização social. Nessa dimensão, a decisão do Superior Tribunal de Justiça, ao definir o sentido do direito, integra a ordem jurídica vinculante, constituindo "precedente obrigatório. A Corte passa a ser uma Corte de Precedentes, deixando de ser uma corte de correção." (MARINONI, Luiz Guilherme. *O STJ enquanto corte de precedentes:* recompreensão do sistema processual da corte suprema. 3. ed. São Paulo: Editora Revista dos Tribunais, 2017, p. 79).

no sistema jurídico brasileiro, faz-se a noção de que o STJ e o STF devem examinar os fatos do caso concreto para produzirem precedentes.

Ora, a interpretação da norma na aplicação do direito positivo somente poderia se dar na aplicação do texto normativo ao caso concreto, devendo, portanto, ser analisados os fatos. Afinal, precedentes são resultados de casos concretos, sendo indispensável, no exercício da função de formação do precedente sobre o sentido de uma norma, que o Supremo Tribunal Federal e o Superior Tribunal de Justiça examinem os fatos que dão ensejo à aplicação desta, pois são estes que darão vida à previsão normativa[242-243]. O próprio STJ, em toda tutela jurisdicional por ele exercida, já aprecia fatos que precisam ser devidamente confirmados, por exemplo quando há alegações de violações a leis federais[244]. Com todo o respeito a entendimentos em sentido contrário, em nada adianta e em nada se justifica limitar a admissibilidade dos recursos excepcionais e, por consequência, o acesso às Cortes Superiores no Brasil com base numa impossibilidade de exame de matéria fática.

Registre-se que não se discute no presente estudo que os recursos excepcionais devem proteger unicamente a aplicação do direito objetivo. Não se trata de defender que os recursos excepcionais passem a tutelar diretamente direitos subjetivos das partes, para que se tornem, em verdade, uma segunda apelação, com amplo efeito devolutivo, para funcionar como uma renovação de instâncias inferiores.[245] O que se pretende mostrar é que as funções hoje exercidas pelos tribunais superiores não justificam uma limitação exacerbada e indevida do efeito devolutivo aos recursos excep-

242. "A propósito, não só inexiste qualquer vedação constitucional ao exame de fatos, como é imprescindível que o Supremo Tribunal Federal e o Superior Tribunal de Justiça, como cortes situadas na área de influência do modelo de Corte Suprema, vinculadas a uma teoria lógico-argumentativa da interpretação e à unidade do Direito mediante a formação de precedentes, examinem fatos em recurso extraordinário e em recurso especial - isso porque sem o exame de fatos não há como trabalhar com precedentes" (MITIDIERO, Daniel. *Cortes superiores e cortes supremas:* do controle à interpretação, da jurisprudência ao precedente. 3. ed. São Paulo: Editora Revista dos Tribunais, 2017, p. 105).

243. Inclusive, veja-se que os fatos veiculados pelo recurso são fundamentais para o *distinguishing* seja feito corretamente. Sem os fatos, não há como se ter distinção. Nesse sentido, confira-se: MARINONI, Luiz Guilherme. *O filtro da relevância.* São Paulo: Thomson Reuters Brasil, 2023, p. 181-183.

244. PEREIRA FILHO, Benedito Cerezzo; NERY, Rodrigo. *Fato e direito no recurso especial:* o mito da distinção. São Paulo: Thomson Reuters Brasil, 2018, p. 55.

245. Na vigência do Código de Processo Civil de 1973, Sergio Bermudes discorria sobre o efeito devolutivo no recurso de apelação: "O legislador do Código de Processo Civil (LGL\1973\5) buscou extrair toda a eficácia possível da devolução. Se o efeito devolutivo devolve - mais claramente, transfere - ao tribunal recursal a competência do juízo apelado, esse tribunal atua como juiz do processo; como aquela *zweite Erstinstanz,* a que aludem a doutrina alemã e austríaca, falando de uma segunda (no sentido de renovada) primeira instância." (BERMUDES, Sergio. Considerações sobre a apelação no sistema recursal do Código de Processo Civil. *Revista de processo,* v. 100, p. 186-192, out./dez. 2000).

cionais. Na verdade, apenas evidenciam uma maior necessidade de que sejam considerados os fatos do caso concreto, seja para a correta aplicação do direito em jogo na hipótese julgada, seja para se dar a correta unidade do direito objetivo.

O que aqui se sustenta já foi também adotado pelo próprio Superior Tribunal de Justiça em alguns casos. Como aponta Eduardo Cavalcanti, mais se trata de mecanismos de defesa do que realmente um filtro recursal que existe para proteger a verdadeira função do Tribunal, ou aquela que deva exercer[246]. No entanto, dado o papel que exercem na prática análogo a um filtro à admissibilidade dos recursos excepcionais no sistema brasileiro, é preciso analisar os limites ao uso de tal limitação ao efeito devolutivo.

Em conclusão, tem-se que os verbetes limitadores do efeito devolutivo ao STJ e ao STF, respectivamente as Súmulas n. 7 e 279, não possuem, com o devido respeito ao entendimento contrário, fundamentos constitucionais ou legais. Note-se que por vezes os Tribunais buscam fundamentar os enunciados como um produto das funções que exercem hoje no ordenamento jurídico brasileiro. É uma função em defesa da unidade do direito objetivo, que, em realidade, produzem precedentes para que o texto normativo passe a ser corretamente aplicado por todas as instâncias do Judiciário brasileiro.

Como visto, no entanto, as funções do Superior Tribunal de Justiça e do Supremo Tribunal Federal envolvem hoje a elaboração de precedentes para uma correta interpretação normativa. Intrínseco, portanto, o exercício de suas funções com a necessidade de valoração dos fatos do caso concreto[247]. Ainda assim, como se verá a seguir, questões de fato e questões de direito devem ser acertadamente separadas em uma limitação legítima daquilo que deve ser objeto de análise das cortes supremas por recursos excepcionais. Não se trata de uma limitação à interpretação dos fatos veiculados por um recurso.

---

246. CAVALCANTI, Eduardo Muniz Machado. *O martírio da Súmula 7 do STJ*. Jota. 20 nov. 2021. Disponível em: <https://www.jota.info/opiniao-e-analise/artigos/sumula-7-stj-martirio-20112021>. Acesso em: 15.11.2023.

247. Veja-se o entendimento de Luiz Guilherme Marinoni nessa linha: "A Súmula n. 7 do Superior Tribunal de Justiça não tem mais razão de ser. Esta súmula milita contra a função de estabelecer precedentes. De um lado, estabelecer uma norma para todos, sem a consciência de que os fatos se passaram conforme será obrigatoriamente suposto por todos os Juízes e Tribunais, é comprometer-se com o futuro sem responsabilidade. De outro lado, deixar de fixar precedente capaz de colaborar para o desenvolvimento do direito e a solução de casos futuros apenas porque há dúvida que pode ser esclarecida mediante a valoração da prova é ainda mais absurdo." (MARINONI, Luiz Guilherme. *O filtro da relevância*. São Paulo: Thomson Reuters Brasil, 2023, p. 187).

4.4.3. Como diferenciar questões de fato e de direito?

Ainda que se fale na ilegitimidade de uma limitação ao efeito devolutivo tão radical como a que se depreende de alguns julgados do Supremo Tribunal Federal e do Superior Tribunal de Justiça a partir da aplicação de suas respectivas Súmulas n. 279 e 7, deve-se diferenciar o que é uma questão de fato e o que é uma questão de direito. Calamandrei apontou a necessidade de a cassação lidar apenas com o direito de maneira dissociada dos fatos que eram veiculados nos recursos de cassação[248]. Isso não significa, no papel atual dos recursos excepcionais, que que não seja possível enfrentar fatos para a análise da adequada aplicação do direito.

Historicamente, a tradição do direito norte-americano distingue a questão de fato da questão de direito a partir de uma distinção de função entre o júri e o juiz. Benedito Cerezzo Pereira Filho e Rodrigo Nery, ao traçarem uma relação dessa separação no direito norte americano, apontam para uma conclusão da própria doutrina do país de que existiriam apenas fatos[249] – questões de direito seriam, na verdade, aquelas resolvidas pelo Poder Judiciário, ao resolver o que seria o verdadeiro e quais seriam os fatos jurídicos[250]. Defendem os autores que o Direito é fato, e qualquer distinção seria impossível. A norma que se aplica ao fato é fato desde o início, por precisar do fato para existir e por ser ela mesma uma abstração dos fatos[251]. O Direito não existiria se não houvesse fato para que incidisse, bem como não existiria se não fosse embasado em fatos pré-constituídos.

Ainda assim, há diversas diferenciações das classificações que ora se trabalham. Veja-se uma: (i) questão de fato seria aquilo que depende de prova, com a exceção do que dispõe o art. 374 do CPC[252]; e (ii) questão de direito seria a própria aplicação da lei[253].

248. "Ma ciò che costituisce la assoluta originalità del ricorso per cassazione nel diritto odierno è questo: che esso (lasciando da parte la cassazione per errores in procedendo, che non ha nulla di comune col peculire scopo politico dell'istituto: retro, nn. 174, 194) è un mezzo di impugnativa che serve a far valere tra gli errores in iudicando tutti e soltano quelli che consistono in un errore di diritto." (CALAMANDREI, Piero. *Opere Giuridiche*: La Cassazione Civile (Parte Prima). v. 6, Roma: Roma Tre Presas, 2019, p. 700).

249. ALLEN, Ronald J.; PARDO, Michael S. The myth of the law-fact distinction. *Northwestern University Law Review*, v. 97, 2003.

250. PEREIRA FILHO, Benedito Cerezzo; NERY, Rodrigo. *Fato e direito no recurso especial:* o mito da distinção. São Paulo: Thomson Reuters Brasil, 2018, p. 35-38.

251. Ibid., p. 39.

252. Art. 374. Não dependem de prova os fatos: I - notórios; II - afirmados por uma parte e confessados pela parte contrária; III - admitidos no processo como incontroversos; IV - em cujo favor milita presunção legal de existência ou de veracidade.

253. GOMES, Liliane Estela. *Afastamento da Súmula 7/STJ em recursos envolvendo discussão sobre a prova pericial em ações de reparação de danos:* análise de casos concretos. Dissertação (mestrado profissional) - Fundação Getúlio Vargas - São Paulo, 2021, p. 58.

Chiovenda, por sua vez, sustenta que questão de direito seria a "vontade abstrata da lei" e questão de fato seria o "exame dos fatos que transformam em concreta a vontade da lei"[254]. Tal distinção não parece dar uma solução segura à distinção, já que a vontade abstrata da lei por si só parece vazia.

Teresa Arruda Alvim utiliza outra classificação, entre questões *predominantemente* de fato e questões *predominantemente* de direito, i.e., "o fenômeno jurídico abrange fato e direito, mas o problema (= a questão) pode girar em torno do aspecto fático ou em torno do aspecto jurídico"[255].

A partir dessa última classificação, destaque-se que a autora encontra conclusão idêntica à exposta neste trabalho, de que "[a]inda que a função das Cortes Superiores brasileiras seja limitada, no rejulgamento, pela proibição do reexame de matéria probatória, parece que o sistema do rejulgamento tem maior aptidão para garantir a unidade, a univocidade e a higidez do direto objetivo em relação aos sistemas de cassação. Podem, com a nova decisão, cooperar de modo mais significativo para a uniformização da jurisprudência e, portanto, para o respeito à necessidade de isonomia"[256]. Chame-se como for, as questões de direito e as questões de fato são tão entrelaçadas que, ainda que se diferencie pelo problema que o recurso veicula, devem ser julgadas pelos Tribunais Superiores para afirmar uma interpretação correta a partir da fixação de precedentes. Não é sempre que os problemas de fato e de exame de prova serão independentes das leis, sobretudo quando se fala da interpretação normativa[257].

Por outro lado, no entanto, o trabalho hermenêutico de aplicação do direito nos leva de volta à impossível dissociação de fato e de direito[258]. De frente a uma situação jurídica, uma decisão proferida pelo Poder Judiciário em geral não se divide entre suas questões de fato e suas questões de direito[259]. As decisões judiciais se resumem à qualificação do mundo empírico por uma roupagem jurídica, a partir da norma.

254. CHIOVENDA, Giuseppe. *Instituições de direito processual civil.* 3. ed. São Paulo: Saraiva, 1969. v. 1, n. 11, p. 40.
255. ARRUDA ALVIM, Teresa. Questão de fato, questão de direito nos recursos para tribunais superiores. *Revista de Processo*, v. 332, p. 329-360, out. 2022.
256. ARRUDA ALVIM, Teresa. Questão de fato, questão de direito nos recursos para tribunais superiores. *Revista de Processo*, v. 332, p. 329-360, out. 2022.
257. LAGIER, Daniel González. Quaestio Facti: ensaios sobre prova, causalidade e ação. São Paulo: Juspodivm, 2022, p. 45-56.
258. PASSANANTE, Luca. El Tribunal Supremo Italiano a cien años de la Cassazione Civile. In: FENOLL, Jordi Nieva; CAVANI, Renzo. *La Casación hoy, cien años después de Calamandrei*. Madrid: Marcial Pons, 2021, p. 56-59.
259. TRENTO, Simone. *Cortes supremas diante da prova*. 1. ed. São Paulo: Thomson Reuters Brasil, 2018, p. 128-129.

Realmente, parece haver uma superação da divisão estanque entre questão de fato e questão de direito, já que a interpretação jurídica depende do caso concreto para dar aplicabilidade à norma[260]. Diz-se que há um "nexo dialético" entre a questão de fato e a questão de direito, tornando-as coisas inseparáveis[261]. Na visão deste estudo, portanto, não se pode falar em uma separação fiel entre questão de fato e questão de direito. Não há como se aplicar a norma, a fim de buscar uma interpretação, ignorando os fatos que constituem o caso concreto.

Como bem aponta Michele Taruffo, a interpretação das normas precisa estar associada a fatos[262]. Assim, a aplicação das leis alcança aquilo que se espera dos Tribunais Superiores: a uniformização do direito objetivo. O problema é que a veiculação dos problemas do direito objetivo pelos recursos excepcionais, como já demonstrado até aqui, não pode dissociar os fatos do direito que se alega. Não se pode limitar o efeito devolutivo dos recursos excepcionais à luz de uma função que seria exercida pelas Cortes Superiores, sem sequer fazer sentido partir de uma interpretação jurídica dissociada dos fatos do caso concreto.

Por esse contexto, cabe agora indagar qual seria o verdadeiro limite do exame fático que se deve falar em sede dos recursos excepcionais.

4.4.4. Qual o limite legítimo do exame fático em sede de recursos especial e extraordinário?

Como já visto, não há porque a ideia de separação de questão de fato e questão de direito ser mantida aos recursos excepcionais previstos no ordenamento jurídico brasileiro até hoje. Como bem aponta Teresa Arruda Alvim, a limitação da atuação do Tribunal de Cassação francês se dá por

260. PASSANANTE, Luca. El Tribunal Supremo Italiano a cien años de la Cassazione Civile. In: FENOLL, Jordi Nieva; CAVANI, Renzo. *La Casación hoy, cien años después de Calamandrei*. Madrid: Marcial Pons, 2021, p. 48-50.

261. Ibid., 48.

262. "Infine, il riconoscimento della natura inevitabilmente creativa dell'interpretazione non implica la rassegnazione all'arbitrarietà e alla indifferenza delle scelte operate dagli interpreti ed in particolare dai giudici. Come si è tentato di mostrare, si possono individuare criteri riconoscibili e condivisibili che servono a controllare il fondamento delle scelte, sia che esse riguardino la selezione dei fatti rilevanti, sia che riguardino l'individuazione dell'interpretazione "giusta" delle norme. Si tratta da un lato, ancora una volta dei canoni dell'ermeneutica giuridica e del rispetto dei limiti dell'interpretazione, e dall'altro lato della verifica della congruenza tra il fatto (accertato) e la norma (interpretata) come premesse giustificate della decisione finale." (TARUFFO, Michele. Il Fatto e l'interpretazione. *Revista de Processo*, v. 227, p. 31-45, out. 2014).

origens históricas[263], em um órgão que não era originalmente visto como parte do Poder Judiciário[264].

Ocorre que, pela inundação de casos que há tempos abalam o STF e o STJ, foi desenvolvida a chamada "jurisprudência defensiva" por tais tribunais, a partir de súmulas que têm o objetivo de filtrar o acesso aos tribunais superiores, servindo como base para a inadmissão de recursos[265].

Como visto, este estudo defende que os filtros aos recursos aos Tribunais Superiores devem ser decorrentes da Constituição ou da lei, mas não puramente de interpretação jurisprudencial. As súmulas ilegítimas como filtros recursais são prova disso[266]. Trata-se de questão que atrapalha as próprias funções a serem exercidas pelas Cortes[267]. Inegavelmente, como já visto, as mais notáveis destas súmulas, quais sejam, a 7 do STJ e a 279 do STF, não têm fundamentos constitucionais ou sequer legais. Além disso, como também já dissecado, não se justificam pelas funções hoje desempenhadas pelos recursos excepcionais. Logo, pergunta-se: qual seria a legítima limitação de análise dos recursos excepcionais?

Como muito se sustenta, os tribunais superiores estariam limitados aos fatos dispostos no acórdão recorrido[268]. Sobre a veiculação de provas às Cortes Supremas brasileiras, Simone Trento aponta que a jurisprudência do STF e do STJ, no mesmo sentido, diferencia "mera análise de fatos" e "questão de fato". Na presença da segunda expressão, o recurso excepcional seria cabível, enquanto que na primeira "a 'mera' análise de fatos não seria capaz de violar a Constituição ou lei federal e, portanto, não autorizaria a admissão de recurso especial ou extraordinário"[269].

---

263. ARRUDA ALVIM, Teresa. Questão de fato, questão de direito nos recursos para tribunais superiores. *Revista de Processo*, v. 332, p. 329-360, out. 2022.
264. "[D]oveva accadere, cioé, che l'istituto, chiamato al suo sorgere impropriamente *Tribunal*, avrebbe a poco a poco, nel sue svolgimento, assunto carattere e funzioni giudiziarî. Ma in origine - e questo basta per ora aver dimostrato - esso, negli intendimenti dei suoi fondatori, carattere giudiziario non aveva: era soltanto, per usar la imaginosa frase di Prieur (87), *une sentinelle établie por le maintien des lois*." (CALAMANDREI, Piero. *Opere Giuridiche*: La Cassazione Civile (Parte Prima). v. 6, Roma: Roma Tre Presas, 2019, p. 414).
265. Como apontou o Min. Humberto Gomes de Barros em seu discurso de posse na presidência do Superior Tribunal de Justiça: "Para fugir a tão aviltante destino, o STJ adotou a denominada 'jurisprudência defensiva' consistente na criação de entraves e pretextos para impedir a chegada e o conhecimento dos recursos que lhes são dirigidos" (BARROS, Humberto Gomes de. *Discurso de posse do Ministro Humberto Gomes de Barros no cargo de Presidente do STJ*. BDJur, Brasília, DF, 28 abr. 2008. Disponível em: https://bdjur.stj.jus.br/jspui/handle/2011/16933. Acesso em: 30.09.2023).
266. CUNHA, Leonardo Carneiro da; OTÁVIO TERCEIRO NETO, João. Recurso Especial e interpretação do contrato. *Revista de Processo*, v. 275, p. 257-270, jan. 2018.
267. ARRUDA ALVIM, Teresa. Questão de fato, questão de direito nos recursos para tribunais superiores. *Revista de Processo*, v. 332, p. 329-360, out. 2022.
268. PEREIRA FILHO, Benedito Cerezzo; NERY, Rodrigo. *Fato e direito no recurso especial:* o mito da distinção. São Paulo: Thomson Reuters Brasil, 2018, p. 53.
269. TRENTO, Simone. *Cortes supremas diante da prova*. 1. ed. São Paulo: Thomson Reuters Brasil, 2018, p. 113.

A autora elenca três fundamentos usados pela jurisprudência dos Tribunais Superiores para o não conhecimento dos recursos excepcionais[270], não sendo cabíveis: (i) se a análise da prova pela decisão recorrida tiver sido feita de maneira adequada[271]; (ii) se o argumento veiculado pelo recurso foi de má apreciação de prova[272]; e (iii) se o fundamento recursal for de violação à norma probatória[273].

Com efeito, a hipótese (i) possui um equívoco de premissa, que por muito tempo foi adotado nos Tribunais Superiores: havia uma confusão da admissibilidade com o mérito do recurso especial, já que deixou de conhecer o recurso depois de ter analisado justamente o ponto de sua impugnação. Na realidade, julgar incabível o recurso especial depois de considerar que a análise de prova pelo juízo *a quo* foi feita da maneira correta representa enfrentar a pretensão recursal em alguma medida, ingressando no juízo de mérito.

270. Ibid., p. 112.

271. CRIMINAL. RECURSO ESPECIAL. REEXAME DA PROVA. CUMPRIDAMENTE PONDERADA PROVA PELA DECISÃO RECORRIDA, CONSTITUI COMETIMENTO INCOMPATIVEL COM O RECURSO ESPECIAL QUEREREM AS PARTES O SEU REEXAME A TITULO DE VALORAÇÃO ADVERSAMENTE CONCLUSIVA. (STJ, REsp n. 290/PR, relator Ministro José Dantas, Quinta Turma, julgado em 2/10/1989, DJ de 16/10/1989, p. 15858).

272. PROCESSUAL PENAL. EXAME DE PROVAS EM RECURSO ESPECIAL. ARGUIÇÃO DE RELEVANCIA COMO MEIO DE IMPUGNAÇÃO DE DECISÃO JUDICIAL. I. DESCABE O RECURSO ESPECIAL PARA SIMPLES REEXAME DE PROVAS, AINDA QUE INTERPOSTO SOB INVOCAÇÃO DE SUPOSTA INFRINGENCIA DE NORMA PROCESSUAL (SUMULA 279/STF). II. A ARGUIÇÃO DE RELEVANCIA, A PARTIR DO TEXTO CONSTITUCIONAL DE 1988, DEIXOU DE EXISTIR COMO MEIO OPERANTE DE IMPUGNAÇÃO DE DECISÃO JUDICIAL. III. AGRAVO IMPROVIDO. (STJ - AgRg no Ag: 148 MS 1989/0008631-6, Relator: Ministro CARLOS THIBAU, Data de Julgamento: 05/12/1989, T6 - SEXTA TURMA, Data de Publicação: DJ 19.03.1990 p. 1952 RSTJ vol. 16 p. 159).

273. ISENÇÃO DE CORREÇÃO MONETÁRIA (ART. 47, PARAGRAFO 3., III, DO ATO DAS DISPOSIÇÕES CONSTITUCIONAIS TRANSITORIAS). ALEGAÇÃO DE OFENSA A ESSE DISPOSITIVO CONSTITUCIONAL EM RAZÃO DE ERRONEA VALORIZAÇÃO DA PROVA. - A VALORIZAÇÃO DA PROVA DIZ RESPEITO AO VALOR JURÍDICO DESTA, PARA ADMITI-LA OU NÃO EM FACE DA LEI QUE A DISCIPLINA, RAZÃO POR QUE E QUESTÃO ESTRITAMENTE DE DIREITO. JA O REEXAME DA PROVA E DIVERSO: IMPLICA A REAPRECIAÇÃO DOS ELEMENTOS PROBATORIOS PARA CONCLUIR-SE SE ELES FORAM, OU NÃO, BEM INTERPRETADOS - E, PORTANTO, QUESTÃO QUE SE CIRCUNSCREVE AO TERRENO DOS FATOS. SABER SE DETERMINADO REBANHO, EM FACE DA EXTENSAO DE UMA GLEBA E DA SUA FORMA DE EXPLORAÇÃO, E, OU NÃO, INSTRUMENTO DE TRABALHO E DE PRODUÇÃO DO DEVEDOR E QUESTÃO DE REAPRECIAÇÃO DE ELEMENTOS PROBATORIOS, E, PORTANTO, DE REEXAME DE PROVA, O QUE NÃO E CABIVEL EM RECURSO EXTRAORDINÁRIO (SÚMULA 279). RECURSO EXTRAORDINÁRIO NÃO CONHECIDO. (RE 122011, Relator(a): MOREIRA ALVES, Primeira Turma, julgado em 12-06-1990, DJ 17-08-1990 PP-07871 EMENT VOL-01590-01 PP-00174); RECURSO EXTRAORDINÁRIO. ACÓRDÃO QUE, SOPESANDO O PODER DE CONVENCIMENTO DAS PROVAS, CONCLUI PELA IMPROCEDENCIA DE AÇÃO DE INVESTIGAÇÃO DE PATERNIDADE. INEXISTÊNCIA DE QUESTÃO FEDERAL RELATIVA AO VALOR DE PROVA, OU DE VALORIZAÇÃO DE PROVA "IN ABSTRACTO".- RECURSO EXTRAORDINÁRIO NÃO CONHECIDO. (RE 84699, Relator(a): CUNHA PEIXOTO, Relator(a) p/ Acórdão: RODRIGUES ALCKMIN, Primeira Turma, julgado em 14-12-1976, DJ 03-06-1977 PP-03645 EMENT VOL-01061-02 PP-00412 RTJ VOL-00086-02 PP-00554).

Felizmente, a confusão entre admissibilidade e mérito, muito combatida sobretudo por Barbosa Moreira[274], já foi reconhecida e ultrapassada[275]. Assim, o fundamento de que a prova foi bem valorada nas instâncias ordinárias não deve obstar a admissibilidade de recursos especiais, pois se trata de questão de mérito.

Importante notar que a posição de alguns julgados dos tribunais superiores neste ponto é passível de críticas. Apesar de os recursos excepcionais adotarem função de resguardar o direito objetivo, a análise da interpretação correta de lei federal ou da Constituição no contexto de uma demanda não significa necessariamente restringir o reexame de provas dos recursos excepcionais. A interpretação histórica e teleológica das súmulas supramencionadas indica que ambas foram criadas com o intuito de indicar que tais recursos excepcionais não visam a permitir um terceiro grau de jurisdição no que diz respeito aos fatos.[276]

Considerando que não cabe reexame de matéria fática pelos Tribunais Superiores, foi fixado o entendimento do não cabimento de reexame

274. "Quer isso dizer que somente se (e depois que) o tribunal resolve conhecer do recurso é que pode passar a averiguar se o recorrente tem ou não razão na crítica feita à decisão recorrida, ou seja, se o recurso é fundado ou infundado (para dar-lhe ou negar-lhe provimento, respectivamente). Caso o tribunal entenda que não deve conhecer do recurso, sua atividade cognitiva esgota-se na correspondente declaração. Não se concebe que em tal acórdão figure pronunciamento algum referente à substância da impugnação – ou, noutras palavras, ao acerto (ou desacerto) da decisão recorrida." (MOREIRA, José Carlos Barbosa. Que significa 'não conhecer' de um recurso? *Revista Forense*, v. 333, 1996).

275. Nessa linha: I. Recurso extraordinário: letra a: possibilidade de confirmação da decisão recorrida por fundamento constitucional diverso daquele em que se alicerçou o acórdão recorrido e em cuja inaplicabilidade ao caso se baseia o recurso extraordinário: manutenção, lastreada na garantia da irredutibilidade de vencimentos, da conclusão do acórdão recorrido, não obstante fundamentado este na violação do direito adquirido. II. Recurso extraordinário: letra a: alteração da tradicional orientação jurisprudencial do STF, segundo a qual só se conhece do RE, a, se for para dar-lhe provimento: distinção necessária entre o juízo de admissibilidade do RE, a para o qual é suficiente que o recorrente alegue adequadamente a contrariedade pelo acórdão recorrido de dispositivos da Constituição nele prequestionados - e o juízo de mérito, que envolve a verificação da compatibilidade ou não entre a decisão recorrida e a Constituição, ainda que sob prisma diverso daquele em que se hajam baseado o Tribunal a quo e o recurso extraordinário. III. Irredutibilidade de vencimentos: garantia constitucional que é modalidade qualificada da proteção ao direito adquirido, na medida em que a sua incidência pressupõe a licitude da aquisição do direito a determinada remuneração. IV. Irredutibilidade de vencimentos: violação por lei cuja aplicação implicaria reduzir vencimentos já reajustados conforme a legislação anterior incidente na data a partir da qual se prescreveu a aplicabilidade retroativa da lei nova. (RE 298695, Relator(a): SEPÚLVEDA PERTENCE, Tribunal Pleno, julgado em 06/08/2003, DJ 24-10-2003 PP-00032 EMENT VOL-02129-03 PP-00880).

276. Nesse mesmo sentido, conferir: RODRIGUES, Marco Antonio. *Manual dos Recursos:* ação rescisória e reclamação. 2 ed. São Paulo: Juspodivm, 2023, p. 281.

de provas nesses recursos[277], o que acabou materializado nas Súmulas 7[278] do STJ e 279[279] do STF, que permanecem sendo aplicadas na vigência do Código de Processo Civil de 2015. Assim, o reexame de provas é expressamente vedado, uma vez que as provas, via de regra, possuem como objeto os fatos concretos, já que o Poder Judiciário tem conhecimento do direito (*iura novit curia*). Dessa forma, as normas jurídicas não demandam prova, excepcionando-se o disposto no art. 376 do CPC, que admite que o julgador pode determinar a prova de direito estadual, municipal, estrangeiro ou consuetudinário.

Contudo, os recursos especial e extraordinário têm como marca o critério bifásico, considerando que, na primeira fase, o tribunal superior, o tribunal conhecerá do recurso. Em seguida, no mérito, haverá a decisão sobre matéria impugnada, tendo como base uma determinada tese jurídica[280]. Não à toa, o art. 1034 do CPC dispõe que, após ser admitido o recurso extraordinário ou o recurso especial, o Supremo Tribunal Federal ou o Superior Tribunal de Justiça, respectivamente, irá julgar o processo, de modo a aplicar o direito, isto é, a aplicação da tese jurídica enquadrada ao caso.

Nesse sentido, a vedação pelas súmulas de que o tribunal realize a reavaliação dos fatos e provas somente tem sentido se aplicada no momento de se definir a tese jurídica. Contudo, como dispõe o art. 1.034 do CPC anteriormente mencionado, não existe qualquer óbice a que o faça no momento da aplicação do direito ao caso concreto. Isso porque, não obstante o Supremo Tribunal Federal e o Superior Tribunal de Justiça tenham como objetivo a definição de teses jurídicas, não é possível afastar o fato de que os tribunais decidem casos concretos, sendo imprescindível a análise de provas para que se julgue o caso.

Há julgados do Superior Tribunal de Justiça não tão restritivos à admissibilidade do recurso especial por violação ao reexame dos fatos, considerando a realização de controle da qualificação jurídica dos fatos, em decorrência do excesso da verba fixada pelas instâncias ordinárias. A título exemplificativo, a primeira hipótese é a das indenizações por danos morais fixadas

277. Note-se, porém, que a vedação ao reexame de provas não impede reexame de norma processual relativa a direito probatório. Reexaminar as provas dos autos é bastante distinto de discutir se uma norma do Código de Processo Civil sobre provas está sendo violada ou não por uma decisão impugnada. Por exemplo, um recurso especial que discuta a legalidade da rejeição injustificada pelo juiz de negócio processual de escolha de perito tem por objeto suposta violação ao art. 471 do CPC, não se prestando a rediscutir os fatos da causa.

278. "A pretensão de simples reexame de prova não enseja recurso especial."

279. "Para simples reexame de prova não cabe recurso extraordinário."

280. MEDINA, José Miguel Garcia. *Direito processual civil moderno*. 2. ed. São Paulo: RT, 2016, p. 1382.

em quantias exorbitantes. Permite-se que, em sede de recurso especial, haja a redução do valor estabelecido pelas instâncias ordinárias como reparação por danos morais sofridos[281]. Além disso, admite-se a redução de astreintes – as multas coercitivas estabelecidas em face do cumprimento de determinada obrigação, previstas no art. 537 do CPC[282] –, caso forem estabelecidas em valores muito elevados[283]. Com efeito, para a análise da excessividade da verba, será inegavelmente necessário enfrentar as circunstâncias fáticas tanto nos casos de quantum indenizatório, como nos de multa coercitiva.

Registre-se que o efeito devolutivo desses recursos também é limitado à utilização de recursos especiais e extraordinários para que se busque a revisão de interpretação de cláusula contratual - como hoje sedimentam as

281. ADMINISTRATIVO E PROCESSUAL CIVIL. AGRAVO REGIMENTAL NO RECURSO ESPECIAL. RESPONSABILIDADE CIVIL DO ESTADO. ACIDENTE DE TRÂNSITO. BURACO NA PISTA. TESE ACERCA DA INCAPACIDADE PERMANENTE. INCIDÊNCIA DA SÚMULA 211/STJ. LUCROS CESSANTES. APLICAÇÃO DA TEORIA DA PERDA DE UMA CHANCE. REEXAME DE MATÉRIA FÁTICA. IMPOSSIBILIDADE. SÚMULA 7/STJ. REVISÃO DOS VALORES ARBITRADOS A TÍTULO DE DANOS MORAIS E HONORÁRIOS ADVOCATÍCIOS. REVISÃO. NÃO CABIMENTO. SÚMULA 7/STJ. 1. O Tribunal de origem não se pronunciou sobre a tese de que as provas constantes dos autos comprovam a incapacidade permanente do ora agravante, apesar de instado a fazê-lo por meio dos competentes embargos de declaração. Assim, caberia à parte ora agravante, nas razões do apelo especial, indicar ofensa ao art. 535 do CPC/73, alegando a existência de possível omissão, providência da qual não se desincumbiu. Incide, pois, o óbice da Súmula 211/STJ 2. A alteração das conclusões adotadas pela Corte de origem, no sentido de que a situação não se enquadra no conceito de lucro cessante e nas hipóteses da teoria da perda de uma chance, tal como colocada a questão nas razões recursais, demandaria, necessariamente, novo exame do acervo fático-probatório constante dos autos, providência vedada em recurso especial, conforme o óbice previsto na Súmula 7/STJ. *3. A jurisprudência do Superior Tribunal de Justiça admite, em caráter excepcional, a sua alteração caso se mostre irrisório ou exorbitante, em clara afronta aos princípios da razoabilidade e da proporcionalidade. A parte agravante, contudo, não logrou demonstrar que, na espécie, os valores arbitrados seriam irrisórios, de forma que o acórdão recorrido deve ser mantido.4. Quanto aos honorários advocatícios, a jurisprudência do STJ orienta-se no sentido de que, em regra, não se mostra possível em recurso especial a revisão do valor fixado a título de honorários advocatícios, pois tal providência exigiria novo exame do contexto fático-probatório constante dos autos, o que é vedado pela Súmula 7/STJ. Todavia, o óbice da referida súmula pode ser afastado em situações excepcionais, quando for verificado excesso ou insignificância da importância arbitrada, ficando evidenciada ofensa aos princípios da razoabilidade e da proporcionalidade, hipóteses não configuradas nos autos. 5. Agravo regimental a que se nega provimento.* (STJ - AgRg no REsp: 1569968 CE 2015/0302892-1, Relator: Ministro SÉRGIO KUKINA, Data de Julgamento: 08/02/2018, T1 - PRIMEIRA TURMA, Data de Publicação: DJe 26/02/2018 – grifos nossos).

282. "Art. 537. A multa independe de requerimento da parte e poderá ser aplicada na fase de conhecimento, em tutela provisória ou na sentença, ou na fase de execução, desde que seja suficiente e compatível com a obrigação e que se determine prazo razoável para cumprimento do preceito."

283. ADMINISTRATIVO E PROCESSUAL CIVIL. AGRAVO INTERNO NO AGRAVO EM RECURSO ESPECIAL. FORNECIMENTO DE MEDICAMENTO. ASTREINTES. HONORÁRIOS ADVOCATÍCIOS. REVISÃO DOS VALORES. REEXAME DE PROVAS. IMPOSSIBILIDADE. SÚMULA 7/STJ. 1. A jurisprudência do STJ orienta-se no sentido de que, em regra, não se mostra possível, em recurso especial, a revisão dos valores fixados a título de honorários advocatícios e astreintes, pois tal providência exigiria novo exame do contexto fático-probatório constante dos autos, o que é vedado pela Súmula 7/STJ. Todavia, o óbice da referida súmula pode ser afastado em situações excepcionais, quando for verificado excesso ou insignificância das importâncias arbitradas, ficando evidenciada ofensa aos princípios da razoabilidade e da proporcionalidade, hipóteses não configuradas nos autos. 2. Agravo interno não provido. (STJ - AgInt no AREsp: 1340926 PE 2018/0197774-9, Relator: Ministro SÉRGIO KUKINA, Data de Julgamento: 25/02/2019, T1 - PRIMEIRA TURMA, Data de Publicação: DJe 28/02/2019).

Súmulas 5 do STJ[284] e 454 do STF[285], já que isso não representaria uma ofensa direta às normas jurídicas, necessário para o cabimento desses recursos.

Como um reflexo de que o efeito devolutivo de tais recursos excepcionais é restrito à suposta violação à Constituição da República ou à lei federal, é também incabível recurso extraordinário alegando eventual ofensa à norma de direito local, de acordo com o entendimento do STF, consolidado por sua Súmula 280[286].

Naqueles recursos que somente tiverem como objeto de impugnação supostas violações às normas locais, sendo a controvérsia, nesse caso, de caráter meramente infraconstitucional, o entendimento nos parece correto. Nesse caso, seriam apenas reflexas as eventuais ofensas à Constituição Federal, tratada anteriormente, em consequência da anterior violação da norma de direito local[287-288].

Não fora outro o entendimento adotado pelo Supremo Tribunal Federal, como se extrai do julgado abaixo colacionado:

---

284. "A simples interpretação de cláusula contratual não enseja recurso especial."
285. "Simples interpretação de cláusulas contratuais não dá lugar a recurso extraordinário."
286. "Por ofensa a direito local não cabe recurso extraordinário."
287. O Superior Tribunal de Justiça adota o mesmo entendimento do Supremo Tribunal Federal, aplicando analogicamente a referida súmula, em razão de suas funções de guarda e preservação da legislação federal, bem como a uniformização de sua interpretação, como se infere do disposto no art. 105, III, da Constituição Federal. Veja-se, a esse título, o seguinte julgado: Recurso fundado no novo CPC/2015. PROCESSUAL CIVIL E AMBIENTAL. AGRAVO INTERNO SUBMETIDO AO ENUNCIADO ADMINISTRATIVO 3/STJ. AÇÃO ANULATÓRIA DE AUTO DE INFRAÇÃO. RESPONSABILIDADE ADMINISTRATIVA PELO DANO AMBIENTAL. NATUREZA. VIOLAÇÃO AO ART. 1.022 DO CPC/2015. NÃO OCORRÊNCIA. MATÉRIA DE FUNDO. IMPOSSIBILIDADE DE EXAME. QUESTÃO DECIDIDA COM BASE EM DIREITO LOCAL. 1. Sobre os presentes embargos de declaração, opostos pela Fundação Estadual de Proteção Ambiental Henrique Luís Roessler - FEPAM, a análise de suas razões evidencia, de forma clara e inequívoca, que o seu objetivo não é o de sanar erro material, omissão, obscuridade ou contradição, mas sim o de buscar a reforma da decisão embargada. Assim, recebo-o como agravo interno, nos termos do art. 1.024, § 3º, do CPC/2015. 2. Na decisão agravada, o agravo da parte autora foi conhecido para dar provimento ao recurso especial na parte em que apontada violação ao art. 1.022 do CPC/2015, de forma fosse realizado novo julgamento dos embargos de declaração pelo Tribunal de origem. 3. É caso de prover o agravo interno, pois, ao contrário do afirmado na decisão agravada, não há falar em violação ao art. 1.022 do CPC/2015, uma vez que a questão da responsabilidade administrativa foi julgada de modo integral e suficiente com a adoção das razões lançadas no parecer do Ministério Público, que incluem referência a legislação estadual que prevê responsabilidade objetiva do poluidor na esfera administrativa. Tal circunstância revela a desnecessidade de novo julgamento dos embargos de declaração. *4. Retomado o exame das razões recursais, não há como conhecer das alegações sobre a questão de fundo. É que, existindo no acórdão recorrido fundamento baseado em lei local para a imposição da responsabilidade objetiva no caso concreto, o óbice da Súmula 280/STF, aqui aplicável por analogia, impede o conhecimento do recurso especial no ponto.* 5. Agravo interno da FEPAM provido. (STJ - EDcl no AREsp: 1486730 RS 2019/0105707-0, Relator: Ministro MAURO CAMPBELL MARQUES, Data de Julgamento: 13/04/2021, T2 - SEGUNDA TURMA, Data de Publicação: DJe 17/06/2021–grifos nossos).
288. Nesse mesmo sentido, conferir: RODRIGUES, Marco Antonio. *Manual dos Recursos:* ação rescisória e reclamação. 2 ed. São Paulo: Juspodivm, 2023, p. 281-282.

> AGRAVO REGIMENTAL EM RECURSO EXTRAORDINÁRIO COM AGRAVO. ADMINISTRATIVO. CONCURSO PÚBLICO. PRESCRIÇÃO. DECRETO 20.910/1932. LEI DISTRITAL 7.515/1986. LEI LOCAL. SÚMULA 280. MATÉRIA INFRACONSTITUCIONAL. OFENSA REFLEXA. *1. Nos termos da orientação sedimentada na súmula 280 do STF, não cabe recurso extraordinário quando a verificação da alegada ofensa à Constituição Federal depende de análise prévia da legislação infraconstitucional pertinente à matéria em discussão.* 2. Agravo Regimental a que se nega provimento, com previsão de aplicação da multa prevista no art. 1.021, § 4º, CPC. Mantida a decisão agravada quanto aos honorários advocatícios, eis que já majorados nos limites do art. 85, §§ 2º e 3º, do CPC.[289].

Note-se, ainda, que pode ser que a análise de questões de ordem pública acarrete um reexame fático quando do julgamento de mérito do recurso. Com efeito, pode ser que um recurso excepcional seja admitido e, conforme se extrai do art. 1.034 do CPC, não há qualquer óbice para que sejam reconhecidas questões de ordem pública em sede de recursos especial e extraordinário, mesmo que não tenham sido impugnadas e levadas à reanálise pelo recorrente na peça em sede recursal[290]. Isso decorre do efeito translativo de tais recursos, aplicado a partir de ultrapassado o juízo de admissibilidade. Em outras palavras, tal reconhecimento será feito na análise do juízo de mérito do recurso[291], e não na admissibilidade do recurso, já que a análise do mérito é a ocasião em que o tribunal superior deverá aplicar o direito ao próprio caso.[292]

Nesse sentido, a título exemplificativo, pense-se no caso em que a pretensão do autor esteja prescrita, como se encontra disposto no art. 189 do Código Civil e no art. 487, II, Código de Processo Civil. Se o recor-

289. STF - AgR ARE: 1127544 DF - DISTRITO FEDERAL 0705703-49.2017.8.07.0018, Relator: Min. EDSON FACHIN, Data de Julgamento: 14/02/2020, Segunda Turma, Data de Publicação: DJe-041 28-02-2020 – grifos nossos.

290. Leonardo Fernandes Rañna, em sentido contrário, sustenta que a competência do STF e do STJ prevista na Constituição para julgamento dos recursos extraordinário e especial não pode ser alterada pela lei processual, de maneira que estes recursos permanecem sem efeito translativo mesmo a partir do CPC (RAÑNA, Leonardo Fernandes. *Ordem pública nos recursos extraordinário e especial*: observância do devido processo legal. Brasília: Gazeta Jurídica, 2018, p. 189).

291. José Miguel Garcia Medina distingue possíveis situações de apreciação de questões de ordem pública, sustentando que tal entendimento é válido "tão só aos casos em que o Tribunal se pronuncie de ofício; se alegada infração à lei e requerida, por isso, extinção do processo, muda tudo de figura, passando o assunto a integrar a fase de conhecimento do recurso e não apenas a de seu julgamento (aplicam-se as mesmas considerações ao recurso especial perante o Superior Tribunal de Justiça). Reitere-se que tal orientação não dispensa a necessidade de prequestionamento, para que o recurso seja conhecido. Assim, por exemplo, não se admite recurso especial fundado em falta de condição da ação, se este tema não tiver sido enfrentado pela decisão recorrida" (MEDINA, José Miguel Garcia. Prequestionamento e repercussão geral: e outras questões relativas aos recursos especial e extraordinário. In: NERY JUNIOR, Nelson; WAMBIER, Teresa Arruda Alvim (Coord.). *Prequestionamento nos recursos extraordinário e especial.* São Paulo: RT, 2009. p. 96-97).

292. Nesse sentido, confira-se o nosso RODRIGUES, Marco Antonio. *Manual dos Recursos:* ação rescisória e reclamação. 2 ed. São Paulo: Juspodivm, 2023.

rente não tiver por base legal do seu recurso especial essa matéria, não há qualquer óbice para que se reconheça a questão de ordem pública em sede de julgamento do recurso, caso a prescrição diga respeito ao capítulo especificamente impugnado do acórdão e o recurso excepcional tiver sido admitido. Em tal situação, cabe ressaltar que a análise da prescrição pode vir a exigir a revisão de aspectos fáticos da demanda em sede de recursos excepcionais.

Diante disso, importante fixar as seguintes premissas sobre a análise de questões fáticas em sede de recursos especiais e extraordinários:

(i) Os Tribunais Superiores, como amplamente demonstrado neste trabalho, podem apreciar os fatos do caso concreto veiculado pelos recursos excepcionais. O que não é possível é a realização de nova cognição em busca da produção de novas provas, pois, como visto, a análise sobre se o direito foi aplicado corretamente depende, em regra, da revisão dos fatos subjacentes. Ou seja, é possível que seja julgado o mérito de um recurso em que, para analisar a violação à lei ou à Constituição, seja preciso olhar para os fatos, mas sem buscar outros fatos que não os constantes já do caso;

(ii) Os Tribunais Superiores não podem realizar atividade cognitiva em busca da produção de novas provas, pois isso desnaturaria o papel de tais recursos de análise de violação à norma jurídica a partir dos fatos já fixados no processo;

(iii) Os Tribunais Superiores podem realizar uma requalificação jurídica dos fatos. Tal atividade não configura um reexame das provas do processo, mas apenas o reenquadramento daqueles à luz das normas jurídicas em jogo no recurso.

Parte das premissas já são acolhidas pelo próprio Superior Tribunal de Justiça, que admite recursos especiais que exijam mera revaloração jurídica dos fatos da demanda. É entendimento pacificado que a requalificação jurídica dos fatos não enseja aplicação da Súmula 7, gerando o inequívoco cabimento do Recurso Especial. Como exemplo, tenha-se o Agravo Interno no Recurso Especial nº 1.854.366/DF[293], no qual foram considerados os fatos da demanda e se concluiu que a análise da legalidade ou não da resilição do contrato "*não denota reexame de provas, mas requalificação jurídica de fatos, de modo que não se cogita do óbice da Súmula 7/STJ*", e o Agravo

293. AgInt no REsp n. 1.854.366/DF, relator Ministro Paulo de Tarso Sanseverino, Terceira Turma, julgado em 25/4/2022, DJe de 27/4/2022.

Interno no Agravo em Recurso Especial n. 2.061.956/RJ,[294], em que foram analisados os fatos da causa destacados pelo tribunal *a quo* e se afastou a incidência de danos morais ao caso.

Contudo, ainda assim, a postura restritiva do próprio Tribunal faz com que haja julgados que apliquem o verbete apenas a fatos incontroversos, revelando a discricionariedade com que se aplica a Súmula 7. Tenha-se como exemplo o Recurso Especial 1762786/SP, caso sobre agressões físicas e verbais em uma partida de futebol em que se reconheceu que, em razão de o tribunal *a quo* - "soberano na análise detalhada das provas" - ter considerado que não houve provas da "existência de perturbação ou desassossego anormal ao desempenho das funções de árbitro de futebol", qualquer revisão do tipo ensejaria produção de novas provas. As agressões estavam listadas no relatório do acórdão, mas, ainda assim, entendeu-se que a qualificação daqueles fatos como geradores ou não de danos morais demandaria nova produção de provas. Ora, não é porque o tribunal de origem não reconheceu a incidência dos danos morais que sua reconsideração precisaria de novas provas. O entendimento, inclusive, vai em direto contraponto ao AgInt no AREsp n. 2.061.956/RJ, acima destacado.

Em conclusão, o exame fático dos Tribunais Superiores deve ser limitado a certas hipóteses, mas não pode ser tão estrito como se faz atualmente, em que acaba por se tornar um filtro ilegítimo, em razão da existência de situações em que o reexame fático é realizado, sem a aplicação do óbice constante das súmulas 7 e 279 acima mencionadas.

Com efeito, na atualidade a inadmissão de recursos especiais e extraordinários fundada na impossibilidade de reexame de matéria fática – com diversas situações em que tal impossibilidade de revisão de tais matérias é superada - acaba por demonstrar, de certa maneira, contornos pragmáticos.

Pragmatismo é palavra com múltiplos significados. Em acepção popular, adjetivam-se como pragmatistas as pessoas que "focam no que importa"[295], que apresentam uma atitude prática, buscando a solução de problemas com certa rejeição a ideologias[296].

No âmbito filosófico, onde se originou, o pragmatismo é forma de fazer filosofia que se desenvolveu a partir do Século XIX, nos Estados Unidos. O

294. AgInt no AREsp n. 2.061.956/RJ, relator Ministro Marco Aurélio Bellizze, Terceira Turma, julgado em 15/8/2022, DJe de 17/8/2022.

295. TORRANO, Bruno. Pragmatismo no Direito e a urgência de um "pós-pós-positivismo" no Brasil – Rio de Janeiro: Lumen Juris, 2018. p. 19.

296. MENDONÇA, José Vicente Santos de. *Direito constitucional econômico:* a intervenção do Estado na economia à luz da razão pública e do pragmatismo – Belo Horizonte: Fórum, 2014. p. 30.

pragmatismo filosófico era proposto como um modo de resolver questões filosóficas e metafísicas a partir da verificação das consequências que se observariam com a negação ou aceitação da validade de um conceito. No século XX, o pragmatismo filosófico ressurgiu com toda a força a partir das ideias de autores como Richard Rorty e sua preocupação com os aspectos da linguagem.[297]

Registra-se que há inúmeras versões do pragmatismo filosófico, mas são comumente aceitas três características básicas desse pensamento filosófico: 1) *antifundacionalismo*, que é a rejeição de respostas apriorísticas, dogmas e abstrações, privilegiando o raciocínio crítico; 2) *consequencialismo*, possivelmente o aspecto mais conhecido, que impõe que o valor de um conceito ou teoria é avaliado pelas consequências de sua afirmação ou negação; e 3) *contextualismo*, que valoriza a experiência prática, a qual se dá sempre em um determinado contexto de mundo, cultura e crenças.[298]

O pragmatismo jurídico é também imensamente variado, não sendo possível uma definição abrangente e de consenso. Desenvolveu-se com apropriação de alguns aspectos do pragmatismo filosófico, sendo o mais comum deles o consequencialismo. Por isso, pragmatismo e consequencialismo, no direito, são vistos muitas vezes como sinônimos. A mais famosa versão (e não necessariamente a mais aceita) é a *pragmatic adjudication* de Richard Posner, que, a partir do *standard* da razoabilidade, propõe uma teoria da decisão orientada a resultados, em que o juiz busca fazer o melhor que pode em relação às consequências das decisões, rejeitando teorias abstratas do direito. Frequentemente, busca um equilíbrio entre a justiça substantiva e a manutenção de padrões decisórios que trazem previsibilidade ao direito.[299] Entretanto, o pragmatismo jurídico defendido por Posner fica longe de ser uma unanimidade, havendo diversos autores pragmatistas que criticam ferrenhamente suas posições.

No Brasil, o pragmatismo jurídico foi alvo de diversas críticas e muita desconfiança, como se pudesse preconizar o afastamento do texto normativo para que o juiz decida exclusivamente ou preferencialmente com base nas

297. José Vicente Santos de Mendonça faz um apanhado de variantes do pragmatismo filosófico e de seu histórico (MENDONÇA, José Vicente Santos de. *Direito constitucional econômico:* a intervenção do Estado na economia à luz da razão pública e do pragmatismo – Belo Horizonte: Fórum, 2014. p. 27-46). Bruno Torrano analisa o pragmatismo com enfoque na obra de Rorty (TORRANO, Bruno. *Pragmatismo no Direito e a urgência de um "pós-pós-positivismo" no Brasil* – Rio de Janeiro: Lumen Juris, 2018).

298. No Brasil, Thamy Pogrebinschi faz uma compreensiva revisão das três principais características do pensamento pragmatista (POGREBINSCHI, Thamy. *Pragmatismo:* teoria social e política – Rio de Janeiro, Relume Dumurá, 2005. p. 26-50).

299. POSNER, Richard A. *Pragmatic adjudication.* 18 Cardozo Law Review 1 (1996). p. 4-5.

consequências.[300] Mas o direito brasileiro já tinha, há muito, dispositivos legais com clara inclinação pragmatista, como é caso do artigo 5º da LINDB (Decreto-Lei nº 4.657/1942), e o artigo 27 da Lei nº 9.868/1999, que impõe ao juiz atender aos fins sociais e às exigências do bem comum ao aplicar a lei. A partir de 2018, a LINDB passou a vigorar com o art. 20, *caput,* nela introduzido pela Lei nº 13.655/2018, em que há expressa previsão no sentido de que, ao interpretar e aplicar conceitos jurídicos indeterminados, princípios e cláusulas gerais[301], o intérprete deverá considerar as consequências práticas da decisão.

Embora haja aplicações do pragmatismo no ordenamento jurídico, o filtro à admissibilidade dos recursos excepcionais no que se refere ao seu efeito devolutivo não pode ser unicamente a impossibilidade de reexame de fatos ou provas, pois a igualdade processual impõe ao Judiciário dar igualdade de tratamento aos jurisdicionados, por força do artigo 5º da Constituição da República e do artigo 139 do Código de Processo Civil. Assim, admitir o reexame de matéria fática em algumas situações sem a devida justificativa, mas em outras inadmitir o recurso por uma impossibilidade de tal revisão, gera uma ofensa à isonomia e pode até mesmo, em última análise, criar um risco à legitimidade da atuação do Tribunal Superior pelos jurisdicionados.

Dessa forma, parece-nos que os filtros qualitativos de relevância ou da transcendência, – valendo ressaltar que ambas também são inerentes à repercussão geral –, podem ser utilizados para eventual justificativa de que aquela questão fática precisa ser analisada para enfrentamento da questão de direito na instância excepcional. Em outras palavras, não se pode utilizar unicamente a impossibilidade de reexame de matéria fática como forma de limitação ao efeito devolutivo dos recursos especial e extraordinário, com a consequente redução ao acesso às Cortes Superiores: diante da relação intrínseca entre fatos e direito, é preciso que a relevância ou transcendência da questão sejam fundamento que justifique a superação do óbice das súmulas n. 7 do Superior Tribunal de Justiça e n. 279 do Supremo Tribunal Federal.

Em sentido semelhante ao ora defendido na presente tese, Simone Trento propõe que, nos recursos excepcionais que versem sobre questão de relevância e transcendência, o Superior Tribunal de Justiça e o Supremo

---

300. "Consequenciachismo" foi o termo criado por Conrado Hübner Mendes (MENDES, Conrado Hübner. *Jurisprudência impressionista*. Época, Rio de Janeiro, 14 de set. de 2018. Disponível em: <https://oglobo.globo.com/epoca/conrado-hubner-mendes/jurisprudencia-impressionista-23066592>. Acesso em: 15 de jan. de 2022).

301. O dispositivo faz menção a "valores jurídicos abstratos".

Tribunal Federal devem apreciar o mérito dos recursos excepcionais[302]. Com efeito, tal proposta parece viável, diante da existência de um filtro de relevância ou de repercussão geral[303] - já previstos no sistema jurídico brasileiro.

Os filtros da repercussão geral, da relevância e da transcendência podem contribuir para evitar o amplo desgaste que o Superior Tribunal de Justiça e o Supremo Tribunal Federal têm com a grande quantidade de recursos a serem julgados, resultante das funções que hoje exercem e, o mais importante de tudo, com a devida legitimidade, já que fundados em normas constitucionais, não sendo mais necessário se falar em jurisprudência defensiva das Cortes Supremas brasileiras.

Ademais, tais filtros são condizentes, como anteriormente discutido, com as funções públicas dos Tribunais Superiores e com o *ius constitutionis*, pois permitem que as Cortes Superiores procurem julgar recursos que contribuam para a unidade e a evolução do Direito. De outro lado, a porta aberta pela relevância e pela transcendência permite indiretamente, também, a tutela ao *ius litigatoris*, já que determinados casos, em razão da relevância ou transcendência a eles inerentes, permitem que haja a apreciação do mérito do recurso e a tutela aos interesses em jogo de recorrente e recorrido.

302. TRENTO, Simone. *Cortes supremas diante da prova*. 1. ed. São Paulo: Thomson Reuters Brasil, 2018, p. 207 e ss.

303. Em defesa da necessidade de filtros recursais de transcendência às Cortes Supremas: MARINONI, Luiz Guilherme. O STJ enquanto corte de precedentes: recompreensão do sistema processual da corte suprema. 3. ed. São Paulo: Editora Revista dos Tribunais, 2017, p. 142-148.

5. Filtros Adequados e suas Consequências

As opções de cada ordenamento pelos filtros de acesso aos Tribunais Superiores, como visto, devem se pautar pela adoção de filtros legítimos. É fundamental que os filtros não desvirtuem o papel do Tribunal Superior, a regulamentação constitucional de tais tribunais, ou os direitos fundamentais consagrados. Ademais, os filtros devem decorrer de opção constitucional ou legislativa, ou de interpretação adequada de norma.

De igual maneira, veja-se que diferentes fatores influenciam a instituição e a interpretação dos filtros, como a cultura jurídica de cada país, o número de habitantes, o de processos tramitando no país ou até mesmo o número de magistrados nas Cortes Supremas[1]. No entanto, tais influências devem passar pela filtragem constitucional da instituição dos filtros, assim como respeitar as opções legislativas, em razão do princípio da separação dos Poderes.

Relembradas essas premissas adotadas nesta tese, passa-se a trazer algumas contribuições para o aprimoramento do sistema de filtros recursais à luz da observância das garantias fundamentais do processo, como forma de ampliar a legitimidade do uso de tais filtros.

5.1. NECESSIDADE DE FILTROS INDUTIVOS

Outros tipos de filtro que se reputam possíveis, ainda que pouco ou não adotados, são os filtros de caráter indutivo, ou seja, que estimularão os jurisdicionados ao adequado uso dos recursos extraordinários.

---

1. Também mencionando tais fatores: DOMEJ, T. "What is an important case? Admissibility of appeals to the Supreme Courts in the German-Speaking jurisdictions". In: UZELAC, A., VAN RHEE, C.H. (Org.). *Nobody´s perfect. Essays on Appeals and other Means of Recourse against Judicial Decisions in Civil Matters*. Cambridge: Intersentia, 2014, p. 285.

Para tratar de tais filtros, é preciso definir o que são medidas indutivas. Nessa linha, Daniel Amorim afirma que "são apenas medidas executivas que pressionam psicologicamente o devedor para que esse se convença de que o melhor a fazer é cumprir voluntariamente a obrigação"[2].

Acerca das medidas indutivas no processo civil, importante destacar que tais medidas podem atuar como sanções premiais. Marcelo Mazzola, ao tratar de sanção premial, define-a como "[...] a consequência jurídica positiva para estimular determinado comportamento indicado na norma (legal ou convencional), independentemente de sua natureza (dever, direito potestativo, ônus, faculdade etc.)".[3]

Em outras palavras, sanção premial é uma recompensa, prevista no plano normativo, para incentivar a prática de determinada conduta por parte do sujeito, o qual, por sua vez, se a descumprir, não sofrerá penalidade.[4]

No Código de Processo Civil vigente, é possível observar a existência de sanções premiais em alguns dispositivos, dentre os quais estão os arts. 85, §7º[5], 90, §3º[6] e 916[7].

Nesse contexto, também importante destacar o conceito de *nudge*, um verdadeiro *indutor de comportamentos*[8]. Como forma de que o uso dos recursos excepcionais ocorra de forma racional, importante a estruturação

2. NEVES, Daniel Amorim Assumpção. Medidas executivas coercitivas atípicas na execução de obrigação de pagar quantia certa: Art. 139, IV, do novo CPC. *Revista de Processo:* RePro, São Paulo, n. 264, p. 107-150. No mesmo sentido, a Ministra Nancy Andrighi, em trecho de seu voto como relatora no REsp 1.864.190/SP (STJ, Terceira Turma, julgado em 16/06/2020, DJe de 19/06/2020) define-as como "cláusula geral que confere poder ao julgador para a adoção de meios necessários à satisfação da obrigação não delineados previamente no diploma legal." Disponível em: <https://scon.stj.jus.br/SCON/GetInteiroTeorDoAcordao?num_registro=202000491396&dt_publicacao=19/06/2020>. Acesso em: 16.09.2023.
3. MAZZOLA, Marcelo. *Sanções premiais no processo civil:* previsão legal, estipulação convencional e proposta de sistematização (standards) para sua fixação judicial. São Paulo: Juspodivm, 2022, p. 75).
4. A esse respeito: "Convém salientar, por fim, que a melhora na posição jurídica (potencial incidência do prêmio) se dá no plano normativo e não necessariamente no plano fático (o que pode ocorrer ou não, sem desnaturar a sanção premial). Ou seja, o que importa é a previsão do prêmio para estimular um comportamento, e não propriamente a sua concretização no plano fático." (Ibid., p. 76).
5. "Art. 85, § 7º Não serão devidos honorários no cumprimento de sentença contra a Fazenda Pública que enseje expedição de precatório, desde que não tenha sido impugnada."
6. "Art. 90, § 3º Se a transação ocorrer antes da sentença, as partes ficam dispensadas do pagamento das custas processuais remanescentes, se houver."
7. "Art. 916. No prazo para embargos, reconhecendo o crédito do exequente e comprovando o depósito de trinta por cento do valor em execução, acrescido de custas e de honorários de advogado, o executado poderá requerer que lhe seja permitido pagar o restante em até 6 (seis) parcelas mensais, acrescidas de correção monetária e de juros de um por cento ao mês."
8. "Em termos simples, o *nudge* é um 'cutucão' ou um 'empurrão', que tem como objetivo estimular 'um determinado comportamento, sem, contudo, restringir a liberdade de decisão desta". (MAZZOLA, Marcelo. *Sanções premiais no processo civil:* previsão legal, estipulação convencional e proposta de sistematização (standards) para sua fixação judicial. São Paulo: Juspodivm, 2022, p. 205).

de indutores de comportamento dos jurisdicionado, para a interposição de tais recursos de maneira responsável e racional, na medida do possível.

Existem diferentes variáveis que vão influenciar a formação de modelos indutivos, sendo duas as mais relevantes: a variável do tempo e a variável do custo.

A variável do tempo refere-se à duração do processo, considerando-se a necessidade de atuação de todos os sujeitos processuais, a imprescindibilidade de produção das provas para a solução dos pontos controvertidos, a formação do convencimento do juiz e as possibilidades recursais.[9]

Por sua vez, a variável do custo trata dos ônus financeiros gerados pelo processo e a quem é atribuída a responsabilidade de arcar com tais despesas.[10]

Assim, um importante filtro indutivo que pode ser criado aos recursos especiais e extraordinários – e mesmo para outros recursos, como forma de racionalização do sistema recursal – é o relativo aos custos para interposição e processamento dos recursos excepcionais. Em diferentes ordenamentos jurídicos, como é o caso brasileiro, a oferta de recursos, ordinários ou extraordinários, depende do pagamento de custas, como contraprestação

9. Nesse sentido, defende Rafael Abreu: "O processo judicial carrega inexoravelmente o peso do tempo. Esse é um de seus elementos inafastáveis. O caráter dinâmico do processo tem relação direta com o aspecto lógico, mas também *cronológico* do procedimento. O tempo tem caráter especialíssimo entre as variáveis que compõem o formalismo processual. A estrutura do processo coloca-se sempre entre a celeridade e o aprofundamento do debate (seja pela recursividade, seja pela dimensão vertical da cognição). É inevitável que, para a tomada de decisão baseada em uma apuração dos fatos o mais próximo possível da verdade e para o amadurecimento do debate em torno da adequada interpretação do direito, elementos de uma decisão justa, deverá haver o transcurso de um determinado período de tempo. Nesse caso, é possível conceber o tempo como um fardo necessário que deverá ser suportado por algum dos sujeitos para que se atinjam os resultados esperados em um processo judicial." (ABREU, Rafael Sirangelo de. *Incentivos processuais*: economia comportamental e nudges no processo civil [livro eletrônico]. Coleção o novo processo civil / coordenadores Luiz Guilherme Marinoni, Sergio Cruz Arenhart, Daniel Mitidiero. 1. ed. São Paulo: Thomson Reuters, 2020, p. 91).

10. Sobre esse ponto, prossegue o autor: "O grande protagonista dos estudos de análise econômica do direito processual é o fator financeiro. Especialmente, na tradição estadunidense, é comum a comparação entre a regra inglesa ("perdedor paga") e a regra americana (cada parte paga seus custos), inclusive mediante aplicação de modelos econômicos, buscando compreender qual a formatação mais eficiente em matéria de incentivos. Em última análise, ao menos na tradição pragmática estadunidense, é consenso a compreensão de que indivíduos reagem a incentivos e de que a natureza pecuniária de certos incentivos outorga grande poder indutor a estruturações relativas a custos financeiros. Ainda que no Brasil o tema dos custos não seja enfrentado como uma variável institucional e comportamental, mas apenas como um *obstáculo* à efetivação dos direitos, não há dúvida de que a variável custo financeiro do processo judicial tem papel central na conformação dos comportamentos dos sujeitos, seja em perspectiva específica, seja em perspectiva geral. É possível discernir duas grandes linhas de repercussão da estruturação do regime de custos do processo: incentivos à litigância aventureira e incentivos à manutenção ou encerramento do litígio." (Ibid., p. 95).

pela atividade jurisdicional que se realizará na esfera recursal[11], à exceção dos casos de isenção legal.

Nesse contexto, o artigo 1007 do Código de Processo Civil brasileiro prevê a exigência de comprovação do preparo no momento da interposição dos recursos[12], salvo as isenções legais, que podem ser objetivas ou subjetivas[13]. Assim, a comprovação de tal pagamento é uma exigência decorrente de o Judiciário ter de prestar um serviço público, agora em sede recursal.

No que se refere às isenções, cabe diferenciá-las. As isenções objetivas são aquelas referentes às espécies de recurso não sujeitas ao preparo. Por exemplo, é o caso dos embargos de declaração, que, por força do artigo 1023 do Código de Processo Civil, não necessitam de recolhimento de custas para sua oferta. As isenções subjetivas, por sua vez, são aquelas relativas a pessoas ou órgãos isentos do pagamento. O próprio artigo 1007, em seu parágrafo 1º, consagra uma hipótese, qual seja, a isenção da Fazenda Pública e do Ministério Público. Pode-se destacar, outrossim, a isenção ao beneficiário da gratuidade da justiça, constante do artigo 98, §1º, VIII, do Código de Processo Civil.

Assim, um filtro que reputamos legítimo, como forma de induzir o uso responsável dos recursos extraordinários, é a majoração das custas para a interposição de tais recursos em hipóteses de muito baixa chance de êxito, especialmente no caso de interposição de recurso especial ou extraordiná-

---

11. No caso brasileiro, diante desse papel de contraprestação por um serviço público prestado, as custas possuem natureza jurídica de taxa, enquadrando-se no artigo 77 do Código Tributário Nacional. Nesse sentido, veja-se julgado do Supremo Tribunal Federal: "I. Ação direta de inconstitucionalidade: L. 959, do Estado do Amapá, publicada no DOE de 30.12. 2006, que dispõe sobre custas judiciais e emolumentos de serviços notariais e de registros públicos, cujo art. 47 - impugnado - determina que a "lei entrará em vigor no dia 1º de janeiro de 2006": procedência, em parte, para dar interpretação conforme à Constituição ao dispositivos questionado e declarar que, apesar de estar em vigor a partir de 1º de janeiro de 2006, a eficácia dessa norma, em relação aos dispositivos que aumentam ou instituem novas custas e emolumentos, se iniciará somente após 90 dias da sua publicação. II. Custas e emolumentos: serventias judiciais e extrajudiciais: natureza jurídica. É da jurisprudência do Tribunal que as custas e os emolumentos judiciais ou extrajudiciais tem caráter tributário de taxa. III. Lei tributária: prazo nonagesimal. Uma vez que o caso trata de taxas, devem observar-se as limitações constitucionais ao poder de tributar, dentre essas, a prevista no art. 150, III, c, com a redação dada pela EC 42/03 - prazo nonagesimal para que a lei tributária se torne eficaz" (STF, ADI 3694, Relator(a): SEPÚLVEDA PERTENCE, Tribunal Pleno, julgado em 20/09/2006, DJ 06-11-2006 PP-00030 EMENT VOL-02254-01 PP-00182 RTJ VOL-00201-03 PP-00942 RDDT n. 136, 2007, p. 221).
12. Importante recordar da exceção constante do microssistema dos Juizados Especiais. Conforme prevê o artigo 42, §1º, da Lei 9.099/95, o recurso inominado ofertado no âmbito dos Juizados Especiais Cíveis pode ter a comprovação do preparo no prazo de 48 horas de sua interposição.
13. Acerca do tema, confira-se o nosso RODRIGUES, Marco Antonio. *Manual dos Recursos:* ação rescisória e reclamação. 2 ed. São Paulo: Juspodivm, 2023.

rio que contrarie padrão decisório vinculante[14] já formado pelas Cortes Superiores[15].

Nesse caso, se constatado, seja por processamento humano ou com o apoio de inteligência artificial classificadora[16], seja por uma análise preliminar de admissibilidade, que o recurso de caráter extraordinário desafia tese firmada pelos Tribunais Superiores por meio de padrão decisório vinculante, é legítimo que a lei crie a exigência de pagamento de preparo a maior – como sugestão, dobrado – como requisito para o processamento do recurso.

Dessa forma, a análise econômica do recurso, a partir da utilização de medidas indutivas econômicas, pode ser mais um fator de contribuição para o uso racional dos recursos aos Tribunais Superiores.

---

14. Prefere-se o uso da expressão "padrão decisório" em detrimento de "precedente", pois os pronunciamentos vinculantes nem sempre configuram decisões pretéritas propriamente ditas. Por exemplo, no caso do artigo 927, inciso II do CPC, tem-se as súmulas vinculantes, que não possuem natureza de decisão, mas são entendimentos que o Supremo Tribunal Federal edita mediante procedimento com quórum qualificado, consoante preveem o artigo 103-A da Constituição da República e a Lei n. 11.417/06. Utilizando a expressão "padrões decisórios", confira-se CÂMARA, Alexandre Freitas. *Levando os padrões decisórios a sério.* 1 ed. São Paulo: Atlas, 2018.
15. Entendem-se como padrões decisórios vinculantes aqueles previstos no artigo 927, incisos I a III, do Código de Processo Civil, quais sejam as decisões do Supremo Tribunal Federal em controle concentrado de constitucionalidade, os enunciados de súmula vinculante e os acórdãos em incidente de assunção de competência ou de resolução de demandas repetitivas e em julgamento de recursos extraordinário e especial repetitivos. Isso porque o artigo 927 não regula propriamente uma vinculação aos padrões decisórios, mas sim outras normas: para as súmulas vinculantes e para as decisões nas ações de controle concentrado de constitucionalidade, o artigo 988, III do CPC; para os acórdãos dos recursos repetitivos, o artigo 1040 do CPC; para as decisões em sede de incidentes de assunção de competência e de resolução de demandas repetitivas, os artigos 947 e 985 do CPC, respectivamente. Na mesma linha, CÂMARA, Alexandre Freitas. *Levando os padrões decisórios a sério.* 1 ed. São Paulo: Atlas, 2018. Em sentido contrário, entendendo que todos os padrões decisórios mencionados no artigo 927 do CPC são vinculantes. Nesse viés: "O art. 927, CPC, serve, porém, para deixar claro que é necessário compreender a administração da Justiça Civil dentro de uma perspectiva demarcada por competências claras a respeito de quem dá a última palavra a respeito do significado do direito no nosso país, de qual é a eficácia que se espera desses julgados e de qual é o comportamento que se espera para que o processo civil possa promover de maneira adequada, efetiva e tempestiva a tutela dos direitos. O art. 927, CPC, consagra a necessidade de *stare decisis* vertical no sistema jurídico brasileiro." (MARINONI, Luiz Guilherme; ARENHART, Sérgio Cruz; MITIDIERO, Daniel. *Código de processo civil comentado* [livro eletrônico]. 7. ed. São Paulo: Thomson Reuters Brasil, 2021).
16. Importante recordar que a inteligência artificial, que vem revolucionando os mais variados ramos do direito, pode atuar de diferentes maneiras em apoio à atividade jurisdicional. Assim, por exemplo, podem ser encontrados mecanismos de indexação/classificação de casos, visando à atuação do órgão jurisdicional, ou mesmo preparatórios de minutas de decisões. Sobre o tema, confira-se o nosso RODRIGUES, Marco Antonio; TAMER, Maurício. *Justiça Digital*: o acesso digital à justiça e as tecnologias da informação na resolução de conflitos. São Paulo: Juspodivm, 2021.

5.2. NECESSIDADE DE ESCOLHA ADEQUADA DOS RECURSOS NOS FILTROS

Para os filtros quantitativos, considerando que a relevância da questão levará à análise de apenas alguns recursos sobre a matéria constitucional ou legal em jogo, a escolha dos recursos que representarão a questão perante o Tribunal Superior se revela fundamental para que haja uma adequada cognição sobre a matéria. Um recurso especial ou extraordinário selecionado que trate de maneira deficiente do direito supostamente invocado é um ponto de partida inadequado para a análise da questão de direito envolvida, ancorando a discussão sem todos ou quase todos os elementos que podem contribuir decisivamente para solucionar a controvérsia. Usando-se a expressão popular, a análise da suposta violação à lei federal ou à Constituição "já começou mal".

Com efeito, a escolha de recursos que não enfrentem satisfatoriamente a controvérsia de direito possui uma consequência muito danosa, já que a decisão de mérito do Tribunal Superior sobre a matéria configurará precedente vinculante, aplicando-se aos casos presentes e futuros, por força do artigo 1040 do Código de Processo Civil.

Assim, é preciso que sejam adotados critérios para assegurar a melhor escolha dos recursos que representem a controvérsia.

Em primeiro lugar, importante destacar que o artigo 1036, parágrafo 6º, do Código de Processo Civil prevê que somente serão selecionados recursos admissíveis que contenham abrangente argumentação e discussão sobre a questão a ser decidida.

Em nome da eficiência, vê-se que, embora o juízo de admissibilidade do recurso especial no Tribunal Superior venha a ocorrer após uma primeira seleção de recursos nos tribunais locais, fato é que deverá ocorrer uma análise mínima, em sede de cognição sumária, quanto à presença dos requisitos de admissibilidade dos recursos que forem selecionados, para remessa ao Tribunal Superior.

Ademais, na seleção dos recursos deve haver um cuidado pelas presidências ou vice-presidências dos tribunais locais quanto à argumentação e à discussão no recurso selecionado, como forma de proteção à exigência de cognição adequada na análise da questão constitucional ou legal pelo Tribunal Superior.

Essa apuração a ser realizada pelas Cortes de origem representa verdadeira medida de celeridade processual, na medida em que, com isso, busca-se evitar a escolha inadequada de recursos representativos da controvérsia, a ser verificada quando a demanda chegar ao órgão *ad quem*.

Importante destacar, porém, que a seleção do recurso não pode levar em conta apenas o próprio meio de impugnação ofertado. Com efeito, o dispositivo em questão determina como critério não apenas a argumentação, mas a *discussão* da matéria constitucional ou legal. Dessa forma, impõe-se o respeito ao contraditório, norma fundamental do processo civil brasileiro, consagrada no artigo 5º, LV, da Constituição da República, assim como nos artigos 7º, 9º e 10, do Código de Processo Civil.

Tem seu sentido tradicional, o contraditório ficava ligado ao binômio informação-reação, isto é, a parte possuiria o direito de tomar conhecimento dos atos processuais (informação) e de se insurgir em face daqueles que a prejudicassem (reação).

No entanto, a eficácia do contraditório enquanto direito fundamental processual, constante do artigo 5º, LV, da Constituição da República, impõe que seu conceito seja mais do que a mera possibilidade de informação-reação. O contraditório deve ser participativo, como um direito de influência das partes na tomada de decisão final. Enquanto direito de influência, o contraditório gera ao juiz o dever de permitir às partes uma ampla atuação na formação de seu convencimento. Nesse sentido, o art. 10 do Código de Processo Civil claramente parece ter adotado a concepção do contraditório enquanto direito de influência, ao prever a necessidade de que o magistrado ouça as partes sobre possíveis fundamentos que usará para decidir e que não foram discutidos no processo, ainda que se trate de matérias cognoscíveis de ofício.[17]

Logo, para que essa primeira seleção seja realizada de forma adequada, faz-se necessário que a questão legal ou constitucional tenha sido efetivamente debatida por ambas as partes, de modo que os argumentos apresentados por cada uma delas possam servir para uma análise mais extensa do tema, inclusive como fonte de legitimação da decisão de seleção dos paradigmas.

---

17. RODRIGUES, Marco Antonio dos Santos. Aspectos processuais do controle jurisdicional de políticas públicas. In: CÂMARA, Alexandre Freitas; PIRES, Adilson Rodrigues; MARÇAL, Thaís Boia (Coords.). *Estudos de direito administrativo em homenagem ao professor Jessé Torres Pereira Junior.* Belo Horizonte: Fórum, 2016. p. 259-272. ISBN 978-85-450-0166-9. Na mesma linha: "Contraditório é participação. No processo essa garantia constitucional (Const., art. 5º, inc. XL) consiste, em primeiro lugar, na efetiva oferta de reais oportunidades para que os litigantes possam pedir, alegar, resistir, provar, argumentar e recorrer. Para cumprir essa exigência constitucional todo modelo procedimental descrito em lei deve conter, e todos os procedimentos que concretamente se instauram devem definir os momentos para que cada uma das partes *peça, alegue, prove e recorra* quando for o caso" (DINAMARCO, Cândido Rangel; BADARÓ, Gustavo Henrique Righi Ivahy; LOPES, Bruno Vasconcelos Carrilho. *Teoria geral do processo.* 32 ed. São Paulo: Malheiros, 2020, p. 88).

Nesse sentido, em boa hora o art. 1.036, §6º, do CPC, prevê a exigência, na seleção dos recursos especiais ou extraordinários representativos de controvérsia, de escolha de recursos admissíveis que contenham abrangente argumentação e discussão a respeito da questão a ser decidida.

Ressalte-se, contudo, que a triagem dos recursos nos tribunais locais não vincula o relator no tribunal superior, o qual poderá selecionar outros recursos representativos da controvérsia, nos moldes do art. 1.036, §4º, do CPC, norma essa que deve ser interpretada como forma de melhorar o contraditório sobre a análise da questão, tendo em vista que os recursos selecionados no tribunal de origem podem não parecer, ao relator, que examinem de maneira ampla a controvérsia.[18]

Por exemplo, imagine-se que são selecionados na origem recursos especiais ou extraordinários representativos de controvérsia que não possuem contrarrazões. Ainda que tais recursos escolhidos sejam abrangentes, o contraditório se mostra insuficiente, a justificar que sejam selecionados outros.

Ao discorrer sobre o tema, Teresa Arruda Alvim ressalta que, nessa análise, o colegiado, deparando-se com ações coletivas e individuais referentes a uma única questão de direito, deve priorizar as primeiras, visto que se espera que o recurso afetado envolva a discussão da forma mais ampla possível.[19] Nessa linha, importante recordar que as ações coletivas analisam a controvérsia de forma macro, ao passo que os processos individuais focam na demanda do autor ou dos autores que a propuseram. Assim, as

---

18. Nessa senda: "Como em todos os instrumentos criados para fazer frente aos processos repetitivos, um dos passos mais importantes para o sucesso no julgamento conjunto desses feitos se dá na triagem dos processos. A primeira triagem que deve ser feita é dos processos paradigmas a serem enviados aos Tribunais Superiores. Segundo o art. 1.036, § 6º, devem ser selecionados recursos admissíveis que contenham abrangente argumentação e discussão a respeito da questão a ser decidida. Cumpre recordar que essa seleção não vincula o relator nos Tribunais Superiores, que poderá selecionar outros processos (§ 4º). Parece claro que uma triagem feita de qualquer jeito causará grandes transtornos às partes e ao Judiciário, pois uma tese defendida poderá ser julgada como se outra fosse. A filtragem dos feitos se mostra importante tanto para o envio dos casos paradigmas aos Tribunais Superiores como na aplicação dos julgados destes Tribunais aos processos que permaneceram retidos nos Tribunais Locais." (MOLLICA, Rogério. *Recurso extraordinário e recurso especial repetitivos.* Enciclopédia jurídica da PUC-SP. Celso Fernandes Campilongo, Alvaro de Azevedo Gonzaga e André Luiz Freire (coords.). Tomo: Processo Civil. Cassio Scarpinella Bueno, Olavo de Oliveira Neto (coord. de tomo). 1. ed. São Paulo: Pontifícia Universidade Católica de São Paulo, 2017. Disponível em: <https://enciclopediajuridica.pucsp.br/verbete/195/edicao-1/recurso-extraordinario-e-recurso-especial-repetitivos>. Acesso em: 03.08.2023).
19. Ainda sobre o assunto: "[s]e houver ações coletivas e individuais discutindo a mesma questão de direito, natural é que a escolha recaia sobre as coletivas, por serem, por definição, mais 'representativas' da controvérsia que as individuais. Cabe, em nosso entender, análise, ainda que superficial, da qualidade da petição inicial e da contestação (art. 1036, § 6º, do NCPC). Parece aconselhável que o recurso afetado envolva o maior número possível de questões" (ALVIM, Teresa Arruda. Recursos extraordinário e especial repetitivos. *Temas essenciais do novo CPC: análise das principais alterações do sistema processual civil brasileiro*. São Paulo: Revista dos Tribunais, 2016, p. 611).

ações coletivas em geral permitem ao juiz uma melhor compreensão da controvérsia[20], o que também se espelha no julgamento dos recursos a serem julgados. Deve haver cuidado no caso concreto, porém, para verificar se a ação coletiva efetivamente traz uma ampla compreensão sobre a questão controvertida.

Ademais, considerando o efeito de representar a controvérsia e levar a um julgamento com eficácia vinculante, fundamental a promoção dos mecanismos de ampliação do contraditório, como forma de legitimação do procedimento e da decisão, assim como de sua aplicação a outros casos idênticos.

Nessa linha, importante lembrar que o contraditório[21] é fator de legitimação do procedimento[22] e da decisão. A participação dos sujeitos na

---

20. Apresentando posição similar, já nos manifestamos nestes termos: "Na demanda em que se tutela alguma espécie de direito coletivo, o julgador enfrenta na causa de pedir um verdadeiro questionamento à política pública em jogo, podendo realizar uma macroanálise, a partir de aspectos relativos não apenas à mera implementação de direito, mas também enfrentando elementos orçamentários e de implementação de políticas públicas que podem ser dotadas de igual dignidade normativa. Há, portanto, uma cognição que é mais aprofundada que na ação individual, pois nesta o julgador em geral analisa a pretensão mirando-se apenas no problema em jogo individualmente considerado. Por isso, no controle judicial de políticas públicas, a preferência deve ser pelo uso da tutela coletiva, em razão da possibilidade de aprofundamento da análise da política pública. Nas demandas individuais que envolvam o controle de políticas públicas, a postura judicial deve ser *a priori* de autocontenção, no sentido de que deve, em princípio, atentar para as opções administrativas relativas à política envolvida, apenas as afastando em caso de manifesta antijuridicidade. Não deve ficar limitado a decidir, portanto, fundado apenas nos fatos da causa, ligados apenas ao autor." (RODRIGUES, Marco Antonio dos Santos. Aspectos processuais do controle jurisdicional de políticas públicas. In: CÂMARA, Alexandre Freitas; PIRES, Adilson Rodrigues; MARÇAL, Thaís Boia (Coords.). *Estudos de direito administrativo em homenagem ao professor Jessé Torres Pereira Junior.* Belo Horizonte: Fórum, 2016. p. 259-272. ISBN 978-85-450-0166-9).
21. Nesse sentido, leciona a doutrina: "A garantia constitucional do contraditório não se dirige somente às partes, mas também ao juiz que comanda o processo. Ao seu dever de franquear às partes o efetivo exercício das faculdades e poderes inerentes à ação e à defesa, tem ele também o dever de participar ele próprio, comandando o andamento do processo, corrigindo-lhe eventuais falhas, determinando *ex officio* a realização de provas indispensáveis não requeridas pelas partes quando for o caso, promovendo o impulso do processo sem dependência às iniciativas destas *etc.* e sobretudo *dialogando* com os litigantes antes de tomar certas decisões relevantes. Esse *diálogo* é expressamente exigido pelos arts. 9º e 10 do Código de Processo Civil, os quais vedam a prolação de decisões-surpresa. Estabelece o art. 9º que 'não se proferirá decisão contra uma das partes sem que ela seja previamente ouvida'. E o art. 10: 'o juiz não pode decidir, em grau algum de jurisdição, com base em fundamento a respeito do qual não se tenha dado às partes oportunidade de se manifestar, ainda que se trate de matéria sobre a qual deva decidir de ofício'. Tais normas também se aplicam ao contraditório no processo penal. Não há por que considerar que no processo civil o contraditório deva ser mais intenso que no processo penal. Independentemente da natureza do processo, o juiz deve sempre dar oportunidade às partes para se manifestarem, antes de decidir sobre fundamento que não tenha sido submetido ao contraditório." (DINAMARCO, Cândido Rangel; BADARÓ, Gustavo Henrique Righi Ivahy; LOPES, Bruno Vasconcelos Carrilho. *Teoria geral do processo.* 32 ed. São Paulo: Malheiros, 2020, p. 89-90).
22. Na visão de Calamandrei, o contraditório é o princípio fundamental do processo, sua força motriz (CALAMANDREI, Piero. *Proceso y Democracia.* Trad. de Hector Fix Zamudio. Buenos Aires: Ediciones Jurídicas Europa-América, 1960, p. 148). Já para Marinoni, não basta a legitimação do procedimento pelos elementos que lhe são extrínsecos, mas também é necessário que a decisão seja adequada. Nesse sentido:

construção da decisão final traz legitimidade ao resultado, permitindo uma maior aceitação deste.

Assim, cabe recordar outras regras que estimulam o contraditório no procedimento de julgamento da repercussão geral e do regime de recursos repetitivos.

O artigo 1.035, §4º, do CPC estabelece que o relator poderá admitir, na análise da repercussão geral, a manifestação de terceiros, subscrita por procurador habilitado, nos moldes do Regimento Interno do Supremo Tribunal Federal, o que também deve ser adotado na análise da relevância.

Consoante o artigo 1.038 do CPC, o relator poderá solicitar ou admitir manifestação de pessoas, órgãos ou entidades com interesse na controvérsia, considerando a relevância da matéria e consoante dispuser o regimento interno (inciso I), os quais atuarão em verdadeira condição de *amicus curiae*; fixar data para, em audiência pública, ouvir depoimentos de pessoas com experiência e conhecimento na matéria, com a finalidade de instruir o procedimento (inciso II)[23]; e requisitar informações aos tribunais inferiores a respeito da controvérsia e, cumprida a diligência, intimará o Ministério Público para se manifestar (inciso III).

Nesse último caso, de acordo com o §1º do mesmo dispositivo, os prazos respectivos são de 15 (quinze) dias e os atos serão praticados, sempre que possível, por meio eletrônico.

Com efeito, o contraditório impõe que a admissão de *amicus curiae* e a realização de audiência pública sejam realizadas sempre que possível. Portanto, não se trata de faculdade, mas de verdadeiro poder-dever aos Tribunais Superiores.

"[...] a legitimidade da jurisdição não advém somente do que lhe é externo, isto é, da efetiva participação daqueles que podem ser atingidos pelos efeitos da decisão em suas esferas jurídicas, bem como da adequação diante do direito material e legitimidade perante os direitos fundamentais do instrumento – do procedimento – que lhe permite exercer o poder. Ou seja, a legitimidade da jurisdição não depende apenas da legitimidade da participação dos seus destinatários e da legitimidade do procedimento através do qual atua, mas também da legitimidade da sua própria decisão." (MARINONI, Luiz Guilherme. Da Teoria da Relação Jurídica Processual ao Processo Civil do Estado Constitucional. *Cadernos da Escola de Direito e Relações Internacionais da UniBrasil*, Jan/Dez 2006, p. 275-306. Disponível em: < https://portaldeperiodicos.unibrasil.com.br/index.php/cadernosdireito/article/download/2545/2118/>. Acesso em: 21.11.2023).

23. A título exemplificativo na esfera administrativa, cabe frisar que, em matéria ambiental, a Resolução CONAMA nº 9/1987 prevê, em seu artigo 2º, *caput*, que, no processo de licenciamento ambiental, sempre que julgar necessário, ou quando for solicitado por entidade civil, pelo Ministério Público, ou por 50 (cinquenta) ou mais cidadãos, o Órgão de Meio Ambiente promoverá a realização de audiência pública. Ainda de acordo com o §2º do dispositivo, no caso de haver solicitação de audiência pública e na hipótese do Órgão Estadual não a realizar, a licença concedida não terá validade.

Além disso, o estímulo ao contraditório deve ser adotado, sempre que possível, até mesmo para que os setores envolvidos possam influenciar na escolha adequada dos casos a serem usados como paradigma para a decisão que será aplicada aos demais. Ora, ainda que o Código de Processo Civil traga critérios para a escolha dos recursos a serem adotados como representativos da questão a ser analisada, a seleção pode não ser a melhor. Nesse sentido, a possibilidade de contraditório permite que os interessados indiquem a deficiência dos recursos selecionados e até mesmo apontem outros que possam ser escolhidos.

5.3. REFORÇO À BOA-FÉ E VETOR DE MUDANÇA DE CULTURA

A adoção de filtros adequados para acesso aos Tribunais Superiores por meio dos recursos excepcionais possui um importante efeito. Um sistema pautado pela possibilidade de legitimamente atacar a legalidade ou constitucionalidade de uma decisão judicial justifica ainda mais o dever de litigância responsável sobre os jurisdicionados.

A boa-fé e a cooperação, como normas fundamentais do processo civil brasileiro, conforme artigos 5º e 6º do Código de Processo Civil brasileiro, e também como importantes normas de outros ordenamentos processuais, impõem aos jurisdicionados um dever de comportamento ético, buscando cooperativamente uma decisão justa.[24]

Uma das condutas vedadas pela boa fé processual é o abuso de direito processual. O abuso do direito representa o exercício de um direito admitido pelo ordenamento jurídico, mas de maneira que o desvirtue de sua finalidade.[25]

O próprio Código Civil, em seu artigo 187, dispõe que o titular de um direito que, ao exercê-lo, excede manifestamente os limites impostos pelo

24. "Num Estado Democrático de Direito, deve haver uma colaboração entre as partes e o juiz para a prolação da decisão justa, com participação e diálogo entre esses sujeitos, e nesse processo marcado pela cooperação, o órgão jurisdicional assume os deveres de esclarecimento, prevenção, consulta e auxílio para com os litigantes. Assim sendo, a cooperação leva o juiz a adotar uma postura de agente colaborador do processo, transformando-se num participante ativo do contraditório, deixando de ser um simples fiscal da aplicação das regras." (RODRIGUES, Marco Antonio dos Santos. *A modificação do pedido e da causa de pedir no processo civil*. 1 ed. Rio de Janeiro: GZ Editora, 2014, p. 163).

25. "[...] é o abuso das faculdades processuais, que se configura quando uma parte aproveita deslealmente direitos processuais institucionais, a fim de obter vantagens processuais. Trata-se do chamado abuso do direito, bastante desenvolvido no direito civil. Essa expressão foi criada para denominar diversas situações jurídicas, ocorridas na França, nas quais o tribunal, reconhecendo a existência do direito do réu, veio a condená-lo, em razão de irregularidades no exercício desse direito." (Ibid., p. 182).

seu fim econômico ou social, pela boa-fé ou pelos bons costumes comete ato ilícito.

Ressalte-se que esse ato contrário à boa-fé deve ser analisado à luz do caso concreto[26], observando-se toda a conjuntura em que fora praticado, haja vista que o exercício de faculdades processuais pode caracterizar falta de boa-fé. É o caso, por exemplo, da chamada litigância predatória, com a propositura reiterada de ações[27].

Da mesma forma, pode se exemplificar com a interposição de recursos meramente protelatórios[28] ou de maneira abusiva reiterada[29]. Embora o

26. "Nunca se poderá, pois, perguntar, em abstracto, por uma solução imposta pela boa fé: apenas perante uma ordem jurídica precisa e face ao caso concreto, aflorará a resposta." (MENEZES CORDEIRO, António Manuel da Rocha e. *Da boa-fé no direito civil.* 3. reimpressão. Coimbra: Almedina, 2007, p. 1257).

27. Sobre o tema, está atualmente tramitando perante o STJ o Recurso Especial nº 2.021.665/MS, referente ao Tema 1.198 dos recursos repetitivos. O plano de fundo do caso envolve a propositura de 64 mil ações, entre janeiro de 2015 e agosto de 2021 versando sobre empréstimos consignados. Desse total, aproximadamente 28 mil seriam patrocinadas por um mesmo advogado. A questão submetida à julgamento é possibilidade de o juiz, vislumbrando a ocorrência de litigância predatória, exigir que a parte autora emende a petição inicial com apresentação de documentos capazes de lastrear minimamente as pretensões deduzidas em juízo, como procuração atualizada, declaração de pobreza e de residência, cópias do contrato e dos extratos bancários.

28. Cumpre destacar que está expressamente previsto no art. 80, VII do CPC/15 que aquele que interpuser recurso com intuito manifestamente protelatório é considerado litigante de má-fé. De acordo com o art. 81 do CPC/15, o litigante de má-fé será condenado a pagar multa, superior a um por cento e inferior a dez por cento do valor corrigido da causa, a indenizar a parte contrária pelos prejuízos que esta sofreu e a arcar com os honorários advocatícios e com todas as despesas que efetuou.

29. Acerca da interposição de recursos de forma a afrontar a boa-fé, já se manifestou o STJ: AGRAVO REGIMENTAL NOS EMBARGOS DE DIVERGÊNCIA NOS EMBARGOS DE DECLARAÇÃO NO AGRAVO REGIMENTAL NOS EMBARGOS DE DIVERGÊNCIA NOS EMBARGOS DE DECLARAÇÃO NO AGRAVO REGIMENTAL NOS EMBARGOS DE DIVERGÊNCIA NOS EMBARGOS DE DECLARAÇÃO NO AGRAVO EM RECURSO ESPECIAL. MANIFESTO ABUSO DO DIREITO DE RECORRER. AFRONTA AOS DEVERES DE LEALDADE E BOA-FÉ PROCESSUAIS. AGRAVO REGIMENTAL NÃO CONHECIDO, COM DETERMINAÇAO DE BAIXA IMEDIATA DOS AUTOS E CERTIFICAÇÃO DE TRÂNSITO EM JULGADO, INDEPENDENTEMENTE DE PUBLICAÇÃO OU INTERPOSIÇÃO DE OUTROS RECURSOS. 1. Hipótese em que o Ministro Relator conheceu do agravo para não conhecer do recurso especial; os subsequentes embargos de declaração foram rejeitados; os embargos de divergência foram liminarmente indeferidos pela Presidência desta Corte, por serem manifestamente incabíveis contra decisão monocrática; o agravo regimental foi desprovido pela Corte Especial; os embargos de declaração foram rejeitados pela Corte Especial; houve segundos embargos de divergência, mais uma vez liminarmente indeferidos pela Presidência; o agravo regimental foi desprovido pela Terceira Seção; outros embargos declaração foram rejeitados pela Terceira Seção; e terceiros embargos de divergência, foram manejados e, outra vez, liminarmente indeferidos pela Presidência; agora, novamente interposto agravo regimental. 2. A sequência de petições recursais manifestamente improcedentes, em descompasso com requisitos elementares dos recursos manejados, denota claro intuito protelatório da parte. 3. Constata-se inequívoco abuso do direito de recorrer, conduta que reflete desrespeito a esta Corte Superior e a seus Ministros, em evidente inobservância dos deveres de lealdade e boa-fé processuais. 4. O Superior Tribunal de Justiça tem jurisprudência consolidada no sentido de que, "diante da reiterada oposição de recursos meramente protelatórios pela parte, deve ser determinada a baixa dos autos à origem, independentemente da publicação do acórdão recorrido e da certificação do trânsito em julgado" (AgRg nos EAREsp 1.916.804/SC, Relatora Ministra MARIA ISABEL GALLOTTI, CORTE ESPECIAL, julgado em 09/08/2022, DJe de 15/08/2022). 5. Agravo regimental não conhecido, com determinação de certificação do trânsito em julgado nesta Corte e imediata remessa dos autos ao Supremo Tribunal Federal em razão do agravo em

direito à interposição de um recurso possa estar previsto na lei, seu uso de maneira protelatória demonstra uma abusividade no exercício desse direito.

Assim, o abuso do direito de recorrer se configura quando alguém se vale de um recurso em situações claramente desnecessárias, inadmissíveis ou de mérito indevido, buscando apenas gerar, por meio da oferta desse meio de impugnação, o efeito obstativo da preclusão ou trânsito em julgado da decisão recorrida. Por exemplo, imagine-se a interposição de recurso extraordinário em face de acórdão que aplicou corretamente tese firmada em julgamento de eficácia vinculante realizado por Tribunal Superior. Nessa hipótese, embora o recurso possa ser cabível, por força de previsão legal ou constitucional, seu uso se mostra abusivo, caso não haja fundamento a demonstrar a distinção ou superação da tese então firmada.

No caso brasileiro, apesar de o artigo 102, III, da Constituição da República prever o recurso extraordinário em face de acórdãos de única ou última instância e não haver no Código de Processo Civil previsão expressa que proíba o uso desse meio de impugnação quando já existe acórdão firmado em sede de recurso repetitivo, o efeito vinculante do julgamento do recurso repetitivo se extrai do artigo 1040 do Código de Processo Civil. Por isso, a oferta de recurso extraordinário em contrariedade a tal tese firmada, sem se indicar distinção ou necessidade de superação, representa, à primeira vista, um exercício abusivo do direito de recorrer.

Diante do uso de filtros legítimos, que equilibrem as funções dos Tribunais Superiores de promoção da unidade do Direito e de proteção em face de ilegalidades ou inconstitucionalidades, resta reforçado o dever de boa fé na oferta dos recursos excepcionais.

Ademais, o reforço à boa fé representa mais um vetor à mudança de cultura na recorribilidade das decisões, estimulando-se o uso dos recursos aos Tribunais Superiores apenas quando forem efetivamente admissíveis ou houver chance real de êxito.

---

recurso extraordinário interposto na origem, independentemente da publicação deste acórdão e da eventual interposição de outros recursos. (STJ, AgRg na Pet n. 15.607/SC, relatora Ministra Laurita Vaz, Terceira Seção, julgado em 23/8/2023, DJe de 30/8/2023).

5.4. IMPERIOSA EXISTÊNCIA DE MECANISMO PARA A PROTEÇÃO DAS DECISÕES DE MÉRITO ADOTADAS NO JULGAMENTO DOS RECURSOS EXCEPCIONAIS

Se, de um lado, a adoção de filtros legítimos reforça o papel de uso responsável dos recursos aos Tribunais Superiores, de outro lado é preciso que estejam presentes mecanismos para a proteção do jurisdicionado diante de equívocos dos tribunais na aplicação das decisões das Cortes Supremas.

Em primeiro lugar, cabe destacar que os incisos V e VI do artigo 489, §1º, do Código de Processo Civil preveem que não se considera fundamentada a decisão judicial que se limitar a invocar precedente ou enunciado de súmula, sem identificar seus fundamentos determinantes nem demonstrar que o caso sob julgamento se ajusta àqueles fundamentos; ou que deixar de seguir enunciado de súmula, jurisprudência ou precedente invocado pela parte, sem demonstrar a existência de distinção no caso em julgamento ou a superação do entendimento.

Dessa forma, a fim de dar respaldo à decisão judicial, nos termos da determinação legal acima citada, é necessário que seja criado um diálogo entre o caso sob julgamento e o precedente vinculante, não bastando a mera reprodução deste, inclusive para demonstrar a similitude ou distinção entre ambos.

Note-se que esse dever de diálogo com o padrão decisório vinculante possui um papel importante na proteção da decisão adotada em sede de repercussão geral ou no julgamento de recurso especial ou extraordinário repetitivo, já que impor a análise da aplicação desta a outros casos concretos também estimula a cultura a seu respeito.

Dessa forma, a superação ou distinção do padrão decisório na resolução de um caso concreto exige fundamentação específica, e que haja uma racionalidade[30] adequada. Trata-se de situação excepcional, o que se extrai da própria lógica de se instituir um sistema de precedentes, assim como se observa do artigo 927 do Código de Processo Civil, que trata de forma excepcional da alteração e superação das teses firmadas, exigindo um contraditório qualificado, o cuidado com a segurança jurídica e a fundamentação adequada e específica[31].

30. Também exigindo a indicação da racionalidade na superação de precedente vinculante, PIRES, Michel Hernane Noronha. *A superação dos precedentes vinculantes*. Curitiba: Editora Direito Contemporâneo, 2023, p. 177 e ss.

31. É o que se extrai dos parágrafos 2º a 4º do artigo 927 do Código de Processo Civil.

Em última análise, espera-se que, com o tempo, a cultura dos padrões decisórios vinculantes também gere um efeito de redução da recorribilidade aos Tribunais Superiores em casos em que não se justifique provocar novamente o tribunal.

Ademais, é preciso que haja meios de impugnação adequados e eficazes para que o jurisdicionado venha a atacar eventual decisão judicial que descumpra o determinado pelos Tribunais Superiores na sua função nomofilática.

Na Espanha, por exemplo, tal controle se dá ao presumir-se o *interés casacional* sempre que a decisão recorrida contraria a jurisprudência consolidada do Tribunal Supremo, consoante prevê o art. 477.3 da LEC[32]. Na Alemanha, por sua vez, o recurso à BGH pode ser interposto para assegurar a uniformidade da jurisprudência (*einheitlichen Rechtsprechung*), o que inclui a resolução de divergências entre a jurisprudência das Cortes de Apelação com a da BGH, conforme autoriza o §543(2)(2) da ZPO[33].

No caso brasileiro, é preciso observar novamente o microssistema de julgamento de recursos repetitivos.

Nos termos do procedimento previsto no art. 1040 do Código de Processo Civil, publicado o acórdão paradigma, o presidente ou o vice-presidente do tribunal de origem negará seguimento aos recursos especiais ou extraordinários sobrestados na origem, se o acórdão recorrido coincidir com a orientação do tribunal superior (inciso I).

De outro lado, se o acórdão recorrido contrariar a orientação do tribunal superior, o órgão que proferiu o acórdão recorrido, na origem, reexaminará o processo de competência originária, a remessa necessária ou o recurso anteriormente julgado (inciso II).

32. "3. Se considerará que un recurso presenta interés casacional cuando la resolución recurrida se oponga a doctrina jurisprudencial del Tribunal Supremo o resuelva puntos y cuestiones sobre los que exista jurisprudencia contradictoria de las Audiencias Provinciales o aplique normas sobre las que no existiese doctrina jurisprudencial del Tribunal Supremo. Cuando se trate de recursos de casación de los que deba conocer un Tribunal Superior de Justicia, se entenderá que existe interés casacional cuando la sentencia recurrida se oponga a doctrina jurisprudencial, o no exista doctrina del Tribunal Superior de Justicia sobre normas de Derecho especial de la Comunidad Autónoma correspondiente, o resuelva puntos y cuestiones sobre los que exista jurisprudencia contradictoria de las Audiencias Provinciales."

33. "(2) Die Revision ist zuzulassen, wenn

[...]

2. die Fortbildung des Rechts oder die Sicherung einer einheitlichen Rechtsprechung eine Entscheidung des Revisionsgerichts erfordert. Das Revisionsgericht ist an die Zulassung durch das Berufungsgericht gebunden."

Do mesmo modo, os processos suspensos em primeiro e segundo graus de jurisdição retomarão o curso para julgamento e aplicação da tese firmada pelo tribunal superior (inciso III).

Ressalte-se que, caso os recursos versem sobre questão concernente à prestação de serviço público objeto de concessão, permissão ou autorização, o resultado do julgamento será comunicado ao órgão, ao ente ou à agência reguladora competente para fiscalização da efetiva aplicação, por parte dos entes sujeitos a regulação, da tese adotada (inciso IV).

Consoante o §1º do art. 1040 do CPC, a parte poderá desistir da ação em curso no primeiro grau de jurisdição, antes de proferida a sentença, se a questão nela discutida for idêntica à resolvida pelo recurso representativo da controvérsia.

Nesse ponto, pode ser observado um exemplo de medida indutiva ao uso responsável do processo, pois se a desistência ocorrer antes de oferecida contestação, a parte ficará isenta do pagamento de custas e de honorários de sucumbência, nos moldes do §2º.

Por fim, com base no §3º, cumpre destacar que a desistência independe de consentimento do réu, ainda que manifestada após a apresentação de contestação. A desistência da ação após a contestação mesmo sem a concordância do réu, em previsão distinta da constante do artigo 485, parágrafo 4º, do CPC, gera um estímulo ao uso responsável das ações, bem como de sua análise econômica. O jurisdicionado, diante da baixa chance de êxito de sua tese em virtude do julgamento do recurso representativo de controvérsia, possui uma medida indutiva a desistir de sua ação.

No entanto, não basta que haja a formação do padrão decisório vinculante. É imprescindível que o ordenamento jurídico viabilize alguma forma de proteção da observância dos padrões decisórios formados. Caso contrário, o sistema de filtros se tornaria, usando a feliz expressão de José Carlos Barbosa Moreira ao tratar do mandado de injunção, um sino sem badalo[34].

Assim, deve-se analisar quais meios de impugnação podem ser utilizados em face da decisão que aplique o julgamento do recurso representativo de controvérsia.

---

34. "Conceber o mandado de injunção como simples meio de apurar a inexistência da 'norma regulamentadora' e comunicá-la ao órgão competente para a edição (o qual, diga-se entre parênteses, presumivelmente conhece mais do que ninguém suas próprias omissões...) é reduzir a inovação a um sino sem badalo. Afinal, para dar ciência de algo a quem quer que seja, servia – e bastava – a boa e velha notificação." (MOREIRA, José Carlos Barbosa. *S.O.S. para o mandado de injunção*. Jornal do Brasil (RJ), 11 set. 1990. Disponível em: <http://memoria.bn.br/docreader/DocReader.aspx?bib=030015_11&pagfis=20639>. Acesso em: 02.08.2023).

Nessa linha, destaque-se que, por força do artigo 1030 do CPC, o presidente ou o vice-presidente do tribunal *a quo* deverá, então, negar seguimento a recurso extraordinário que discuta questão constitucional à qual o Supremo Tribunal Federal não tenha reconhecido a existência de repercussão geral ou a recurso extraordinário interposto contra acórdão que esteja em conformidade com entendimento do Supremo Tribunal Federal exarado no regime de repercussão geral; ou a recurso extraordinário ou a recurso especial interposto contra acórdão que esteja em conformidade com entendimento da Corte Superior, respectivamente, exarado no regime de julgamento de recursos repetitivos (inciso I).

Deverá, igualmente, encaminhar o processo ao órgão julgador, para realização do juízo de retratação, se o acórdão recorrido divergir do entendimento do Tribunal Superior, conforme o caso, exarado nos regimes de repercussão geral ou de recursos repetitivos (inciso II); sobrestar o recurso que versar sobre controvérsia de caráter repetitivo ainda não decidida pelo Supremo Tribunal Federal ou pelo Superior Tribunal de Justiça, em se tratando de matéria constitucional ou infraconstitucional (inciso III); selecionar o recurso como representativo de controvérsia constitucional ou infraconstitucional, nos moldes do § 6º do art. 1.036 (inciso IV); e realizar o juízo de admissibilidade e, se positivo, remeter o feito ao Supremo Tribunal Federal ou ao Superior Tribunal de Justiça (inciso V).

Nesse último caso, o recurso somente deverá ser remetido ao Tribunal Superior, caso atendidas as seguintes condições: se o recurso ainda não tiver sido submetido ao regime de repercussão geral ou de julgamento de recursos repetitivos; se o recurso tiver sido selecionado como representativo da controvérsia; ou se o tribunal recorrido tiver refutado o juízo de retratação.

Segundo o §1º do art. 1.030 do CPC, da decisão de inadmissibilidade proferida com fundamento no seu inciso V caberá agravo ao tribunal superior, nos termos do art. 1.042 do CPC, isto é, agravo em recurso especial ou em recurso extraordinário. Já consoante o §2º do mesmo dispositivo, da decisão proferida com fundamento no regime da repercussão geral ou dos recursos repetitivos (incisos I e III) caberá agravo interno, nos moldes do art. 1.021 do CPC.[35]

35. Acerca da impossibilidade de fungibilidade recursal nessa hipótese, conforme já havíamos nos manifestado: "Saliente-se que, caso seja utilizado o agravo do art. 1.042 em face da decisão do presidente ou vice-presidente do tribunal de origem que, na forma do art. 1.040, I, venha a negar seguimento a recurso especial ou extraordinário em função da aplicação do entendimento firmado pelo Superior Tribunal de Justiça ou Supremo Tribunal Federal, respectivamente, tratar-se-á de erro grosseiro. Consoante mencionado, o recurso cabível em face de tal pronunciamento é o agravo interno, por força do art. 1.030, I.

5.5. O PAPEL DA RECLAMAÇÃO COMO MEIO DE PROTEÇÃO AO USO DE UM SISTEMA DE FILTROS RECURSAIS

Apesar dos recursos anteriormente tratados, que podem levar a uma impugnação da decisão proferida em casos pendentes da solução de um recurso repetitivo ou de um recurso julgado em regime de repercussão geral, por vezes a decisão de tais recursos pode violar o julgado paradigmático. Com efeito, trata-se de uma patologia no sistema, na medida em que os julgados proferidos de forma paradigmática devem ser observados na apreciação de casos pendentes e futuros, conforme se extrai do sistema do artigo 1040 do CPC.

Nas hipóteses em que o pronunciamento decorrente da aplicação de julgado paradigmático é equivocado e o recurso ofertado não reverteu tal entendimento, é preciso que haja algum mecanismo para levar a questão ao Tribunal Superior, para que este reafirme a autoridade de seu julgado. A proteção à autoridade dos entendimentos das Cortes Superiores é fator de estímulo ao respeito às decisões destas, o que reduz a litigiosidade desnecessária, para revisão indevida das teses firmadas.

Diante disso, é preciso tratar da reclamação e avaliar se esta possui o papel de proteção ao sistema dos recursos especial e extraordinário.

Nesse sentido, cabe destacar que a reclamação se trata de uma ação autônoma de impugnação que visa preservar a competência dos tribunais assim como a autoridade de certos padrões decisórios[36].

Pode-se afirmar que havia acentuada discussão doutrinária e jurisprudencial em relação à natureza jurídica da reclamação, o que, porém, foi sanado com o advento do Código de Processo Civil de 2015, que atribuiu natureza própria de ação ao instituto.[37]

Diante disso, considerando que há previsão legal expressa do cabimento de determinado recurso – o agravo interno –, o uso do agravo da decisão de inadmissão de recurso especial ou extraordinário se revela manifestamente descabido." (RODRIGUES, Marco Antonio. *Manual dos Recursos:* ação rescisória e reclamação. 2 ed. São Paulo: Juspodivm, 2023, p. 343).

36. Acerca do conceito de reclamação, assim já nos manifestamos: "Podemos conceituar a reclamação como uma ação autônoma de impugnação, com sede constitucional, cuja finalidade é a busca de garantia da autoridade das decisões proferidas pelos tribunais, em especial para assegurar a aplicação de certos precedentes, assim como preservar da competência das Cortes." (RODRIGUES, Marco Antonio. *Manual dos Recursos:* ação rescisória e reclamação. 2 ed. São Paulo: Juspodivm, 2023, p. 431).

37. "Com o CPC/2015, entretanto, parece ter sido eliminada qualquer discussão, podendo ser extraída a natureza jurídica de *ação* para a reclamação, pois esta tem início com uma petição inicial, que deve atender aos requisitos genéricos do art. 319 do CPC, bem como aos requisitos específicos do art. 988, inaugurando uma nova relação jurídica processual. Ademais, sua decisão pode ser objeto de recursos, bem como formará coisa julgada material, que pode vir a ser atacada mediante ação rescisória. Esse entendimento foi manifestado pelo Supremo Tribunal Federal em algumas ocasiões, como na Rcl 1728." (Ibid., p. 433).

Estabelece o art. 988 do CPC que a reclamação poderá ser apresentada pela parte interessada ou pelo Ministério Público em virtude de algumas hipóteses de cabimento. A primeira delas, constante do inciso I, é com a finalidade de preservar a competência do tribunal – o que se deve entender como uma suposta usurpaçao de competência de um órgão hierarquicamente superior por outro hierarquicamente inferior, mas não de mesma hierarquia[38]. No caso dos recursos, parece-nos cabível, então, para atacar decisão de inadmissão de apelação proferida por juízo de primeiro grau, em ofensa à regra do artigo 1010 do CPC, que afasta a possibilidade de juízo de admissibilidade desse recurso pelo próprio órgão prolator da sentença.

A segunda hipótese de cabimento é prevista para garantir a autoridade das decisões do tribunal (inciso II), o que deve ser compreendido como a possibilidade de buscar a observância das decisões de outro tribunal, que não o que proferiu a decisão impugnada via reclamação[39].

Ademais, a reclamação é prevista nos incisos do art. 988 como forma de proteção ao microssistema de padrões decisórios vinculantes. Nessa linha, pode ser utilizada para garantir a observância de enunciado de súmula vinculante[40] e de decisão do Supremo Tribunal Federal em controle concentrado de constitucionalidade (inciso III), ou para garantir a observância de

---

38. "[...] por se tratar de preservação de competência de *Tribunal,* não se admite reclamação para garantir a competência de juízo de primeiro grau usurpada por outro juízo de igual hierarquia ou pelo próprio Tribunal. Ademais, a propositura de reclamação por usurpação de competência apenas é admitida quando praticada por órgão jurisdicional hierarquicamente inferior ao do Tribunal cuja competência foi violada." (RODRIGUES, Marco Antonio; MELLO, Felipe Varela. A Reclamação Constitucional como mecanismo de controle de precedentes vinculantes: uma abordagem do instituto à luz do sistema de precedentes brasileiro. *Revista de Processo*. vol. 327. ano 47. p. 351-379. São Paulo: Ed. RT, maio 2022. Disponível em: <http://revistadostribunais.com.br/maf/app/document?stid=st-rql&marg=DTR-2022-9027>. Acesso em: 04.08.2023).
39. "[...] a reclamação para a hipótese do inciso II não é cabível para impugnar decisão proferida pelo próprio Tribunal. Ou seja, ao reclamante não é autorizado propor reclamação contra decisão de um Tribunal que não respeita outra decisão do mesmo Tribunal. Tanto o STF como o STJ possuem entendimento nesse sentido. É incabível, também, a reclamação ajuizada para garantir a autoridade de decisão desprovida de efeito vinculante e proferida em processo de índole subjetiva cuja relação processual não foi integrada pelo reclamante. Assim já se pronunciou o STF antes e depois do advento do CPC/2015." (Ibid.).
40. José Carlos Barbosa Moreira critica a expressão súmula vinculante, por entendê-la impropriamente utilizada. Em suas palavras: "[a] mais propalada e ambiciosa inovação da Emenda Constitucional nº 45: a impropriamente chamada "súmula vinculante". Digo impropriamente porque a palavra "súmula" sempre se empregou - em perfeita consonância com a etimologia e os dicionários - para designar o conjunto das proposições em que se resume a jurisprudência firme de cada tribunal, a começar pela Corte Suprema, onde ela foi criada, em 1963, sob a denominação correta de Súmula da Juriprudência Predominante (no singular), com a qual se incorporou ao Regimento Interno. Agora, ela aparece no texto constitucional emendado com referência a cada uma daquelas proposições, consoante ressalta do teor do novo art. 103-A e também do art. 8° da Emenda, que alude às "atuais súmulas do Supremo Tribunal Federal". (MOREIRA, José Carlos Barbosa. A Emenda Constitucional nº 45 e o processo. In: *Revista do Ministério Público do Estado do Rio de Janeiro*, vol. 23, 2006, p. 165-178).

acórdão proferido em julgamento de incidente de resolução de demandas repetitivas ou de incidente de assunção de competência (inciso IV)[41].

Veja-se que, à primeira vista, não há a previsão expressa, nos incisos das hipóteses de cabimento da reclamação, de sua utilização como forma de proteção aos padrões decisórios decorrentes de julgamento de recurso extraordinário no regime da repercussão geral, ou de recurso especial ou extraordinário representativo de controvérsia, que possuem força vinculante por força do artigo 1040 do CPC. Ao contrário, a previsão constante do artigo 988, IV, do CPC, em sua redação original, foi revogada por meio da Lei n. 13.256/2016, editada durante a *vacatio legis* do Código.

No entanto, o parágrafo 5º do artigo 988 do CPC previu como inadmissível a reclamação proposta após o trânsito em julgado da decisão reclamada; ou proposta para garantir a observância de acórdão de recurso extraordinário com repercussão geral reconhecida ou de acórdão proferido em julgamento de recursos extraordinário ou especial repetitivos, quando não esgotadas as instâncias ordinárias.

Dessa forma, interpretando-se *a contrario sensu* do parágrafo em questão, se não é admissível o uso da reclamação para garantir a observância de acórdão de recurso extraordinário com repercussão geral reconhecida ou de acórdão proferido em julgamento de recursos extraordinário ou especial repetitivos, quando não esgotadas as instâncias ordinárias, deve ser admitida a reclamação para proteger esses padrões decisórios vinculantes naqueles casos em que foram esgotadas as instâncias ordinárias.

Com efeito, tal interpretação, além de claramente poder ser inferida do teor da norma, possui um efeito de proteção a tais padrões decisórios vinculantes, considerando que viabiliza que o desrespeito a tais pronunciamentos seja invocado por algum interessado. Isso completa, de certa forma, o microssistema de padrões decisórios vinculantes existente no Brasil, na medida em que eventual desrespeito a acórdão de recurso extraordinário com repercussão geral reconhecida ou a acórdão proferido em julgamento de recursos extraordinário ou especial repetitivos possuirá mecanismo de

41. "[...] é preciso salientar que a reclamação serve para resguardar tão somente os precedentes vinculantes previstos – expressamente – no art. 988. Por consequência, terá ela a função de garantir, nas hipóteses dos incisos III, IV e §5º, II, do art. 988, a autoridade da *ratio decidendi* (tese jurídica) dos precedentes ali apontados. Hipótese distinta, por sua vez, é a do inciso II do art. 988, que busca assegurar a autoridade do dispositivo dos julgados." (RODRIGUES, Marco Antonio; MELLO, Felipe Varela. A Reclamação Constitucional como mecanismo de controle de precedentes vinculantes: uma abordagem do instituto à luz do sistema de precedentes brasileiro. *Revista de Processo*. vol. 327. ano 47. p. 351-379. São Paulo: Ed. RT, maio 2022. Disponível em: <http://revistadostribunais.com.br/maf/app/document?stid=st=-rql&marg-DTR-2022-9027>. Acesso em: 04.08.2023).

controle, tal qual os demais padrões decisórios vinculantes possuem, na forma dos incisos III e IV do artigo 988 do CPC.

Veja-se que a possibilidade de controle da inobservância, por um tribunal local, do padrão decisório vinculante amplia a perspectiva de sua observância. A possibilidade de revisão por um Tribunal Superior da decisão proferida pelo tribunal local em desrespeito ao seu precedente vinculante é mecanismo indutivo ao cumprimento do precedente.

Ademais, para os fins deste estudo, a possibilidade de ajuizamento da reclamação nessa hipótese também é forma de promoção aos filtros da repercussão geral e dos recursos repetitivos, pois é meio de controle a possível desrespeito a tais filtros.

Registre-se, ainda, que a reclamação poderá assumir a importante função de mecanismo para a superação do precedente, ainda que tal superação deva ser vista como situação excepcional, exigindo fundamentação específica e racionalidade adequada.

Sendo assim, entende-se ser possível a superação de precedente a ser realizada pelo Tribunal no bojo de uma reclamação, desde que não se trate de hipótese em que existe procedimento próprio e concentrado para tanto.

Com base no §1º do referido dispositivo legal, a reclamação pode ser proposta perante qualquer tribunal, e seu julgamento compete ao órgão jurisdicional cuja competência se busca preservar ou cuja autoridade se espera garantir. A reclamação deverá ser instruída com prova documental que demonstre a ocorrência de alguma de suas hipóteses de cabimento, e dirigida ao presidente do tribunal.

No âmbito do sistema constitucional processual vigente, a reclamação pode ser utilizada como instrumento para a realização do *distinguishing* e do *overruling*, técnicas que servem para justificar a não aplicação de um precedente vinculante.

O *distinguishing*, em síntese, consiste na verificação da ausência de similitude fática entre o precedente e o caso concreto, a ensejar a não incidência daquele no julgamento deste. Por sua vez, o *overruling* trata-se, em suma, da superação de um precedente vinculante por meio do estabelecimento de um novo, pelo próprio Tribunal que o havia criado ou por Tribunal hierarquicamente superior. Esses dois institutos merecem observações.

Em relação ao *distinguishing*, é importante notar que o exame da distinção, nos termos do artigo 988, §2º do CPC, fica limitado à existência de prova documental já apresentada no momento de ajuizamento da demanda, não sendo possível a produção de outras provas. Limita-se, assim, a comprovação da distinção.[42]

Já no que se refere ao *overruling*, cumpre destacar que o mencionado instituto deve ser aplicado de forma excepcional, visto que sua utilização desproporcional, sem fundamentação idônea, pode implicar na violação da segurança jurídica que se buscou alcançar com a instituição do sistema de precedentes vinculantes.[43]

Assim, a reclamação pode e deve ser utilizada como instrumento para a proteção do papel dos Tribunais Superiores, como forma de obter a observância do padrão decisório vinculante formado em sede de repercussão geral ou de recursos representativos de controvérsia, assim como para viabilizar eventual superação ou distinção em relação aos padrões decisórios formados, mas que venha a assegurar a unidade do Direito, o que é função precípua das Cortes Superiores.

5.6. O PAPEL DA TECNOLOGIA NA ANÁLISE DOS RECURSOS E OS FILTROS RECURSAIS

Não é possível tratar da legitimidade dos filtros recursais sem passar pelo papel da tecnologia na apreciação dos recursos excepcionais.

As ferramentas tecnológicas no curso do processo passaram por um percurso legislativo no Brasil, tendo sua utilização se catalisado com a pandemia da covid-19.

O primeiro passo para a informatização do processo judicial se deu com a promulgação da Lei n. 9.800, em 1999, conhecida como a Lei do

42. Com efeito, já nos manifestamos acerca do tema: "De início, destaca-se o § 2º do art. 988 que exige a instrução da reclamação mediante prova documental. Vale dizer: a cognição e o debate que são suportados pelo processo da reclamação estão limitados à prova documental, à semelhança do mandado de segurança. Daí a razão pela qual se pode afirmar que a reclamação tem cognição *secundum eventum probationis* – apenas as afirmações que podem ser demonstradas mediante prova documental é que podem ser examinadas no processo da reclamação. Dessa maneira, o reclamante deve, por meio dos documentos que instruem a inicial, demonstrar a existência de distinção. Não há possibilidade de realização de dilação probatória, o que pode, de certa forma, vir a dificultar a demonstração de existência de distinção no caso concreto, se a decisão reclamada tiver sido proferida em processo ainda em fase instrutória. De outro lado, em demandas que estejam em fase recursal, o *distinguishing* pode ser realizado mais facilmente, uma vez que as provas já produzidas poderão melhor embasar a instrução da petição inicial." (RODRIGUES, Marco Antonio; MELLO, Felipe Varela. A Reclamação Constitucional como mecanismo de controle de precedentes vinculantes: uma abordagem do instituto à luz do sistema de precedentes brasileiro. *Revista de Processo*. vol. 327. ano 47. p. 351-379. São Paulo: Ed. RT, maio 2022. Disponível em: <http://revistadostribunais.com.br/maf/app/document?stid=st-rql&marg=DTR-2022-9027>. Acesso em: 04.08.2023).

43. "Trata-se de técnica aplicada em caráter excepcional, considerando que a superação de um precedente vinculante, se não fundamentada e justificada adequadamente, pode comprometer a previsibilidade e a isonomia de tratamento esperada pelas partes no julgamento de seu caso." (Ibid.).

Fax. Essa legislação representou uma importante mudança na forma de prática de atos no processo. A Lei do Fax, como novidade, possibilitou que as petições fossem enviadas por fac-símile, sendo necessário, no entanto, que fossem anexadas fisicamente ao processo. Nesse sentido, o processo não deixava de ser inteiramente físico, mas representou a possibilidade de as partes praticarem atos processuais de maneira mais célere, especialmente num contexto em que precisavam remeter as vias físicas de petições para protocolo. Num país de dimensões continentais, isso poderia demorar dias, e a entrega da petição física dentro do prazo para a prática do ato processual representaria a perda de dias, a depender da distância em que se encontrava do tribunal ao qual o ato se dirigia.

Com a Lei n. 9.800, foi possível, então, praticar o ato dentro do prazo via fax, com cinco dias para a entrega da petição pela via física no órgão jurisdicional competente, o que os jurisdicionados poderiam fazer, então, remetendo-a via advogado correspondente ou por serviços de correio ou expressos ao tribunal;

Passados sete anos, em 2006, foi promulgada a Lei n. 11.419, que pode ser considerada como o marco regulatório do processo eletrônico no Brasil. A Lei do processo eletrônico, como essa norma é conhecida, instituiu a informatização do processo, assim como regulou a prática eletrônica de atos processuais tanto pelas partes quanto pelos servidores. Dessa forma, diferentemente de norma anteriores, que buscavam informatizar atos específicos, a Lei 11.419 abrangeu todas as fases processuais, sendo responsável pela transformação da natureza física do processo para digital. Essa norma representou, portanto, a implementação dos meios eletrônicos para o trâmite processual no Brasil, sendo uma inovação essencial para a celeridade e eficiência do Judiciário no país.

Registre-se, porém, que diante do sistema judiciário brasileiro, com tribunais federais e estaduais, não havia uma homogeneidade na evolução tecnológica dentro dos tribunais. Por isso, ao longo dos anos seguintes alguns evoluíram bastante na informatização do processo, enquanto outros ainda estavam em estágio inicial de transformação tecnológica processual.

Com a pandemia, a exigência de isolamento social impôs a utilização das tecnologias pelo Judiciário, tendo o legislador editado algumas normas sensíveis a tal realidade, como é o caso da Lei n. 13.994/2020, que instituiu, em seu artigo 22, §2º, a possibilidade de conciliação virtual no âmbito dos Juizados Especiais Cíveis. No entanto, cabe registrar que o Conselho Nacional de Justiça acabou por assumir um protagonismo na transformação tecnológica do Poder Judiciário especialmente a partir da pandemia, diante da necessidade de urgentes mudanças na atuação dos órgãos jurisdicionais.

Assim é que, por exemplo, o Conselho Nacional de Justiça, por meio da Resolução n. 354/2020 regulamentou a realização de audiências e sessões por videoconferência, e, pela Resolução n. 465/2022 trouxe diretrizes para a utilização dessas videoconferências no âmbito do Poder Judiciário. Ademais, a Resolução n. 345/2020 instituiu o "Juízo 100% virtual", em que todos os atos processuais são praticados por meio eletrônico e remoto. Além disso, o Conselho Nacional de Justiça, através da Resolução nº 332/2020, implementou normas éticas sobre a utilização da inteligência artificial no Judiciário brasileiro, resolvendo questões acerca do respeito aos direitos fundamentais, da não discriminação, da publicidade e transparência e da segurança, por exemplo.

Destaque-se, também, que ao longo da década de 2010, assistiu-se ao desenvolvimento e à ampliação do uso de robôs de apoio à atividade jurisdicional, procurando aumentar a eficiência desta. O apoio da tecnologia permite a atuação mais célere do Judiciário, pois os robôs tratam simultaneamente diversos processos. Ademais, o fato de a inteligência artificial possuir a capacidade de analisar uma grande quantidade de documentos possibilita o desenvolvimento de padrões de associação de conteúdos, influenciando na previsibilidade das decisões judiciais tomadas com o seu apoio. As soluções tecnológicas possuem, em geral, o benefício de ampliação da segurança jurídica e da igualdade, pelo fato de os robôs, uma vez alimentados pelos algoritmos, aparentemente[44] analisarem os processos sem fazerem distinções ilegítimas. Assim, a inteligência artificial é essencial para a formulação de precedentes judiciais e para a compreensão de fundamentos jurídicos utilizados na solução de um conflito.[45]

Outro benefício mencionado como trazido pela inteligência artificial é em relação às provas, uma vez que a tecnologia supostamente avalia a credibilidade da prova testemunhal de forma mais objetiva, afastando-se das circunstâncias subjetivas e emocionais. No entanto, nesse ponto a tecnologia mostrou um de seus riscos: a alimentação das ferramentas de inteligência

44. Nessa perspectiva, é preciso ter cuidado. John Giannandrea, chefe de inteligência artificial do Google, relata que as máquinas serão tendenciosas se forem atribuídas a dados tendenciosos, sendo necessária a procura por vieses ocultos, para que o sistema não fique enviesado. Disponível em: <https://www.technologyreview.com/2017/10/03/241956/forget-killer-robotsbias-is-the-real-ai-danger/>. Acesso em: 11.11.2023.

45. RODRIGUES, Marco Antonio; TAMER, Maurício. *Justiça digital:* o acesso digital à justiça e as tecnologias da informação na resolução de conflitos. São Paulo: Juspodivm, 2021. p. 378-382.

artificial pode trazer vieses que se assemelham aos vieses dos humanos, e que em tese as máquinas não teriam. Um exemplo dessa percepção é o programa COMPAS (*Correctional Offender Management Profiling for Alternative Sanctions*), no qual é evidenciado que os algoritmos podem funcionar de maneira discriminatória, uma vez que refletem o sistema valorativo de seus criadores e servidores.[46]

Nos Tribunais Superiores, a necessidade de eficiência para conter a mencionada crise de tais tribunais levou à criação de robôs para apoio à atuação dos ministros, valendo destacar o Victor, a VictorIA e o Athos.

Utilizado desde 2017 pelo Supremo Tribunal Federal, Victor funciona como um instrumento eletrônico na busca de jurisprudência. Com isso, o robô atua como um "filtro recursal", uma vez que realiza a conferência de temas de repercussão geral na análise de admissibilidade dos recursos recebidos pelo tribunal.

No intuito de prestar assistência jurisprudencial à corte, Victor pesquisa precedentes aplicáveis aos recursos extraordinários que chegam ao tribunal, selecionando e separando, entre outras peças do processo, a decisão de admissibilidade do recurso.

Assinada pela Ministra Rosa Weber, a Resolução n. 800/2023 instituiu o robô VictorIA na atuação digital do Supremo Tribunal Federal. VictorIA foi programada com o intuito de agrupar processos de acordo com a similaridade dos temas, sendo essencial para aumentar a celeridade e trazer maior segurança jurídica na análise e julgamento das demandas. Essa tecnologia propicia que o tribunal haja com mais rapidez na análise de temas repetitivos e que possam resultar em temas de repercussão geral.

Paralelamente à implementação dos robôs no âmbito do Supremo Tribunal Federal, o Superior Tribunal de Justiça também se utiliza da inteligência artificial para o auxílio da atuação jurisdicional. Esse Tribunal Superior, em 2019, implementou o Athos, robô que possui como principal função localizar processos que estejam sujeitos à afetação, com a perspectiva de serem julgados por meios repetitivos. Complementando a funcionalidade, o sistema atua para encontrar entendimentos convergentes e divergentes, casos relevantes e a existência ou não de precedentes superados no tribunal. Vale ressaltar, também, que a busca feita pelo sistema ocorre antes da

---

46. GRECO, Luís. *Poder de julgar sem responsabilidade de julgador:* a impossibilidade jurídica do juiz-robô. São Paulo: Marcial Pons, 2020, p. 28-29.

distribuição dos processos aos ministros, atuando como uma ferramenta de qualificação dos precedentes formados pelo STJ.

Dessa forma, verifica-se que os robôs acabam atuando em apoio para a aplicação dos filtros recursais. E mais, a necessidade de aumento da produtividade das Cortes Superiores certamente levará à ampliação das soluções tecnológicas, para que auxiliem na aplicação dos filtros recursais.

No entanto, é preciso olhar para esse movimento inevitável e adequá-lo às premissas do modelo constitucional de processo, tal qual se vem procurando fazer ao longo desta tese.

Em primeiro lugar, é imprescindível que recorrente e recorrido possam recorrer de eventual decisão tomada pela Presidência ou pelo relator com base em robô, quando da admissibilidade do recurso. A aplicação de filtro por meio da atuação de robô ou de inteligência artificial não pode impedir a recorribilidade da decisão, simplesmente em razão de uma crença na infalibilidade da tecnologia. Ao contrário, a tecnologia é alimentada por humanos, que podem cometer falhas na programação dos sistemas.

Por exemplo, a icônica foto da "garota do Napalm"[47], fotografia que retrata uma menina nua fugindo de uma bomba que atingiu o Vietnã, em 1972. A foto, que ganhou um Prêmio Pullitzer e foi considerada uma das imagens definidoras da guerra, foi retirada do Facebook em razão de supostamente caracterizar pornografia, pelo fato de a criança aparecer nua, sem o entendimento da força e da importância que a imagem representa na história. A censura realizada pela plataforma se baseou na busca por padrão universal, sem analisar cada caso especificamente, apenas se há ou não indícios de pornografia, e gerou diversos protestos[48]. O caso da garota do Napalm nos mostra que o uso dos sistemas de inteligência artificial no direito também pode encontrar esse problema, uma vez que os robôs podem ser programados para decidirem de maneira genérica, sem analisarem as nuances e imprevisibilidades de cada caso concreto em questão.

Ademais, no sistema processual brasileiro, não se pode falar em decisão tomada unicamente pela máquina aplicando o filtro recursal. A Constituição brasileira prevê, em seu art. 2º, a separação dos Poderes, dispondo que o Executivo, o Legislativo e o Judiciário são independentes entre si. Nessa

---

47. Phan Thi Kim Phuc, a "garota do Napalm", tinha nove anos quando foi fotografada com queimaduras, fugindo depois que uma bomba atingiu a localidade em que morava, durante a Guerra do Vietnã, em 1972.
48. Disponível em: <https://www.uol.com.br/tilt/noticias/redacao/2016/09/09/facebook-remove-foto-da-menina-do-napalm-e-gera-protestos.htm>. Acesso em 10.11.2023.

perspectiva, a figura e a divisão do Judiciário estão positivadas no art. 92 e seguintes, sendo exigível que todas as decisões dos órgãos judiciais sejam fundamentadas, sob pena de nulidade, a partir do disposto no art. 93, IX. Além disso, a Magistratura possui garantias funcionais presentes no art. 95, tais como vitaliciedade, inamovibilidade e irredutibilidade de subsídio, garantias típicas de seres humanos.

Percebe-se, portanto, que essas disposições constitucionais são essenciais para garantirem uma autonomia funcional aos servidores, visto que a tomada de decisão dos órgãos judiciais deve ser feita pelo ser humano, e não por uma máquina.

Diante disso, não se pode falar numa decisão puramente tomada por inteligência artificial no sistema processual brasileiro. Nosso modelo constitucional exige a atuação humana de julgador[49], o que não significa que este não pode ter uma ferramenta tecnológica em seu auxílio. Assim, a decisão deve ser tomada pelo membro do Judiciário, analisando a eventual proposta apresentada pela solução tecnológica. A título comparativo, é o que se tem na atuação dos juízes leigos nos juizados especiais, que, por força do artigo 40 da Lei n. 9099/95[50], não proferem sentença com eficácia imediata, mas apenas elaboram projeto de sentença, a ser homologado pelo juiz togado. Da mesma maneira, o projeto de decisão de inteligência artificial ou robô passa pelo crivo do juiz, que será quem, ao fim, resolverá a questão em jogo.

De outro lado, a utilização dos filtros por meio de robôs deve aplicar a transparência quanto a algoritmos e critérios que são indicados para a filtragem dos recursos. Tal qual o magistrado possui critérios que exporá ao decidir, por força da garantia da fundamentação das decisões judiciais, também é necessário que o uso de uma ferramenta de inteligência artificial não seja um salto de fé naquilo que está sendo avaliado pelo robô. Tal conduta representaria, na prática, um viés de aceite do que foi definido pela máquina, sendo que é fundamental que a utilização desta não seja um fim em si mesma.

Assim, a transparência da jurisdição, enquanto corolário da publicidade, torna essencial que os jurisdicionados tenham acesso a quais elementos mínimos foram tomados em consideração para a programação dos algorit-

49. Nessa linha, GRECO, Luís. *Poder de julgar sem responsabilidade de julgador:* a impossibilidade jurídica do juiz-robô. São Paulo: Marcial Pons, 2020.
50. Art. 40 da Lei 9099/95: "O Juiz leigo que tiver dirigido a instrução proferirá sua decisão e imediatamente a submeterá ao Juiz togado, que poderá homologá-la, proferir outra em substituição ou, antes de se manifestar, determinar a realização de atos probatórios indispensáveis."

mos das soluções tecnológicas por inteligência artificial, até para que, caso queiram, possam questionar a legitimidade dos critérios adotados para alimentação das máquinas. Não se pode esquecer que, ao fim, quem define os algoritmos são humanos, que possuem seus próprios vieses.

Conclusões

A presente tese procurou analisar os filtros recursais às Cortes Superiores e trazer parâmetros para sua legitimidade, além de delinear exigências para que o seu uso também seja legítimo e condizente com o papel dessas cortes.

As últimas décadas mostram desafios na carga de trabalho de muitas Cortes do mundo ocidental. A quantidade de recursos a elas submetidos não tem condições de ser analisada em tempo razoável pelos magistrados que compõem tais órgãos, que tendem a ser numericamente reduzidos em comparação com o tamanho do acervo que lhes é submetido.

Nesse contexto, pudemos analisar uma série de mudanças no Brasil e no mundo, em busca de conter o excesso de processos a serem analisados nas Cortes Superiores. No caso brasileiro, a criação do Superior Tribunal de Justiça foi um reflexo dessa crise especificamente na atuação do Supremo Tribunal Federal, detentor de longa data de competências originárias e recursais.

Outras mudanças sensíveis estão na mutação do papel das Cortes Superiores e dos recursos de caráter extraordinário. Ainda que nos países de tradição de *common law* se tenha historicamente uma maior discricionariedade na admissão dos recursos às suas Supremas Cortes, como se viu nos casos dos Estados Unidos e da Inglaterra, fato é que, nos países de tradição de *civil law*, verifica-se uma mudança significativa nesse papel das Cortes e dos recursos.

Nos países de *civil law* tradicionalmente predominava nas Cortes Superiores um papel de tribunais recursais. Assim, poderiam os jurisdicionados ofertar recursos de caráter extraordinário em defesa de seu direito a rever uma decisão que ofenda norma jurídica – ou seja, em defesa de seu *ius litigatoris*. Nesse sentido, a função de tribunal de sobreposição, voltado à tutela do direito objetivo aplicado a um caso concreto em específico, predominava.

As necessidades ligadas à ampliação da eficiência de suas justiças e de suas Cortes de vértice fizeram com que houvesse uma mudança gradativa no papel destas. Vê-se a formação de Cortes predominantemente de precedentes, cujo papel se acentua na defesa do ordenamento jurídico, ainda que indiretamente isso beneficie o jurisdicionado. Tem-se, portanto, uma mudança nesse escopo da atuação dos Tribunais Superiores, em que passa a predominar a tutela ao *ius constitutionis*.

Como consequência, os recursos de caráter extraordinário também assistem a uma mudança em seu papel.

A redução do acesso às Cortes, diante de seu novo papel predominante, leva à ampliação da utilização de filtros, tanto quantitativos, como qualitativos. Os primeiros são aqueles que limitam o acesso às Cortes Superiores por critérios objetivos e previsíveis. Já os qualitativos decorrem da relevância da questão objeto do recurso.

A bem da verdade, diferentes fatores influenciam a instituição e a interpretação dos filtros, como a cultura jurídica de cada país, o número de habitantes, o de processos tramitando no país ou até mesmo o número de magistrados nas Cortes Supremas. Especialmente tem-se a criação ou o aperfeiçoamento dos filtros qualitativos em diversos países, como é o caso da criação da repercussão geral, da transcendência e da relevância no Brasil, do interesse cassacional na Espanha e da importância fundamental da questão na Alemanha.

É de se notar que os filtros qualitativos assumiram importância superior aos quantitativos, como é o caso de um valor econômico mínimo em jogo no recurso para que este seja admitido, filtro esse que, por exemplo, foi perdendo espaço nas reformas legislativas em diversos ordenamentos, diante da primeira categoria de filtros.

Assim, ao se buscar parâmetros para a legitimidade dos filtros recursais no processo civil brasileiro, mostra-se em primeiro lugar necessário que eles estejam conformes ao modelo constitucional de processo civil. Dessa forma, não é possível que o filtro não esteja previsto em lei ou na Constituição, nem decorra de uma interpretação diretamente decorrente da lei. Conforme se extrai do artigo 1º do Código de Processo Civil, as normas de tal diploma devem ser interpretadas a partir das normas e valores constitucionais, o que é reflexo do fenômeno da filtragem constitucional.

Ademais, diante da mudança do papel predominante das Cortes Superiores, que passam a atuar sobretudo como cortes de precedentes, os filtros qualitativos se mostram mais condizentes com a atuação desses tribunais, sendo, portanto, a relevância da questão o critério mais adequado para avaliar se um recurso excepcional deve ultrapassar a barreira da admissibilidade.

Com efeito, o fato de a questão ser relevante, aliado ao papel de tais Cortes formarem precedentes a serem aplicados a outros casos – como se dá com o regime de recursos especiais e extraordinários no Brasil – permite a adoção da solução em outros processos com a mesma matéria, evitando a necessidade de subida de outros casos posteriormente, para análise do mesmo objeto, a menos que no futuro se mostre necessária a revisão da questão já resolvida.

Além disso, filtros de índole quantitativa nem sempre refletem a importância da questão de direito posta sob julgamento, a qual é normalmente pautada pela relevância em si do tema ou de conflitos de interpretação entre os tribunais locais. O valor da causa ou a quantidade de processos de idêntica matéria, dentre outras espécies de filtros, nem sempre permitiriam a "passagem" de assuntos do tipo pelo filtro de admissibilidade.

Outrossim, levar a sério o filtro da relevância da matéria permitirá, ainda, resolver um problema prático que pode arranhar a legitimidade da atuação das cortes superiores: a falta de uniformidade na aplicação dos filtros que limitam o efeito devolutivo às questões de direito. A análise de uma questão de direito demanda, em geral, passar por aspectos fáticos, que lhe conformam à realidade, permitindo sua interpretação.

Por isso, a inadmissão de um recurso em razão de a análise da questão de direito exigir revisão fática se mostra ilegítimo, sem que haja parâmetros para a verificação do que realmente representa revisão de questão fática: (i) para que seja julgado o mérito de um recurso, pode ser necessária a análise dos fatos já constantes do processo e da forma como reconhecidos nas instâncias ordinárias, a fim de se verificar a alegada violação à lei ou à Constituição, e sem a busca por outros fatos que não os já constantes do caso; (ii) os Tribunais Superiores não podem realizar atividade cognitiva objetivando uma nova produção de provas; e (iii) os Tribunais Superiores podem realizar a requalificação jurídica dos fatos, isto é, a readequação da matéria fática de acordo com as normas jurídicas discutidas no recurso.

No caso brasileiro, em específico, há de se mencionar que não há uma previsão constitucional ou legal que impeça que, ao analisar a ofensa a uma norma, a Corte Superior venha a passar pelos fatos, da forma como reconhecidos nas instâncias ordinárias, para dar o seu correto enquadramento jurídico, sem produzir novas provas. Não se pode deixar de mencionar, outrossim, que os filtros qualitativos permitem a revisão do papel dessa limitação a questões de direito nos recursos de caráter extraordinário. A relevância ou a transcendência da questão, em Cortes de precedentes, justificam que determinada matéria seja apreciada no tribunal, como forma de que tais tribunais cumpram seu papel. Por isso, tais critérios permitem superar a impossibilidade de revisão de questões fáticas como premissa para apreciar questão de direito relevante.

No que concerne aos filtros quantitativos, estes também podem cumprir um papel relevante no sistema de acesso às Cortes Superiores, mas devem estar ligados ao acesso também por filtros qualitativos. Assim é que, a título exemplificativo, o critério do valor pode ser um dos filtros legítimos a serem adotados por um Tribunal Superior, desde que haja previsão normativa instituindo-o e que o seu uso seja sopesado com a relevância material da questão de direito em análise, a qual pode vir a superar, excepcionalmente, a imposição de um valor mínimo para que abstratamente um recurso seja admitido em uma Corte Superior.

Além disso, não basta analisar a legitimidade dos filtros de acesso às Cortes Superiores. Uma vez traçadas as balizas da legitimidade, é preciso verificar quais são as necessidades de um sistema de Cortes de precedentes que aplique filtros legítimos, para estas atinjam uma ampla eficiência. Em verdade, a adoção de filtros legítimos busca equilibrar as funções dos Tribunais Superiores de promoção da unidade do Direito e de proteção em face de ilegalidades ou inconstitucionalidades, fortalecendo o dever de boa-fé.

Assim, para que as Cortes Superiores e os filtros de acesso legítimos cumpram seu papel, é importante que haja mecanismos indutivos ao cumprimento das decisões tomadas pelas Cortes Superiores, como é o caso de eventuais custas diferenciadas para se litigar contra padrão decisório vinculante. Da mesma forma, deve ser admissível o uso de remédio processual adequado para atacar decisão de instância ordinária que ofenda algum dos padrões decisórios vinculantes oriundos das Cortes Supremas.

Nessa linha, no caso brasileiro, a reclamação, prevista no artigo 988 do Código de Processo Civil, deve ser admitida para controle das decisões proferidas contrariamente a algum desses padrões decisórios, inclusive no caso daqueles oriundos de recursos especiais ou extraordinários representativos de controvérsia, que possuem força vinculante por força do artigo 1040 do mesmo diploma legal. Assim, deve ser dada interpretação ao artigo 988, §5º, II, do Código de Processo Civil, no sentido de que, esgotadas as instâncias ordinárias, é possível manejar excepcionalmente reclamação em face do pronunciamento do tribunal local que contrarie entendimento definido em sede de recurso repetitivo.

Finalmente, os tempos atuais exigem que se enfrente o uso dos filtros num sistema repleto de soluções tecnológicas. É preciso que a tecnologia se adapte ao modelo constitucional de processo, e não o contrário.

Dessa forma, eventual solução tomada de maneira automática por uma ferramenta tecnológica deve ser passível de recurso a um julgador, sendo certo que, na realidade, não é possível, no sistema processual brasileiro, que seja tomada uma decisão propriamente por um robô, mas apenas que sejam formados projetos de decisão a serem adotados por julgadores.

Ademais, a inteligência artificial ou outras formas de tecnologia na aplicação dos filtros pelos tribunais locais, em primeiro juízo de admissibilidade, ou pelas Cortes Superiores, deve adotar um grau de transparência dos algoritmos, como corolário da publicidade. Com efeito, é preciso que os jurisdicionados tenham acesso ao menos aos parâmetros adotados, para que possam verificar sua adequação, considerando que o uso de soluções tecnológicas se tornou uma realidade em certos casos de aplicação de filtros no Brasil.

Como visto, o uso dos filtros de acesso às Cortes Superiores é uma realidade no Brasil e em muitos dos ordenamentos jurídicos, mas é preciso que se cumpram exigências para sua legitimidade, como forma de promoção ao modelo constitucional de processo de cada país.

Referências

ABREU, Rafael Sirangelo de. *Incentivos processuais*: economia comportamental e nudges no processo civil [livro eletrônico]. Coleção o novo processo civil / coordenadores Luiz Guilherme Marinoni, Sergio Cruz Arenhart, Daniel Mitidiero. 1. ed. São Paulo: Thomson Reuters, 2020.

ALLEN, Ronald J.; PARDO, Michael S. The myth of the law-fact distinction. *Northwestern University Law Review*, v. 97, 2003.

ALVIM NETTO, José Manoel de Arruda. A alta função jurisdicional do Superior Tribunal de Justiça no âmbito do recurso especial e a relevância das questões. *Revista de Processo*, v. 96, p. 37-44, out./dez. 1999.

ALVIM, Teresa Arruda. *Decisões de qualidade em temas relevantes para o país: o novo filtro do STJ*. Consultor Jurídico, 23 dez. 2022. Disponível em: <https://www.conjur.com.br/2022-dez-23/teresa-arruda-alvim-filtro-stj>. Acesso em: 12.11.2023.

______. *Fatos e recursos nos Tribunais Superiores* - Uma combinação impossível? Migalhas, 6 mai. 2022. Disponível em: <,https://www.migalhas.com.br/depeso/365326/fatos-e-recursos-nos-tribunais-superiores--uma-combinacao-impossivel>. Acesso em: 15.11.2023.

______. *Nulidades do processo e da sentença* [livro eletrônico]. 1. ed. São Paulo: RT, 2017.

______. Questão de fato, questão de direito nos recursos para Tribunais Superiores. *Revista de Processo*. vol. 332. ano 47. p. 329-360. São Paulo: Ed. RT, outubro 2022. Disponível em: https://revistadostribunais.com.br/maf/app/delivery/document Acesso em: 12.05.2023.

______; DANTAS, Bruno. *Recurso especial, recurso extraordinário e a nova função dos tribunais superiores no direito brasileiro* (de acordo com o CPC de 2015 e a Lei 13.256/16). 3. ed. São Paulo: Revista dos Tribunais, 2016.

______. Recursos extraordinário e especial repetitivos. *Temas essenciais do novo CPC: análise das principais alterações do sistema processual civil brasileiro*. São Paulo: Revista dos Tribunais, 2016.

______. Relevância no recurso especial, de Daniel Mitidiero. *Revista de Processo*, v. 337, p. 483-484, 2023.

______. Repercussão Geral. In: *Revista do Instituto dos Advogados de São Paulo*, vol. 19, p. 368 – 371, Jan-Jun/2007.

AMAR, Vikram D.; OAKLEY, Jonh B. *International Encyclopedia of Law – Civil Procedure – United States*. 1. Ed. Alphen aan deen Rijn: Kluwer Law International, 2009.

ARENHART, Sergio Cruz; MARINONI, Luiz Guilherme; MITIDIERO, Daniel. *Curso de Processo Civil:* Tutela dos direitos mediante procedimento comum. Vol. 2. 8 ed. São Paulo: Thomson Reuters Brasil, 2022.

ASSIS, Araken de. *Manual dos Recursos*. 8 ed. São Paulo: Revista dos Tribunais, 2016.

AURELLI, Arlete Inês. Repercussão geral como requisito de admissibilidade do recurso extraordinário. *Revista de Processo*, v. 151, p. 140-149, 2007.

BAAREN, L. V. D; HUJITS, J.; MOLENAARS, L.; FERNHOUT, F. Wealth shift as a criterion to assess the impact of appellate proceedings- applied to dutch civil appeal. In: *Nobody's perfect: comparative essays on appeals and other means of recourse against judicial decisions in civil matters*. Cambridge: Intersentia, 2014.

BALL, Wolfgang. §543, in: MUSIELAK, Hans-Joachim; VOIT, Wolfgang (orgs.). Zivilprozessordnung: mit Gerichtsverfassungsgesetz. Munique: Verlag Franz Vahlen. 2023, §543 Rn.5a; JACOBS, Mathias. §543. In: Stein/Jonas Kommentar zur Zivilprozessordnung, Band6: §§ 511-703d. 23ª ed. Tubinga: Mohr Siebeck, 2014.

BARCELLOS, Ana Paula de. *A Eficácia Jurídica dos Princípios Constitucionais*: O Princípio da Dignidade da Pessoa Humana. Rio de Janeiro: Renovar, 2002.

BARROS, Humberto Gomes de. *Discurso de posse do Ministro Humberto Gomes de Barros no cargo de Presidente do STJ*. BDJur, Brasília, DF, 28 abr. 2008. Disponível em: https://bdjur.stj.jus.br/jspui/handle/2011/16933. Acesso em: 30.09.2023.

BARROSO, Luís Roberto. *A judicialização da vida e o papel do Supremo Tribunal Federal*. Belo Horizonte: Fórum, 2018.

______. *Curso de direito constitucional contemporâneo:* os conceitos fundamentais e a construção do novo modelo [livro eletrônico]. 9. ed. São Paulo: Saraiva Educação, 2020.

______. *Interpretação e aplicação da Constituição:* fundamentos de uma dogmática constitucional transformadora. 7. ed. São Paulo: Saraiva, 2009.

______; REGO, Frederico Montedônio. Como salvar o sistema de Repercussão Geral: transparência, eficiência e realismo na escolha do que o Supremo Tribunal Federal vai julgar. *Revista Brasileira de Políticas Públicas, Brasília*, v. 7, n. 3, p. 696-713, 2017.

BATES, Chrisenberry Lee. *Federal Equity Procedure,* vol. 1. Nova York: T. H. Flood, 1901.

BEIM, Deborah; RADER, Kelly. Legal Uniformity in American Courts, *Journal of Empirical Legal Studies*, vol. 16, n. 3, p. 448-478, 2019.

BELEZA, Maria dos Prazeres Pizarro. Restrições à admissibilidade do recurso de revista e revista excepcional. *A Revista do Supremo Tribunal de Justiça*, nº 1, p.11-39, 2022.

BELL, John. *Reflections on continental European Supreme Courts*, Legal Studies, vol. 24, p. 156-168, 2004.

BENAVENTE, María Ángeles Catalina. La acreditación del interés casacional ante la sala primera del Tribunal Supremo. *Anuario de la Facultad de Derecho de Madrid*, Vol. 22, p. 281-315, 2018.

BENITO, Marco de. Back in Focus: Case Overload and Case Selection Standards in the Spanish Supreme Court. In: BRAVO-HURTADO, Pablo; VAN RHEE, Cornelis Hendrik. *Supreme Courts Under Pressure:* Controlling Caseload in the Administration of Civil Justice. Cham: Springer, 2021.

BERALDO, Leonardo de Faria. A arguição de relevância da questão constitucional no recurso extraordinário sob o prisma da EC nº 45/2004. *Revista Síntese de Direito Civil e Processual Civil*, ano VI, n. 35, p. 139-153, 2005.

BERMUDES, Sergio. Considerações sobre a apelação no sistema recursal do Código de Processo Civil. *Revista de processo*, v. 100, p. 186-192, out./dez. 2000.

_______. *Introdução ao processo civil.* 4. ed. Rio de Janeiro: Forense, 2006.

BINGHAM, Thomas Henry. *A new Supreme Court for the United Kingdom*, 2002.

BRAGA, Paula de Sarno. *Norma de processo e norma de procedimento:* o problema da repartição de competência legislativa no Direito Constitucional brasileiro. 2. ed. São Paulo: Juspodivm, 2021.

BRAVO-HURTADO, Pablo. *Recursos ante las Cortes Supremas en el civil law y en el common law: dos vías a la uniformidad.* International Journal of Procedural law, Vol. 2(2), p. 323-339, 2012.

_______; VAN RHEE, Cornelis Hendrik (orgs.). *Supreme Courts Under Pressure:* Controlling Caseload in the Administration of Civil Justice. Cham: Springer, 2021.

BRASIL. Conselho Nacional de Justiça – CNJ. *Justiça em Números 2023.* Disponível em: < https://www.cnj.jus.br/pesquisas-judiciarias/justica-em-numeros/>. Brasília: CNJ, 2023. Acesso em: 21.12.2023.

BRASIL. Conselho Nacional de Justiça – CNJ. *Soluções de inteligência artificial promovem celeridade para o Poder Judiciário.* Disponível em: <https://www.cnj.jus.br/solucoes-de-inteligencia-artificial-promovem-celeridade-para-o-poder-judiciario/>. Acesso em: 15.11.2023.

BRASIL. Superior Tribunal de Justiça – STJ. Relatório Estatístico de 2022. Disponível em: <https://processo.stj.jus.br/processo/boletim>. Acesso em 21.12.2023.

BRASIL. Supremo Tribunal Federal – STF. *Programa Corte Aberta.* Disponível em: <https://portal.stf.jus.br/hotsites/corteaberta/>. Acesso em: 18.11.2023.

BRASIL. Supremo Tribunal Federal – STF. *STF finaliza testes de nova ferramenta de Inteligência Artificial.* Disponível em: <https://portal.stf.jus.br/noticias/verNoticiaDetalhe.asp?idConteudo=507120&ori=1>. Acesso em: 15.11.2023.

BRAZIL, Renato Caldeira Grava. *Recurso Especial:* efeitos e a prática no Superior Tribunal de Justiça. São Paulo: Quartier Latin, 2020.

BREYER, Stephen. Reflections on the Role of Appellate Courts: A View From the Supreme Court. *The Journal of Appelate Practice and Process*, Vol. 8, n. 1, p.91-99, 2006.

BUZAID, Alfredo. *A crise do Supremo Tribunal Federal.* Revista da Faculdade de Direito, Universidade de São Paulo, v. 55, p. 327-372, 1960.

CABRAL, Antonio do Passo. *Jurisdição sem decisão:* non liquet e consulta jurisdicional no direito brasileiro. São Paulo: Juspodivm, 2023.

CALAMANDREI, Piero. *La Casacion Civil:* Tomo I – Volumen I. Buenos Aires: Editorial Bibliografica Argentina, 1945.

______. *Opere Giuridiche:* La Cassazione Civile (Parte Prima). v. 6, Roma: Roma Tre Presas, 2019.

______. *Proceso y Democracia.* Trad. de Hector Fix Zamudio. Buenos Aires: Ediciones Jurídicas Europa-América, 1960.

CALDEIRA, Gregory; WRIGHT, Jonh. Organized Interests and Agenda Setting in the U.S. Supreme Court. *American Political Science Review*, vol. 82, n. 4, p. 109-1127, 1988.

CALEGARI, Luiza. ALVES, Mateus Silva. *PEC da Relevância pode fazer STJ dar as costas a vulneráveis, avaliam advogados.* Consultor Jurídico, 5 nov. 2021. Disponível em: <https://www.conjur.com.br/2021-nov-05/pec-relevancia-stj-dar-costas-vulneraveis>. Acesso em 12.11.2023.

CÂMARA, Alexandre Freitas. *Levando os padrões decisórios a sério.* 1 ed. São Paulo: Atlas, 2018.

______. *Manual de direito processual civil* [livro eletrônico]. 2. ed. Barueri [SP]: Atlas, 2023.

CAPASSO, Valentina. Il ricorso per cassazione avverso... la giurisprudenza. Control uno stare decisis all'italiani. *Rivista trimestrale di diritto e procedura civile*, vol. 2019, nº 2, p. 627-651.

CAPPELLETTI, Mauro. *Juízes Legisladores?* Tradução de Carlos Alberto Alvaro de Oliveira. Porto Alegre: Sérgio Antônio Fabris Editor, 1993.

CAVALCANTI, Eduardo Muniz Machado. *O martírio da Súmula 7 do STJ.* Jota. 20 nov. 2021. Disponível em: <https://www.jota.info/opiniao-e-analise/artigos/sumula-7-stj-martirio-20112021>. Acesso em: 15.11.2023.

CHASE, Oscar G. *Direito, cultura e ritual:* sistemas de resolução de conflitos no contexto da cultura comparada. 1 ed. São Paulo: Marcia Pons, 2014.

CHIOVENDA, Giuseppe. *Instituições de direito processual civil.* 3. ed. São Paulo: Saraiva, 1969. v. 1, n. 11.

CORDRAY, Margaret Meriwether; CORDRAY, Richard. Strategy in Supreme Court Case Selection: The Relationship Between Certiorari and the Merits. *Ohio State Law Journal*, vol. 69, n.1, p.1-51, 2008.

______, The Supreme Court's Plenary Docket, *Washington and Lee Law Review*, Vol. 58, n. 3, p.737-794, 2001.

COSTA, Alexandre Araújo; PEDROSA, Maria Helena Martins Rocha. O Plenário Virtual do Supremo Tribunal Federal: Evolução das Formas de Julgamento e Periodização. *Revista Estudos Institucionais*, v. 8, n. 1, p. 62-87, 2022.

CROSARA, Daniela de Melo. Comentários aos artigos 102 ao 110 da Constituição Federal. In: MACHADO, Costa (Org.); FERRAZ, Anna Candida da Cunha (Coord.). *Constituição Federal interpretada:* artigo por artigo, parágrafo por parágrafo. 9 ed. Barueri, SP: Manole, 2018.

CROWE, Justin. *Building the Judiciary: Law, Courts, and the Politics of Institutional Development.* Princeton: Princeton University press, 2012.

CRUZ E TUCCI, José Rogério. *Relevância da questão federal como requisito de admissibilidade do REsp.* Consultor Jurídico, 19 jul. 2022. Disponível em: <https://www.conjur.com.br/2022-jul-19/questao-federal-admissibilidade-recurso-especial-stj>. Acesso em 12.11.2023.

CUNHA, Guilherme Antunes da; SCALABRIN, Felipe. A relevância da questão federal como novo requisito de admissibilidade do recurso especial: reflexões iniciais. *Revista Eletrônica de Direito Processual – REDP*, v. 23, n. 3, p. 120-148, set./dez. 2022, p. 140.

CUNHA, Leonardo Carneiro da. *A Fazenda Pública em juízo.* 17. ed. Rio de Janeiro: Forense, 2020.

______; OTÁVIO TERCEIRO NETO, João. Recurso Especial e interpretação do contrato. *Revista de Processo*, v. 275, p. 257-270, jan. 2018.

DA CUNHA VASCONCELOS FILHO, J. T. *O Tribunal Federal de Recursos.* Revista de Direito Administrativo, v. 11, p. 1-18, 1948.

DANTAS, Bruno. *Repercussão geral.* 3. ed. São Paulo: Revista dos Tribunais, 2012.

______; GALLOTTI, Isabel. Crise do recurso especial e a função constitucional do STJ: uma proposta de reforma. In: *Revista dos Tribunais*, vol. 998, dez./2018, p. 129-158.

DEU, Teresa Armenta. Recurso de casación: Entre eficacia y nuevas orientaciones de fines tradicionales, *Revista para el análisis del derecho*, vol.1/2018, 2018.

DIDIER JR., Fredie. *Curso de direito processual civil*: introdução ao direito processual civil, parte geral e processo de conhecimento. 21 ed. Salvador: Juspodivm, 2019. v. 1.

______; CUNHA, Leonardo Carneiro da. *Curso de direito processual civil:* o processo civil nos tribunais, recursos, ações de competência originária de tribunal e *querela nullitatis*, incidentes de competência originária de tribunal. 19 ed. São Paulo: Juspodivm, 2022. v. 3.

DINAMARCO, Cândido Rangel; BADARÓ, Gustavo Henrique Righi Ivahy; LOPES, Bruno Vasconcelos Carrilho. *Teoria geral do processo.* 32 ed. São Paulo: Malheiros, 2020.

______. *Nova era do processo civil.* São Paulo: Malheiros, 2003.

DOMEJ, T. "What is an important case? Admissibility of appeals to the Supreme Courts in the German-Speaking jurisdictions". In: UZELAC, A., VAN RHEE, C.H. (orgs.). *Nobody´s perfect. Comparative essays on appeals and other means of recourse against judicial decisions in civil matters*. Cambridge: Intersentia, 2014.

EPPS, Daniel; ORTMAN, Willliam. The lottery docket. *Michigan Law Review*, vol. 116, n. 5, p.705-757, 2018.

FARIA, Luiz Alberto Gurgel de; FARIA, Isabela Medeiros Gurgel de. O recurso especial repetitivo e a arguição de relevância: instrumentos para a efetivação do STJ como Corte Suprema. Boletim *Revista dos Tribunais Online,* v. 27, mai. 2022.

FARIA, Márcio Carvalho. As funções das cortes superiores, os recursos excepcionais e a necessária revisão dos parâmetros interpretativos em relação à lealdade processual (parte um). *Revista de Processo*, v. 247, p. 265-297, set. 2015.

FENELL, Monica A. Emergent Identity: A Comparative Analysis of the New Supreme Court of the United Kingdom and the Supreme Court of the United States. Temple International & Comparative Law Journal, vol 22(2), p. 279-306, 2008.

FENOLL, Jordi Nieva. El origen inglés de la Casación francesa. In: FENOLL, Jordi Nieva; CAVANI, Renzo. *La Casación hoy, cien años después de Calamandrei*. Madrid: Marcial Pons, 2021.

_______. La relevancia social de la casación: la importancia del *ius litigatoris. Revista de Processo*. v. 32, n. 147, maio 2007.

FERNANDES, Eric Baracho Dore; FERREIRA, Siddharta Legale. Irrecorrível, mas nem tanto: a revisão de tese na repercussão geral do recurso extraordinário. *Rev. SJRJ*, Rio de Janeiro, v. 21, n. 40, p. 193-209, ago. 2014. Disponível em: <https://www.jfrj.jus.br/sites/default/files/revista-sjrj/arquivo/487-2424-1-pb.pdf>. Acesso em 18.08.2023.

FERRAND, Frédérique. El futuro del Tribunal de Casación francés. In: FENOLL, Jordi Nieva; CAVANI, Renzo. *La Casación hoy, cien años después de Calamandrei*. Madrid: Marcial Pons, 2021.

FERRARIS, Federico. Finding a Cure or Simply Relieving Symptoms? The Case of the Italian Supreme Court. In: BRAVO-HURTADO, Pablo; VAN RHEE, Cornelis Hendrick (eds.). *Supreme Courts Under Pressure:* Controlling Caseload in the Administration of Civil Justice. Cham: Springer, 2021.

FONSECA, João Francisco Naves da. *Exame dos fatos nos recursos especial e extraordinário*. Orientador: Cândido Rangel Dinamarco. 2010. 192 f. Dissertação (Mestrado) – Faculdade de Direito da Universidade de São Paulo – Largo São Francisco. São Paulo, 2010. Disponível em: https://www.teses.usp.br/teses/disponiveis/2/2137/tde-02082011-105138/publico/Joao_mestrado_dissertacao.pdf. Acesso em: 01 de junho de 2023.

FORNACIARI, Michele. L'inammissibilità del ricorso per cassazione ex art. 360-bis c.p.c. *Riv. trim. dir. dir. Proc*, 2013.

FORTES, Luiz Henrique Krassuski. Como aprimorar o funcionamento da repercussão geral? Um diálogo com Luís Roberto Barroso e Frederico Montedonio Rego. In: MARINONI, Luiz Guilherme et al. (Coords.). *Processo constitucional*. 1ª ed. São Paulo: Revista dos Tribunais, 2019.

FRANKFURTER, Felix; HART Jr., Henry M. Business of the Supreme Court at October Term, 1934. *Harvard Law Review*, vol. 49, n. 1, p.68-107, 1935.

______; LANDIS, James M. *The business of the Supreme Court:* A Study in the Federal Judicial System. Nova York: Routledge, 2017.

FREIRE, Alexandre Reis Siqueira; VIEIRA, Thiago Gontijo. Supremo Tribunal Federal no Período da Pandemia Covid-19: Ambiente Virtual como uma Solução de Eficiência Jurisdicional e Ampliação do Direito de Acesso à Justiça. *Revista de Política Judiciária, Gestão e Administração da Justiça*, v. 7, n.1, p.102-121, 2021.

GARLICKI, Lech. *Constitutional Courts versus Supreme Courts*. International Journal of Constitutional Law, Vol, 5(1), p.44-68, 2007.

GIANNINI, Leandro J. Access filters and institutional performance of the Supreme Courts. *International Journal of Procedural Law*, n. 2, 2022.

______. 2. El certiorari en Argentina. La trascendencia como filtro de selección ante la Corte Suprema. *Revista de Processo.* vol. 251. ano 41. São Paulo: Ed. RT, janeiro 2016. Disponível em: <http://www.mpsp.mp.br/portal/page/portal/documentacao_e_divulgacao/doc_biblioteca/bibli_servicos_produtos/bibli_boletim/bibli_bol_2006/RPro_n.251.10.PDF>. Acesso em: 27.09.2023.

______. *El certiorari*: la jurisdicción discrecional de las Cortes Supremas. Tesis doctoral. Facultad de Ciencias Jurídicas y Sociales – Universidad Nacional de La Plata, Buenos Aires, 2013.

______. Los Filtros de Acceso ante las Cortes Supremas. In: FENOLL, Jordi Nieva; CAVANI, Renzo (eds.). *La casación hoy, cien años después de Calamandrei.* Madrid: Marcial Pons, 2021.

GLICK, Joshua. Comment: on the road: The Supreme Court and the history of circuit riding. *Cardozo Law Review*, vol. 24, 2003.

GOMES, Fernando Roggia. Recurso Extraordinário de Uniformização de Jurisprudência: A similitude factual como requisito de admissibilidade. *Revista portuguesa de Ciências Jurídicas*, vol. 4, nº1, p. 136-151, 2023.

GOMES, Liliane Estela. *Afastamento da Súmula 7/STJ em recursos envolvendo discussão sobre a prova pericial em ações de reparação de danos:* análise de casos concretos. Dissertação (mestrado profissional) - Fundação Getúlio Vargas - São Paulo, 2021.

GOTTWALD, Peter. Civil Justice Reform: Access, Cost and Expedition. The German Perspective. In: ZUCKERMAN, Adrian (ed.). *Civil Justice in Crisis: Comparative Perspectives of Civil Procedure*. Oxford: Oxford University Press, 1999.

GRECO, Leonardo. *Instituições de processo civil.* 5 ed. Rio de Janeiro: Forense, 2015. v. 1.

______. *Instituições de processo civil.* Rio de Janeiro: Forense, 2015. v. III.

GRECO, Luís. *Poder de julgar sem responsabilidade de julgador:* a impossibilidade jurídica do juiz-robô. São Paulo: Marcial Pons, 2020.

HÄBERLE, Peter. *Hermenêutica Constitucional:* a sociedade aberta dos intérpretes da constituição: contribuição para a interpretação pluralista e "procedimental" da constituição. Porto Alegre: S. A. Fabris, 2002.

HALE, Brenda. *A Supreme Court for the United Kingdom?*. Legal Studies, vol. 24, pp. 36-44, 2004.

HAMILTON Alexander. *Federalist Papers, LXXXII*, 1788.

HARTNETT, Edward. Questioning Certiorari: Some Reflections Seventy-Five Years after the Judges' Bill. *Columbia Law Review*, vol. 100, n. 7, p. 1634-1738, 2000.

HESSE, Konrad. La interpretación constitucional. In: *Escritos de derecho constitucional.* Madrid: Centro de Estudios Constitutionales, 1983.

HILL, Flávia Pereira. *A relevância da questão federal no recurso especial:* Quando menos é mais. Migalhas, 13 jan. 2023. Disponível em: <https://www.migalhas.com.br/coluna/elas-no-processo/379936/a-relevancia-da-questao-federal-no-recurso-especial>. Acesso em: 12.11.2023.

HUFFMAN, James L.; MARDILYN Saathoff. *Advisory Opinions and Canadian Constitutional Development: The Supreme Court's Reference Jurisdiction*. Minnesota Law Review, vol. 74(6), p. 1251-1336, 1990.

JEULAND, Emmanuel. Towards a Reform of the French Court of Cassation? In: BRAVO-HURTADO, Pablo; VAN RHEE, Cornelis Hendrik. *Supreme Courts Under Pressure:* Controlling Caseload in the Administration of Civil Justice. Cham: Springer, 2021.

JORGE, Flávio Cheim. *Teoria Geral dos Recursos Cíveis.* 7. ed. São Paulo: Revista dos Tribunais, 2015

KERN, Christoph. The Role of the Supreme Court. *Revista de Processo*, vol. 228, p.15-36, 2014.

KESSAL-WULF, Sibylle, §543. In: VORWERK, Volkert; WOLF, Christian (eds.). Beck'scher Online-Kommentar ZPO. 49ª edição, Munique: Verlag C.H.BECK München, 2023.

KOEHLER, Frederico Augusto Leopoldino; BONIZZI, Marcelo José Magalhães. A relevância da questão de direito federal infraconstitucional no recurso especial. *Revista de Processo*, v. 333, p. 159-185, nov. 2022.

KOLLER, Christian. Civil Justice in Austrian-German Tradition: The Franz Klein heritage and beyond. In: UZELAC, Alan. *Goals of Civil Justice and Civil Procedure in Contemporary Judicial Systems.* Cham (Suiça): Springer, 2014.

LAFER, Celso. *A Internacionalização dos Direitos Humanos:* Constituição, racismo e relações internacionais. Barueri: Manole, 2005.

LAGIER, Daniel González. *Quaestio Facti:* ensaios sobre prova, causalidade e ação. São Paulo: Juspodivm, 2022.

LASPRO, Oreste Nestor de Souza. *Duplo grau de jurisdição no direito processual civil.* São Paulo: Revista dos Tribunais, 1995.

LICCI, Paola. I Nuovi Criteri di Redazione del Ricorso per Cassazione dopo la Riforma Cartabia. *Revista Eletrônica de Direito Processual*, Vol. 24, n. 3, 2023.

LIMA, Alcides Mendonça. *Introdução aos recursos cíveis*. São Paulo: Revista dos Tribunais, 1976.

______. Arguição de relevância da questão federal. In: *Revista de Processo*, vol. 58, p. 118-119, abr-jun/1990.

LINZER, Peter. The Meaning of Certiorari Denials. *Columbia Law Review*, Vol. 79, n. 7, p.1227-1305, 1979.

LÓPEZ, Ibon Hualde. El interés casacional como criterio de admisión del recurso en la doctrina de los Tribunales Superiores de Justicia. In: NAVARRO, José Bonet (Dir.); PASTOR, José Martin (Cord.). El Recurso de Casación Civil. Cizur Menor: Editorial Aranzadi, 2010.

MANCUSO, Rodolfo de Camargo. *Recurso extraordinário e recurso especial*. 13. ed. São Paulo: Revista dos Tribunais, 2015.

MARCATO, Ana Cândida Menezes. *O princípio do duplo grau de jurisdição e a reforma do Código de Processo Civil*. São Paulo: Atlas, 2006.

MARINONI, Luiz Guilherme; ARENHART, Sérgio Cruz; MITIDIERO, Daniel. *Código de processo civil comentado* [livro eletrônico]. 7. ed. São Paulo: Thomson Reuters Brasil, 2021.

______;______;______. *Manual do processo civil*. 5. ed. São Paulo: Thomson Reuters Brasil, 2020.

______; ______; ______. *Novo curso de processo civil:* teoria do processo civil volume 1 (livro eletrônico). 3 ed. rev. e atual. e ampl. São Paulo: Revista dos Tribunais, 2017.

______. Da Corte que declara o "sentido exato da lei" para a Corte que institui precedentes. *Revista dos Tribunais*. v. 950/2014, p. 165–198, 2014.

______. Da Teoria da Relação Jurídica Processual ao Processo Civil do Estado Constitucional. *Cadernos da Escola de Direito e Relações Internacionais da UniBrasil*, Jan/Dez 2006, p. 275-306. Disponível em: <https://portaldeperiodicos.unibrasil.com.br/index.php/cadernosdireito/article/download/2545/2118/>. Acesso em: 21.11.2023.

______; MITIDIERO, Daniel. A repercussão geral no recurso extraordinário. *Revista eletrônica [do] Tribunal Regional do Trabalho da 9ª Região*, Curitiba, v. 9, n. 92, p. 16-29, set. 2020.

______;______. *Repercussão geral no recurso extraordinário*. 2. ed. São Paulo: RT, 2008.

______. *O filtro da relevância*. São Paulo: Thomson Reuters Brasil, 2023.

______. *O STJ enquanto corte de precedentes:* recompreensão do sistema processual da corte suprema. 3. ed. São Paulo: Editora Revista dos Tribunais, 2017.

______. *Processo Constitucional e Democracia*. São Paulo: Thomson Reuters Brasil, 2021.

______. *Tutela antecipatória, julgamento antecipado e execução imediata da sentença*, 2ª ed. rev. e atual. São Paulo: RT, 1998.

MARTIN, Rosa María de Castro; VELASCO, Julián-Pedro González. El trámite de la admisión del recurso de casación civil en España, según la Sala Primeira, de lo Civil, del Tribunal Supremo. In: NAVARRO, José Bonet (Dir.); PASTOR, José Martin (Cord.). *El Recurso de Casación Civil*. Cizur Menor: Editorial Aranzadi, 2010.

MATTEUCCI, Giovanni. Italy 2023, Riforma Cartabia: Innovations in the Civil Process and ADR; Potential Interactions?, *Revista Eletrônica de Direito Processual*, Vol. 24, n. 3, 2023.

MAZZOLA, Marcelo. *Sanções premiais no processo civil:* previsão legal, estipulação convencional e proposta de sistematização (standards) para sua fixação judicial. São Paulo: Juspodivm, 2022.

MAZZUOLI, Valerio de Oliveira. *Curso de Direito Internacional Público*. 10. ed. São Paulo: Editora Revista dos Tribunais, 2016.

MEDINA, José Miguel Garcia. *Direito processual civil moderno*. 2. ed. São Paulo: RT, 2016.

______. Prequestionamento e repercussão geral: e outras questões relativas aos recursos especial e extraordinário. In: NERY JUNIOR, Nelson; WAMBIER, Teresa Arruda Alvim (Coord.). *Prequestionamento nos recursos extraordinário e especial*. São Paulo: RT, 2009.

MENDES, Aluísio Gonçalves de Castro; SILVA, Larissa Clare Pochmann da. Os impactos do Novo CPC na razoável duração do processo. In: Revista de Processo, vol. 241, p. 15–25, Mar/2015

______; FUX, Luiz; FUX, Rodrigo. Sistema brasileiro de precedentes: principais características e desafios. In: *Revista de Processo,* vol. 332, p. 313-327, out./2022.

MENDES, Conrado Hübner. *Jurisprudência impressionista*. Época, Rio de Janeiro, 14 de set. de 2018. Disponível em: <https://oglobo.globo.com/epoca/conrado-hubner-mendes/jurisprudencia-impressionista-23066592>. Acesso em: 15 de jan. de 2022.

MENDONÇA, José Vicente Santos de. *Direito constitucional econômico:* a intervenção do Estado na economia à luz da razão pública e do pragmatismo – Belo Horizonte: Fórum, 2014.

MENEZES CORDEIRO, António Manuel da Rocha e. *Da boa-fé no direito civil*. 3. reimpressão. Coimbra: Almedina, 2007.

MIRANDA, Pontes de. *Comentários à Constituição de 1946*. 3. ed. Tomo III. Rio de Janeiro: Editor Borsoi, 1960.

MITIDIERO, Daniel. *Colaboração no processo civil:* pressupostos sociais, lógicos e éticos. 3. ed. São Paulo: Revista dos Tribunais, 2015.

______. *Cortes superiores e Cortes Supremas:* do controle à interpretação, da jurisprudência ao precedente. 3. ed. São Paulo: Editora Revista dos Tribunais, 2017.

______. *Relevância no recurso especial*. São Paulo: Thomson Reuters Brasil, 2022.

MOLLICA, Rogério. *Recurso extraordinário e recurso especial repetitivos*. Enciclopédia jurídica da PUC-SP. Celso Fernandes Campilongo, Alvaro de Azevedo Gonzaga e André Luiz Freire (coords.). Tomo: Processo Civil. Cassio Scarpinella Bueno, Olavo de Oliveira Neto (coord. de tomo). 1. ed. São Paulo: Pontifícia Universidade Católica de São Paulo, 2017. Disponível em: <https://enciclopediajuridica.pucsp.br/verbete/195/edicao-1/recurso-extraordinario-e-recurso-especial-repetitivos>. Acesso em: 03.08.2023.

MORAES, Alexandre de. *Direito constitucional* [livro eletrônico]. 33. ed. rev. e atual. até a EC nº 95, de 15 de dezembro de 2016. São Paulo: Atlas, 2017.

MOREIRA, José Carlos Barbosa. A Emenda Constitucional nº 45 e o processo. *Rev. Minist. Público*, Rio de Janeiro, RJ, (23), p. 165-178, 2006. Disponível em: < https://www.mprj.mp.br/documents/20184/2764825/Jose_Carlos_Barbosa_Moreira.pdf>. Acesso em: 17.08.2023.

______. *Comentários ao Código de Processo Civil*. 15. ed. Rio de Janeiro: Forense, 2011. v. V.

______. *Juízo de admissibilidade no sistema dos recursos civis*. Rio de Janeiro: Borsoi, 1968.

______. O futuro da justiça: alguns mitos. *Temas de direito processual: oitava série*. Atualizadores Luís Roberto Barroso, Frederico Montedonio. Rio de Janeiro: GZ, 2023.

______. Que significa 'não conhecer' de um recurso? *Revista Forense*, v. 333, 1996.

______. *S.O.S. para o mandado de injunção*. Jornal do Brasil (RJ), 11 set. 1990. Disponível em: <http://memoria.bn.br/docreader/DocReader.aspx?bib=030015_11&pagfis=20639>. Acesso em: 02.08.2023.

MORELLO, Augusto M. *Actualidad del Recurso Extraordinario*. Abeledo-Perrot, 1995.

MUSIELAK, Hans-Joachim; VOIT, Wolfgang; BALL, Wolfgang. §543, in: MUSIELAK, Hans-Joachim; VOIT, Wolfgang (orgs.). Zivilprozessordnung: mit Gerichtsverfassungsgesetz. Munique: Verlag Franz Vahlen. 2023, §543 Rn.5; RAUSCHER, Thomas; KRÜGER, Wolfgang. Münchener Kommentar zur Zivilprozessordnung mit Gerichtsverfassungsgesetz und Nebengesetzen, Band 2: §§ 355-945b. Munique: Verlag C.H.BECK München, 2020.

NARECHANIA, Tejas N. Certiorari in Important Cases. *Columbia Law Review*, vol. 122, n. 4, p. 923-1018, 2022.

______. Certiorari in the Roberts Court. *Saint Louis University Law Journal*, vol. 67, n. 4, pp. 587-614, 2023.

NEVES, Daniel Amorim Assumpção. *Manual de direito processual civil* – Volume único. 14 ed. São Paulo: Juspodivm, 2022.

______. Medidas executivas coercitivas atípicas na execução de obrigação de pagar quantia certa: Art. 139, IV, do novo CPC. *Revista de Processo:* RePro, São Paulo, n. 264, p. 107-150.

NIELSON, Aaron L.; STANCIL, Paul. Gaming Certiorari. *University of Pennsylvania Law Review*, vol. 170, n. 5, p. 1129-1198, 2022.

NUNES, Dierle José Coelho. *Direito constitucional ao recurso:* da teoria geral dos recursos, das reformas processuais e da comparticipação nas decisões. Rio de Janeiro: Lumen Juris, 2006.

OLIVEIRA, Pedro Miranda de. Art. 1.035. In: WAMBIER, Teresa Arruda Alvim et al. *Breves comentários ao novo Código de Processo Civil*. São Paulo: RT, 2015.

OLIVON, Beatriz. Regulamentação de filtro de relevância está 90% discutida no STJ. *Valor Econômico,* Brasília, 16 jun. 2023. Disponível em: <https://valor.globo.com/legislacao/valor-juridico/coluna/regulamentacao-de-filtro-de-relevancia-esta-90percent-discutida-no-stj.ghtml>. Acesso em: 12.11.2023.

OSNA, Gustavo. A garantia ao recurso e a repercussão geral: conciliação ou negação? *A&C – Revista de Direito Administrativo & Constitucional*, Belo Horizonte, ano 19, n. 77, p. -, jul./set. 2019.

PAMPLONA FILHO, Rodolfo; SOUZA, Tercio Roberto Peixoto. *Curso de direito processual do trabalho*. 2. ed. São Paulo: Saraiva Educação, 2020.

PASSANANTE, Luca. El Tribunal Supremo Italiano a cien años de la Cassazione Civile de Calamandrei. In: FENOLL, Jordi Nieva; CAVANI, Renzo (eds.). *La casación hoy, cien años después de Calamandrei*. Madrid: Marcial Pons, 2021.

PEDRON, Flavio Quinaud. A EC n º 45/2004 e a inconstitucionalidade dos filtros recursais da transcendência e da repercussão geral. *Revista CEJ*, n. 53, p. 31-44, 2011.

PEREIRA, Carlos Frederico Bastos. O Superior Tribunal de Justiça e repercussão geral no recurso especial. *Revista Eletrônica de Direito Processual – REDP*, v. 20, n. 2., p. 20-46, mai./ago. 2019.

PEREIRA, Paula Pessoa. Função das cortes supremas e o papel do precedente: um paralelo entre as funções pública e privada. *Revista eletrônica [do] Tribunal Regional do Trabalho da 9ª Região*, Curitiba, v. 4, n. 39, p. 221-239, abr. 2015. Edição especial. Disponível em: https://hdl.handle.net/20.500.12178/91445. Acesso em: 01.06.2023.

PEREIRA FILHO, Benedito Cerezzo; NERY, Rodrigo. *Fato e direito no recurso especial:* o mito da distinção. São Paulo: Thomson Reuters Brasil, 2018.

PINHO, Humberto Dalla Bernardina de; SALOMÃO, Rodrigo Cunha Mello. A arguição de relevância das questões de direito federal infraconstitucional: passado, presente e futuro. In: *Revista de Processo*, São Paulo, v. 48, n. 346, p. 113-141, dez. 2023.

PINTO, Rui. *O Recurso Civil*. Uma Teoria Geral. Noção, objeto, natureza, fundamento, pressupostos e sistema. Lisboa: AAFDL, 2017.

PIOVESAN, Flavia. *Direitos Humanos e o Direito Constitucional Internacional*. 7. ed. São Paulo: Saraiva, 2006.

PIRES, Michel Hernane Noronha. *A superação dos precedentes vinculantes*. Curitiba: Editora Direito Contemporâneo, 2023.

POGREBINSCHI, Thamy. *Pragmatismo:* teoria social e política – Rio de Janeiro, Relume Dumurá, 2005.

POSNER, Richard A. *Pragmatic adjudication*. 18 Cardozo Law Review 1 (1996).

QUARCH, Tilman. Equilíbrio entre efetividade da tutela jurisdicional e eficácia do funcionamento judiciário - filtros recursais no direito Processual civil alemão, com enfoque na revision. *Revista de Processo*, v. 207 p. 85 – 132, 2012.

RAMOS MÉNDEZ, Francisco. *Derecho y proceso*. Barcelona: Bosch, 1978.

RAÑNA, Leonardo Fernandes. *Ordem pública nos recursos extraordinário e especial*: observância do devido processo legal. Brasília: Gazeta Jurídica, 2018.

RAUSCHER, Thomas; KRÜGER, Wolfgang. *Münchener Kommentar zur Zivilprozessordnung mit Gerichtsverfassungsgesetz und Nebengesetzen, Band 2: §§ 355-945b*. Munique: Verlag C.H.BECK München, 2020.

RE, Richard M. Narrowing Supreme Court Precedent from Below. *The Georgetown Law Journal*, Vol. 104, p.921-971, 2016.

REGO, Carlos Lopes do. Mecanismos de Filtragem dos recursos no acesso aos Supremos Tribunais: a experiência portuguesa no processo civil, in: RAMOS, Armando Dias; ROSA, António Amaro. *Estudos em Homenagem ao Juiz Conselheiro António Henriques Gaspar*. Coimbra: Almedina, p. 255-281, 2019.

REGO, Frederico Montedonio. *Repercussão geral*: uma releitura do direito vigente. 2 ed. Belo Horizonte: Fórum, 2022.

REIS, Aldacir. *Filtro de relevância para recurso especial é medida necessária*. Consultor Jurídico, 9 mar. 2017. Disponível em: <https://www.conjur.com.br/2017-mar-09/adacir-reis-filtro-relevancia-recurso-especial-necessario>. Acesso em 12.11.2023.

RIBEIRO, Antônio de Pádua. *Do recurso especial para o Superior Tribunal de Justiça*. Inf. juríd. Bibl. Min. Oscar Saraiva, 1(2): 119-134, jul./dez. 1989, p. 129. Disponível em: < https://www.stj.jus.br/publicacaoinstitucional/index.php/informativo/article/download/198/168>. Acesso em: 20.10.2023.

RICCI, Gian Franco. *Il giudizio civile di Cassazione*. 3ª ed. Turim: Giappichelli, 2019, p. 3-10.

RIGALBERT, Fernando Castillo. International Encyclopedia of Law – Civil Procedure – Spain. 1. Ed. Alphen aan deen Rijn: Kluwer Law International, 2018.

RODRIGUES, Marco Antonio. *A Fazenda Pública no processo civil*. 3 ed. Salvador: Juspodivm, 2023.

______. *A modificação do pedido e da causa de pedir no processo civil*. 1. ed. Rio de Janeiro: GZ Editora, 2014.

______. Aspectos processuais do controle jurisdicional de políticas públicas. In: CÂMARA, Alexandre Freitas; PIRES, Adilson Rodrigues; MARÇAL, Thaís Boia (Coords.). *Estudos de direito administrativo em homenagem ao professor Jessé Torres Pereira Junior*. Belo Horizonte: Fórum, 2016. p. 259-272. ISBN 978-85-450-0166-9.

______. *Manual dos Recursos:* ação rescisória e reclamação. 2 ed. São Paulo: Juspodivm, 2023.

______; MELLO, Felipe Varela. A Reclamação Constitucional como mecanismo de controle de precedentes vinculantes: uma abordagem do instituto à luz do sistema de precedentes brasileiro. *Revista de Processo*. vol. 327. ano 47. p. 351-379. São Paulo: Ed. RT, maio 2022. Disponível em: <http://revistadostribunais.com.br/maf/app/document?stid=st-rql&marg=DTR-2022-9027>. Acesso em: 04.08.2023.

______; LEMOS, Vinicius Silva. A Emenda Regimental 54/2020 ao Regimento Interno do STF, a repercussão geral e a busca pela evolução sistêmica. *Revista de Processo.* vol. 326. ano 47. p. 231-256. São Paulo: Ed. RT, abril 2022. Disponível em: <http://revistadostribunais.com.br/maf/app/document?stid=st-rql&marg=DTR-2022-8507>. Acesso em: 16.09.2023.

______; PEPE, Rafael. *Writ of certiorari* e Recurso Extraordinário: encontros e desencontros. *Revista de Processo,* n. 280, p. 275-299, 2018.

______; PORTO, José Roberto Sotero de Mello. Princípio da eficiência processual e o direito à boa jurisdição. *Revista de Processo*, v. 275, p. 89-117, jan. 2018.

______; TAMER, Maurício. *Justiça digital:* o acesso digital à justiça e as tecnologias da informação na resolução de conflitos. São Paulo: Juspodivm, 2021.

RUSCIANO, Silvia. *Nomofilachia e ricorso in cassazione.* Turim: Giappichelli Editore, 2012.

SAENGER, Ingo. Reform des Deutschen Zivilprozessrechts - Fluch oder Segen. *Rechtstheorie*, Vol.31, p.413-431, 2000, p.423; KUNZE, Axel. Major Changes in the German Civil Procedure Code. *International Legal Practitioner*, vol. 27, no. 1, pp.3-7, 2002.

SARLET, Ingo Wolfgang. *A eficácia dos direitos fundamentais: uma teoria geral dos direitos fundamentais na perspectiva constitucional.* 13. ed. Porto Alegre: Livraria do Advogado, 2018.

SAVIGNY, Friedrich Carl von. *Sistema del diritto romano attuale*, 1886, v. 1.

SERRA DOMINGUEZ, Manuel. *Estudios de derecho procesal*. Barcelona: Ariel, 1969.

SHAPIRO, Carolyn. Docket control, mandatory jurisdiction, And the Supreme Court's failure in Rucho v. Common Cause. *Wisconsin Law Review*, vol. 2020(1), p.301-316, 2020.

SHAPIRO, Stephen M. Certiorari Practice: the Supreme Court's Shrinking Docket. *Litigation*, v. 24, 1997-1998.

SILVA, Evandro Lins e. O recurso extraordinário e a relevância da questão federal. In: *Revista Forense.* Nº 485, Rio de Janeiro: Forense, 1976.

SILVA, Ovídio Araújo Baptista da. *Curso de processo civil.* 6. ed. São Paulo: RT, 2003. v. I.

SILVESTRI, Elisabetta. Goals of Civil Justice when nothing works: The case of Italy. In: UZELAC, Alan (ed.). *Goals of Civil Justice and Civil Procedure in Contemporary Judicial Systems*. Cham: Springer, 2014.

______. Le novità in tema di giudizio di cassazione. In: TARUFFO, Michele (ed.). *Il processo civile riformato*. Bolonha: Zanichelli, 2010.

STARR, Kenneth W. The Supreme Court and Its Shrinking Docket: The Ghost of William Howard Taft. *Minnesota Law Review*, vol. 90, p.1363-1385, 2006.

STRAUSS, Peter L. One Hundred Fifty Cases Per Year: Some Implications of the Supreme Court's Limited Resources for Judicial Review of Agency Action. *Columbia Law Review*, vol. 87, n. 6, p.1093-1136, 1987.

STRECK, Lenio Luiz. *O que restará do recurso especial se aprovada a PEC da Relevância?* Consultor Jurídico, 21 out. 2021. Disponível em: <https://www.conjur.com.br/

2021-out-21/senso-incomum-restara-recurso-especial-aprovada-pec-relevancia>. Acesso em 12.11.2023.

STÜRNER, Michael. Sharing Responsibility: The German Federal Court of Justice and the Civil Appellate System. In: BRAVO-HURTADO, Pablo; VAN RHEE, Cornelis Hendrik (orgs.). *Supreme Courts Under Pressure:* Controlling Caseload in the Administration of Civil Justice. Cham: Springer, 2021.

TARUFFO, Michele. Il Fatto e l'interpretazione. *Revista de Processo*, v. 227, p. 31-45, out. 2014.

______. Le funzioni delle Corti supreme. Cenni generali. In: MITIDIERO, Daniel; AMARAL, Guilherme Rizzo (coord.). *Processo Civil. Estudos em homenagem ao Prof. Doutor Carlos Alberto Alvaro de Oliveira.* São Paulo: Atlas, 2012, p. 359-360.

______. *Processo civil comparado*: ensaios. São Paulo: Marcial Pons, 2015.

______. Sobre la evolución del Tribunal de Casación italiano. In: FENOLL, Jordi Nieva; CAVANI, Renzo (eds.). *La casación hoy, cien años después de Calamandrei.* Madrid: Marcial Pons, 2021.

THEODORO JÚNIOR, Humberto. O recurso especial e a relevância da questão jurídica discutida (EC 125/2022). *Revista Direito UNIFACS*, n. 270, dez. 2022.

TORRANO, Bruno. *Pragmatismo no Direito e a urgência de um "pós-pós-positivismo" no Brasil.* Rio de Janeiro: Lumen Juris, 2018.

TRENTO, Simone. *Cortes supremas diante da prova.* 1. ed. São Paulo: Thomson Reuters Brasil, 2018.

TRINDADE, Augusto Cançado. *Tratado de Direito Internacional dos Direitos Humanos.* Vol. I. 1. ed. Porto Alegre: Sergio Antonio Fabris Editor, 1997.

ULMER, S. Sidney. Conflict with Supreme Court precedent and the granting of plenary review. *The Journal of Politics*, v. 45, n. 2, p. 474-478, 1983.

______. The Supreme Court's certiorari decisions: Conflict as a predictive variable. *American Political Science Review*, v. 78, n. 4, p. 901-911, 1984.

UZELAC, Alan; BRATKOVIĆ, Marko. Croatia: Supreme Court Between Individual Justice and System Management. In: BRAVO-HURTADO, Pablo; VAN RHEE, Cornelis Hendrik. *Supreme Courts Under Pressure:* Controlling Caseload in the Administration of Civil Justice. Cham: Springer, 2021.

VISSEER, Maartje De. *Constitutional Review in Europe: A Comparative Analysis.* Oxford: Hart Publishing, 2014.

WATTS, Kathryn A. Constraining Certiorari Using Administrative Law Principle. *University of Pennsylvania Law Review*, vol. 160, n. 1, p. 1-68, 2011.

WHITE, Edward. *Law in American History: Volume 1: From the Colonial Years through the Civil War.* Nova York: Oxford University Press, 2012.

EDITORA JusPODIVM
www.editorajuspodivm.com.br

Impresso por:

Docuprint
CNPJ 01.036.332/0001-99

JUS3747